U0942995

新时代职业教育创新发展标杆建设成果

新征程现代职业教育体系建设改革成果

鲁班工坊研究：模式·标准·资源·师资

——吕景泉“鲁班工坊”主题论文集

（第二辑）

吕景泉 主 编

张 磊 丛 军 刘 铭 张 洋 副主编

耿 洁 赵文平 米 靖 李 力 付安莉 云 蔚 徐宏伟 于海祥 参 编

中国铁道出版社有限公司

CHINA RAILWAY PUBLISHING HOUSE CO., LTD.

内 容 简 介

本书是新时代职业教育创新发展标杆建设成果、新征程现代职业教育体系建设改革成果。全书共八篇，通过高校智库“鲁班工坊国际发展研究中心”的视角，以“卷首语”“前言”集汇开篇，阐述了职业文化与传承创新、逻辑机理与实现路径、理论研究与实践探索、模式创立与品牌创成、优化布局与战略研究、中国职业教育发展报告，最后以“后记”“再版后记”集汇结尾，对鲁班工坊的模式、标准、资源、师资等进行了研究、解读，以求进一步将“鲁班工坊”的精髓呈现给读者。

本书主题入选“中华文化走出去工作重点任务清单项目”，是天津市高校智库“鲁班工坊国际发展研究中心”研究成果，可供职业教育的专家学者和职业院校同仁参考，也可供中国对外人文交流、国际教育合作，特别是从事鲁班工坊项目建设与研究的人员参考。

图书在版编目（CIP）数据

鲁班工坊研究：模式・标准・资源・师资：吕景泉“鲁班工坊”主题论文集 . 第二辑/吕景泉主编 .—北京：中国铁道出版社有限公司，2024.7

新时代职业教育创新发展标杆建设成果　新征程现代职业教育体系建设改革成果

ISBN 978-7-113-31239-8

Ⅰ. ①鲁…　Ⅱ. ①吕…　Ⅲ. ①职业教育 - 文集　Ⅳ. ① G71-53

中国国家版本馆 CIP 数据核字 (2024) 第 097809 号

书　　名：鲁班工坊研究：模式・标准・资源・师资
LUBAN GONGFANG YANJIU: MOSHI BIAOZHUN ZIYUAN SHIZI

作　　者：吕景泉

策　　划：何红艳　　**编辑部电话：**（010）63560043
责任编辑：何红艳
封面设计：刘　莎
责任校对：苗　丹
责任印制：樊启鹏

出版发行：中国铁道出版社有限公司（100054，北京市西城区右安门西街 8 号）
网　　址：https：//www.tdpress.com/51eds/
印　　刷：河北宝昌佳彩印刷有限公司
版　　次：2024 年 7 月第 1 版　2024 年 7 月第 1 次印刷
开　　本：787 mm×1 092 mm 1/16　**印张：**23.5　**字数：**360 千
书　　号：ISBN 978-7-113-31239-8
定　　价：68.00 元

版权所有　侵权必究

凡购买铁道版图书，如有印制质量问题，请与本社教材图书营销部联系调换。电话：（010）63550836
打击盗版举报电话：（010）63549461

鲁班工坊，围绕国家发展重大行动，服务“一带一路”，促进国际产能合作，助力构建人类命运共同体，成功实施了职业教育国际合作交流促进工程，成功创设了国际交流的品牌化实体平台，高质量实现了中国职业教育成体系“走出去”，全方位、实质性提升了中国职业教育的国际影响。

鲁班工坊的创立，是中国职业教育在国际教育合作、世界产教融合领域开辟先河的大事件，是近代以来中国职业教育发展史上具有里程碑意义的大事件，对新时代中国特色职业教育的高质量发展，加快建成教育强国，具有重大的现实意义和深远的历史意义。

助中国职教走向世界

同世界分享中国方案

该标识于2016年5月5日获得作品登记版权

前　言

近年来，鲁班工坊的建设发展，可以用“日新月异”来描述；鲁班工坊的实践探索，可以用“丰富多彩”来形容；鲁班工坊的理论研究，可以用“成果丰硕”来表达。

鲁班工坊研究，要讲明“鲁班工坊”的道理、学理、哲理、原理、机理；讲好这“五理”，鲁班工坊品牌会“擦”得更亮。而擦亮“鲁班工坊”中国名片，在教育部面向全球发布的《中国职业教育发展报告（2012—2022年）》中被明确提出。

鲁班工坊研究，应该继续深化、持续进化。

2023年9月，我以教育部鲁班工坊建设专家委员会主任身份带团组，陪同天津市教委罗延安、李力、王俊艳一行出访中亚三国（乌兹别克斯坦、吉尔吉斯斯坦、哈萨克斯坦），推进中亚鲁班工坊建设；2023年11月，我以葡萄牙鲁班工坊质量评估组组长身份，第三次到访葡萄牙塞图巴尔市，开展欧洲标杆项目的现场评估（鲁班工坊首次在现场开展评估）；2023年12月，我再次以教育部鲁班工坊建设专家委员会主任身份带团组，陪同教育部孙尧副部长一行出访中亚三国（乌兹别克斯坦、哈萨克斯坦、土库曼斯坦），继续推进中亚项目建设；2024年1月，我以教育部鲁班工坊建设专家委员会主任身份带团组，配合国家国际发展合作署团队在中美洲尼加拉瓜考察项目，探寻鲁班工坊的美洲布局；2024年3月，我以埃塞俄比亚鲁班工坊建设院校——天津职业技术师范大学副校长身份，配合教育部团组一行考察鲁班工坊，推进非洲标杆项目建设；2024年5月，我以教育部鲁班工坊建设专家委员会主任和天津职业技术师范大学副校长双重身份，探访莫斯科国立通讯与信息技术大学，考察俄罗斯鲁班工坊建设项目，探访圣彼得堡国立大学（普京总统母校），交流“工程俄语”合作项目。这样算来，半年多时间里我到了亚洲、欧洲、美洲、非洲等地进行鲁班工坊项目实践，境外奔行达45天，一路上也在思考鲁班工坊研究的继续深化问题……

2021年12月，我在撰写《鲁班工坊研究：溯源·要义·标准·策略》前言时，提到：在2018年9月3日，这个时“光”点（习近平主席首次在重大外交场合作出有关鲁班工坊重要指示），5个建成的亚洲鲁班工坊、1个建成的欧洲英国鲁班工坊，以及高水平建设中的欧洲葡萄牙鲁班工坊、非洲吉布提鲁班工坊，成为鲁班工坊上升为国家行动，进入新发展阶段的时间标度和项目标定。现在，中国院校已经在亚欧非31个国家建设了35个鲁班工坊，习近平主席26次对鲁班工坊作出重要指示、重要论述；“鲁班工坊”载入中国政府对外发布的多部白皮书，已经成为中国职业教育的国际知名品牌，成为服务“一带一路”的国际公共产品，成为促进中外职业教育合作的重大国家行动，成为助力人类命运共同体建设的亮丽中国名片，成为元首引领外交的重要合作项目。在这三年时间里，我也一直在思考鲁班工坊研究的持续进化问题……

2023年7月，教育部公布：报经国务院批准，“模式创立、标准研制、资源开发、师资培养——鲁班工坊的创新实践”获评国家级教学成果特等奖。特等奖意味着“三重大一领先”，就是在教学理论上有重大创新，在教学实践中有重大突破，在国内外处于领先水平，在全国产生重大影响。理论创新、实践突破、全球领先、世界影响，是鲁班工坊研究继续深化、持续进化的目标。

作为鲁班工坊品牌的主要创建者，继续帮助读者了解鲁班工坊的成长、成熟、成型、成功，继续帮助研究者了解鲁班工坊的项目根基、文化根脉、实践逻辑、理论逻辑，继续观其模式创立与品牌创成、话语建构与体系构建，具有十分重要的现实意义。全书共八篇，对鲁班工坊的模式、标准、资源、师资等进行了研究、解读。本书中，“我”的资料主要取材自2021年12月，止于2024年6月。在CNKI（2024年6月1日）中，以“鲁班工坊”主题进行查询，在370篇文章中，“我”的文章占32篇；其中，“被引量”排前五的，占4篇；“被引量”排前十五的，占8篇。可以推测，本书的出版具有十分重要的研究价值。

2023年11月，《瞭望》杂志发表何平、傅华主持的课题成果《“一带一路”发展学》文章。作为天津市高校智库“鲁班工坊国际发展研究中心”主任、工程实践创新项目（EPIP）研究与推广中心主任、职业教育教学装备研究中心常务主任（教育品牌、教学模式、大赛装备，我时常说是“三剑客”），我与米靖、李力、赵文平、张磊等团队成员已开启《鲁班工坊发展学》研究。

鲁班工坊发展学，是鲁班工坊研究继续深化、持续进化的新目标。

吕景泉

2024年6月6日

目　录

第一篇

『卷首语』『前言』集汇

2022年8月18日至20日，由教育部、中国联合国教科文组织全国委员会、天津市人民政府联合主办“首届世界职业技术教育发展大会”，将打造“一会、一盟、一赛、一展”的国际化新平台和新范式，形成由我国主导、合作共赢、引领世界的职业教育国际交流合作机制。

在首届世界职业技术教育发展大会上，习近平主席致贺信。《中国职业教育发展报告（2012—2022年）》向全球发布，宣示：擦亮“鲁班工坊”中国名片。中国将坚持平等合作、优质优先、强能重技、产教融合、因地制宜的原则，坚持“鲁班工坊”品牌核心要义，坚持共研、共建、共享、共用、共赢，不断优化和完善“鲁班工坊”全球布局。继续鼓励有条件的职业院校在海外建设“鲁班工坊”，推动中国本土化、视野国际化的工程实践创新项目（EPIP）更广泛地应用，发挥已建成的泰国、葡萄牙、埃塞俄比亚等国EPIP 教学研究中心的作用，给更多境外合作伙伴带去先进的教学模式、优质的教学装备。

2022年8月18日，在首届世界职业技术教育发展大会召开之际，《鲁班工坊研究：溯源 • 要义 • 标准 • 策略》等系列研究丛书发布会在天津国家会展中心首届世界职业技术教育发展大会发布大厅举行，成为唯一在发布大厅举行的成果发布活动。这批成果，是继《鲁班工坊核心要义——中国职业教育的国际品牌》《EPIP教学模式——中国职业教育的话语体系》入选中宣部“中华文化走出去工作重点任务清单项目”，并在境外出版发行英文版、葡萄牙文版、泰文版之后，鲁班工坊国际发展研究中心（LB_IDRC）的又一批重要成果。

第一节　写在首届世界职业技术教育发展大会召开之际

【此文发表于 2022 年 8 月】

举办世界职业技术教育发展大会，是立足我国职业教育发展的新阶段，推进职业教育国际化纵深发展的一项重大制度性设计。由我国发起并主办国际性职业教育大会，对提升我国职业教育对外开放水平、推动新时代职业教育高质量发展具有重大意义。

2022 年 8 月 18 日至 20 日，由教育部、中国联合国教科文组织全国委员会、天津市人民政府联合主办“首届世界职业技术教育发展大会”，将打造“一会、一盟、一赛、一展”的国际化新平台和新范式，形成由我国主导、合作共赢、引领世界的职业教育国际交流合作机制。

“一会”，建立大会对话机制。主论坛的主题为“后疫情时代职业技术教育发展：新变化、新范式、新技能”，设置若干平行论坛，两年举办一次。聚焦热点，推动全球职业教育的共商、共建、共享，打造职业教育发展命运共同体。

“一盟”，发起成立世界职业技术教育发展联盟。

“一赛”，举办世界职业院校技能大赛。聚焦产业发展，以“鲁班工坊”为纽带，建立会赛一体、赛展一体的赛事机制，将大赛打造成促进中国职业教育理念、模式、标准、方案走出去的重要抓手和国际职业教育师生增进友谊、切磋技艺、展示风采的重要平台。

“一展”，建立会展合作机制。举办世界职业教育博览会，将其打造成以产教融合、鲁班工坊为主题，世界各国先进经验、典型案例、新技术新趋势的展示、分享、交流、合作平台。

一百年前，1922 年，陶行知先生因为菲律宾召开远东教育大会，北洋政府毫无准备，没有找到代表参会而感到气愤。他说到“我们以后，若再懒惰，不早些准备，那世界真要以为中国没有教育了。世界以为中国没有教育尤为事小，若中国真无教育可说，那就真要惭愧了”。他还说到“国际的教育运动，是一天多似一天的，以后的准备，一是要靠着自有的成绩，二是靠彻底的自明”。

进入新时代，2022 年，首届世界职业技术教育发展大会在天津召开，标志着中国职业教育发展开启了新征程。天津职业教育继首个国家职教试验区、唯一示范区以及示范区升级版建设之后，也全面开启了部市共建“新时代职业教育创新发展标杆”的新征程。天津职业教育探索构建了党委主导、政府主推、行业主办、教育主管、企业主体的“五主”体制，创设了产业、行业、企业、职业、专业“五业联动”机制，创建了工程实践创新项目（EPIP）教学模式，创立了“核心技术一体化”专业建设模式，创成了“鲁班工坊”国际品牌。鲁班工坊实现了中国职业教育的模式、标准、装备、教材、方案系统化体系化与世界分享。天津院校在泰国、印度、英国、葡萄牙、南非、埃及、埃塞俄比亚等亚欧非 19 个国家建成的 20 个鲁班工坊，在中国、泰国、葡萄牙、印度、埃塞俄比亚等国成立了 EPIP 教学研究中心，构建起中国职业教育的国际话语和影响力。

面对首届世界职业技术教育发展大会，我们可以告慰中国教育先贤，并且自信地说，我们已经准备好了！

——摘自《职业教育研究》2022 年第 8 期中吕景泉《构建中国职业教育的国际话语——写在首届世界职业技术教育发展大会召开之际》。

第二节　写在习近平“一带一路”倡议提出十周年之际

【此文发表于 2023 年 5 月】

2013 年，国家主席习近平提出“一带一路”倡议。国际公共产品建设，成为推动构建人类命运共同体的重要举措。

天津院校响应“一带一路”倡议，在教育部、天津市委市政府领导下，基于国家职业教育改革试验区、示范区与示范区“升级版”连续 15 年的建设成果，原创、首创并率先组织实施“鲁班工坊”建设。截至目前，天津院校在亚欧非 20 个国家建成 21 个鲁班工坊。自 2018 年 9 月中非合作论坛北京峰会始，习近平主席先后 15 次在重大外交场合就“鲁班工坊”作出了重要论述。鲁班工坊建设已经成为服务“一带一路”倡议的国家行动。

鲁班工坊，是天津职业教育率先实施教育部“三大计划”，即职业教育国际交流平台构建计划、职业教育“走出去”重大行动实施计划、提升全国职业院校技能大赛国际影响计划，并取得重大实践突破与重大理论创新的国际合作平台。鲁班工坊，是以中国本土化的工程实践创新项目（EPIP）为教学模式，以中国院校会同境外院校、中外企业开发的国际化专业标准为基本依据，以全国职业院校技能大赛的优质赛项装备为主要载体，以中外“双师型”师资培养及教学资源开发为必要保障，在境外创建的实施学历教育和社会培训的实体化机构。鲁班工坊，是将中国教学模式、专业标准、技术装备、教材资源与世界分享互鉴，提供职业教育中国方案，为合作国家培养认知中国产品、了解中国工艺、熟悉中国技术的当地人才，搭建促进世界产教融合、服务国际产能合作的国际公共产品。鲁班工坊，是基于职业教育与技术培训这一国际公共产品建设所创立的中国职业教育国际品牌，由此形成了中国职业教育的国际话语体系，塑造了中国职业教育的良好国际形象，提升了中国职业教育的国际影响。

《中国职业教育发展报告（2012—2022年）》向全球宣示：擦亮“鲁班工坊”中国名片。中国将坚持平等合作、优质优先、强能重技、产教融合、因地制宜的原则，坚持“鲁班工坊”品牌核心要义，坚持共研、共建、共享、共用、共赢，不断优化和完善“鲁班工坊”全球布局。继续鼓励有条件的职业院校在海外建设“鲁班工坊”，推动中国本土化、视野国际化的工程实践创新项目（EPIP）更广泛地应用，发挥已建成的泰国、葡萄牙、埃塞俄比亚等国EPIP教学研究中心的作用，给更多境外合作伙伴带去先进的教学模式、优质的教学装备。

鲁班工坊，遴选了泰国大城技术学院、塞图巴尔理工学院、艾因夏姆斯大学等一批优秀合作院校，对接了中泰高铁通运、中国—澜湄合作、中巴经济走廊、金砖投资项目、欧洲工业再造、亚吉铁道运营、中资工业园等重大合作项目，在境外“落地”建设了50余个专业；合作层次从中职、高职、本科到工程硕士。亚洲鲁班工坊，服务于中国第一大贸易伙伴（东盟），服务于印巴项目和中亚国家任务。欧洲鲁班工坊项目在英国、葡萄牙、俄罗斯建设的中餐烹饪、智能制造、信息通信专业，彰显中国传统技艺、产品质量和产业技术优势。非洲鲁班工坊，从东部埃塞俄比亚（非盟总部所在国）、吉布提，到西部马里、尼日利亚；从南部南非、马达加斯加，到北部埃及（阿盟总部所在国）、摩洛哥，对接中非产能合作，服务非洲2063年愿景。

鲁班工坊实践表明：中国职业教育已经形成世界优质职业教育资源“输入”与中国优质职业教育资源“输出”的分享互鉴“双线”并举协行新格局，成为新时代中国职业教育高质量发展的新特征。

——摘自《职业教育研究》2023年第5期中吕景泉《鲁班工坊，服务“一带一路”的国际公共产品——写在“一带一路”倡议提出十周年之际》。

第三节　开放　创新　融合
建成亮丽的国际合作风景线

【此文发表于 2023 年 6 月】

2022 年 8 月，教育部与天津市人民政府共同主办首届世界职业技术教育发展大会，成功打造了一届具有重要国际影响力的机制性会议，创设了会、盟、赛、展一体化的职业教育国际化交流平台和崭新范式。

鲁班工坊是教育部和天津市共建国家职业教育改革试验区、示范区、示范区“升级版”和创新发展标杆连续 18 年的重大创新性成果。自 2016 年首个鲁班工坊在泰国大城技术学院创立至今，天津已经在亚非欧三大洲 20 个国家合作建设了 21 个鲁班工坊。鲁班工坊品牌在合作国家广受赞誉，在中国与亚洲、欧洲、非洲国家之间架起职业教育国际合作交流的友谊之桥，将中国职业教育的教学模式、专业标准、技术装备、教学资源与世界分享，为合作国培养熟悉中国技术、了解中国工艺、认知中国产品的本土化技术技能人才，与世界共享中国职业教育改革成果。

鲁班工坊建设坚持平等合作、优质优先、强能重技、产教融合和因地制宜五项原则，深入践行产业、行业、企业、职业、专业“五业联动”，不断加大与共建“一带一路”国家、金砖国家、东盟国家、非洲国家、中亚国家的合作，聚焦先进制造、电子信息、交通运输、农业技术等领域，构建起职业教育服务国际产能合作新框架。为推动国际产教融合范式、校企合作模式的分享与落地，天津职业教育探索创立了具有中国特色的工程实践创新项目（EPIP）教学模式，传承了墨子“名实耦”思想，创新发展了陶行知教育思想和黄炎培职教理念，广泛借鉴世界先进职教理念，形成了 EPIP 的教育论、专业论和课程论，在泰国、印度、葡萄牙、埃塞俄比亚等国创建 EPIP 教学研究中心，面向全球推广，给更多境外合作院校带去先进的教学模式、优质的教学资源和先进的教学装备，初步构建了中国职业教育的国际标准体系、资源体系和话语体系。

习近平主席先后 18 次在重大外交场合就“鲁班工坊”作出重要论述。搭建合作交流平台，与世界共享中国职业教育改革成果是我们的美好愿景。未来，我们将深化鲁班工坊内涵建设，不断拓宽与共建“一带一路”国家的职业教育国际合作内容与范畴；深度服务国际产能合作行动，为合作国经济社会发展和民生改善贡献力量；深入构建标准体系，完善职业教育话语体系，为教育强国建设搭建基石、探路破局；深层推进人文交流合作，讲好中国职教故事，提升中国教育影响力，把鲁班工坊这张“小而美、惠民生”的中国名片打造成为亮丽的国际合作风景线。

——摘自《职业教育研究》2023 年第 6 期中李力《开放 创新 融合 着力将鲁班工坊建成亮丽的国际合作风景线》。

第四节　产教融合是职业教育的本质属性

【此文发表于 2022 年 12 月】

进入新时代，中国职业教育发展迎来了新机遇。

党的十八大之后，2014 年 6 月，全国职业教育大会召开。习近平总书记对职业教育作出重要指示，指出“坚持产教融合、校企合作，坚持工学结合、知行合一”。党的十九大之后，2021 年 4 月，全国职业教育大会召开。习近平总书记就职业教育作出重要指示，指出“深化产教融合、校企合作，深入推进育人方式、办学模式、管理体制、保障机制改革，稳步发展职业本科教育，建设一批高水平职业院校和专业，推动职普融通，增强职业教育适应性，加快构建现代职业教育体系，培养更多高素质技术技能人才、能工巧匠、大国工匠”。党的二十大报告中，习近平总书记明确指出：“统筹职业教育、高等教育、继续教育协同创新，推进职普融通，产教融合，科教融汇，优化职业教育类型定位。”

党的十八大以来，中国特色社会主义进入新时代。

职业教育作为一种类型教育，不断深化产教融合、校企合作，不断提升职业教育服务国家重大行动、经济社会发展、学生成长成才的适应性，持续优化职业教育类型定位。可以说，产教融合已经成为新时代中国职业教育发展的一条主线。

2022 年 8 月，为全面介绍新时代中国职业教育发展成就，与国际社会分享中国职业教育创新举措，《中国职业教育发展报告（2012—2022 年）》面向全球发布。其阐明：“中国职业教育遵循技术技能人才的培养规律，坚持产业、行业、企业、职业、专业‘五业联动’，创新教学模式，培养造就支撑发展的高素质劳动大军。”其提出：“推广工程实践创新项目教学、案例教学、工作过程导向教学模式，学中做、做中学，强化教学、学习、实训相融合的教育教学活动，提升学生实践能力。”可以说，“五业联动”与“工程实践创新项目教学”已经成为深化产教融合的重要举措。

2022年8月，首届世界职业技术教育发展大会在天津成功举办，打造了“一会、一盟、一赛、一展”的国际合作新平台和新范式，形成由我国主导、合作共赢、引领世界的职业教育国际交流合作机制。天津院校在亚欧非三大洲的19个国家高标准建成20个鲁班工坊。鲁班工坊，是以中国本土化、视野国际化的工程实践创新项目教学为模式，以天津院校会同中外院校、中外企业开发的国际化专业标准为依据，以职业技能大赛的优质装备为载体，以中外“双师型”师资培养及教学资源开发为保障创建的在境外实施学历教育和社会培训的实体化机构。可以说，鲁班工坊，搭建了促进世界产教融合、服务国际产能合作的公共平台。

继教育部与天津市人民政府共建首个国家职教试验区、唯一示范区以及示范区升级版之后，天津市职业教育全面开启了部市共建“新时代职业教育创新发展标杆”的新征程。为深化产教融合、校企合作，天津职业院校探索创立了产业、行业、企业、职业、专业“五业联动”机制，创立了“核心技术一体化”专业建设模式；为推动产教融合、校企合作落实落地，天津职业院校探索创立了工程实践创新项目（EPIP）教学模式，创建了泰国、印度、葡萄牙、埃塞俄比亚等国EPIP教学研究中心；为促进世界产教融合、校企合作，天津市职业教育原创首创鲁班工坊国际品牌，实现了中国职业教育的模式、标准、装备、教材、方案系统化体系化与世界分享。

产教融合是职业教育的本质属性，世界产教融合是新时代中国职业教育高质量发展的新特征。

——摘自《职业教育研究》2022年第12期中吕景泉《产教融合是职业教育的本质属性》。

第五节　鲁班工坊“形”与“魂”、“筋”与“络”

【此文发表于2023年10月】

2023年7月，习近平主席在上合组织元首理事会第23次会议上发出邀请：中方将举办第三届“一带一路”国际合作高峰论坛，共同把这条造福世界的幸福之路铺得更宽更远。这距2013年9月习近平主席在哈萨克斯坦首次提出“一带一路”倡议已近十年；距2018年9月习近平主席在中非合作论坛北京峰会提出在非洲设立10个鲁班工坊恰近五年。截至2023年6月，中国已同152个国家和32个国际组织签署200余份共建“一带一路”合作文件。这一国际合作新平台、共同发展新动力的倡议，惠及了如此众多的国家和人民，我们倍感自豪。

2019年4月，习近平主席首次面向一个合作国埃及提出设立鲁班工坊项目。2020年11月，埃及鲁班工坊正式揭牌运营，首开“一国两坊”先河。这既是响应“一带一路”倡议的生动实践，也是落实习近平主席“在非洲设立10个鲁班工坊，向非洲青年提供职业技能培训”的具体举措。埃及鲁班工坊受到了当地学校师生的喜爱，惠及了当地青年技术技能人才培养，我们倍感自豪。

2022年8月，教育部面向全球发布《中国职业教育发展报告（2012—2022年）》，提出：擦亮“鲁班工坊”中国名片……坚持“鲁班工坊”品牌核心要义……继续推动中国本土化、视野国际化的工程实践创新项目（EPIP）应用，给更多境外合作伙伴带去先进的教学模式、优质的教学装备。这其中突显了天津职业教育贡献：鲁班工坊品牌要义、EPIP教学模式、优质教学装备。

2021年4月，我由天津中德应用技术大学调入天津交通职业学院。在我20年的职教生涯中，工作协同最多的是吕景泉教授，特别是2007至2014年，交流教学改革、技能大赛、教材建设的工作思考和探索实践，共同优化培养方案，共同组织赛项申报与教材资源开发，共同创立“核心技术一体化”专业建设模式，共同探索工程实践创新项目教学……2022 年初，当我反复研读、悉心揣摩《鲁班工坊（LUBAN WORKSHOP）解析》和《工程实践创新项目（EPIP）解析》两本“解析”著作时，熟悉的理念、思想及创新精神令我倍感自豪。

鲁班工坊，作为中国职业教育的国际品牌，要坚守“质量为先”，最重要的体现是在教学装备上，既要“好用”，也要“适用”，更要“耐用”。鲁班工坊的项目建设是“小而美、见效快、惠民生”，其中的“小”，体现在不是要新建一所学校，而是要开好几个专业；“快”，体现在建设资金使用的“高性价比”，要把有限的资金用在实施综合实训教学，而非单一课程教学；“惠”，体现在服务于当地产业和社会生活领域，而非因地域性和技术性限制不能通用、尚不完备的领域。

鲁班工坊，作为中国职业教育的国际品牌，要体现中国职业教育的先进理念，体现中国职业教育的国际话语，是能“走出去”，并能“走进去”的整体解决方案。如果把教学装备看作是鲁班工坊的“形”，那鲁班工坊必须要有一个“魂”，这个“魂”就是中国本土化、视野国际化的 EPIP 教学模式。“魂”是解决教育理念、办学策略、专业建设、课程改革、教学实施的“真”内涵与“实”统领，是教育教学实践的“真”抓手与“实”招法。鲁班工坊还有“依凭”教学模式运用、“激活”教学装备应用的“筋”和“络”。打造一支能高质量实施鲁班工坊项目教学与培训的本土化师资队伍，就是强“筋骨”；形成一批高水平鲁班工坊学历教育与技术培训的配套教学资源，就是拓“脉络”。

2023 年 7 月，教育部公布 2022 年度国家级教学成果奖项目名单，“模式创立，标准研制，资源开发，师资培养——鲁班工坊的创新实践”获得特等奖。

——摘自《职业教育研究》2023 年第 10 期中于海祥《鲁班工坊“形”与“魂”、“筋”与“络”》。

第六节　EPIP 教学模式
研究的“真实”足迹

【此文发表于 2022 年 6 月】

2018 年 8 月 8 日一个平凡的日子，我到天津机电职业技术学院参加全国教育科学“十三五”规划 2018 年度教育部重点课题“基于‘工程实践创新项目 (EPIP)’的教学模式研究与实践”开题会。这是与 EPIP 教学模式的第一次接触，也是全面深入了解 EPIP 教学模式的开始。

EPIP 教学模式是什么？带着这个问题听取了课题负责人天津机电职业技术学院张维津校长在机电一体化技术等专业坚持 5 年 EPIP 实践应用的探索，听取了创始人吕景泉教授概述 EPIP 教学模式的发端、形成，我被这种教学模式吸引住了。

EPIP 教学模式解决了什么问题？在吕教授讲解《工程实践创新项目教程》和《自动化生产线安装与调试》两本教材后，我被强烈地带入到 EPIP 教学模式之中，脑海里即刻被“真实”“完整”两个词填满。短短 2 个半小时的课题开题会，我体验到了 EPIP 教学模式的“真实”和“完整”，即工程化、实践性、创新型、项目式。在点评时，我建议 EPIP 教学模式的逻辑起点应该是“真实、完整”。很有幸，“真实、完整”被吕教授列为 EPIP 的“两核”。

2019 年 2 月 2 日的教研专题会，我得到吕景泉教授的最新专著《EPIP 职业教育教学模式：改造我们的学习》。会上，吕教授导读了整本书，著者原汁原味的讲述，让这次教研会洋溢着满场的热烈，“激活”了全场的互动。写书不难，难在写薄书，更难在写基于实践创新的有思想成体系的薄书，“大道至简”应该说的就是这本书吧。书不厚，但高而有度、简而有味、精而有道，把 EPIP 形成的思想脉络、理论构建（EPIP 微观课程论、中观专业论、宏观教育论）、实践探索（EPIP 视域下的产教融合、专业建设、教学团队、赛教互动）“真实”“完整”地呈现。

从一本薄书到《EPIP 教学模式——中国职业教育的话语体系》《工程实践创新项目 (EPIP) 解析》《职业院校技能大赛——中国职业教育的制度创新》《技能大赛 (ChinaSkills) 解析》《鲁班工坊核心要义——中国职业教育的国际品牌》《鲁班工坊 (LUBAN WORKSHOP) 解析》系列专著，EPIP 教学模式生命力何在？其生命力在于“真实”和“完整”。EPIP 源于真实生活，源自工矿企业实践，是建立在企业技术服务之上的教学实践探索和研究的成果。著者用 17 年时间形成基于工厂 / 企业技术改造的教学实践研究成果，在 1990—2006 年间，帮助工厂 / 企业进行技术改造（国内外企业）、开展基于生产技术问题的企业培训，进而探索产学合作专业建设、开发自动化类专业领域实训基地、实训项目与设备配置，推进天津市职业教育区域综合性实训基地建设；用 13 年时间构建 EPIP 职业教育教学模式并取得重大成效，2007 年先后开发专业教学标准、核心课程建设标准、机电类专业师资知识技能素质框架标准并付诸推广，2008 年开发首届全国职业院校技能大赛“自动化生产线安装与调试赛项”和教学资源，目前已完成 10 余个全国性技能赛项、国际化赛项、企业赛项，成功开展一系列教学改革，取得重大成果，获得职业教育国家级教学成果特等奖、一等奖等多项殊荣。2016 年，基于 EPIP 教学模式的鲁班工坊走向世界。截至 2022 年 3 月，海外鲁班工坊已建成 20 个，覆盖亚洲、非洲和欧洲三大洲，47 个中外合作建设的专业，很好地回答了中国职业教育如何整体走出去、走进去。

EPIP 教学模式生命力在于“激活”，激活现有的教学理念、教学团队、教学设施、教学方案、教学管理、教学环境、教学考评等各种教育教学环节和要素。尤其是激活了教师，如天津机电职业技术学院的姜颖老师、刘勇老师，天津轻工职业技术学院的李云梅及她的教学创新团队，葡萄牙塞图巴尔理工学院鲁班工坊负责人约瑟马伽勒斯·卢卡斯……构建一个“真实”“完整”的教育教学新生态和新形态。

EPIP 教学模式生命力还在于问题导向，聚焦职业教育教学改革的关键问题——教师如何真教、学生如何真学，破解了“让教师真教、让学生真学”这个长期以来困扰职业教育产教融合、校企合作的难题，诠释了教育的真谛——完整地学、创新地学、为社会而学。中国职业教育的发展，已经进入了一个新时代。EPIP 教学模式的新实践，把真实工程、真实世界、现实生活、实际问题搬入到职业学校，融入专业，延伸到课程，解决了教学做一体化的工程化精度、实践性深度、创新型宽度、项目式整度问题，解决了产教真融合、校企真合作的内生内审标度问题。

2021 年《教育部 天津市人民政府关于深化产教城融合 打造新时代职业教育创新发展标杆的意见》明确提出“推广工程实践创新项目 (EPIP) 教学模式应用”。《工程实践创新项目 模式 · 学理 · 话语 · 应用》一书的出版，也是天津市教育科学“十四五”规划 2021 年度重点课题“工程实践创新项目 (EPIP) 教学模式应用研究”(课题编号 : BJE210033) 的阶段性成果。

在做这个序言时，惊喜地发现了一个巧合，我的 17 年教学（11 年教师和 6 年教学管理）和 13 年教育研究工作经历，正好与 EPIP 的 17 年和 13 年相“合”，这应该是对 EPIP 能有更多感悟、更多认识的原因所在。最后，我想用吕教授书中的一句话作为结语 : 学而知其用，用而知其所，所而知其在，在而知其代，代而知其原，原而知其衍。

知其理，方能远。

——摘自《职业教育研究》2022 年第 6 期中耿洁《EPIP 教学模式研究的“真实”足迹——工程实践创新项目 模式·学理·话语·应用》。

第七节 LUBAN WORKSHOP 研究的“坚实”足迹

【此文发表于 2022 年 8 月】

2016 年 3 月以来，中国院校在亚非欧三大洲 19 个国家建成了 20 个鲁班工坊，鲁班工坊已经成为中国同世界分享职教方案、职业文化的国际品牌和国家行动。

2022 年 1 月，《鲁班工坊研究 溯源·要义·标准·策略》付梓出版。这本书汇集了在鲁班工坊的实践探索与理论研究中，对于创建基础、发展脉络、布局实施、教学模式、专业标准、资源开发、发展构型、本质思考等方面的理论贡献，是鲁班工坊首创者吕景泉教授以“鲁班工坊”为主题的研究成果写实性记录和系统化集成。我在掩卷静思时想到，鲁班工坊，应该是其从事职业教育的教学实践、管理实践、服务实践的集成。首创者带领团队对中国近现代职业教育开展学习、实践、研究、转化和创造，对世界当代职业教育开展鉴别、梳理、提炼、试验与总结。鲁班工坊，也应该是其将教学模式创设、国赛赛项研发、国际化专业研制、国家精品课建设、国家教学名师成长、国家教学团队资源、国家教学成果应用、“政行企校研”协同等方面的经验成果进行整合、结合、融合的集大成。

七年后的今天，沿着历史线索、时间维度研读这些原汁原味的文章，我依然能够依稀复原当年的些许场景：2015 年下半年的一天，陋室清茗，文案累叠，两位半生从事职业教育实践的探索者，在一位年轻俊朗的职教青年面前，正在讨论；他们时而小心求证，时而激情陈述，时而深沉思索，不经意间实则必然而至，中国职业教育的国际化“走出去”方案呼之欲出。拨开时空云烟，在中国近现代职业教育发展即将踏入第150个年头之时，“鲁班工坊”悄然萌动。随后，鲁班工坊将中国古代班墨文化传承与近现代、新时代职业教育发展相结合，以海外合作品牌项目方式走出国门，“行天下”！举办学历教育与技术培训，同全世界分享中国职业教育的教学模式、专业标准、教学装备、师资培养、教学资源，向世界提供中国优秀职业教育整体解决方案。

墨子道：名实耦，合也。

鲁班工坊的演进发展是在理论研究与实践探索的循环往复中螺旋上升，从而达成“合”境界的。从职业教育“供给侧改革”到“五业联动”产教融合，从“制度创新”到提升“适应性”，鲁班工坊研究根植于中国职业教育“时代性”的原生需要；从“五大理念”引领到国际化“新支点”，从“一带一路”新作为到国际合作“知名品牌”，鲁班工坊研究聚焦于核心要义、项目溯源及品牌创成“纪实性”的发展脉络；从“亚洲”鲁班工坊的品牌创建到“欧洲”鲁班工坊的管理政策，从“非洲”鲁班工坊的专业布局到“上合”鲁班工坊的发展描摹，鲁班工坊研究关注于实践总结、实战推演中“行天下”的致用之道；从“EPIP”教学模式推广应用到国际化专业标准的“学理 考量”，从“赛项”资源开发到“工程实践”教学改革，鲁班工坊的研究具化于国际合作与教育教学的每个具体环节……所有这些，是鲁班工坊研究走过的“坚实”足迹。

鲁班工坊研究，引领并伴随鲁班工坊建设实践的全过程，其研究脉络与成果形成的“足迹”踏在鲁班工坊品牌创建、发展新阶段和发展新征程的每一个关键时点，所提出的“一块品牌，两种功能，三条路径，四个内涵和五项原则”系统回答了鲁班工坊建设所应遵循的核心要义，所论述的“关注问题”直指鲁班工坊品牌坚守、可持续发展、科学发展的关键所在。作为从事鲁班工坊建设实践与理论研究的我，能够参与溯源，参与解读，参与建设，参与总结，幸甚至哉。

书行至末，一幅精美的鲁班工坊“实践探索—理论研究—经验总结—模式推广”时序图映入眼帘。书行收官的这幅图中，每一个高光时刻，每一个文献著述，每一个行动坐标，沿着时序徐徐展开，完美诠释了鲁班工坊研究与行动、理论与实践、名与实、知与行“合一”“相耦”的历史进程，全面呈现了鲁班工坊核心要义、建设标准、管理规范、发展策略形成创成的底层逻辑。此图，乃本书的“集大成”，合也！

一路艰辛，一程欢欣，“龙”行天下，是为足迹！

是为“真实”足迹，也为“坚实”足迹！

——摘自《职业教育研究》2022年第8期中张磊《LUBAN WORKSHOP研究的“坚实”足迹——鲁班工坊研究 溯源・要义・标准・策略》。

第八节　鲁班工坊　品牌·内涵·布局·目标

【此文发表于 2022 年 6 月】

从 2018 年中非合作论坛北京峰会，到 2021 年上海合作组织成员国元首理事会，再到 2022 年北京冬奥会，习近平主席先后八次在不同的重大外交场合就“鲁班工坊”建设作出重要论述。为全力落实习近平主席的要求，在天津市委市政府的领导下，天津已经在全球 19 个国家高标准创建了 20 个鲁班工坊，将鲁班工坊这一国际品牌打造成了中国与世界各国（地区）职业教育、职业技术和职业文化交流合作的重要载体，服务“一带一路”国际产能合作的技术驿站。

随着鲁班工坊全国联盟的建立，未来我国将有越来越多的院校走出国门到海外创建鲁班工坊。为确保鲁班工坊国际品牌可持续发展，亟待对项目建设进行规范，保证每个鲁班工坊都具有统一标准与内涵要素。

作为鲁班工坊的首倡者，《鲁班工坊　品牌·内涵·布局·目标》的作者牵头研制、组织并推动实施了鲁班工坊的建设，其设计建设的亚洲泰国鲁班工坊、欧洲葡萄牙鲁班工坊和非洲吉布提鲁班工坊等项目取得卓越成效。《鲁班工坊　品牌·内涵·布局·目标》为作者数年实践探索与理论研究的集成，一方面，从天津的探索出发，研究提出基于国家现代职业教育改革创新示范区优秀成果而确立的鲁班工坊的发展定位、建设原则、核心内涵等要素；另一方面，结合国家对外开放政策，以及“一带一路”的发展需求，提出鲁班工坊未来在全球的发展目标、建设布局和发展策略。

《鲁班工坊　品牌·内涵·布局·目标》以天津高标准建设鲁班工坊为基础，高度凝练了鲁班工坊的核心要义，将鲁班工坊的建设定位在以“大国工匠”的形象为依托，采取学历教育与职业培训两种方式，与世界分享中国产业发展和职业教育发展成果，中外合作培养熟悉中国技术、了解中国工艺、认知中国产品的本土化技术技能人才。鲁班工坊的建设应秉持平等合作、开放包容、互学互鉴、互利共赢的精神，坚持共研、共建、共享、共用、共赢的“五共”机制，遵循平等合作、优质优先、强能重技、产教融合、因地制宜的“五项”基本原则。核心内涵应以体现我国职业教育先进教育理念的 EPIP 工程实践创新项目教学模式为示范引领，以教育部指导下的国际化专业教学标准为重要依据，以全国职业院校技能大赛教学装备为主要载体，以标准化师资培养培训为根本依托，以立体化教学资源建设为基本内容。

《鲁班工坊　品牌 · 内涵 · 布局 · 目标》是作者以鲁班工坊的创建者与研究者双重身份与双重视角，对鲁班工坊的核心概念、内涵要素、全球布局与未来发展的全面阐述与总体分析，系统而全面，兼具重要的学术价值与应用价值。这项研究成果不仅丰富和完善了职业教育国际化基本理论，拓展了理论研究的范畴，同时对鲁班工坊实际建设的关键环节给出具有可操作性的实施方案，是中外鲁班工坊参建院校重要的行动指南。

——摘自《职业教育研究》2022 年第 6 期中杨延《鲁班工坊 品牌 · 内涵 · 布局 · 目标》。

第九节　提升中国职业教育国际话语传播效能

【本文发表于 2024 年 6 月】

党的二十大报告明确提出：“加强国际传播能力建设，全面提升国际传播效能，形成同我国综合国力和国际地位相匹配的国际话语权。”当前，提升中国职业教育国际话语传播效能，不仅是中国职业教育高质量发展的题中之义，也是提升中国经济社会发展全球影响力的重要组成部分，还是共同培育全球经济社会发展新动能的重要举措。中国职业教育已成为推动“一带一路”高质量发展的重要支撑，以鲁班工坊和工程实践创新项目（EPIP）为典型代表的职业教育国际品牌为国际社会共享了中国职业教育理念、标准、模式和方案，形成了职业教育国际化的有效实践范式。鲁班工坊和工程实践创新项目（EPIP）走出了一条中国职业教育国际话语传播的独特之路。

在国际上，职业教育强国均拥有属于自己的话语标签，如德国的双元制模式、英国的“文凭 + 证书”模式（BTEC 模式）、澳大利亚的技术与继续教育模式（TAFE 模式）、美国和加拿大的能力本位模式（CBE 模式）等。尤其是“双元制”这一德国职业教育的国际话语标签，响彻全世界。中国一直在探索自主的职业教育创新之路和话语体系，目前已形成了“鲁班工坊”“工程实践创新项目（EPIP）”等国际品牌，并在国际上产生广泛的影响力，促进中国职业教育更好地融入世界职业教育体系，彰显了中国职业教育在国际产能合作中的服务能力，助力人类命运共同体构建。

作为国际职业教育的名片，鲁班工坊形成了自成体系的核心要义和行之有效的实践模式。在服务“一带一路”建设的进程中，鲁班工坊在其品牌创设过程中探索了建设原则、内涵体系、创建模式、功能定位和品牌特色，形成了“一个品牌，两个功能，三个路径，四个内涵和五个建设原则”的核心要义，以及在启动运营过程中的标准、机制和质量保证等方面进行了系统性的规范。当前，鲁班工坊这一中国与世界各国职业教育、职业技术和职业文化交流合作的重要载体，在服务国家“一带一路”高质量发展方面成效显著，产生了良好的品牌效应。

鲁班工坊服务“一带一路”建设也存在需要深入研究和破解的问题。例如，由于创建时间短、受各方条件所限，鲁班工坊在服务“一带一路”建设方面还存在提升发展能力、强化国际化资源开发、推进师资队伍建设、完善国际化机制等迫切需求。特别是作为鲁班工坊核心教学模式的工程实践创新项目（EPIP）如何对当地专业建设、人才培养和师资培训产生强有力的指导和引领作用，并逐渐生成当地本土化的应用范式，则是当前鲁班工坊和 EPIP 国际话语体系研究的重点任务。

聚焦鲁班工坊和工程实践创新项目（EPIP）进行学术话语构建与研究，目的在于提升中国职业教育国际话语效能，不断同世界共享中国职业教育成果，实现世界各国职业教育互利共赢。可以说，推动构建人类命运共同体是中国职业教育国际话语建设与传播的终极目标。因此，提升中国职业教育国际话语传播效能应当从理念引领、制度保障、途径优化和实践探索四个方面努力。第一，“互学互鉴、共建共享”是提升中国职业教育国际话语传播效能的基本理念，即中国职业教育国际话语传播为的是与世界共享中国职业教育智慧和成果；第二，职业教育对外交流合作的制度体系建设是提升职业教育国际话语传播效能的重要保障;第三，基于话语权的概念框架，提升职业教育国际话语生产能力、加快职业教育国际话语传播速度、拓展职业教育国际话语传播渠道是提升职业教育国际话语传播效能的基本途径；第四，广大职业院校实践探索职业教育国际化模式，能够有效推进向世界贡献中国职业教育成果和智慧的进程。上述四个方面协同发力将进一步助推中国职业教育国际话语传播效能的提升。

——摘自《职业教育研究》2024 年第 6 期中米靖《提升中国职业教育国际话语传播效能》。

第十节　鲁班工坊国际发展研究系列丛书

【此文发表于 2022 年 6 月】

继《鲁班工坊核心要义——中国职业教育的国际品牌》《EPIP 教学模式——中国职业教育的话语体系》两部专著，入选“中华文化走出去工作重点任务清单项目”，在英国出版了英语版、葡萄牙语版之后，天津职业技术师范大学的鲁班工坊国际发展研究中心为服务首届世界职业技术教育发展大会在天津举办，策划研制了“鲁班工坊国际发展研究系列丛书”。

丛书的首部专著《鲁班工坊 品牌·内涵·布局·目标》，全面论述了鲁班工坊品牌项目的总体支撑、品牌内涵的基本构成以及品牌发展的策略遵循；系统梳理了鲁班工坊在亚洲、欧洲和非洲的建设历程和重大行动布局；详细阐释了亚洲的泰国鲁班工坊、印度鲁班工坊，欧洲的英国鲁班工坊、葡萄牙鲁班工坊，非洲的吉布提鲁班工坊、埃及鲁班工坊等典型项目在品牌创成、内涵形成、布局完成、目标达成方面所发挥的基础性、关键性作用；并从中国传统文化视角、班墨文化维度，对鲁班工坊在服务“一带一路”建设、助力人类命运共同体构建过程中的创新性发展、创造性转化做了深度探究和本质思考。

丛书的第二部专著《工程实践创新项目 模式·学理·话语·应用》，全面论述了鲁班工坊教学模式——工程实践创新项目（EPIP）总体内涵，并从学理层面、话语角度，围绕模式构建、要义构成、应用构架、标识构型和文化传承进行了深入阐释；系统讲解了职业教育“工程化”、EPIP“工程化”以及 EPIP 国际教育联盟的发展脉络和成果成效；对“工程化”“实践性”“创新性”“项目式”四要素进行了拓展阐释；从宏观、中观、微观层面讲述了 EPIP 教育论、EPIP 专业论和 EPIP 课程论；以“生活教育”视角，论述了 EPIP 教学模式应用对职业教育适应性发展的重大意义。

系列丛书在内容上，是鲁班工坊核心要义及其拓展研究的最新成果集成；在形式上，采取中英文对照呈现，为国内外鲁班工坊建设者的实践探索、学术研究和国际交流厘定话语标识；在运用上，既有助于中外实践者开展鲁班工坊教育教学交流，也有助于中外学者开展鲁班工坊理论研究探讨，还可作为鲁班工坊通识类课程双语教材，为中国职业教育的国际话语推广提供优质的、有影响力的资源素材。

——摘自《职业教育研究》2022 年第 6 期中米靖《"中英双语版"鲁班工坊国际发展研究系列丛书》。

第十一节　《鲁班工坊纵览与博观》前言

【此文发表于 2023 年 4 月】

2022 年 8 月 18 日，在首届世界职业技术教育发展大会召开之际，《鲁班工坊研究：溯源·要义·标准·策略》等系列研究丛书发布会在天津国家会展中心首届世界职业技术教育发展大会发布大厅举行，成为唯一在发布大厅举行的成果发布活动。这批成果，是继《鲁班工坊核心要义——中国职业教育的国际品牌》《EPIP 教学模式——中国职业教育的话语体系》入选中宣部“中华文化走出去工作重点任务清单项目”，并在境外出版发行英文版、葡萄牙文版、泰文版之后，鲁班工坊国际发展研究中心（LB_IDRC）的又一批重要成果。发布会隆重举行了“国别鲁班工坊研究与国别职业教育研究系列丛书”的合作签约仪式，天津职业技术师范大学同外语教学与研究出版社针对国别鲁班工坊研究签署合作协议。

2015 年 9 月，天津职业教育界启动鲁班工坊研究，原创首创鲁班工坊品牌，率先组织实施鲁班工坊项目建设；三年之后，2018 年 9 月，习近平主席宣布，在非洲设立 10 个鲁班工坊，实施能力建设行动，鲁班工坊的发展进入了新阶段；再三年之后，2021 年 9 月，习近平主席提出，将在上海合作组织国家建成 10 所鲁班工坊，鲁班工坊的发展开启了新征程。

随着“天津鲁班工坊—中国鲁班工坊—世界鲁班工坊”发展态势快速呈现，鲁班工坊研究，必将是中国职业教育研究的新领域，是国际职业教育、世界产教融合的新思潮，是中国教育的品牌、中国职教的模式、中国职教的话语走进世界舞台中央的新势力。

鲁班工坊纵览与博观，体现在时间的纵向和空间的跨域；体现在鲁班工坊的内涵深度和功效宽度；体现在鲁班工坊实践由“点（国别）”，及“面（洲际）”，到“体（全景）”的光阴感和史诗性。

2023 年 4 月 6 日

第十二节 《世界上首个鲁班工坊——泰国鲁班工坊研究》前言

【此文发表于 2022 年 11 月】

2016 年 3 月 8 日，在中国职业教育发展史上，是一个不同寻常的日子。这一日，中国天津代表团荀利军、靳润成、吕景泉等一行 6 人，同先期抵达泰国的芮福宏、申奕等中方建设团队人员会合，与泰方各界人士、泰国大城技术学院建设团队，共同为世界上首个“鲁班工坊”启动运营揭牌。

这一揭牌，揭开了自中国近现代职业教育持续引进、学习、借鉴国外职业教育经验 150 年之后，开启与世界系统化分享中国教学模式、教学标准、教学装备、教学资源、教学方案的帷幕；这一揭牌，揭开了天津职业教育经过国家职业教育改革试验区、示范区、示范区“升级版”连续建设 15 年之后，开启与国际合作伙伴品牌化建设中国主导在境外实施学历教育与技术培训实体化机构的大幕。

2017 年 2 月 3 日，吕景泉与芮福宏共同获得“诗琳通公主奖”。2022 年 9 月 29 日，哲仁获得“中国政府友谊奖”。

中国天津渤海职业技术学院与泰国大城技术学院率先实施的泰国鲁班工坊项目建设，探究了鲁班工坊核心内涵，实现了鲁班工坊核心功能，确立了鲁班工坊品牌要义，验证了鲁班工坊整体项目方案的可行性和科学性，树立了鲁班工坊实践探索、理论研究、经验总结、模式推广的标杆。

泰国鲁班工坊是鲁班工坊品牌创建创成的奠基者、开拓者和引领者。“国别鲁班工坊”研究，开启于泰国鲁班工坊。“世界上首个鲁班工坊”，是对泰国鲁班工坊的最好称谓，也是对泰国鲁班工坊建设团队的最好褒扬！

2022 年 11 月 20 日

第十三节 《鲁班工坊研究：溯源·要义·标准·策略》前言

【此文发表于 2021 年 12 月】

鲁班工坊的建设发展，可以用“日新月异”来描述;鲁班工坊的实践研究，更可以用“丰富多彩”来表达。

2015 年 9 月，天津市教委组织鲁班工坊的前期谋划和方案设计，到 2018 年 9 月 3 日，习近平主席宣布在非洲建设 10 个鲁班工坊。在这整整三年时间里，鲁班工坊的项目建设从设计走向实施，从推演走到实战，鲁班工坊的品牌创建从发展定位、目标任务、核心要义逐步演进构型，到实施路径、建设原则、政策保障逐步成熟成型。在 2018 年 9 月 3 日，这个时“光”点，5 个建成的亚洲鲁班工坊、1 个建成的欧洲英国鲁班工坊以及高水平建设中的欧洲葡萄牙鲁班工坊、非洲吉布提鲁班工坊，成为鲁班工坊上升为国家重大行动，进入新的发展阶段的时间标度和项目标定。

2018 年 9 月，鲁班工坊进入新的发展阶段，2021 年 9 月 17 日，习近平主席提出，未来 3 年，中方将向上海合作组织国家提供 1 000 名扶贫培训名额，建成 10 所鲁班工坊。在这整整三年时间里，以非洲鲁班工坊国家任务为主线，以 10 个非洲国家 11 个鲁班工坊高质量完成为亮点，遴选了艾因夏姆斯大学、阿布贾大学、德班理工学院、埃塞俄比亚技术大学等优秀合作院校，依照合作国当地产业发展需求，聚焦铁道、机械、电气、制造、汽车、信息、冶金等技术领域，对接“非洲 2063 年愿景”，服务中国企业“走进非洲”，服务中非合作“能力提升工程”。在 2021 年 9 月 17 日，这个时“光”点，在亚欧非三大洲 17 个国家建成 18 个鲁班工坊，成为鲁班工坊站在新时代新起点，开启新的发展征程的时间标度和项目标定。

从 2015 年 9 月，项目企划设计，实施亚洲、欧洲鲁班工坊建设；到 2018 年 9 月，习近平主席宣布，在非洲设立 10 个鲁班工坊；再到 2021 年 9 月，习近平主席提出，未来 3 年，将在上海合作组织国家建成 10 所鲁班工坊。鲁班工坊从设计实施，到进入新阶段，再到开启新征程，回溯这一史诗性的实践探索过程，开展鲁班工坊项目的溯源、要义、标准、策略研究，具有十分重要的现实意义。

作为鲁班工坊的首倡者，也是首创并牵头研制、组织并推动实施鲁班工坊项目的建设者，回顾鲁班工坊的实践探索、理论研究、经验总结、模式推广历程，从“我”的视角，以“我”公开发表之论文、正式出版之著述为主线，依据时间顺序，依照实践逻辑，依凭研究脉络，原汁原味地集结那些饱含鲁班工坊“韵味”的文字篇什，帮助读者清晰地了解鲁班工坊成长、成熟、成型，帮助研究者理解鲁班工坊的项目基础、发展策略、建设原则，观其萌动、发端、起步、成熟、定型与发展，具有十分重要的理论意义。

2014 年 4 月，继“我”在天津中德职业技术学院（现为天津中德应用技术大学）从教 24 年后，转任天津市教育委员会副主任，分管职业教育 5 年半，而后在天津海河教育园区工作，分管教育社会事业 1 年半，现在天津职业技术师范大学工作近 1 年。这 8 年时间，是鲁班工坊的重要发展期。本书中，“我”的资料取自 2014 年，止于 2021 年 12 月。在 CNKI（2021 年 12 月 12 日）中，以“鲁班工坊”主题进行查询，在 220 余篇文章中，“我”的文章是 20 篇；其中，“被引量”排前五的，占 4 篇;“被引量”排前十五的，占 7 篇。可以推测，本书的出版也具有十分重要的研究价值。

鲁班工坊研究，是中国职业教育的新领域，是国际职业教育、世界产教融合的新思潮，也是中国教育品牌、模式、话语、体系走进世界教育舞台中央的新势力，更是中国优秀传统文化创造性转化、创新型发展的新成果。鲁班工坊源自天津，成在中国，服务世界。

2021 年 12 月，天津职业技术师范大学将成立“鲁班工坊国际发展研究中心”，作为首席专家，“我”特以此作恭奉，记为“首作”。

本书主题已入选“中华文化走出去工作重点任务清单项目”，可供职业教育的专家学者和职业院校同仁参考，可作为中国对外人文交流、国际教育合作，特别是从事鲁班工坊项目建设与研究的同仁分享使用。

2021 年 12 月 13 日

第二篇

职业文化与传承创新

2021年10月18日，在陶行知诞辰130周年之际，天津职业技术师范大学“行知园”重整开园。行知园包含“行园”“知园”“合园”，生动展现了行知教育思想，让教育与生活结合融合，营造了弘扬“行知”精神、铸造高尚师魂的浓厚氛围，实现了校园绿地为师生更好服务“走得进、坐得下、待得住”目标。

2022年5月6日，在黄炎培创立中华职教社105周年之际，为纪念习近平总书记为中华职教社建社百年贺信5周年、天津职教社建社25周年，天津职业技术师范大学“炎培园”重整开园。炎培园成为集“建教合作”思想展示、职教文化传播、办学理念呈现、传统书篆赏析为一体的育人园地，再度实现了校园绿地为师生更好服务“走得进、坐得下、待得住”目标。

2023年6月28日，在“百工之祖”鲁班诞辰2530周年之际，天津职业技术师范大学将“谊园”提升完善，命名“班墨园”，重整开园。班墨园包括“班园”“墨园”“谊园”。穿行其中，可以感受到中国传统工匠精神与先贤教育哲思，感受到中华传统职业文化的厚重积淀，体悟“以墨子的爱心做人育人，以鲁班的精进做事创业”的职业信条。班墨园，也实现了校园绿地为师生更好服务“走得进、坐得下、待得住”目标。

班墨园、炎培园、行知园，三园一脉相承，纵贯千年历史，横亘千亩校园，为新时代天津职业技术师范大学文化育人服务，为新时代中国职业技术师范教育寻根延脉、强枝拓维。

2023年5月22日，《人民日报（海外版）》大篇幅刊载了“探访”系列八，题为：“职教黄埔”话鲁班——探访天津职业技术师范大学。文章讲到：继承中国传统班墨文化，汲取陶行知、黄炎培教育智慧；工程实践创新项目（EPIP）具有中华传统文化基因，具体而言，就是把墨子重视实践的“行为本”“亲知”“名实耦”的思想、黄炎培主张学校与企业联合育人的“建教合作”思想、陶行知关于“生活即教育、社会即学校”的思想融会贯通起来，是中国职教在模式、话语、体系领域的一次成功实践。文中还翔实描述了“行知园”、“炎培园”和建设中的“班墨园”风情风貌，写到：三园景观各具特色，但蕴含的理念贯通、根脉相连，让师生从不同视角尽情品味和领略中国职教文化的魅力。

班墨文化，是近现代中国职业教育的文化源头，是新时代中国特色职业教育的滋养宝库。班墨文化、建教合作、生活教育是中国职业教育教学模式“EPIP”、国际品牌“鲁班工坊”的底层逻辑。

第一节　从“行知园”“炎培园”到“班墨园”

【此文发表于 2022 年 6 月】

2023 年 5 月 22 日,《人民日报（海外版）》大篇幅刊载了“探访”系列八，题为:“职教黄埔”话鲁班——探访天津职业技术师范大学。文章第二部分“继承中国传统班墨文化，汲取陶行知、黄炎培教育智慧”讲到：工程实践创新项目（EPIP）具有中华传统文化基因，具体而言，就是把墨子重视实践的“行为本”“亲知”“名实耦”的思想、黄炎培主张学校与企业联合育人的“建教合作”思想、陶行知关于“生活即教育、社会即学校”的思想融会贯通起来，是中国职教在模式、话语、体系领域的一次成功实践；EPIP 是在广泛汲取中国古代、近现代教育智慧，借鉴国际先进教育教学理念基础上创立的教学模式，适合培养技术技能人才。文中还翔实描述了“行知园”“炎培园”和建设中的“班墨园”风情风貌，写到：三园景观各具特色，但蕴含的理念贯通、根脉相连，让师生从不同视角尽情品味和领略中国职教文化的魅力。

2021 年 10 月 18 日，在陶行知诞辰 130 周年之际，天津职业技术师范大学“行知园”重整开园。行知园包含“行园”“知园”“合园”，生动展现了行知教育思想，让教育与生活结合融合，营造了弘扬“行知”精神、铸造高尚师魂的浓厚氛围，实现了校园绿地为师生更好服务“走得进、坐得下、待得住”目标。

2022 年 5 月 6 日，在黄炎培创立中华职教社 105 周年之际，为纪念习近平总书记为中华职教社建社百年贺信 5 周年、天津职教社建社 25 周年，天津职业技术师范大学“炎培园”重整开园。炎培园成为集“建教合作”思想展示、职教文化传播、办学理念呈现、传统书篆赏析为一体的育人园地，再度实现了校园绿地为师生更好服务“走得进、坐得下、待得住”目标。

2023 年 6 月 28 日，在“百工之祖”鲁班诞辰 2530 周年之际，天津职业技术师范大学将“谊园”提升完善，命名“班墨园”，重整开园。班墨园包括“班园”“墨园”“谊园”。穿行其中,可以感受到中国传统工匠精神与先贤教育哲思,感受到中华传统职业文化的厚重积淀，体悟“以墨子的爱心做人育人，以鲁班的精进做事创业”的职业信条。班墨园,也实现了校园绿地为师生更好服务“走得进、坐得下、待得住”目标。

从行知园，到炎培园，再到班墨园，三年“三重整”，实现“三目标”。

班墨园、炎培园、行知园，三园一脉相承，纵贯千年历史，横亘千亩校园，为新时代天津职业技术师范大学文化育人服务，为新时代中国职业技术师范教育寻根延脉、强枝拓维。

生活教育，提倡只有在生活中获得的教育才是有用的、真的教育。建教合作，倡导职业教育要与经济社会真实结合。班墨文化，是近现代中国职业教育的文化源头，是新时代中国特色职业教育的滋养宝库。班墨文化、建教合作、生活教育是中国职业教育教学模式“EPIP”、国际品牌“鲁班工坊”的底层逻辑。

创立中国职业教育的本土化模式、创成中国职业教育的国际化品牌，是中国优秀传统职业文化创造性转化、创新性发展的重大成果，是用中国道理总结好中国经验，把中国经验提升为中国理论的成功实践，是新时代中国职业教育的重大理论与重大实践创新。

——摘自《职业教育研究》2023 年第 7 期中吕景泉《从“行知园”“炎培园”到“班墨园”》。

第二节　由陶行知教育思想谈中国职业教育适应性发展

【此文发表于 2021 年 12 月】

陶行知先生，生于 1891 年 10 月 18 日。

1914 年，他以优异成绩在南京金陵大学毕业，远渡重洋赴美国留学；1917 年，他学成归国，在新文化运动中积极倡导新教育，提出要以科学之方法进行教育改革与创新。自此之后，他呕心沥血，怀着“捧着一颗心来，不带半根草去”的热忱，为中国教育探寻新路。

今年，是陶行知先生诞辰 130 周年。斯人已逝，其思想依然发光。

今年，习近平总书记在参加全国政协十三届四次会议的医药卫生界、教育界委员联组会时强调，要引导广大教师继承发扬老一辈教育工作者“捧着一颗心来，不带半根草去”的精神，以赤诚之心、奉献之心、仁爱之心投身教育事业。

今年，是中国共产党建党 100 周年。回顾中国共产党发展职业教育的百年历程，中国共产党指引职业教育发展，经历了“建立新中国：服务革命、应战争之需”“建立社会主义制度：服务工农、服务经济建设”“开创中国特色社会主义：大力发展，支撑建设人力资源强国”“中国特色社会主义进入新时代：摆在更加突出位置，为实现中国梦提供有力人才和技能支撑”四个时期。展望未来，职业教育要锚定高质量发展，增强职业教育适应性，努力培养数以亿计的高素质技术技能人才，为全面建设社会主义现代化国家提供坚实的支撑。

从“知行”到“行知”，我们铭记“生活即教育”，实践“教学做合一”。在这第 130 个年头之际，在这百年风雨路，扬帆新征程之际，重温行知精神，思考职业教育，聚焦适应性发展，以此缅怀先生！

一、“知行”“行知”之名

1.“知行”

陶行知，原名陶文濬，1891 年 10 月 18 日生于安徽歙县，1946 年 7 月 25 日逝世于上海。青少年时期，陶行知在家乡受到良好的国学、国情教育，他潜心研究理学家王阳明学说，崇拜王阳明的“知是行之始”，服膺知行合一理论。

1911 年，他自改名“知行”。

2.“行知”

1915 年 9 月，在美国求学的陶行知，从伊利诺伊大学转入哥伦比亚大学师范学院，由攻读哲学博士，转为攻读教育博士。在哥伦比亚大学，他受到杜威教授的赏识，沉醉于杜威的工具主义（或“实用主义”），接触到杜威正在研究的哲学和教育思想，看到以社会为中心的职业学校取得的成就。

1917 年开始，陶行知在他所任职的南京高等师范学校，观察到教师只管教，不管学生学，认定有改革之必要。他主张要将学校里的“教授法”，改为“教学法”。他倡导、坚持并身体力行了两年多，在 1919 年，他以专修科主任的名义，将学校全部课程的“教授法”，一律改为“教学法”。看似一字之差，这是实现教学合一的起源。那么，如何学呢？他借鉴杜威教育思想，提出做中学！这就有了教、学、做，而教学做一体的中心，是“事”，即“现实生活”，也就是“战胜现实中实际的困难，解决现实中实际的问题，生实际之利，格实际之物，爱实际之人，求实际的衣食住行，回溯实际的既往，改造实际的现在，探索实际的未来”。

1927 年，这一年的 3 月 15 日，是一个值得纪念的日子。这一天，是晓庄学校开学典礼。陶行知发表了热情演说。当时的晓庄一无校舍，二无教员。校舍，盖的是晴天，踏的是大地；农夫、村妇、渔民、樵夫都做指导员。在随后的日子里，陶行知与晓庄师生一起盖房子、建厨房、挖厕所，一起挑粪、挑水、种田、种菜、养猪、养鱼，什么都自己干，盖起了一座座茅屋：图书馆、办公室、会议室、音乐室、陈列室。一切都有了。他的生活教育理论，也有了；晓庄精神，也有了。陶行知将其归结为一个字，就是：做！陶行知说：“做”弄通了，其余疑问就迎刃而解了。

1927 年,也就是在这一年,陶行知提出“行是知之始,知是行之成”的理论,正与王阳明的主张相反。那时以后，许多学生称呼他“行知吾师”，陶行知也乐意接受。一位德国朋友傅有任（中文名）对他说 :“中国人如果懂得‘行知’的道理而放弃‘知行’的传统思想，也有希望。”

1934 年 7 月 16 日，陶行知将使用了 23 年的名字“知行”，为了求得“名实相符”，正式换名“行知”。

3.“行知行”

“教学做合一”是陶行知的教学方法论。

“教的方法根据学的方法,学的方法根据做的方法。事情怎样做便怎样学、怎样学便怎样教。教而不做，不能算是教 ; 学而不做，不能算是学。教与学都以做为中心，在做上教的是先生，在做上学的是学生。”教育界普遍存在着以教师为中心，以教为中心的现象。陶行知反对以“教”为中心，主张“教学做合一”，这就从教学方法上改变了教、学、做的分离状态，克服了书本知识与生活实践脱节、理论与实际分离的弊端，是教学法上的一大改革。

后来，陶行知在“反省”教学做合一的过程中又有了新发现。他把教学做合一的全过程贯通起来，形成“行动生困难，困难生疑问，疑问生假设，假设生试验，试验生新断，新断生行动”循环，如此，便把前后两个“行动”连接了起来。因此，陶行知把行、知两个字叠加叠放使用，以体现“行知行”的循环，体现行与知的结合。他自造了一个字“衔”，并曾取之为名，将“行”字分为左右两边，“知”字放其中，但“矢”在上，“口”在下，寓意“行知行”，知在行中得，更以知导行。在实践中获得新认识，用新认识指导新实践。

二、“教育即生活”“生活即教育”之实

“教育”与“生活”之关系一直为教育界所关注。在近代，对教育与生活之关系探讨较为深入的，当推美国的杜威，他提出了“教育即生活”以及“从做中学”等主张。在我国,生活教育的代表陶行知提出“生活即教育”以及“教

学做合一”等重要思想。陶行知的生活教育可以说是结合中国的具体国情、具体民情，对杜威思想的继承和延伸，按照陶行知本人的说法，“生活即教育”是把杜威的“教育即生活”翻了半个跟头，二者之间存在本质差异。

1．杜威“教育即生活”

杜威是美国著名的实用主义哲学家、教育学家，1896 年创办芝加哥大学实验学校，1897 年发表其纲领性著作《我的教育信条》。他的教育生活理论形成于 19 世纪 90 年代，那时正是美国社会变革的时期，美国经历着由农业社会向工业社会转型的特殊时刻，工业化带来巨大物质财富的同时，也给社会、文化、教育带来了一系列问题，精神与物质失衡，学校教育脱离了社会生活，脱离了学生成长需要。杜威提出工具主义教育思想，并倡导“教育即生活”。教育是培养人的社会活动，是一种特殊生活方式。教育要源于生活，在生活中发展。“教育即生活”认为，教育要依赖于生活，并改善现实生活，通过教育使学生获得更好发展，形成构建美好生活的知识及能力。

2．陶行知“生活即教育”

陶行知留美回国后，进行了多年的教育实践探索与理论研究思考，继承杜威“教育生活理论”，并进行革新与创造。20 世纪之初，中国是一个半殖民地半封建的农业国家，教育水平低下，大众缺乏受教育机会。陶行知借鉴杜威的教育生活理论，创造了适合中国实际的“生活教育理论”。他主张“生活即教育”。生活教育理论在他所创办的晓庄乡村师范学校得以实践。

陶行知认为“生活即教育”，只有在生活中获得的教育才是有用的、真的教育。过什么样的生活，便受什么教育，想要受什么教育，便须过什么生活。是好生活即是好教育，是坏生活即是坏教育。依照他的生活教育的五大目标说来：康健的生活即是康健的教育；劳动的生活即是劳动的教育；科学的生活即是科学的教育；艺术的生活即是艺术的教育；改造社会的生活即是改造社会的教育。

3．“学校即社会”“社会即学校”

与“教育即生活”相关联，杜威提出的另一个命题是“学校即社会”。他认为传统教育的失败在于学校与家庭、社会相脱离，学校教育与现实生活、社会变革相隔离。要改变这一状况，根本的方法就是把学校建成雏形社会。

陶行知将杜威的“学校即社会”推陈出新，他提出“社会即学校”，主张把学校纳入社会之中，打通学校和社会，并把二者融为一体。陶行知经过中国的实践探索，认识到杜威这个命题的局限性，并加以改造。“学校即社会”是跟着“教育即生活”而来的，他也把它“翻了半个跟头”，变成“社会即学校”。他说：“学校即社会”就好像把一只活泼的小鸟从天空里捉来关在笼里一样。他要以一个小的学校去把社会所有的一切都吸收进来，所以容易弄假，而且这种教育在“学校与社会中间造成了一道高墙”，把学校与社会生活隔开了。

陶行知认为，要先能做到“社会即学校”，才能讲“学校即社会”；要先能做到“生活即教育”，才能讲“教育即生活”。学校教育的范围小，不能尽“生活教育的能事”；“学校社会化”也是削足适履，包括不下来。只有将整个社会变成学校，主张“社会即学校”，整个社会范围，即是整个的教育范围。那么，教育的对象丰富，教育的意义也就丰富，取之不尽，用之不竭了。

“生活即教育”“社会即学校”至少有三个含义：一是我们所过的生活及生活中的一切东西，都可以是教育内容；二是生活与教育要一致，否则就不能起教育作用；三是教育不能脱离生活，学校不能脱离社会，要与生活、社会相联系，与生活、社会打成一片。

不可否认，陶行知的生活教育与杜威的实用主义教育有密切联系，他们都抨击传统教育缺陷，提出解决现实的实际问题的办法。陶行知也承认，没有杜威的“教育即生活”在前，决产不出“教学做合一”“生活即教育”。同样不可否认，杜威主张“教育即生活”“学校即社会”“做中学”，是把生活从属于教育，把社会微缩进学校，没能把教育解放出来，也没把学校拓展开来。陶行知立足于中国教育实际，吸取、借鉴并改造、发展了杜威的教育理论，为中国教育开了一剂良方，建立了带有中国特质的新式教育，对中国整个教育，都起了极大推动作用。陶行知是中国真正的教育家，董必武夸赞他：敬爱陶夫子，当今一圣人！

三、职业教育的适应性发展

陶行知一生的教育实践，始终秉持“兴教救国”，他在《我们的信条》中提出十八个“深信”,其中,第一个“深信”就是:深信教育是国家万年根本大计。

陶行知一生的教育实践，始终围绕国家之急迫、民族之需要、大众之需求，无论是发动并投身平民教育、乡村教育、普及教育、国难教育、抗战教育、民主教育，还是致力幼稚教育、儿童教育、师范教育、女子教育、中等教育、高等教育等方面的改革，乃至创办晓庄乡村示范、育才学校、中华教育改进社、生活教育社等改革试验载体及社团，其唯一目标，就是提升本土教育的服务能力，服务国家与民族自立自强，就是增强本土教育的适应能力，适应积贫积弱的大众与乡村自醒自强。

陶行知，是生活教育理论与实践体系的缔造者，更是推动中国本土教育适应性发展的实践者。

1. 名实耦，合也

所以谓，名也；所谓，实也；名实耦，合也。

《墨子》提出“名”“实”“合”“为”。“名”是“所以谓”，我们用以认识、说明事物的名词、概念；“实”是“所谓”，即我们认识、说明的对象；名实相符即“名实耦”，谓之“合”。“为”是认识的目的和检证，它包括：“志”，即行为的主观动机；“行”，即实际行动。中国的“知行合一”，此处可以找到端倪及源头。

改革开放以来，中国的职业教育规模快速增长，质量不断提升，职业教育的科学研究也在更加关注中国现实、中国实际。实践证明，任何片面地、孤立地、笼统地考察学习国外职业教育，而忽视职业教育的环境、土壤、本质及适配条件去介绍、引进、推广国外职业教育，原汁原味地吸收应用，都将导致教育失误、信息失掉。世界上，各个国家都应根据自己的国情、环境、文化，依据自己国家社会对职业教育的需求和受教育者的要求，选择适合的职业教育模式，而不是盲目照搬。

新时代中国职业教育要增强服务意识和服务能力，提升适应能力，扎根中国大地办教育，瞄准国家战略，聚焦区域经济社会发展，为生产服务，为生活服务，为青年人实现个人职业梦想服务，为人人都能够出彩服务，为实现中华民族伟大复兴的中国梦服务。

2. 职业教育的“工程化”

当今中国，已经成为全球首屈一指的工程大国。工程大国，决定大国教育要面向工程。

20 世纪 80 年代，邓小平提出“三个面向”，教育要面向现代化，面向世界，面向未来。“三个面向”是邓小平理论的组成部分，是邓小平教育理论的精髓。三个面向，用今天的话语来表示，就是教育要面向中国特色社会主义现代化建设伟大工程，面向推进构建人类命运共同体伟大工程，面向不断满足人民群众未来生活新期盼伟大工程。

职业教育要面向人人，面向社会，着力培养学生的职业道德、职业技能和创新创业能力。面向人人，就是让每个人都能得到全面发展，都能有人生出彩的机会；面向社会，就是服务区域经济社会发展，建设美丽家园。

职业教育“工程化”，是生活化、生产化、现实化、社会化、也是中国化、大众化、时代化。其核心是“真实”，教与学基于真实，实践真实，创新真实，项目真实。职业教育“工程化”，是指职业教育要让学生学会解决“真实”的问题、“实际”的问题，使学生能够在真实世界、现实生活中得心应手地工作、生活。为“真实”教，用真实工程教；依“真实”学，在真实工程上学；凭“真实”考，借真实工程来考。“工程化”也是中国特色职业教育教学模式——工程实践创新项目（EPIP）教学模式的根基。

中国近现代职业教育发轫于 1866 年的福建马尾船政学堂。

可以说，船政学堂建立，是基于“工程化”。这个“工程”，是“义理为本，艺事为末”的真实中国现实，是“民族危亡、御外图强”的真实中国需要；这个“工程化”，是向法国学习，精修造船，向英国学习，深究驾驶；是“尽其制造、驾驶之术，才艺日进，制造、驾驶展转授受，传习无穷”中国教育的现代化。

150多年过去了，中国职业教育取得了大发展。从“工学并举”，到“半工半读”，从“两种制度”，到“校企合作”，“工学结合”，再到“产教融合”，直至“知行合一”……我们的理念是先进的，认识是深刻的，方向是准确的，但是，我们不能停留于此。中国职业教育的高质量发展、适应性发展，需要将其落地，需要让其扎根，需要“工程化”。

进入新时代，中国的职业教育走对了路！前路是什么？就是建设扎根中国大地、适合中国实际、造福中国人民的产教融合、知行合一的“新职教”。

3. “工程化”的适应性发展

中国职业教育在深度梳理、广泛汲取中国本土教育思想，形成独具自身特质的教学模式、办学模式的话语体系及研究成果。

工程实践创新项目（EPIP）是在中国的职业教育实践和理论研究基础上，围绕教学模式，汲取中国古代、近现代教育思想，借鉴国际先进职业教育经验创立的。

EPIP是工程（Engineering）、实践（Practice）、创新（Innovation）、项目（Project）四个元素的有机组合，是以实际工程为背景和基础，以工程实践为导向和贯穿，以能力培养为目标和归依，强化实践创新，强化项目统领的技术技能人才培养的教学模式。

EPIP深度挖掘转化墨子的“行为本”“亲知”“名实耦”朴素唯物思想及素朴反映论，转化发展陶行知的“生活即教育、社会即学校”平民教育思想，发展创新黄炎培的“建教合作”、教育与实业联为一体以解决生计、开发产业职业教育思想，探索“产教融合、校企合作、工学结合、知行合一”教育教学实践，成为中国技术技能人才培养的一种教学模式。

EPIP宏观教育论，涉及院校整体的办学思想，深度的产教融合，紧密的校企合作问题。EPIP明确提出，职业教育发展是现代产业体系发展的组成部分，是营商环境改善的重要内容。EPIP突出强调，职业教育与经济社会发展、产业结构调整、科学技术进步、国际产能布局的协同；EPIP特别注重，基于真实工程、真实世界、现实生活的全面育人。职业院校要围绕区域经济发展，不断探索专业（群）服务产业的运行机制；分析所服务区域的产业、行业、企业、职业发展趋势，面向实际需要，优化办学与需求匹配度，探索构建“服务—累积—孕育—优化”的核心竞争力建设机制，提升社会服务能力。

EPIP 中观专业论，是“核心技术一体化”专业建设模式。学校、企业双方共同调研寻找、研讨确定专业的核心技术技能，通过“四个一体化”实施，保证产业、行业、企业、职业要素全程、全面融入专业建设，为校企共同开发专业、协同教学、培养人才、共赢发展提供合作发展平台、命运共同载体。专业核心技术和技能的搜寻、提取、遴选、确定过程，保证了专业建设的“以用立业”。

EPIP 微观课程论，涉及课程所含的知识、技术（技能）、素养都要以工程为基础，源自工程，瞄准工程，服务工程。这个工程，是一个由真实情境、真实问题、真实需求构成的世界。课程实施主题的确定、项目的设计、内容的选择，要因地制宜地从真实世界中去寻找，其整体就是真实世界、现实生活。

可以说，EPIP 不仅是中国职业教育的教学模式，更是职业教育高质量发展、适应性发展，精准服务经济社会、服务新发展格局的有效路径。

4.“五业联动”的适应性发展

人们通常把职业教育视为一种与经济发展结合最为紧密，承担着人力资本开发、人力资源供给、技术技能积累的教育；然而现实中，企业却对参与职业教育的兴趣不高，校企合作呈现“一头热”。究其原因，这是因为职业教育原有的办学结构、人才供给不能适应和满足经济社会发展的需求，职业教育的适应性不强。例如，职业教育的专业设置必须与产业升级对接，但是相当多的职业院校专业设置依然与生产实际脱节；职业教育的教师、实训设备必须跟上企业生产要求，但很多职业院校的“双师型”结构师资队伍和生产性实训条件常常不能适应技术技能人才培养要求；职业院校毕业生的专业知识、职业能力、职业精神必须与岗位需求适应，但职业教育的人才培养标准和规格往往滞后于产业、企业、职业发展变化，行业指导作用也没有得到有效发挥。这些现象，反映的是院校办学和职业、企业、行业、产业之间不协调的表象，而技术技能人才的供需脱节、职教资源的供需错配等办学结构性矛盾才是产生这些错位的实质。

2014年，随着国家职业教育改革创新示范区建设发展，围绕办学模式，一个新的名词，一种新的发展势态，正在影响着津沽大地、京津冀区域乃至全国职业教育。这就是“五业联动”，即产业、行业、企业、职业、专业的产教融合办学模式。

“五业联动”，是新时代中国职业教育产教融合发展的新机制。它基于长期实践探索，理论研究，经验总结，成果推广过程，植根于国家现代职业教育改革创新示范区建设成效，经过实践检验，是一种有效的职业院校办学模式。

2018年，“服务智能制造产业发展，五度引领，五业联动，协同育人模式创新与实践”成果，获国家级教学成果一等奖。2020年1月23日，国务院办公厅发布《关于推广第三批支持创新相关改革举措的通知》中，明确提出，在人才培养和激励方面：推进“五业联动”职业教育发展新机制。

五业联动，是一种根植于产业发展，对接行业指导，围绕企业需求，服务职业岗位及个人职业发展需要，落地于院校办学、专业建设、课程改革的职业教育办学模式。其内涵可以具体表述为：职业院校以促进就业为导向，以职业能力为本位，在专业建设方面与产业、行业、企业、职业等要素密切联系，通过整合资源，相互协同、相互对接、相互融合、相互促进，将专业建设过程中体现五业联动的各项内容落实到教学与实训的各个环节，从而实现办学结构和效能优化的一种办学模式。可以说，依据现代产业的发展趋势和人的发展需求，强调院校办学、专业建设与“五业”联动，共同确立人才培养目标和规格，联合开发教学内容和应用EPIP教学模式，合作探索具有中国特色的现代职业教育科学发展途径，是这种新型办学模式的显著特点和创新之处。“五业联动”是落实产教融合、校企合作向纵深、向内涵推进的可靠、可用模式，更是职业教育高质量发展、适应性发展，精准服务经济社会、服务新发展格局的有效途径。

四、归结

陶行知创办晓庄师范学校，成为生活教育理论的始发地。

EPIP 教学模式的运用，对于教师来讲，是为学生寻找、营造适合的工程目标和工程环境（真实世界、现实生活），并在工程目标和工程环境下“教学做”一体化培养学生，教会学生学，教会学生做；对于学生来讲，是要了解工程，掌握技术、构造、工具、手艺，养成工程思维和工程素养。在实践中，“学”学习，“学”应用，“学”创新。EPIP 强调“改造我们的学习”“让学习更有效”，改变重“教法”轻“学法”，更轻“做法”的旧习；改进教师学生只认“假”，不识“真”，只会“技”，不知“用”的常规；用“工程化实践”代替“封闭式训练”，用一个一个由简单到复杂的工程情境和载体，完整、真实的培养学生。EPIP 的“工程”强调“做事”。它是陶行知生活教育在新时代创造性转化。

“五业联动”，发端于职业教育，但这种教育现象却反映了多元生产要素重新进行组合的历程，映衬了职业院校在与办学环境的生态互动中，促进自身与产业、行业、企业的制度创新和技术创新的过程。一方面，产业、行业、企业通过与职业院校的结合组成了利益与发展共同体，透过频繁的多元沟通、协调、联动，实现了生产要素新组合与互补。这种由生产一线需求驱动的职业教育供给侧结构性改革，不仅使生产部门提升了技术水平，获得了经济效益，并且使职业院校依据社会经济发展、产业转型升级和新兴职业的要求，主动契合产业结构的调整变化，积极优化自身的办学结构和专业结构，从而进一步提升了科技理论水平和教学实训质量，提升了技术技能型人才培养能力和服务产业、行业、企业发展的能力。另一方面，职业院校也在与产业、行业、企业的结合、合作、融合过程中，根据人的职业发展要求，进行了新一轮专业布局、课程设置和专业教学模式更新。通过五业联动搭建的职业发展“立交桥”，引导学生学会不断优化自己的知识、能力、素质结构，不断拓宽就业的弹性和自适应性，学会终身学习，进而实现个人职业的可持续发展。这种坚持就业导向，以人才供给为内驱力的供需结构改革，通过职业教育人才供给链与经济产业链的无缝对接，实现了技术技能型人才供给从“需求侧的拉动”到“供给侧的推动”的根本转变。它是陶行知生活教育的创新性发展。

2021 年 10 月 18 日，是一个值得纪念的日子。为纪念陶行知先生诞辰 130 周年，天津职业技术师范大学校园内的“行知园”已焕然一新，它向世人宣示：

学校秉持动手动脑，全面发展，立足培养“工匠之师”，培养“中国制造卓越雕塑师”的决心与信心，向世界昭示：学校坚持立德树人，五育并举，以服务为宗旨，以改革作动力，以质量谋生存，以特色求发展，提升适应能力，全面开启迈向建设世界一流职业技术师范大学新征程的决心与信心。

——摘自《职业教育研究》2021 年第 12 期中吕景泉、任雪浩《由陶行知教育思想谈中国职业教育适应性发展——纪念陶行知先生诞辰 130 周年》。

第三节　由黄炎培职教思想谈推进职教理论与实践创新

【此文发表于 2022 年 5 月】

2022 年 5 月 6 日，是中华职业教育社成立 105 周年的纪念日。成立于 1917 年 5 月 6 日的中华职业教育社，与中国职业教育相依相伴走过了百余年历程，黄炎培与中华职业教育社同道们提出的一整套职业教育理念和方法，是中国职业教育现代化进程中宝贵的思想和经验源泉。可以说，黄炎培职教思想精髓，体现了职业教育的本质属性，达到了现代教育理念的高境界。传承转化、创新发展这一思想，对于深化教育改革，推进中国特色现代职业教育体系建设，推进中国特色职业教育理论与实践创新具有重大意义。

2017 年 5 月，在中华职业教育社成立 100 周年之际，习近平总书记向中华职业教育社致贺信，贺信指出："中华职业教育社是我国成立最早的职业教育社团。在风雨如晦的旧中国，中华职业教育社本着教育救国的宗旨，致力于改革传统教育、推动职业教育发展，参与爱国民主运动，投身民族救亡，成为接受中国共产党领导、追求民主进步的爱国社团。新中国成立后特别是改革开放以来，中华职业教育社紧紧围绕党和国家工作大局，广泛联系社会各界和海内外关心支持职业教育的人士，为发展职业教育、实施科教兴国和人才强国战略、推进祖国和平统一大业作出了积极贡献。"可以说，习近平总书记充分肯定了中华职业教育社成立 100 年来对于改革中国传统教育、推动职业教育发展等方面所做的贡献。

一、与炎培精神结“缘”

笔者从事职业教育30余年，始终在研学诸子经典，特别是不断体悟墨子的“士虽有学，而行为本焉”“名实耦，合也”等观念，对我的教学实践和理论研究产生重要影响；而近代的陶行知教育思想、黄炎培职教理论，特别是黄炎培的“建教合作”“大职业教育主义”观念产生影响最大，也是我探寻中国职业教育发展之“道”的重要基石。

1．两次会议

2014年5月6日，由中华职业教育社和中国职业技术教育学会共同举办的第四届黄炎培职业教育奖颁奖大会在京西宾馆隆重举行。该届黄炎培职业教育奖活动评选出“黄炎培优秀理论研究奖”八名。笔者和其他七位职业教育研究人员获此殊荣，并代表获奖者在颁奖大会发言，主题为“传承黄炎培职业教育思想，构建中国职业教育理论体系”。张榕明、马培华等同志出席会议。

2018年9月25日，纪念黄炎培先生诞辰140周年座谈会在人民大会堂江苏厅隆重召开。笔者有幸与钟秉林、刘占山等七位代表从不同层面和角度作了发言，我们一起追忆黄炎培的光辉业绩和崇高风范，特别是他以毕生精力为改变传统教育脱离社会、脱离生活和脱离生产的现状，积极推进职业教育发展所做出的卓越贡献。陈昌智、黄孟复等出席座谈会并讲话。会上，我有幸结识了黄炎培的亲属，并获赠全套16卷册的《黄炎培日记》。

2．一道一园

2011年4月，笔者从事职业教育工作24年的学校——天津中德职业技术学院（现名，天津中德应用技术大学）入驻天津市海河教育园区新址，在校园内最为重要的道路中，规划设计了三条以中外人士命名的道路。一条是“易慕道”，纪念德国专家易慕道先生对学校所做的贡献；一条是“知行大道”；另外一条是“炎培大道”，用以昭示学校坚持“知行合一”“手脑并用”的办学理念和教育思想。

笔者现在工作的学校——天津职业技术师范大学，校园内有“一湖六园”，六园中有“行知园”“炎培园”。2022 年 5 月 6 日，为纪念中华职业教育社成立 105 周年，校园内的“炎培园”将焕然一新，整装开放。同时，为纪念习近平总书记为中华职业教育社致贺信 5 周年，天津中华职业教育社将在学校举办系列活动，为学校颁授“黄炎培职业教育思想与成果推广中心”，并参与共建“鲁班工坊国际发展研究中心”。这一切昭示着学校将继续秉持动手动脑，全面发展，传承黄炎培职教思想，立足培养“工匠之师”和“中国制造卓越雕塑师”的决心与信心。

二、与炎培职教思想结“识”

黄炎培是我国近现代著名的爱国主义者和教育家，是我国近代职业教育的创始人和理论家。他关注研究职业教育的前身“实用教育”，1913 年，首先写出《学校教育采用实用主义的商榷》文章。不久之后，他将其具体化为“职业教育”，开启中国近代职业教育实践探索与理论创新之路。

1. 立社创刊办校

1905 年，江苏学务总会（后改名江苏省教育会，今为江苏省教育学会）成立，黄炎培被推为常任调查干事。江苏六十三县，他的足迹踏遍四分之三。在调查江苏省各中学毕业生时，他发现只有少数能升学，大多数需要就业，但又苦于就不了业，这是经过年年公布的统计数字证明的。他想在“使无业者有业，使有业者乐业”上面做些工作，提出了教育与生活、生活与劳动不应脱节的主张。1917 年 5 月，他发起成立中华职业教育社，其宣言里，深刻说明了这些情况；其作的社歌，开头就是：“惟先劳而后食兮，嗟我人群之天职。”

黄炎培在《立社三十五周年纪念日一封公开信》中写到：职业教育，在三十五年前是一种革命性教育。革什么命？革“封建”的命。教育与社会需求、个人生活，完全脱节，我社就在这时候产生出来的。他接着写到：我社首先办一刊物——教育与职业，办一学校——中华职业学校，教学生一面学习，一面做工——铁工、木工……，穿了工衣、打铁、刨木……

1917 年 10 月 28 日，黄炎培创办在中国历史上首个将“教育”与“职业”

两词“连体”的刊物——《教育与职业》，在社会上推行职业教育。1918 年 8 月 20 日，经过千辛万苦筹资募款，在上海市陆家浜，中国近代教育史上第一所以“职业学校”命名的学校——中华职业学校办了起来。“劳工神圣”“双手万能”的大匾、徽章、商标出现了！

黄炎培认为中国的教育“乃纯乎为纸面上之教育”。所学非所用，所用非所学，改良之道“不独须从方法上研究，更须在思想上研究”。

2．“定义”职业教育

黄炎培在 1931 年作《三十五年来中国之职业教育》一文，文中讲：“吾国新教育制度之创始，作者认为宜断自清同治初元北京及广东之设同文馆与上海之设广方言馆。而职业教育制度之最初成立，乃在同治五年（即 1866 年）（考自黄炎培《中国教育史要》欧化时期的教育）。”1866 年，福建马尾船政学堂（求是堂艺局）开始建校。

1918 年，中华职业教育社宣布职业教育之定义为：用教育方法，使人人获得生活的供给和乐趣，同时，尽其对群之义务，名曰职业教育。该社还宣布了职业教育之目的为：谋个性之发展，为个人谋生之准备，使无业者有业，使有业者乐业；为个人服务社会之准备；为国家及世界增进生产力之准备。该社还宣布职业教育之分类为：农业教育、工业教育、商业教育、家事教育、专门职业教育等五大类。

黄炎培推崇的职业教育，要手脑并用、做学合一、理论与实际并行、知识与技能并重。

3．怎样办职业教育

1923 年，黄炎培提出：凡平民教育性质之职业学校，最合现今社会所需要。但其一切设施，须使勿远于社会之生活状况，否则其结果将与其宗旨日趋而日远。

1927 年，黄炎培提出：办职业教育而不脚踏实地，其失败比其他教育还快。职业教育是绝对不许关了门干的，也绝对不许在书本里讨生活的。一种职业社会，即有一种环境。欲使所培养的，适于他的环境，进一步更须改善他的环境，必须使其知道他的环境是怎么样，才可以下手。

1931年，黄炎培在《教育与职业》发表“怎样办职业教育”文章，提出：第一，办职业教育，万不可专靠想，专靠说，专靠写，必须切切实实去“做”。因为职业教育的目标很简单，很分明，是给人家一种实际上服务的知能，得了以后，人家要去实地应用的。第二，办职业教育，必须把试验业已有效的授给人家。在“先知觉后知”之外，还需“先能授后能”。第三，办职业教育，不但着重职业知能，而且还要养成他们适应这种生活的习惯。这三点，可以说是办职业教育的通则。

4. 大职业教育主义

1926年之后，黄炎培提出“大职业教育主义”，认为“只从职业学校做工夫，不能发达职业教育；只从教育界做工夫，不能发达职业教育；只从农、工、商职业界做工夫，不能发达职业教育。”他提出，办职业教育必须联络和沟通所有教育界和职业界，参与全社会的活动和发展，要更多地探寻职业教育外部环境的适应问题。以普通教育学校为正统的教育，以职业学校为偏系的教育，这种陈旧观念应彻底铲除。办职业学校的，须有最高的热诚，参与一切；须有最大的度量，容纳一切。职业教育应能包容一切。

黄炎培的建教合作之“道”，是把教育和实业联为一体，是教育应切合实用；是教育与职业相沟通，学校与社会相沟通，一切学校设施，皆以社会为根据；是既要培养职业知能，又要培养职业道德与服务精神。

“盖今世商战、工战，无非学战”，这是黄炎培为我们得出的极富警世意味的结论。

三、传承创新炎培思想结“果”

1. 传承“建教合作”，构建“大职业教育”

黄炎培教育思想的一个突出特点，就是认定沟通教育与职业是当时教育改革的关键；黄炎培职教思想归其一、归其要，是“建教合作”，是“大职业教育主义”，是职业教育要与社会、生活结合。用当今的话语，笔者归结为：“五个坚持”，即坚持动脑与动手最真实结合，坚持理论与实践最真实结合，坚持学校与企业最真实结合，坚持职业教育与经济社会发展最真实结合，坚持教育与人的全面发展最真实结合。这里的关键是“最真实”，它不是口号，不是愿望，也不仅是理念，还是方法、路径、启示和探索。

进入新时代，天津职业教育继国家职教试验区、示范区、升级版建设之后，开启了部市共建“新时代职业教育创新发展标杆”的新征程，传承创新黄炎培的“大职业教育主义”，办好中国特色、天津特质的职业教育，要继续坚持和完善党委主导、政府主推、行业主办、教育主管、企业主体的“五主”体制，形成产业、行业、企业、职业、专业“五业联动”产教融合机制，凝聚区域（区政府）、行业、企业、职业院校、科研院所“五方携手”合力，区校联手共建16个立足区域、面向产业、服务企业、辐射社区的职教集团，打造技术技能积累创新联合体。

天津职业教育要继续坚持以质量为核心，对接经济结构优化和新动能引育需要，主动融入“一基地三区”，建设应用技术转移中心、产品工艺开发中心、紧缺人才实训基地，打造兼具产品研发与制造、工艺开发与改进、技术升级与推广和大国工匠培育“四功能”的职业教育技术创新服务平台。

天津职业教育要继续畅通“纵向贯通、横向融通”现代职业教育体系。推进职业教育“纵向贯通”，完善中职、高职、职业本科、专业硕士、特需博士的人才培养通道，探索自主招生、综合评价招生、技能拔尖人才免试、中高本硕贯通系统培养等招考办法，深化探索中高、中本、高本、本硕系统化衔接培养新机制。推进职业教育“横向融通”，推进学分银行在天津落地运行，推动创立京津冀跨区域资历框架，建立职业教育与普通教育课程互认、学生学习成果等值互换制度。推进职业教育、高等教育、继续教育机构试点实施完全学分制，建立弹性学制与自主选课制度，实现学习者职业经历、工作能力和培训经历等的等值转化。将职业院校建设成为中小学生体验技术技能、学习科学知识、养成职业观念、拓展素质训练、劳动教育实践的培养培训基地。

2. 传承“对群义务”，构建“适应性职业教育”

黄炎培在《职业教育谈》中说，职业教育必须使人具有从事一定职业劳动来谋生的能力，否则，就谈不上精神事业和社会事业。“离社会无教育”！他在《职业教育机关唯一的生命是怎么》中写道：“职业教育有最紧要的一点，譬如人生中的灵魂，得之则生，弗得则死。是什么呢？从其本质说来，就是社会性；从其作用说来，就是社会化。”

新时代的中国职业教育是面向人人，面向社会，着力培养学生的职业道德、职业技能和创新创业能力。面向人人，就是让每个人都能得到全面发展，都能有人生出彩的机会；面向社会，就是服务区域经济社会发展，建设美丽家园。职业教育“社会化”，就是生活化、生产化、现实化，也就是“工程化”。其核心是“真实”，教与学基于真实，实践真实，创新真实，项目真实。职业教育“社会化”，就是职业教育“工程化”，是指职业教育要让学生学会解决“真实”的问题、“实际”的问题，使学生能够在真实世界、现实生活中得心应手地工作、生活。为“真实”教，用真实工程教；依“真实”学，在真实工程上学；凭“真实”考，借真实工程来考。“工程化”也是中国特色职业教育教学模式——工程实践创新项目（EPIP）教学模式的根基。

工程实践创新项目（EPIP），是笔者带领教学团队深度挖掘转化墨子的“行为本”“亲知”“名实耦”朴素唯物主义反映论，转化发展陶行知的“生活即教育、社会即学校”平民教育思想，发展创新黄炎培的“建教合作”、教育与实业联为一体以解决生计、开发产业职业教育思想，探索“产教融合、校企合作、工学结合、知行合一”教育教学实践，使其成为中国技术技能人才培养的一种教学模式。EPIP 以中国职业教育实际为研究起点，体现继承性、民族性的立场主张，具有主体性、原创性的理论观点，彰显系统性、专业性的实践特色，构建起具有中国特色的院校办学思想、专业建设模式、课程结构体系、策略方法系统、标识品牌概念，初步形成职业教育的 EPIP 教育论、EPIP 专业论和 EPIP 课程论。可以说，EPIP 不仅是中国职业教育的教学模式，更是职业教育高质量发展、适应性发展的理念、方法、路径、启示和探索。EPIP 是黄炎培职教思想、职教实践、职教理论的传承转化和创新发展。

3. 传承“学战”思想，构建“国际化职业教育”

一百年前，很多有识之士投身“教育救国”。无论是北大校长蔡元培、南开校父张伯苓、平民教育陶行知……都是把教育与“救国”紧紧联系在一起。黄炎培提出：“盖今世商战、工战，无非学战”，这是为我们今人留下的警世之语！

2021 年 5 月 28 日，习近平总书记出席两院院士大会、中国科协第十次全国代表大会指出：“当今世界的竞争说到底是人才竞争、教育竞争。”

改革开放 40 多年来，中国建设与发展取得举世瞩目的成就。中国经济社会高速度、高质量发展，诸多因素起到至关重要作用。我们可以肯定地说，中国职业教育的高速度、高质量发展，也是其中一股重要力量，它为中国经济的腾飞、“世界工厂”、“中国制造”提供了源源不断的高素质技术技能人才。我们可以说，“学战”，是世界各国竞争的关键。

1914 年至 1917 年，黄炎培遍访国内 5 个省市，游走 25 个城市、52 所学校，考察美国、日本、菲律宾、南洋和英国教育，撰写了《旅美随笔》等文集，他认为办教育如同治病，知病源才能开好药方，做到对症下药。“外国考察，读方书也；国内考察，寻根源也。方书不可不读，而病所有来，其现象不一，执古方治今病，执彼方治此病，病曷能已。”可以说，黄炎培一生的职业教育实践，都是植根于中国实际需要，解决中国实际问题。我们的实践已经证明，任何片面地、孤立地、笼统地考察学习国外职业教育，而忽视职业教育的环境、土壤、本质及适配条件去介绍、引进、推广国外职业教育，原汁原味地吸收应用，都将导致教育失误、信息失掉。世界上，各个国家都应根据自己的国情、环境、文化，依据自己国家社会对职业教育的需求和受教育者的要求，选择适合的职业教育模式，而不是盲目照搬。中国职业教育要增强服务意识和服务能力，提升适应能力，必须扎根中国大地办教育，瞄准国家战略，聚焦区域经济社会发展，为生产服务，为生活服务，为人人都能够出彩服务，为实现中华民族伟大复兴的中国梦服务。

2015 年以来，笔者作为“鲁班工坊”的首倡者、建设者，在教育部和天津市委市政府领导下，与天津职业院校同仁一起组织实施了鲁班工坊项目建设，探索中国职业教育品牌化、系统化、体系化对外交流合作，创立了中国职业教育的国际品牌。2018 年 9 月 3 日，习近平主席在中非合作论坛北京峰会上宣布，在非洲设立 10 个鲁班工坊。同年，习近平主席在里斯本见证葡萄牙鲁班工坊项目建设签约仪式。2021 年 9 月 17 日，习近平主席在上海合作组织成员国元首理事会第二十一次会议上提出：“未来 3 年，中方将向上海合作组织国家提供 1 000 名扶贫培训名额，建成 10 所鲁班工坊。”截至目前，天津院校在亚、欧、非三大洲 19 个国家建设了 20 个鲁班工坊，涉及机械、电气、铁道、汽车、信息、冶金等 12 个专业类，近 50 个专业。鲁班工坊以国家职教试验区、示范区和升级版建设成果为总体支撑，培养合作国家熟悉中国装备和技术、了解中国产品和标准的本土化技术技能人才，服务中国企业走出去，促进国际产能合作，助力“一带一路”和人类命运共同体建设。

2019 年 4 月 25 日，习近平主席在北京人民大会堂会见埃及总统塞西时强调，中方将在埃及设立鲁班工坊，向埃及青年提供职业技能培训。可以说，鲁班工坊作为中国职业教育的国际品牌、国家行动，实现了以黄炎培为代表的中华职业教育社同道们宣布的职业教育最高目标“为国家及世界增进生产力之准备”。

四、归结

黄炎培创办的中华职业教育社，是中国近代职业教育理论研究的始发地。黄炎培的职教思想历久弥新，为中国现代职业教育理论奠定重要基石。在纪念中华职业教育社成立 105 周年之际，我们一起学习研究炎培精神、炎培思想，传承黄炎培职教思想精髓，将其创造性转化，创新性发展，对于推进中国职业教育理论与实践创新具有深远的历史意义和长远的现实意义。

笔者记得，2013 年 11 月，在黄炎培职业教育思想研究会名师讲堂上，张榕明作了“传承黄炎培职教思想精髓，推进现代职教理论与实践创新”主旨报告。文章特以此为题。

2022年3月3日，第七届黄炎培职业教育奖获奖公告公布，天津职业技术师范大学获评黄炎培优秀学校奖。

2022年5月，也是天津中华职业教育社成立25周年，是以为记。天津中华职业教育社组织开展了系列活动，在天津职业技术师范大学设立“黄炎培职业教育思想与成果推广中心”，整装“炎培园”重新开放，推广EPIP教学应用，参与鲁班工坊建设，助力世界职业技术教育大会……标志着天津中华职业教育社努力传承黄炎培职教思想，奋力推进新时代天津职业教育创新发展标杆建设的信心与决心。

——摘自《职业教育研究》2022年第5期中吕景泉《传承黄炎培职教思想精髓推进现代职教理论与实践创新——写在中华职业教育社成立105周年之际》。

第四节　鲁班工坊：让中国职教惠及世界

【此文发表于 2023 年 4 月】

植根于精益求精、进取精进的中华传统班墨文化，集中国职业教育的教学模式、专业标准、技术装备、教学资源、教学方案之大成。

发端于天津“国家职业教育改革创新示范区”建设，完成的天津市海河教育园区工程、开发的工程实践创新项目初步呈现出聚集效应、辐射效应和示范效应。

起步于天津“国家现代职业教育改革创新示范区”建设，约一年间就完成了项目研究、方案设计和标准研制等工作。

发展于“一带一路”建设深入推进期，短短数年间，迅速在共建“一带一路”国家落地生根，为合作国培养适应本国经济社会发展的高素质技术技能人才，为构建人类命运共同体作出独特贡献。

这就是享誉世界的中国职教品牌“鲁班工坊”。

一、创设：偶然中蕴涵着必然

作为鲁班工坊创立的主要参与者和建设者之一，我多年来和同伴们一起挥洒汗水，经历了其从孕育到诞生，再到茁壮成长的过程。

“鲁班工坊”作为专有名词，其产生的过程和背景无疑是颇让人感兴趣的话题。

那是在 2015 年 9 月，我作为时任天津市教育委员会分管职业教育的副主任，带领李力处长与时任教育部职业教育与成人教育司司长王继平交流，探讨创新职教国际合作思路、搭建中国职教国际合作新平台、新品牌，以更好服务“一带一路”建设。关于这一新平台、新品牌的命名，大家经过讨论一致认为，能够传承职业文化、体现技能特质、彰显工匠精神、蕴含创新智慧的代表人物就是“鲁班”，能够体现教、学、做一体，寓意小巧精致环境、现代学徒情境、工作劳动场所、精湛技艺传承的就是“工坊”。“鲁班工坊”一词就由此诞生了。随后，融合多种图案、蕴含多种中国传统文化元素的“鲁班工坊”标识创作完毕并完成版权登记。

搭建中国职教国际合作新平台、新品牌是中国职教改革发展的必然选择，而承担“国家职业教育改革创新示范区”建设任务的天津在其中当仁不让地扮演着重要角色。

2015 年 6 月，经过不懈努力，天津“国家职业教育改革创新示范区”建设通过教育部组织的专家组评估验收，被认为各项任务已经全面完成，走出了一条具有天津特色，又体现现代职业教育规律、可复制推广的职教改革发展之路。

2015 年 7 月，天津开启了打造示范区“升级版”进程，进一步明确，围绕国家发展战略需求，实施职教国际合作交流促进工程，提出职教国际交流平台构建计划、职教“走出去”重大行动实施计划和提升全国职业院校技能大赛国际影响计划。同年 8 月，天津市教委牵头，正式启动在海外建设鲁班工坊的前期研究和方案设计工作，明确了鲁班工坊的发展定位、主要任务、建设原则、实施路径、核心内涵和保障措施。

二、拓展：已服务于亚非欧20多国

知易行难。鲁班工坊国际化进程如何起步？怎么才能赢得国际社会青睐，在海外落地生根呢？这些是我们当时努力思考、积极作答的问题。

2014 年 9 月，泰国教育部职教委员会官员及该国 10 多所职业院校校长到访天津。期间，中国天津渤海职业技术学院和泰国大城技术学院签署了开展职教国际合作的协议，在此仅 3 个月之后，大城技术学院代表团再次到访天津，参观了天津渤海职业技术学院实训基地。两校就合作办学达成共识。同年 11 月，双方签署了共同建立鲁班工坊的协议。2016 年 3 月 8 日，世界上第一个鲁班工坊——泰国鲁班工坊揭牌，开启了中方与合作伙伴在境外共建职教实体机构、实施学历教育与技术培训的先河，开启了中国职教品牌化、体系化服务于国际社会的历程。

经过此后数年努力，泰国鲁班工坊完成了二期和三期建设，开设机电一体化技术、物联网应用技术、机械制造与自动化、新能源汽车技术、动车组检修技术、铁道信号自动控制等 6 个专业，累计培养了约万名职业技能人才，推进了泰国现代产业发展。由于在鲁班工坊创设中的贡献，我被泰国授予“诗琳通公主奖”。这是对我个人的鼓励和鞭策，更是对中国职教发展成就和国际贡献的充分认可与肯定。

通过泰国鲁班工坊，我们既增强了信心，也积累了经验，探索出一条国内职业院校与海外院校合作创办鲁班工坊的模式。

通过多年实践，我们又逐步形成了推动鲁班工坊“出海”的其他模式。例如“校企合作创办模式”，即中国职业院校携手承揽海外大型工程或者在境外办厂的中企，在目标国遴选优质职业院校，合作创办鲁班工坊，旨在培养本土化的技能人才，破解当地技能人才不足的矛盾并满足企业在当地的人才需求。印度鲁班工坊就是这一模式的典型代表，其创立之初就与 5 家在印度的中资企业签署了人才培养订单协议，实现了国际背景下的产教融合、校企合作。

依托丰富多元的创建模式，鲁班工坊实现了跨越式发展，迅速扩散到亚非欧三大洲的 20 多个国家，开办数量达到 27 个。

从埃及的开罗到埃塞俄比亚的亚的斯亚贝巴，再到肯尼亚的马查科斯；从泰国的大城府到印度尼西亚的东爪哇省波诺罗戈，再到巴基斯坦的旁遮普省拉合尔；从俄罗斯的莫斯科到葡萄牙的塞图巴尔，再到英国的奇切斯特……方圆相融的鲁班工坊标识宛若来自东方的绚丽之花，朵朵精彩绽放，成为“一带一路”上亮丽的职教风景。

三、价值：创成中国职教国际品牌

为合作方所在国培养适应经济社会发展急需的高素质技术技能人才，是鲁班工坊的初心和使命，多年来，我们始终不渝助力当地职教发展，不仅提供来自中国的先进实训设备，而且分享中国开发的课程、教学资源和国际化专业教学标准，进一步丰富和提升了当地职教发展水平，优化了职教生态，使一批批当地青年学子和职教师资获得国际先进的技术技能培训，成为熟悉中国技术、了解中国工艺、认可中国产品的技术技能人才，有力推动中国优质产能“走出去”，促进了当地经济社会发展和民生改善。同时，中国职教也在磨砺中成长，在专业教育改革、师资队伍建设、产教融合深化等方面都取得新突破。

鲁班工坊创成中国职业教育国际品牌。我们以泰国、英国、印度、印度尼西亚、巴基斯坦、柬埔寨、葡萄牙、吉布提等8个鲁班工坊为实践路径和质量标尺，确立了鲁班工坊核心要义，并把鲁班工坊打造成为中国职教国际品牌。在此过程中，我们与大城技术学院、奇切斯特学院、塞图巴尔理工学院等一批优秀院校建立合作关系，联动了一批优质合作企业，对接了一批重大国际合作项目。鲁班工坊的品牌影响力在海内外持续提升。

鲁班工坊创立中国职业教育本土化教学模式。我们以中国当代发展环境为逻辑起点，转化了墨子的“行为本”“名实耦”思想，发展了教育家陶行知的“生活即教育”教育思想，创新了教育家黄炎培的职教思想，进行借鉴、试验、总结、创新，创立了适合技术技能人才培养的工程实践创新项目（EPIP）教学模式应用于鲁班工坊；成立EPIP国际教育联盟，在泰国、印度、葡萄牙、埃塞俄比亚等国设立EPIP教学研究中心，推动海外对中国职业教育的关注和研究。可以说，鲁班工坊是植根于中华文化土壤，凝聚中华职教智慧，服务于构建人类命运共同体的国际公共教育资源和产品。

鲁班工坊创建国际化职业教育标准研制路径。我们开发适宜国际互认、突出国别特色的专业教学标准的方法路径与典型案例，借助鲁班工坊项目平台，实施“五业联动（即根植于产业，服务行业、企业需求，对接职业岗位，落地于专业建设）”，布局了从中职教育、高职教育、工程本科到工程硕士的境外国际化学历教育办学，服务类别涵盖境外企业员工培训。分布于20多个国家的鲁班工坊及其50余个专业全都在合作国家的国民教育和国民经济体系中成功“落地”。

鲁班工坊在三大洲精彩绽放得益于多方面的因素。其中最根本的无疑是改革开放以来特别是进入新时代以来，中国经济和社会发展取得的突出成就，这为中国职教创新发展和国际交流合作奠定了坚实基础。在实践层面上，鲁班工坊始终坚持的“五项建设原则”功不可没。在“平等合作原则”的基础上商讨项目合作方式、专业整合设计等，消除了国际办学中的不确定性。“优质优先原则”保障了优势专业、优势课程、优秀教师、优选资源的供给，确保高质量办学。“强能重技原则”彰显了对技术应用、技能训练和工程实践的重视，使鲁班工坊具有强大吸引力。“产教融合原则”贯穿技术技能人才培养全过程，达到校企协同、合作育人的目标。“因地制宜原则”使鲁班工坊在统一的规范和标准的框架下，做到符合当地实际和当地需求，极具适应能力和活力。

四、未来：进一步优化洲际发展布局

1866年，福建求是堂艺局在福州于山白塔寺内开课，后转至位于马尾的新址，更名为福建船政学堂，开设船舶驾驶、制造和机械工程等课程，致力于培养造船、航海技术人才，由此开启了中国近代职业教育。

约150年后的今天，鲁班工坊作为中国现代职教改革创新的重要成果“走出去”，造福国际社会。它是把中国职业教育的教学模式、专业标准、技术装备、教材资源与世界分享的实体化平台；是落实共建“一带一路”倡议，高起点定位、高水平谋划的中国优秀职业教育行动方案；是绘就国际化、品牌化需求导向合作布局的“大写意”；是绘制中国职教高质量发展，服务国际产能合作、服务人类命运共同体建设的“工笔画”。它所呈现的中国精神、中国气度，体现的中国智慧、中国贡献日益为国际社会所称道。

志合者，不以山海为远。站上新起点的鲁班工坊将继续坚持系统谋划、稳步求进、质量为先，加快研制更多领域的国际化专业教学标准，高水平建设国际化数字化教学资源，大力构建金砖国家、上海合作组织成员国、东盟国家的鲁班工坊项目联盟，与共建“一带一路”国家进一步扩展合作广度和深度。同时，我们要放眼全球，积极研究需求、创新合作模式，推动与美洲、大洋洲国家的职教项目合作，进一步优化鲁班工坊洲际发展布局。

——摘自《人民日报海外版》2023年4月24日“教育名家笔谈”专栏文章中吕景泉《鲁班工坊：让中国职教惠及世界》。

第五节 “职教黄埔”话鲁班
——探访天津职业技术师范大学

【此文发表于 2023 年 5 月】

初夏的津门花团锦簇、满目葱翠。街道中央绿化带大多种着月季、连翘、木槿等花卉和低矮的灌木，街道两旁则是国槐、白蜡树等高大的乔木。它们高低错落，相映成趣。一个晴朗的午后，伴着一路宜人的风景，本报记者一行驱车从驻地出发，沿着河西区黑牛城道转入海河之滨的大沽南路，再前行三四公里，抵达了此次探访的目的地——天津职业技术师范大学（以下简称“天职师大”）。

一、伴随改革开放应运而生，助推职教国际化再立新功

在天职师大车辆的引导下，我们穿过校园的一条梧桐大道，而后右转前行约 100 米停下来。眼前是一幢三层大楼，进口处挂着“鲁班工坊国际发展研究中心”“非盟研究中心”等机构的牌子。我们径直进入大楼乘电梯到达顶层的会客室。

“欢迎到访天职师大！”校党委书记张金刚和副校长吕景泉热情地同我们握手、互致问候。一落座，张金刚就高兴地和我们分享该校最近的一件大喜事：“就在上个月，我校的‘鲁班工坊国际发展研究中心’成功入选新一批天津市高校智库。我们将以更加丰硕的研究成果，为鲁班工坊进一步建设与发展、中国职业教育国际化发展提供智力支撑。”

截至目前，鲁班工坊开办数量达到 27 个，分布在亚非欧三大洲的 20 多个国家，成为享誉世界的中国职教品牌、中国职教国际化的典范之作。“鲁班工坊国际发展研究中心”能成功入选新一批天津市高校智库，充分彰显了天职师

大在此领域的雄厚实力。

张金刚说，天职师大拥有一批以吕景泉为代表的中国职教国际化领域的权威专家。吕景泉是鲁班工坊创立的主要参与者和建设者之一，首创并牵头研制鲁班工坊项目内涵、建设原则、标准模式、实施路径、保障措施，组织并推动完成亚非欧 8 个鲁班工坊的建设项目。他拥有 30 多年从事职业教学与实践的经验，发表了一批在业内有重要影响的论著。张金刚相信，以吕景泉为首席专家和牵头负责人的“鲁班工坊国际发展研究中心”将继续以一流的研究成果助力包括鲁班工坊建设在内的中国教育国际化实践。

天职师大拥有 20 年教育援外的经验并与外方院校合作，高水平创建了埃塞俄比亚鲁班工坊。张金刚介绍，2003 年，该校作为教育部首家“教育援外基地”开始参与中国政府援建埃塞俄比亚职业教育机构项目——埃塞俄比亚—中国职业技术学院，之后又牵头指导巴基斯坦建设“旁遮普天津技术大学”。特别值得一提的是，该校与埃塞俄比亚技术大学合作创办了埃塞俄比亚鲁班工坊。这些经验和业绩使“鲁班工坊国际发展研究中心”成为中国职业教育国际化发展领域高水平战略智库。

天职师大伴随改革开放春风应运而生，被誉为中国职教师资摇篮，中国“职教黄埔”。“1979 年 1 月，天职师大的前身——天津技工师范学院经批准设立，由此开启了主动服务国家战略，潜心培育职教师资的征程。进入新时代以来，天职师大成为教育部与天津市政府共建的第一所天津市属高校，向建设世界一流职业技术师范大学的目标阔步前行。”张金刚充满自豪地说，“天职师大 40 多年的深厚积淀，奠定了‘鲁班工坊国际发展研究中心’成功入选的基石。”

二、继承中华传统班墨文化，汲取陶行知、黄炎培教育智慧

吕景泉曾任天津市教育委员会副主任和天津市海河教育园区管委会副主任，全程深度参与鲁班工坊的创立和建设工作，特别是系统化提出鲁班工坊核心要义，已经成为鲁班工坊和中国职业教育“走出去”的标志性人物。在今年 4 月上旬举行的鲁班工坊建设专家委员会成立大会上，吕景泉荣任专家委员会主任。作为国家级教学团队负责人，他主持完成的项目获得职业教育领域首个

国家级教学成果特等奖。

面对取得的成绩和获得的荣誉，吕景泉谦虚地表示，这些都是中国职业教育改革发展的产物、植根于中华本土文化的产物，源于中国本土实践。吕景泉结合鲁班工坊的教学模式“工程实践创新项目（EPIP，即 Engineering Practice Innovation Project 的首字母缩写）”做进一步解释。他说，EPIP 是他在 30 多年职教教学实践和理论研究基础上，广泛汲取中国古代、近现代教育智慧，借鉴国际先进教育教学理念基础上创立的教学模式，适合培养技术技能人才。

吕景泉强调，EPIP 具有中华传统文化基因，具体而言，就是把墨子重视实践的“行为本”“亲知”“名实耦”的思想、黄炎培主张学校与企业联合育人的“建教合作”思想、陶行知关于“生活即教育、社会即学校”的思想融会贯通起来，是中国职教在模式、话语、体系领域的一次成功实践。吕景泉说：“为了充分彰显融通古今的职教文化特征，营造浓郁的校园职教文化氛围，我校近年来建设了‘行知园’‘炎培园’，正在建设以鲁班文化和墨子文化为主题的‘班墨园’。”

我们沿着校园的林荫道步行约 10 分钟抵达“行知园”。那是位于一幢科研楼前约 2 亩、呈长方形的绿地，被防腐木做成的微型拱桥大体平分成两部分，分别被设计建设成寓意“知”和“行”的景观。拱桥后方是寓意融合“知”“行”、用青砖铺就的圆形迷你广场。位于其中心的长方体基座上安放着陶行知铜质半身塑像。塑像后方是 5 块约一人高、暗棕色的长方体厚铜板，左边两块和右边两块分别是用镂空手法和模仿雕版工艺刻着汉字楷书“知”和“行”；中间一块则是用上述手法刻着融合“知”“行”的陶行知自创字。

之后，我们跟着吕景泉来到“炎培园”。那是一片颇为茂盛的树林，约 10 来亩地大小，呈长方形。梧桐、栾树等杂植其间，数条青砖小道纵横交错。林间的空地上安放着一个状如“翅膀”的大型金属几何造型雕塑，显得厚重敦实，格外引人瞩目。我们走近看到，几何造型的多个面上都刻着黄炎培的教育名言，其中包括那句著名的“手脑并用，双手万能”。在树林靠近南边马路一侧，安放着黄炎培铜质半身塑像。

“‘班墨园’建成后，也会安放由相关机构赠送的鲁班和墨子的雕塑，也会精心设计建设道路和景观，布置长椅，让大家能进得来、待得住、坐得下。”吕景泉说，“三个园的景观各具特色，但蕴含的理念贯通、根脉相连，让师生们从不同视角尽情品味和领略中华职教文化的魅力。”

三、加大援助西部职教力度，让工匠精神之花盛开祖国边疆

“炎培园”南侧的马路对面是机械工程学院所在的逸夫楼。在宽敞明亮的逸夫楼一层大厅，我们见到了即将毕业的该院几名大四藏族学生。

“我想回拉萨做一名职校教师，把在这里学到的先进机电技术带回去，培养更多藏族当代‘鲁班’。”丹增释迦满怀憧憬地对记者说。

同样打算回故乡做职校教师的还有来自昌都的女孩拉姆和来自日喀则的小伙子落追。拉姆特别关注提升家乡女生的职业技能，想帮助更多农牧民女孩掌握机电技术，使她们有机会进入装备制造业就业。落追表示，他要把学到的电子工程技术和先进的实训装备引入家乡的学校，升级当地的职教环境。

他们都不约而同提到鲁班，认为他象征的中华工匠精神是全国各族人民的共同财富，作为天职师大学子，努力为家乡的雪域高原培养现代“鲁班”是他们义不容辞的责任。

丹增释迦等学子立志扎根边疆培养“鲁班”，传播工匠精神的行为感动了天职师大。“在海拔 4 300 米的西藏阿里地区狮泉河镇的一所中职学校，有我校 33 名优秀毕业生在那里任教多年，默默奉献，无怨无悔。2021 年 9 月，我专程去看望他们并与该校开展对口支援。”张金刚向我们讲述了当时的场景，充满感慨。

进入新时代，天职师大不断加大国内教育援助力度，通过多种途径和方式为包括西藏、新疆在内的广大西部地区培养和提供职教师资援助。据统计，最近 10 年间，天职师大为西部地区职业院校输送职教师资约 2 600 名，为西藏、新疆、云南等培养公费中职师范生 2 000 余人，其中包括 34 个少数民族的公费中职师范生 800 余人。让人印象深刻的是，天职师大发起“高校—政府部门—职校”联盟，与贵州、甘肃等 4 个西部省份的教育主管部门及中职学校合作实施顶岗置换研修项目，破解了西部地区职教教师教学任务繁重、脱产培训困难

等问题。截至目前，共有605名优秀学生到西部地区中职学校顶岗实习，为西部地区培养适应职业教育发展的未来名师、领军人才夯实基础。

四、深情厚谊跨越山海，助力世界青年自强自立

“这可难不倒我，鲁班是中国古代一位心灵手巧的木工，发明了锯子、刨子等工具。我小时候在国内读中国历史故事时就知道了。”来自西非贝宁的小伙子约翰是天职师大汽车维修工程专业大三学生，曾携手中国队友摘得世界职业院校技能大赛迷宫机器人赛项的金奖，深谙中国“工匠之祖”鲁班的掌故。他在接受记者采访时表示，自己的职业理想是毕业后把在中国学到的技术带回贝宁，先在汽车制造工厂积累更多动手的经验，之后去职业院校做教师，培养汽车工程师，带出一批非洲的当代“鲁班”。

来自吉尔吉斯斯坦的姑娘麦瑞娅所学专业是机械工程。她告诉记者，自己正努力把疫情耽误的时间补回来。虽然对一些女生来说，机械工程通常显得较难，但是这里的老师讲解得耐心、细致，再加上有一流的实训条件，她学起来得心应手。“目前，我正忙着写关于超声波机械的毕业论文。”麦瑞娅自豪地说，“毕业后是继续深造还是工作，我还没有想好，不过可以肯定的是，在这里学到的知识和技能增强了我的竞争力。”

像约翰、麦瑞娅这样来天职师大学习的国际学生每年超过1 000人。该校近年来扩大招收留学生的规模，提高留学生教育质量，使优质职教资源更好惠及海外青年，培养了一批国际“鲁班”。

此外，该校积极创办埃塞俄比亚鲁班工坊，通过“走出去”和“请进来”为埃塞俄比亚合作伙伴院校等培养一批职教师资。陶拉·阿莱姆就是其中一位，“我已经在这里取得硕士学位，正在攻读博士学位，全面接受EPIP项目训练。博士毕业后，我将到埃塞俄比亚鲁班工坊做教师，进一步拓展专业范围和深度，把所学和精力投入本国职业技能人才培养。衷心感谢天职师大对我们的无私帮助。”阿莱姆对我们说。

在阿莱姆感谢的天职师大教师中，江绛无疑是最知名的一位，作为埃塞俄比亚鲁班工坊中方负责人，他和妻子在疫情期间始终坚守在埃塞俄比亚，带领

当地师生完成了所有实训装备的安装调试并积极投身当地教学工作。相关事迹经诸多媒体报道而广泛传播，成为中国职教人服务海外的一段佳话。

在天职师大国际交流处，我们通过视频连线，与远在 7 000 公里之外的江绛、埃塞俄比亚鲁班工坊的埃塞俄比亚方负责人贝蒂等进行了交流。他们一字排开坐在镜头前，身后就是中方提供的智能机械臂等实训装备。

“鲁班工坊给埃塞俄比亚带去了最先进的职教体系，包括职教理念、教学模式、教材和实训装备等。作为鲁班工坊中方负责人和教师，我虽然吃苦受累，但看到这里师生对技术的渴求和取得的进步，特别是青年人如愿找到心仪的工作或者成功创业，看到其他东非国家青年纷至沓来，我就收获感满满，干劲十足。”江绛在与我们分享经历和感受时这样说。

贝蒂表示，鲁班工坊不仅使埃塞俄比亚学生获得了最优质的职业教育资源，而且影响力辐射整个东非地区，肩负为埃塞俄比亚、肯尼亚、乌干达、坦桑尼亚等国家的 16 所职校培养高水平师资的重任。

我们的探访结束了。回顾此次天职师大之行，大家不约而同地谈到江绛在接受采访时说的一句话：“我的终极目标是让埃塞俄比亚不再需要我，希望这一天早日到来。”是的，中国职教人恰似火种，不辞辛劳跨越山海，只为以中国现代职教体系点亮各国青年人的梦想，以中华千年工匠精神点燃各国青年人奋斗的热情，助力他们成为技艺精湛的当代“鲁班”，实现自立自强并薪火相传。

——摘自《人民日报海外版》2023 年 5 月 22 日“探访系列”专栏文章中李有军、张保淑《“职教黄埔”话鲁班——探访天津职业技术师范大学》。

第六节　新时代职业教育前景广阔，大有可为

【此文发表于 2022 年 7 月】

新修订的《中华人民共和国职业教育法》（以下简称新版《职业教育法》）全面反映、体现了十八大以来党中央国务院有关职业教育的重大决策、改革发展的最新成果，既是对以往职业教育改革成功经验的高度概括，也描绘了职业教育的宏伟蓝图，构建了职业教育新发展格局，为建设技能型社会提供了根本遵循。

一、职业教育从"层次"到"类型"

新版《职业教育法》中首次明确，职业教育与普通教育同等重要、类型不同。明确国家鼓励发展多种层次和形式的职业教育。"层次教育"是把职业教育作为低于普通教育层次的教育。作为"类型教育"的职业教育则不同，它和普通教育等量齐观，没有高低之分。明确了高等职业学校的办学层次，适应经济社会发展需求可以不断向上延伸，发展专科、本科及以上教育层次的高等职业学校教育，打破职业教育天花板，打开了职业教育的发展空间。

新版《职业教育法》明确了同层次职业教育和普通教育学生在升学、就业、职业发展等方面享有平等机会。高职学校和普通高等学校设置的职业教育都可以拿出一定比例招生计划或者采取单独考试来招收中职学校毕业生。

二、鼓励企业举办高质量职业教育

十八大以来，党中央国务院高度重视职业教育产教融合、校企合作，重视发挥企业的主体作用。2021 年 10 月，中共中央办公厅、国务院办公厅印发了《关于推动现代职业教育高质量发展的意见》，其中提到，健全多元办学格局。充分发挥企业人力资源开发主体的作用，鼓励上市公司、行业龙头举办职业教

育。发展联合办学，鼓励职业学校与社会资本合作共建职业教育基础设施、实训基地，共建共享公共实训基地。鼓励企业举办高质量职业教育。

落实党中央重大决策，新版《职业教育法》诸多举措推动校企合作：发挥企业的主体作用，企业要深度参与职业教育，举办高质量职业教育；企业可以设置专职或者兼职岗位来实施职业教育；充分发挥教材在人才培养质量中具有的基础性作用，国家鼓励行业组织、企业等参与职业教育专业教材开发。为了调动企业参与的积极性，新职业教育法对深度参与产教融合、校企合作的企业给予奖励、税费优惠等激励政策，同时将企业开展职业教育的情况应当纳入企业社会责任报告。

三、强化职业教育第三方评价制度

改革开放以来，职业教育规模有了很大发展，但职业教育的质量经常被诟病，家长不愿意让孩子进职业学校与教育质量有关。职业教育也存在与经济社会发展脱节、与科技进步脱钩现象，适应力不强、服务力不够的情况。

新版《职业教育法》通篇贯穿了高质量发展的理念和要求。同时，明确了职业教育第三方评价制度是新版《职业教育法》的一个亮点。落实中共中央国务院印发的《深化新时代教育评价改革总体方案》，新版《职业教育法》第四十三条规定要建立健全教育质量评价制度，为体现职业教育特色，评价要吸纳行业组织、企业等参与，并及时向社会公开相关信息，广泛听取各方意见，接受教育督导和社会监督。职业教育具有多主体治理的特点，需要建立符合职业教育特点的质量评价体系，县级以上教育行政部门应当会同有关部门、行业组织，或者委托行业组织、企业和第三方专业机构，对职业学校的办学质量进行评估，并将评估结果及时公开。

职业教育服务经济社会发展，促进就业，其质量评价应当突出就业导向，把受教育者的职业道德、职业素养、专业技能水平、就业质量作为人才培养的重要指标，引导职业学校培养高素质技术技能人才。

四、“双轮驱动”发展技工教育

新版《职业教育法》使用 3 个“大力”，依次是：国家大力发展职业教育，推进职业教育改革，提高职业教育质量，增强职业教育适应性；国家采取措施，大力发展技工教育，全面提高产业工人素质；推动专业和学校建设，大力发展先进制造业需要的新兴专业，支持高水平职业学校、专业建设。明确了职业教育改革、技工教育发展、学校与专业建设的发展方向和道路。技工学校、技师学院、技工教育同时写入，是新版《职业教育法》的一个突破。

新版《职业教育法》着力建立健全服务全民终身学习的现代职业教育体系。纵向贯通，形成技术技能人才培养的“金字塔”；横向融通，构建职普教育沟通融合的“立交桥”。技工教育需要坚持“两条腿”走路，要在产业工人素质提升方面下功夫。长期以来，技师学院重点培养技师、预备技师、高级工等高技能人才，是优化技工教育结构和培育大国工匠、能工巧匠的重要载体；高级技工学校主要承担高级工、中级工培养任务；技工学校主要承担中级工培养任务。未来，需要根据职业教育法加强规划引导，在“1+X”证书制度下进一步明确培养规格，推动形成技师学院、高级技工学校、技工学校梯次发展、纵向贯通、有序衔接、布局合理的技工教育结构，进而全面融入现代职业教育体系。

落实党的十九大报告提出的完善职业教育和培训体系。新版《职业教育法》把职业教育和培训进行一体化设计，对职业培训作出明确规定，包括就业前培训、在职培训、再就业培训及其他职业培训。对于技工院校来说，要“长”“短”结合，“长”是指学制教育，“短”是中短期职业培训。技工院校一方面要发挥优势，通过校企合作、“订单培养”等途径成为重要的职业培训基地；另一方面，发挥企业主体作用，围绕实施企业职工培训工程、新兴产业工人培育工程等，通过进校培训、线上教育、技能等级认证、师徒结对等方式，形成完善的培养体系，推动产业工人职业素养和劳动技能的提升，更好地适应技术升级、设备更新、工艺变革的用工新要求。

法律的生命在于实施。新修订的《中华人民共和国职业教育法》的贯彻落实，需要全社会的努力和参与。我们职教人，要先学先动，凝聚发展合力。

——摘自《职业教育研究》2022年第7期中吕景泉《新时代职业教育前景广阔，大有可为》。

第七节　人类命运共同体理念下的中国职业教育国际化新趋势

【此文发表于 2024 年 2 月】

近年来，在服务“一带一路”倡议助力构建人类命运共同体的进程中，中国职业教育国际化探索的步伐不断加速，以鲁班工坊为代表的中国职业教育国际化新趋势正在形成。中国职业教育国际化遵循人类命运共同体理念，积极探索形成新的职业教育国际化发展道路，构建职业教育国际化的新内涵。

作为国际知名职教品牌和中外人文交流平台，从 2016 年第一个泰国鲁班工坊揭牌启动至今，天津已在亚、欧、非 22 个国家建设 23 个鲁班工坊。鲁班工坊紧扣“技能”与“教学”基础国际要素，开展学历教育与技术培训，探索出以当地国职业教育实际为基础、因地制宜推动中国职业教育“模式—标准—装备—资源—师资培训”整体输出方案，形成了鲁班工坊框架体系，构建了中国职业教育输出海外的国际范式。鲁班工坊得到广泛高度认同的原因之一是其核心与灵魂——工程实践创新项目（EPIP）教学模式。EPIP 宇观的办学思想，解决思想和理念层面的职业教育扎根问题；宏观的教育论和教学论，解决职业院校办学核心竞争力建设问题；中观的专业建设，解决“核心技术一体化”专业建设问题；微观的课程改革，解决教与学“真实”“完整”问题；纳观的知技素思想，解决课程和教学“全时空”知技素问题。让中国先进的教育理念、教育装备、教学资源服务世界，培养海外学生的职业素质素养、专业技术技能、实践综合能力和创新创造能力。2023 年 10 月，中华人民共和国国务院新闻办公室发布的《共建“一带一路”：构建人类命运共同体的重大实践》白皮书呈现“专栏 6 鲁班工坊”。“小而美、见效快、惠民生”的“鲁班工坊”成为中国境外办学的“新名片”，助力共建“一带一路”国家经济共同发展。

各美其美，美美与共。中国职业教育秉持共商共建共享的共同体理念，赋能国际产能，推动职业教育国际化向“区域国际化”和“在地国际化”发展，打造中国职业教育话语权的国际影响力。2021年，《江苏省“十四五”教育发展规划》启动实施“郑和计划”，2022年江苏省《关于推动现代职业教育高质量发展的实施意见》明确实施江苏职业教育“郑和计划”，推动有条件的职业院校与企业携手“走出去”，助力共建“一带一路”国家人才培养。支持职业院校在海外建设鲁班工坊，拓展办学内涵。2023年4月，教育部、广西壮族自治区人民政府联合印发《推动产教集聚融合打造面向东盟的职业教育开放合作创新高地实施方案》，提出在东盟国家合作共建10个左右中国—东盟现代工匠学院，同时考虑将其中条件较为成熟的推荐认定为鲁班工坊；2023年9月，10个中国—东盟现代工匠学院揭牌，与东盟十国开展学历教育和职业培训合作办学，强化“中文+职业技术（技能）”教育培训，共建职业教育标准、共享职业教育资源。2023年10月，山东省实施职业教育海外“班·墨学院”建设计划，计划到2025年，基本建成15所左右“班·墨学院”、50个左右办学点。2023年12月，中国首家公办本科职业学校——南京工业职业技术大学与柬埔寨柬华理事总会合作共建的柬华应用科技大学成立揭牌仪式在柬埔寨金边举行。2024年1月，浙江省教育厅等四部门联合印发《“一带一路‘丝路学院’”高质量发展行动方案（2024年—2027年）》，明确到2027年，在共建“一带一路”国家建立50所“丝路学院”，输出一批专业标准、课程标准，为共建国家培养一批了解中国企业标准、具备专业技能的高素质本土化人才，与相关国家开展更大范围、更高层次人文交流。

中国拥有世界最大规模的职业教育体系，具备丰富的优质职业教育资源，面向2035年教育强国建设，面向各国职业教育问题，以中国职业教育方案，贡献中国职业教育智慧，从鲁班工坊到“郑和计划”、中国—东盟现代工匠学院、“班·墨学院”、“丝路学院”，职业教育国际化的征程不断提速，正在形成中国职业教育“出海”的新格局，引领多边共建共享的新一轮职业教育国际化发展。

——摘自《职业教育研究》2024年第2期中耿洁《人类命运共同体理念下的中国职业教育国际化新趋势》。

第三篇

逻辑机理与实现路径

鲁班工坊的实践与理论创新，有效解决了职业教育存在的模式盲从、标准依赖、装备模仿、教材照搬、效果不彰问题；系统解决了面对世界产教融合、国际产能合作，开展境外职教合作的内涵依托问题；成功解决了中国职教“走出去”，与世界分享的路径、载体、保障问题。

鲁班工坊的创新实践表明：中国职业教育已经步入从低水平迈向高水平国际交流与合作的新阶段，已经构建世界优质职业教育资源的“输入”与中国优质职业教育资源的“输出”并举的新格局，成为新时代中国职业教育高质量发展的新特征。

天津职业教育在全面完成国家现代职业教育改革创新示范区建设任务的基础上，启动了新时代职业教育创新标杆建设，其建设任务明确提出，要完善“五业联动”产教融合机制，要推广工程实践创新项目（EPIP）教学模式应用，要实施新入职教师“入岗、适岗、胜岗”三年三阶段培养工程。

中国职业教育的国际品牌“鲁班工坊”，要为合作国家的教师开展进阶式EPIP师资培养培训，其“进阶式”，就是指鲁班工坊本土化教师的“入岗、适岗、胜岗”训练过程。

新教师成长为“双师型”素质教师是一个系统工程，“双师型”结构教学团队的有效构建，更是一个系统工程。以专业教学能力和工程实践能力提高为目标，以校企合作“项目驱动”为培养途径，实施新教师“三年三阶段（入岗、适岗、胜岗）”培养培训，形成教师职业能力提高的有效机制，对于中国特色职业教育高质量发展是非常重要的。

师，是教之本。

“双师型”素质教师和“双师型”结构教学团队，是职业教育之本。

第一节　鲁班工坊实践与理论创新的逻辑机理、实现路径

【此文发表于 2022 年 7 月】

2013 年，习近平总书记提出“一带一路”倡议。建设国际公共产品，成为推动构建人类命运共同体的重大举措。

天津职业院校响应“一带一路”倡议精神，在教育部、天津市委市政府领导下，基于国家职业教育改革试验区、示范区与示范区“升级版”连续 15 年的建设成果，原创首创并率先组织实施“鲁班工坊”项目建设。2016 年 3 月，首个鲁班工坊在泰国建成。截至 2022 年，天津院校相继在 19 个国家高标准建设了 20 个鲁班工坊，项目遍及亚欧非。

习近平主席先后 13 次在重大外交场合就“鲁班工坊”作出重要论述。作为中国职业教育国际品牌的鲁班工坊，已经成为服务“一带一路”的重大国家行动。

一、鲁班工坊的实践创新

天津职业教育探索中国职业教育“走出去”，与世界分享中国职业教育优秀方案，助力国际产能合作，形成全球技术技能服务的公共产品，实现了重大改革开放实践创新。

1．鲁班工坊的内涵属性

鲁班工坊，是以中国本土化、视野国际化的工程实践创新项目（EPIP）为教学模式，以天津职业院校主导开发的国际化专业教学标准为基本依据，以全国职业院校技能大赛的优质赛项装备为主要载体，以中外合作院校师资培养培训先行及教材教学资源开发为必要保障，在境外创建的实施学历教育和技术

培训的实体化合作机构。鲁班工坊，将中国职业教育的教学模式、专业标准、技术装备、教学资源与世界分享，为合作国培养熟悉中国技术、了解中国工艺、认知中国产品的当地技术技能人才，搭建了中国职业教育促进世界产教融合、服务国际产能合作的公共平台，形成职业教育“走向世界”的中国方案。

2. 鲁班工坊的实践机理

天津职业院校，基于工程实践创新项目（EPIP）教学模式的探索与创立，构建了产业、行业、企业、职业、专业“五业联动”办学机制；基于国际化专业教学标准的研制与实施,形成了“核心技术技能一体化”专业标准开发机理；基于教育部、天津市主办10余届全国职业院校技能大赛（国赛）的赛项设计、组织实施、成果转化，开发了“工程化、实践性、创新型、项目式”系列化综合实训课程，研制了一批双语教材与教学资源；基于中外合作办学项目的能力保障需要，系统实施了以工程实践为导向、以实践创新能力培养为目标的中外“双师型”职教师资培养计划；基于职业教育与技术培训的国际技术技能公共产品建设，创立了中国职业教育的国际品牌，取得了重大改革实践新突破。

3. 鲁班工坊的实践逻辑

2015年7月，“提升职业教育国际化水平”成为国家职业教育改革示范区升级版建设的重要任务。鲁班工坊由此萌动。9月，天津市教育委员会组建工作团队，启动国际合作“新”平台的项目谋划和方案设计。专注技术技能：传承职业文化、体现技能特质、彰显工匠精神、蕴含创新智慧，选择了“鲁班”；体现教学做一体：寓意小巧精致的环境、现代学徒的情境、工作劳动的场所、精湛技艺的传承，选择了“工坊”。“鲁班工坊”由此得名。12月，研发工作取得决定性成果，形成了鲁班工坊的目标、任务，制定了实施路径、建设模式、核心内涵和保障措施。鲁班工坊由此进入实施阶段。

2016年3月，第一个鲁班工坊在泰国落成，相继建成英国、印度、印尼、巴基斯坦、柬埔寨、葡萄牙、吉布提、肯尼亚、南非、马里、尼日利亚、埃及、科特迪瓦、乌干达、马达加斯加、埃塞俄比亚、保加利亚、摩洛哥等19个国家20个鲁班工坊，遍布亚洲、欧洲、非洲。

2018 年 9 月，习近平主席在中非合作论坛北京峰会上宣布，在非洲设立 10 个鲁班工坊，向非洲青年提供职业技能培训。12 月，习近平主席在里斯本见证葡萄牙鲁班工坊项目签约。自此，鲁班工坊上升为重大国家行动。

2021 年 4 月，第 10 个非洲国家的鲁班工坊，在非盟总部所在国埃塞俄比亚揭牌启运，标志着习近平主席提出的非洲鲁班工坊三年建设任务圆满完成。

2021 年 9 月，习近平主席在上海合作组织成员国元首理事会上提出，未来 3 年，将在上海合作组织国家建成 10 所鲁班工坊；11 月，在中非合作论坛第八届部长级会议上提出，中国将继续同非洲国家合作设立“鲁班工坊”。自此，鲁班工坊，开启了“聚焦中亚，继推非洲”的发展新征程。

2022 年 2 月，习近平主席分别会见土库曼斯坦总统穆哈梅多夫、塔吉克斯坦总统拉赫蒙、吉尔吉斯斯坦总统扎帕罗夫时，分国别具体提出中亚鲁班工坊建设重要论述。2022 年 9 月，习近平主席分别在《人民言论报》《哈萨克斯坦真理报》发表署名文章，对中亚鲁班工坊建设作出重要论述。同月，习近平主席在分别会见乌兹别克斯坦总统米尔济约耶夫、哈萨克斯坦总统托卡耶夫、土库曼斯坦总统穆哈梅多夫时，再次对不同国别的鲁班工坊建设作出重要论述。

鲁班工坊从方案设计到组织实施，从落地建成到优化布局，历经了整整七年时间（2015 年 9 月至 2022 年 9 月）。亚洲鲁班工坊，对品牌创建、推广应用及策略优化做出了基础性贡献。欧洲鲁班工坊，是品牌创建进入推广应用的重要标志；葡萄牙鲁班工坊完美诠释鲁班工坊核心要义，是品牌创成的重要标志。非洲鲁班工坊，是品牌要义的集中运用。着眼外交大局，关注政治安全、经济发展、资源禀赋、语言文化、教育现状等要素，天津院校与合作伙伴克服世界疫情影响，高质量完成重大国家任务。

4．鲁班工坊的贡献标度

鲁班工坊坚持平等合作、优质优先、强能重技、产教融合、因地制宜建设原则，遴选了大城技术学院、奇切斯特学院、塞图巴尔理工学院、艾因夏姆斯大学、阿布贾大学、德班理工学院、埃塞俄比亚技术大学等一批优秀合作院校，联动了中土、中材、中联重科、华为、海尔、埃及泰达、英利集团等一批优质合作企业，对接了中泰高铁通运、中国—澜湄合作、中巴经济走廊、金砖投资项目、欧洲工业再造、亚吉铁道运营、中资工业园等重大合作项目，在境外“落地”建设了聚焦铁道交通（高铁）、机械电气、智能制造、新能源汽车、信息通信、冶金建筑、中医中餐等领域 49 个专业；合作层次从中职、高职、本科到工程硕士；输出设备 5 800 余台（套），配置实训工位 1 600 余个，培养当地学生 9 800 余人，技术培训 13 400 余人，惠及中外企业、院校 1 300 余家（所）。

优化布局，服务大局，品牌化实施 20 个鲁班工坊项目。亚洲项目落户泰国、印度、印尼、巴基斯坦、柬埔寨等 5 个国家，直接服务中国第一大贸易伙伴（东盟），服务印巴项目和中亚国家任务，中亚第一个鲁班工坊项目在塔吉克斯坦加速建设。欧洲英国、葡萄牙、保加利亚、俄罗斯等项目形成了“东西南北”的空间布局；在葡萄牙、俄罗斯建设的智能制造、信息通信专业群，彰显中国产业技术优势，服务中国企业“深耕欧洲”。作为国家重大行动，在非洲已建成 12 个鲁班工坊，东部吉布提、肯尼亚、埃塞俄比亚（非盟总部所在国）等，西部马里、尼日利亚等，南部是南非、马达加斯加，北部埃及（阿盟总部所在国）、摩洛哥，对接中非产能合作，服务非洲 2063 年愿景。

鲁班工坊中外建设团队获得多项合作国大奖，受到高度赞誉，如“诗琳通公主奖”“国王奖”“撒哈拉大骑士勋章”等；泰国哲仁先生获得中国政府“友谊奖”。英国鲁班工坊受邀为首相府新年招待会献艺，印尼总统佐科盛赞项目成效，吉布提总统盖莱出席项目启动，葡萄牙总理科斯塔出席项目签约。鲁班工坊中外师生联队在世界职业院校技能大赛斩获全部金牌的 60%，鲁班工坊境外学历教育、技术培训与教学模式的师生综合满意度分别为 91.7%，87.3%，87.5%。新华社、中央电视台、人民日报、BBC、CNC 等国内外 800 余家媒体广泛报道。鲁班工坊已经成为对外交流的国家名片。

5. 鲁班工坊的研究态势

天津院校完成鲁班工坊金字塔（静态）和双螺旋（动态）构型，确立其核心要义为“12345”，即一块品牌，职业教育国际品牌；两种功能，实施学历教育与技术培训；三条路径，校校、校企、校府之间合作；四个内涵，以 EPIP 为教学模式，以国际化专业教学标准为基本依据，以国赛优质赛项装备为主要载体，以师资培训先行及教学资源开发为必要保障；五项原则，平等合作、优质优先、强能重技、产教融合、因地制宜。开展鲁班工坊溯源、要义、标准、策略、理论研究，开展国别鲁班工坊研究和国别职业教育研究，完成教育部重点课题鲁班工坊、EPIP 主题研究 2 项，立项、结项省部级课题 24 项，出版《鲁班工坊》《鲁班工坊核心要义》《鲁班工坊解析》《鲁班工坊研究》《鲁班工坊建设标准》《鲁班工坊发展报告》等中外文著述 20 余部，发表主题论文近百篇，举办“首届鲁班工坊与产教融合国际论坛”“‘一带一路’合作与鲁班工坊建设发展论坛”等 10 余项，取得中国职业教育改革开放实践研究的新突破。

二、鲁班工坊的理论创新

鲁班工坊，是天津职业院校落实国家职业教育改革示范区“升级版”建设任务，即“职业教育国际合作交流促进工程”的创新举措，是实施职业教育国际交流平台构建、“走出去”、提升全国职业院校技能大赛国际影响“三大计划”的创新实践。天津职业院校开展了系统化的实践探索、理论研究、经验总结、模式推广。

1. EPIP 教学模式

EPIP 教学模式是鲁班工坊建设主线、核心内涵。

2005 年，第一笔者创立“核心技术技能一体化”专业建设模式；2012 年，在长期开展中德、中西（西班牙）、中日、中加（加拿大）等合作项目的教学实践基础上，开展“创造性转化、创新性发展”实践与研究，将古今中外的相关教育理念、模式、经验在中国大地“耦”合，创立了“工程实践创新项目（EPIP）教学模式”。2012 年 11 月，出版《工程实践创新项目教程》（“十二五”职业教育国家规划教材）；2013 年 6 月，出版英文版教程，推广 EPIP 教学模式应用。2014 年，系统提出“五业联动”产教融合机理，完善了 EPIP 的应用层级。2020 年，国务院办公厅《关于推广第三批支持创新相关改革举措的通知》中明确，推进“五业联动”职业教育发展新机制。“推广 EPIP 教学模式应用”，2020 年，写入《天津市教育现代化“十四五”规划》，2021 年，纳入部市共建《深化产教城融合，打造新时代职业教育创新发展标杆的意见》，2022 年，载入《中国职业教育发展报告（2012—2022 年）》。

EPIP是以实际工程为背景和基础，以工程实践为导向和贯穿，以工程实践创新能力培养为目标和归依，以真实工程项目为统领的适合技术技能人才培养的教学模式。EPIP的核心要义是“54321”。“5”是应用层级，扎根本土、院校办学、专业建设、课程改革、“知技素点”五个层级;“4”是四个核心要素，工程化、实践性、创新型、项目式；“3”是三种认知境界，“名”境界、“实”境界、“合”境界;“2”是核心点，真实、完整;“1”是宗旨，知行合一。《墨经》说：“名实耦，合也”。EPIP的本质，是让“产教融合、工学结合、校企合作、知行合一”真实“落地”。

EPIP是中国的教学模式。《EPIP职业教育教学模式——改造我们的学习》《EPIP教学模式——中国职业教育的话语体系》《鲁班工坊核心要义——中国职业教育的国际品牌》以及中宣部“中华文化走出去重点任务清单项目”等8部中外文系列专著出版，60余篇EPIP专题研究论文（中外文）发表，葡萄牙卢卡斯、泰国哲仁为代表的一批EPIP专家教师在世界各地开展了卓有成效地应用推广。2017年，EPIP国际教育联盟成立。“发挥已建立的泰国、葡萄牙、埃塞俄比亚等国EPIP教学研究中心作用，给更多境外合作伙伴带去先进的教学模式……”，载入《中国职业教育发展报告（2012—2022年）》。在首届“鲁班工坊”与“产教融合”国际论坛、世界职业技术教育发展大会上，来自10余个国家的20余学者完美演绎了EPIP应用成果。EPIP有力推动了海外的中国职业教育研究，提升了中国职业教育的国际影响力，是新时代中国职业教育的重大教学理论创新。

2．专业标准研制与实施

2006年，第一笔者作为教育部高等学校高职高专自动化技术类专业教学指导委员会主任委员，主持开发了自动化技术类专业教学标准。2009年，教育部组织制定《高等职业学校专业教学标准》；天津职业院校专业骨干教师主持或参与开发了机械、自动化、信息、交通、铁道等类32个专业教学标准。2012年11月，标准由教育部组织出版。伴随着国家职业教育专业教学标准、国家职业大典的不断演进，天津职业院校发挥了重要作用。

2012年，教育部印发《关于借鉴国外先进经验开展职业教育部分专业教学标准开发试点工作的通知》，天津职业院校，借鉴国外经验，结合中国实际，开展了50个国际化专业教学标准试点工作。第一笔者主持开发了首批27个专业标准，天津市教委组织了243个专业标准试验班。2015年，天津市教委对50个专业标准进行完善，并集册出版。自此，在全国职业院校技能大赛（简称大赛）同期活动中，每年列定必选项目——“国际化专业教学竞赛”“国际化专业说课观摩”。2016年以来，天津职业院校实施“四递进”，联动产业行业企业职业要素，联合研制国际化专业教学标准（一递进）；组织专业教学实验班，开展国际化教学观摩与成果验收（二递进）；通过鲁班工坊，中外双方院校合作开发国别性教学标准（三递进）；试验并在境外“落地”专业教学标准，纳入合作国的国民教育体系（四递进），会同中外企业，结合合作国当地实际，融汇产业、行业、企业、职业要素，将13类49个专业“落地”到20个鲁班工坊中，纳入合作国的国民教育体系，为鲁班工坊项目实施奠定了标准基础。截至2022年，天津院校已经完成105个国际化专业教学标准建设，并集册出版。

作为天津职业教育标准体系的研究成果标度，《高等职业教育国际化专业教学标准开发与实践》《鲁班工坊建设标准研究》《引领与示范——天津职业教育国际化专业教学标准建设》，已经成为中外职业教育开展深度国际交流与合作的内涵性依托。

3．赛项资源开发与运用

2008年，首届全国职业院校技能大赛（国赛）在天津开幕，每年在天津举办一届，历经了十二届次。天津作为主赛场，伴随着赛项设置升级，先进技术融入，天津职业院校主动开展了竞赛资源转化工作，成立了大赛成果转化中心，将大赛的理念、标准、装备、资源“具化”到专业建设，“渗入”到课程教学，“拓展”到中外合作，为中国职业教育与世界深度分享、互学互鉴奠定了载体与资源基础。

联动中外企业，天津职业院校开发了53个职业院校、行业企业和国际化赛项；基于赛项标准，研发了工程化、项目式教学资源130余部（套）。2010年，“自动化生产线安装与调试”国赛项目，首次实现中国赛项“走进”东盟技能大赛，目前纳入并持续举办的赛项达3个；2011年起，邀请国外选手“走进”中国大赛，设置“国际赛道”，同场竞技赛项最多达8个；2013年，第42届世界技能大赛以来，助力世赛（中国天津）研究中心，为中国选手做指导，涉及中国金牌选手总量27%以上。2022年，依照EPIP教学模式，天津教育科学研究院牵头主持了首届世界职业院校技能大赛（世校赛）赛项设计、赛场组织，兼容性开发了13个“竞赛类”赛项，为“鲁班工坊赛道”成功举办，奠定了竞赛标准、竞赛载体基础，推动了世界职业院校师生的深度交流。

作为天津职业教育资源体系的研究成果标度，《自动化生产线安装与调试》《工业机械手与智能视觉系统应用》等一批国家规划教材，中、英、法、葡、泰、俄等多语种教学方案，已经成为中外职业院校开展国际化专业教学合作的资源载体。

4．中外师资培养与培训

2007年，第一笔者被评定为国家级高等学校教学名师；2008年，评定为国家级机电专业群教学团队负责人；成功探索了新教师“入岗、适岗、胜岗”三年三阶段培养机制，完善了“双师型”素质教师职业能力标准，实施了“双师型”结构教学团队分工协作计划，并将其运用到鲁班工坊建设，为合作国开展进阶式EPIP师资培养与培训。

2016年11月，金奈理工学院推荐的首批印度教师来天津，接受天津轻工职业技术学院、天津机电职业技术学院进阶式培训；2017年、2018年、2019年，持续开展了五期，累积32人次。2019年12月，阿布贾大学推荐的首批教师接受培训，采用线上线下结合，累计培训44人次。2021年，埃塞俄比亚技术大学在华留学的三名博士教师、四名硕士教师，接受了四期（每期90课时）专业培养，为埃塞俄比亚鲁班工坊承担东非EASTRP世行项目（肯尼亚、赞比亚、乌干达、埃塞俄比亚等四国职教师资培养项目）提供了高水平教学骨干。天津职业技术师范大学创设了国培项目“鲁班工坊建设双语能力提升”，持续打造“双语、双师、双能”中外教学团队。截至2022年9月，培养外方教师840余人次（疫情期间线上280余人次），培训中方教师920余人次，总时长达1.3万课时。

从技术装备选择、设备安装调试、教学模式运用，到参加中国大赛；从专业教学标准研制，到人才培养方案制订；从教学资源开发、双语教材编制，到优化学生培养、员工培训评价方式；从鲁班工坊项目管理，到自主运营自主发展；鲁班工坊的师资培养与培训，实现了合作国本土教师实施本土化教学、开展本土化培训的建设目标，为鲁班工坊的健康发展提供了可靠保障。

作为职教师资培养研究成果的标度，《谈职业院校新教师入岗训练与“双师型”素质教师、“双师型”结构团队培养——EPIP 视域下“双师型”教师队伍的培养机制与路径》等一批文章连续刊发，表征了中外“双师型”职教师资培养已经上升到经验总结与模式推广新阶段。

三、归结

鲁班工坊的实践与理论创新，有效解决了职业教育存在的模式盲从、标准依赖、装备模仿、教材照搬、效果不彰问题，系统解决了面对世界产教融合、国际产能合作，开展境外职教合作的内涵依托问题，成功解决了中国职教“走出去”，与世界分享的路径、载体、保障问题。

鲁班工坊的创新实践表明：中国职业教育已经步入从低水平迈向高水平国际交流与合作的新阶段，已经构建世界优质职业教育资源的“输入”与中国优质职业教育资源的“输出”并举的新格局，成为新时代中国职业教育高质量发展的新特征。

从 2018 年 9 月，到 2022 年 9 月，四年时间里，习近平主席多次就“鲁班工坊”作出重要论述。鲁班工坊的创新实践，成为助力构建人类命运共同体的重大国家行动。它是中国职业教育在世界教育合作、国际产教融合领域开辟先河的实践与理论创新，是近代以来中国职业教育发展史上具有里程碑意义的大事件！

——摘自《天津职业院校联合学报》2022 年第 7 期中吕景泉、李力《试析“鲁班工坊”实践与理论创新的逻辑机理、实现路径》。

第二节　模式创立、标准研制、资源开发、师资培养的创新实践

【此文发表于 2022 年 10 月】

鲁班工坊，是以教育部和天津市人民政府共建的国家职业教育改革试验区、示范区与示范区升级版连续 15 年的建设成果为总体支撑，将中国职业教育的教学模式、专业标准、技术装备、教学资源与世界分享的实体化平台，为合作国培养熟悉中国技术、了解中国工艺、认知中国产品的当地技术技能人才。

鲁班工坊，是在天津市教育两委领导下，天津职业院校落实教育部“实施职业教育国际合作交流促进工程”的创新举措，是实施教育部“三大计划”，即职业教育国际交流平台构建计划、职业教育“走出去”重大行动实施计划、提升全国职业院校技能大赛国际影响计划的重大改革实践突破与重大理论创新。鲁班工坊，已经成为中国职业教育的国际品牌，服务“一带一路”、助力构建人类命运共同体的重大国家行动，是中国职业教育在世界教育合作、国际产教合作领域开辟先河的大事件，是近代以来中国职业教育发展史上具有里程碑意义的大事件。

一、鲁班工坊创新实践的基础

鲁班工坊创新实践，以 EPIP 创立与应用为主线，探索形成了产业、行业、企业、职业、专业“五业联动”办学机制，形成了基于“核心技术技能一体化”国际化专业教学标准开发机理；立足大赛，通过天津市主办 10 余届全国职业院校技能大赛（国赛）的赛项设计、组织承办、成果转化，开发了“工程化、实践性、创新型、项目式”的系列化综合实训课程；发挥政、行、企、校、研“五方携手”合力作用，深化校企合作，拓展国际合作，系统研制了一批双语

教材与教学资源，系统开展了以实际工程为背景、以工程实践为导向、以工程实践创新能力培养为目标、以真实工程项目为统领的技术技能人才培养和职教师资培训，创立了鲁班工坊国际品牌。

鲁班工坊创新实践，有力推动了职教示范区升级版的体制机制创新、培养模式改革、教学标准建设、国际交流合作等重大任务的高质量完成。

1．赛项资源开发与运用

2008 年，首届全国职业院校技能大赛（简称大赛）在天津开幕，到 2019 年，每年在天津举办一届的大赛，历经了十二届次。作为主赛场，大赛为天津职业教育与行业企业之间搭建了一座紧密联络的桥梁。随着赛项设置不断升级，先进技术不断融入，产业、行业、企业、职业、专业的紧密对接，天津职业院校主动开展了竞赛资源转化工作，成立了大赛成果转化中心，将大赛的理念、标准、装备、资源“具化”到专业建设，“渗入”到课程教学，“拓展”到中外合作，为中国职业教育与世界深度分享、互学互鉴奠定了内涵基础。

联动中外合作企业，天津职业院校开发了 40 个中高职、行业企业和国际化赛项，基于大赛赛项，研发了工程化、实践性、创新型、项目式教学资源 130 余部（套）。服务大赛赛项国际化，天津职业院校首次实现中国赛项“走进”东盟技能大赛，目前纳入并持续举办的赛项达 3 个；邀请国外选手“走进”中国大赛，设置大赛“国际赛道”，同场竞技最多时达 8 个赛项；自 42 届世界技能大赛以来，助力世赛（中国—天津）研究中心，为中国选手获取世赛金牌做指导，服务量占中国金牌选手总量 25% 以上；2022 年，主持了首届世界职业院校技能大赛（世校赛）赛项设计、装备升级、赛场组织，兼容性开发了 13 个赛项，全部纳入世校赛“竞赛类”赛项，为“鲁班工坊赛道”成功举办，奠定了竞赛标准、竞赛装备基础，助推了各国鲁班工坊中外师生的深度交流。

2．专业标准制定与实施

2009 年，教育部组织制定《高等职业学校专业教学标准》。鲁班工坊首创者，作为教育部高等学校高职高专自动化技术类专业教学指导委员会主任委员，运用“核心技术技能一体化”专业建设模式，主持开发了自动化技术类

13个专业教学标准；天津职业院校主持或参与开发了机械、信息、交通、铁道等类19个专业教学标准。2012年11月，标准成果由教育部分类组织出版。伴随着国家职业教育专业教学标准、国家职业大典等体系建设的不断演进，天津职业院校发挥了举足轻重的作用。

2012年，教育部印发《关于借鉴国外先进经验开展职业教育部分专业教学标准开发试点工作的通知》，天津职业院校，在天津市教委的指导下，借鉴德国、英国、澳大利亚等国经验，结合中国办学实际，开展了50个国际化专业教学标准试点工作。天津职业院校运用EPIP教学模式，开发了首批27个专业标准，组织了243个专业标准试验班。2014年，天津市教委对承建的50个国际化专业教学标准进行验收。2015年，鲁班工坊首创者，牵头组织对50个专业标准进行完善，并公开出版。自此，在全国职业院校技能大赛同期活动中，每年都列定一类必选项目——“国际化专业教学竞赛”“国际化专业说课观摩”“国际化教学情境研讨”。以国际化专业教学标准研制为牵引，推动专业设置、课程内容、教学过程与合作国当地实际需求相适应，开发了100个国际化专业，形成了一批境外适用的标准体系和教学方案。

2016年以来，天津职业院校实施“四递进”，联动产业行业企业职业要素，联合研制国际化专业教学标准（一递进）；组织专业教学实验班，开展国际化教学观摩与成果验收（二递进）；通过鲁班工坊，中外双方院校合作开发国别性教学标准（三递进）；试验并在境外“落地”专业教学标准，纳入合作国的国民教育体系（四递进），提升了职业院校国际合作水平和影响力，为鲁班工坊品牌创建、项目实施奠定了标准依托。

二、鲁班工坊创新实践的理论基础

1. 主要解决的问题

解决在职业教育教学改革中，长期存在的模式盲从、标准依赖、装备模仿、教材照搬、效果不彰等问题。开启基于中国国情与文化传统，自主创建模式、制定标准、研发装备、开发教材的新阶段，构建起中国职教的国际话语、国际标准和国际资源体系。

解决面对世界产教融合、国际产能合作，开展跨国界职教合作的内涵依托问题。中外校企合作共同确定专业核心技术技能，通过课程设置、教学环境、顶岗实习、能力取证与核心技术技能一体化组织实施，中外合作院校、企业共同开发国际化专业教学方案，奠定了协同教学、协作培养内涵性基础。

解决中国职教“走出去”，与世界分享的路径、载体、保障问题。原创首创鲁班工坊品牌，转化竞赛成果，开发教学资源，培养中外双方院校师资，理论研究与实践创新并举，自主自强与互学互鉴结合，集成中国模式、标准、装备、资源，实现与世界共融发展。

2. EPIP 模式探索与创立

2012 年，鲁班工坊首创者，在长期从事中德、中西（西班牙）、中日、中加（加拿大）等中外合作项目办学的教学实践基础上，认识到借鉴国外经验，根本目的是促进我国的职教改革，形成中国的职教制度和职教模式。探求适用的模式、实用的方法，开展创造性转化，创新性发展实践，让古今中外的教育理念、理论、模式、方法在中国“耦”合，为中国服务。鲁班工坊首创者创立了“工程实践创新项目（EPIP）教学模式”。同年 11 月，出版《工程实践创新项目教程》（“十二五”职业教育国家规划教材），2013 年 6 月，出版了英文版教程，在国内外推广 EPIP 应用。

EPIP 是以实际工程为背景和基础，以工程实践为导向和贯穿，以工程实践创新能力培养为目标和归依，以真实工程项目为统领的适合技术技能人才培养的教学模式。EPIP 的“工程”，是真实工程、真实世界、现实生活。EPIP 的“工程化”，是生活化、生产化、现实化、社会化。EPIP 的核心要义是“54321”。“5”是应用层级，从扎根本土、院校办学、专业建设、课程改革、“知技素点”五个层级；“4”是四个核心元素，工程化、实践性、创新型、项目式；“3”是三种境界，“名”境界、“实”境界、“合”境界；“2”是两个核心点，真实、完整；“1”，是宗旨，即知行合一。

《墨经》讲：“名实耦，合也”。最好的职业教育是产教融合的教育。这个“产”是更广范围的产，是“实”境界。职业教育要让学生学会解决“真实”

问题、“实际”问题。EPIP 的核心，是在真上学，在真上教，在真上做，让教育教学真实；是让学生完整地学，让教师完整地教，让项目完整地做，让教育教学完整；让“产教融合、工学结合、校企合作、知行合一”真实落地。

EPIP 是中国的教学模式。它汲取中国古代、近现代教育思想，借鉴世界先进教育理念，在理论、模式、话语、体系等领域进行了成功探索；推动海外中国职业教育研究，《EPIP 职业教育教学模式——改造我们的学习》《EPIP 教学模式——中国职业教育的话语体系》以及中宣部“中华文化走出去重点任务清单项目”等 8 部中外文系列专著出版，60 余篇 EPIP 专题研究论文（中外文）发表，葡萄牙卢卡斯、泰国哲仁为代表的一批 EPIP 专家教师在世界各地开展卓有成效的应用推广。2017 年，EPIP 国际教育联盟成立，五届教育联盟学术论坛（年会）成功举办，泰国、葡萄牙、埃塞俄比亚等国相继建立了 EPIP 应用中心。首届“鲁班工坊”与“产教融合”国际论坛、世界职业技术教育发展大会，来自 10 余个国家的近 30 位学者完美演绎 EPIP 推广应用成果。“推广工程实践创新项目（EPIP）教学模式”写入《天津市教育现代化“十四五”规划》，纳入部市共建《新时代职业教育创新发展标杆意见》，载入《中国职业教育发展报告（2012—2022 年）》。

鲁班工坊以 EPIP 应用为建设主线，以 EPIP 话语为中外教师教研基础，以 EPIP 内涵为概念标识。中外院校应用 EPIP 研制国际化专业教学标准，开发教学仪器装备，编制国际化教学资源，开展师资培养培训，统领贯穿了鲁班工坊项目建设。

三、鲁班工坊发展脉络与理论创新

1．鲁班工坊发端

2015 年 7 月，教育部与天津市启动示范区升级版建设，把提升职业教育国际化水平作为重要任务。鲁班工坊由此萌动。

2015 年 9 月，天津市教委考虑搭建国际合作“新”平台，鲁班工坊首创者组建工作团队，启动项目谋划和方案设计。服务“一带一路”，专注技术技能。

能够传承职业文化、体现技能特质、彰显工匠精神、蕴含创新智慧的代表人物，选择“鲁班”；能够体现教学做一体，寓意小巧精致的环境、现代学徒的情境、工作劳动的场所、精湛技艺的传承，选“工坊”。“鲁班工坊”由此得名。同年12月，研发工作取得决定性进展，形成了鲁班工坊的定位、任务，制定了实施路径、建设模式、核心内涵和保障措施。鲁班工坊进入实质性探索阶段。

2. 鲁班工坊发展

鲁班工坊是以“工程实践创新项目（EPIP）”为教学模式，以天津职业院校主导开发的国际化专业教学标准为基本依据，以国赛及行业企业竞赛的优质赛项装备为主要载体，以中外合作院校师资培养培训及教材教学资源开发为必要保障，在境外创建的实施学历教育和技术培训的实体化合作机构。

天津职业院校基于职教示范区建设，以泰国、英国、印度、柬埔寨、葡萄牙鲁班工坊为实践标志和质量标度，创成鲁班工坊品牌；以吉布提、肯尼亚、南非、埃及、埃塞俄比亚鲁班工坊为项目标杆，完成非洲鲁班工坊国家任务。鲁班工坊从天津研推中心，到全国建设联盟，到国际发展研究中心，再到首届世界职业技术教育发展大会在天津成功举办，勾画出鲁班工坊源自天津，成在中国，功予世界的发展历程。

2016年3月，第一个鲁班工坊在泰国落成，相继建成英国、印度、印尼、巴基斯坦、柬埔寨、葡萄牙、吉布提、肯尼亚、南非、马里、尼日利亚、埃及、科特迪瓦、乌干达、马达加斯加、埃塞俄比亚、保加利亚、摩洛哥等19个国家20个“鲁班工坊”，覆盖了亚洲、欧洲、非洲。

2018年9月，习近平主席在中非合作论坛北京峰会上宣布，在非洲设立10个鲁班工坊，向非洲青年提供职业技能培训。12月，习近平主席在里斯本见证葡萄牙鲁班工坊项目签约。自此，鲁班工坊正式上升为重大国家行动，进入了发展新阶段。

2021年4月，第10个非洲国家鲁班工坊，在非盟总部所在国埃塞俄比亚揭牌启运，标志着习近平主席提出的非洲鲁班工坊三年建设任务圆满完成。

2021年9月，习近平主席在上海合作组织成员国元首理事会上提出，未来3年，将在上海合作组织国家建成10所鲁班工坊。11月，习近平主席在中非合作论坛第八届部长级会议上提出，中国将继续同非洲国家合作设立“鲁班工坊”。自此，鲁班工坊，开启了“聚焦中亚，继推非洲”的发展新征程。

亚洲鲁班工坊建设，对品牌创建、推广应用及策略优化做出了有益探索和基础性贡献。欧洲鲁班工坊建设，是品牌创建进入推广应用的重要标志；葡萄牙鲁班工坊完美诠释鲁班工坊核心要义，是品牌创成的重要标志。非洲鲁班工坊建设，是品牌要义的集中运用；着眼外交大局，考虑非洲政治安全、经济发展、资源禀赋、语言文化、教育现状、双边关系等多因素，克服世界疫情影响，高质量完成国家任务，为中国企业更加坚实“走进非洲”奠定稳固基础。

3. 鲁班工坊研究

天津职业院校完成鲁班工坊金字塔（静态）和双螺旋（动态）构型，确立其核心要义为“12345”，即一块品牌，两种功能，三条路径，四个内涵，五项原则。开展了鲁班工坊项目溯源、要义运用、标准体系、策略运营研究，完成教育部重点课题鲁班工坊、EPIP主题研究2项，立项、结项省部级课题10余项，出版《鲁班工坊核心要义——中国职业教育的国际品牌》《鲁班工坊》《鲁班工坊解析》《鲁班工坊研究》《鲁班工坊建设标准》《鲁班工坊发展报告》等中外文著述20余部，举办了“‘一带一路’”合作与鲁班工坊建设发展论坛”“全球职业教育青年教师发展论坛”等高端论坛10余个。

2019年，鲁班工坊研究成果，被纳入天津市教育两委、市财政局印发的《“鲁班工坊”建设项目和资金管理办法》，这是最先、也是迄今为止唯一一部政府部门出台的鲁班工坊管理文件。

四、鲁班工坊创新实践的贡献

鲁班工坊建设坚持平等合作，优质优先，强能重技，产教融合，因地制宜建设原则，遴选了大城技术学院、奇切斯特学院、塞图巴尔理工学院、艾因夏姆斯大学、阿布贾大学、德班理工学院、埃塞俄比亚技术大学等一批优秀合作院校，联动了中土、华为、用友、骥腾等一批优质合作企业，对接了中泰高铁通运、中国—澜湄五国合作、中巴经济走廊、金转投资项目、欧洲工业再造、亚吉铁道运营、中企工业园等重大项目。鲁班工坊在境外“落地”建设了49个国际化专业，聚焦铁道交通（高铁）、机械电气、智能制造、新能源汽车、信息通信、冶金建筑、中医中餐等领域；合作层次从中职教育、高职教育、工程本科到工程硕士；输出设备5 800余台（套），配置实训工位1 600余个，培养当地学生5 890余人，技术培训13 400余人，惠及中外企业1 300余家。鲁班工坊受到外方高度赞誉，获得多项大奖，如“诗琳通公主奖”“泰国国王奖”“撒哈拉大骑士勋章”等；英国鲁班工坊受邀为首相府新年招待会献艺，吉布提总统盖莱出席项目启动式，葡萄牙总理科斯塔出席项目签约式。国内外主要媒体报道、刊文1 200余次（篇）。鲁班工坊已经成为我国对外合作交流的国际品牌。

五、结语

鲁班工坊的创新实践，有效解决了在职业教育教学改革中，长期存在的模式盲从、标准依赖、装备模仿、教材照搬、效果不彰问题；系统解决了面对世界产教融合、国际产能合作，开展境外职教合作的内涵依托问题；成功解决了中国职教“走出去”，与世界分享的路径、载体、保障问题。

鲁班工坊是“集大成”，是天津职业教育试验区、示范区、示范区升级版建设成果的集成；是基于实践探索与理论研究，在工程实践创新项目（EPIP）教学模式探索与创立、国际化专业教学标准研制与实施、竞赛装备及教学资源开发与运用、中外“双师型”职教师资培养与培训、鲁班工坊品牌创建与创成等方面的集大成。

习近平主席先后10次在重大外交场合就“鲁班工坊”作出重要论述，鲁班工坊已经成为促进合作国加强能力建设、改善民生福祉，服务“一带一路”的重大国家行动。

——摘自《职业教育研究》2022年第10期中吕景泉、李力《模式创立、标准研制、资源开发、师资培养——鲁班工坊的创新实践》。

第三节　职业教育的国际话语“EPIP 教学模式”的创建创成

【此文发表于 2022 年 8 月】

在世界职业教育领域，教学模式作为一种理论话语的表现形式和表达方式，影响和引导着职业教育教学的发展，如德国的“双元制”、澳大利亚的 TAFE 等。在中国天津，从近代工业的发端开始，实业教育、职业教育的教学模式探索未曾停止，与时俱进，持续创新，形成了以工程实践创新项目（EPIP）教学模式为代表的、具有中国特色的职业教育教学模式话语体系。作为一定时代服务经济社会发展方式的职业教育教学模式探索、与时代精神和文化传统相呼应的表达范式，EPIP 教学模式话语体系具有引领职业教育创新发展的重要价值。本文从 EPIP 教学模式话语构建的历史逻辑、理论逻辑、实践逻辑三个方面，对工程实践创新项目（EPIP）教学模式产生背景的内涵逻辑及未来面向进行分析，客观回答这种教学模式从哪里来、根基是什么、如何看等问题。

一、EPIP教学模式话语构建的历史逻辑

话语承载着不同文化，通过核心概念和概念群，系统表达思想。构建话语必须基于问题，所谓中国话语，主要是指“围绕中国重大理论和现实问题而展开的理论叙事、话语言说”。职业教育教学模式话语构建与社会发展直接关联，以天津为代表的中国职业教育在不同历史时期，构建了与时代相适应的模式话语。

（一）天津在近代工业文明的摇篮中创立了“工学并举”

在近代中国，天津由于独特的区位优势，形成了以工业为主体，商业贸易、

金融、交通通信共同发展的格局，成为北方最早的通商口岸，向世界开放的前沿和窗口。在天津，中国北方工业的发祥地、北方最大贸易口岸和重要商业中心、北方的金融中心、领先全国的交通与通信，直接带动近代实业学堂的产生，形成校企天然一体的行业办学模式，探索创立了“工学并举”教学模式。

1．天津近代较完整的工业体系和以北方国际港口、商贸中心、金融中心、交通通信为支撑的大都市催生职业教育确立

天津在近代工业发端的初期，创办了一批具有代表性的企业，最典型的是1866年设立的天津军火机器局，能用最新式的机器制造出最新式的火药，成为当时世界上最大最好的火药厂之一；到1870年的天津机器局已拥有3 000多职工，其中技术技能工人占2 000人左右，东局制造火药、枪炮、子弹和水雷，西局制造军需器具、物资和开花子弹；东局附设水师、电报学堂；1895年改称“北洋机器制造局”。机器局边生产边培养技术技能人才，请英国人为技师，建立中国第一所培养水雷技术人才的军事学校——天津电气水雷学校。此外，1880年建立北洋水师大沽船坞，设有熟铁、熟铜、铸铁、锅炉、枪炮检查等厂以及为检修用的船坞6座，承担舰船维修、制造轮船和军火，在600多人的职工中技术技能工人占一半。1878年中国第一家机加工面粉厂、1884年德泰机器厂、1886年天津自来水公司、1903年直隶工艺局等相继开办，到20世纪30年代，天津共有工厂1 200多家，产业工人达20多万，形成了纺织、化工、造纸、印刷、食品、机器制造等比较完整的工业体系。工厂总数和工业投资总额仅低于上海，位居全国第二。

与此同时，天津商业、金融、交通、通信相继产生与发展。到20世纪30年代初，天津棉花的出口量占全国一半，畜产品的出口量占到全国60%，居全国第一位；进口面粉占全国总量的35%，位居第一位；棉花、煤油、木材、燃料等货物进口，仅次于上海，居第二位。1931年天津共有商店和商号17 124家，涉及120多个行业，从业职工达10万余人，是北方最大的商业中心。从1897年北洋机器局开始铸造银圆，到1898年创办“第一家华商银行”中国通商银行天津分行，到20世纪30年代，在津的合资银行共有7家，华资银行18家，分行 62 家，居我国北方各城市银行的首位；从 1880 年汇丰银行在天津设立分行到 1936 年，在津外资银行共 21 家，资本总额占外国在华银行资本总额的 16%，仅次于上海，居全国第二位。与之相辅而行的保险、证券、信托等金融机构也具有相当规模。成为中国北方最大的金融中心和金融市场。

1888 年诞生了我国最早的“天津铁路公司”。1873 年成立“轮船招商局”，1893 年拥有 26 艘轮船，到 1912 年中国轮船进入天津港的已占到总船数的 15.2%。1905 年建成了围城环行的有轨电车，成为第一座拥有公共交通的城市。1878 年创办中国最早的近代邮政“天津海关书信馆”，同年发行了中国最早的第一套邮票——大龙邮票，开了中国邮政之先河；1879 年架设中国第一条天津至北塘的电报线，同年开通中国人架设的第一条电话线，最先在天津使用当时最先进的通信设备电报电话；1880 年开通中国最早的天津至上海营业性电报线；1904 年开通中国第一条自建的天津至北京长途电话线。还在天津诞生中国的第一条铁路邮路、第一次航空邮运、第一个自建的自动电话局。

2. 以周学熙为代表的实业家创立“工学并举”教学模式，以边生产边学习的方式培养出中国近代第一代产业技术技能人才

近代天津较完备的工业与金融贸易、交通体系确立，直接催生了实业学堂的兴办与发展。在周学熙等“大兴工艺”的推动下，这些高技术含量企业创办了直隶工艺总局以及考工厂、实习工场、劝业铁工厂，以及一批实业学堂等，探索出亦工亦学的“工学并举”教学模式，培养出中国近代第一批产业、商业、金融、交通、通信技术技能人才。周学熙提出“工艺非学不兴，学非工艺不显”，发展工业必须与发展教育、培养人才相结合，必须走“工学并举”“教学做合一”的道路。《实习工场试办章程》中写道“工厂之设与工艺学堂联为一气”“并以工场为工业学生试验、制造之所，而学堂各科教习，即可为工场工徒讲课之师，相辅而行，收效甚速”。在周学熙办的实习工场中，“干什么学什么”，工人和学徒实地训练，师、学、工一起制造产品。同时，从实习工场挑选能工巧匠在厂内设堂，由师、生、工合作试机器，实行“教学做合一”。

（二）天津在新中国成立初的工业建设中创立了“半工半读”

新中国成立初，天津工业快速恢复发展，创立了诸多中国第一，如第一台电视机、第一块国产机械手表、第一辆自行车、第一辆无轨电车、第一架折叠式120型照相机、第一辆经济型小轿车、第一台6 000吨水压机、第一部模拟电子计算机等。20世纪50年代闻名全国的工业产品自行车、手表、缝纫机“三大件”均生产于天津。1949—1952年，天津工业部产值大体上逐年增长，天津工业年均增长速度远远高于全国的年均增长速度，呈现出快速发展的态势；天津钢产量占比全国钢产量比重达到5.17%，冶金工业职工人数由1949年的2 416人增长到1952年的6 341人。1953年天津工业企业数量达8 459家，工业总产值26.21亿元。“二五”时期，天津规划建设了16个工业区和工业地段。

20世纪50年代中期，为教育与生产劳动相结合问题，在全国开展勤工俭学运动。1958年5月，刘少奇在天津视察时指示试办半工半读学校；5月27日全国第一所厂办半工半读学校在天津国棉一厂开学，学校学生也是工厂工人，实行“六二”制半工半读，3年半学完中学课程。《人民日报》发表社论《举办半工半读的工人学校》。此后，以天津为试点的“半工半读”在全国展开，建立了“两种劳动制度，两种教育制度”，即一种是全日制的学校制度和全日制的工厂机关劳动制度；一种是半工半读的学校教育制度和半工半读的教育制度和工厂劳动制度。到1965年9月，天津除原有40所半工半读中专，又将9所中专、9所技工学校、27所职业学校改成半工半读中专，另外新建35所半工半读中专，共有119所半工半读中专，在校生达2万多人。还有6所半工半读大专（含半工半读工科师范学院），学生有900多人。

半工半读职业教育思潮的主要代表人物为刘少奇。这一时期的“半工半读”教学模式做到学校办工厂，工厂办学校，改变学校教育脱离实践，尤其是脱离生产实践的倾向，让学生学到的知识更全面、更可靠，使书本知识与实际知识更好的结合，学到真正的、完整的知识。

（三）天津在改革开放后至新世纪第一个十年的工业东移战略中确立了“工学结合”

改革开放以来，为加快国际化港口大都市和北方重要经济中心建设，促进天津市城市布局调整和产业结构调整，推进天津工业的产品结构、产业结构以及组织结构的调整，从1985年开始，经过大力发展天津经济技术开发区、确立滨海新区“一心三点”建设，到2010年基本完成工业战略东移目标，由20世纪90年代钢铁、石化、轻纺、电子、医药、汽车“六大产业”到21世纪初形成十大优势产业，累计354家中心城区工业企业完成东移，建成了钢铁工业基地、电子信息产业基地、汽车及零部件基地、现代中药和生物制造基地、编织服装基地等一批标志性产业聚焦区，形成了“龙头项目——关联项目——产业集群——制造业基地”的“链”式发展模式，构建了以战略性新兴产业为先导、高新技术产业为引领、优势支柱产业为支撑的现代化工业体系，最终确立了航空航天、石油化工、汽车及装备制造、电子信息等八大主导产业。

工业东移战略不仅对天津产业布局、结构调整进行了重新规划，更重要的是通过实施现代企业制度、技术改造和科技创新，企业改制、调整重组后生产、经营、管理发生了重大改变，产业集群化发展态势形成。

天津职业教育伴工业发展而生,随产业发展而变。在此轮企业重大改革中，天津职业教育坚持“两不变，一不减”，即职业学校依托行业企业管理的体制不变，财政性教育经费的渠道不变，经费额度不减，加强教育部门对职业学校的统筹规划和宏观管理，形成了行业办学为主的职业教育办学特色。天津市教委深入研究,传统的工学并举和半工半读基础上，确立了在工学结合中“以就业为导向,加强专业建设;以能力为本位,加强课程体系建设;以技能为中心,加强实训基地和师资队伍建设;以职业道德为核心,加强思想道德建设”办学理念;形成了专业理论和实际能力相结合,课堂教学和工作实际相结合,瞄准培养目标高素质,增强培养过程灵活性的“工学结合”职业教育模式。2005年教育部在天津召开“职业教育工学结合座谈会”，明确工学结合、半工半读实现我国职业教育改革和发展的新突破；同年，天津市人民政府与教育部于共同签订了《关于共建国家职业教育改革试验区的意见》，进行2005年至2010年为期五年实践探索。

“工学结合”是天津继承与扬弃近现代百年来职教历史经验，把握现代职业教育发展的基本规律，适应区域职业教育发展需求而探索出来的具有中国特色的现代职业教育制度。职业院校学生的教育培训任务由职业院校和行业共同承担，通过学习与工作相互交替、融合的途径，将课堂的理论学习与社会的实际工作紧密结合起来的方式培养高素质技术型人才。在学习期间，既要在学校接受与职业相关的理论教育，又要在实训基地进行相应的职业技能训练，还要在行业所属企业中完成一定的生产性作业。学生在毕业时可同时获得学历证书和职业资格证书。

（四）天津在新世纪第二个十年的现代工业体系建设中创立了“五业联动”

党的十八大以来，天津围绕“一基地三区”定位，加快产业调结构、换动能、促转型，以智能科技产业为引领的“1+3+4”现代工业产业体系基本建立。目前，天津拥有全部41个工业大类；207个中类里，占191个；666个小类里，占606个，是全国工业产业体系最完备的城市。截至2021年底，形成人工智能、大数据、云计算等优势领域，信创产业全国领先，飞腾+麒麟的“PK”体系成为主流技术路线，软件产业规模突破2 000亿元，比“十二五”末翻一番；以生物药、化学药等为一体的生物医药产业链已形成；新能源和新材料方面具备了从基础、应用研究到产业化的全链条研发生产能力，建设现代中药、车联网、先进操作系统等9家市级制造业创新中心，建成中科院工生所、药研院等一批产业创新平台；航空航天方面，则形成了以大飞机、无人机、新一代运载火箭、卫星为一体的产业格局；装备制造方面，拥有海工装备、高档数控机床等产业集群，建成海尔5G工厂、丹佛斯等102个智能工厂和数字化车间，5G+工业互联网深入推进，打造200个应用场景，上云企业超过6 000家；石油化工打造出原油加工、乙烯生产、精细化工等综合产业体系，累计建成11个国家新型工业化产业示范基地；汽车工业形成设计研发、整车制造、零部件配套等完善产业体系。

承袭工学并举、半工半读、工学结合之迹，天津职业教育创新的主基调从未改变。为破解新时期职业教育原有的办学结构不能适应和满足经济发展需求问题，天津职业教育继“国家职业教育改革试验区”之后，持续深化改革创新，接连探索 2011—2015 年“国家职业教育改革创新示范区”和 2016—2020 年“国家现代职业教育改革创新示范区”，推进形成产教融合、校企合作的新形态“五业联动”，创立工程实践创新项目（EPIP）教学模式。“五业联动”强调职业院校与“五业”共同确立人才培养目标和规格，联合开发教学内容和模式，合作探索具有中国特色的现代职业教育科学发展途径。在“五业联动”推动下，各职业院校以就业为导向，以职业能力为本位，在专业建设方面与产业、行业、企业、职业等要素密切联系，通过整合资源，相互对接、协同联动，将专业建设的各项内容落实到教学与实训的各个环节，从而实现办学结构和效能优化的一种办学模式。在适应现代产业转型中，天津探索出的 EPIP 教学模式以实际工程项目为导引，以实践应用为导向，以创新能力培养为目标，以项目实践为统领，遵循工程规律，用工程方法培养学生；同时，以“鲁班工坊”为课程教学平台，通过三层次递进的工程实践创新项目课程体系，构建从“学徒工人”到“技术员”再到“现场工程师”的“专业化”成长路径。

二、EPIP教学模式话语构建的理论逻辑

问题是时代的声音，“我们的哲学社会科学有没有中国特色，归根到底要看有没有主体性、原创性。跟在别人后面亦步亦趋，不仅难以形成中国特色哲学社会科学，而且解决不了我国的实际问题。”中国职业教育思想博大精深，诠释各时代“教什么、怎样教”“学什么、怎样学”。吕景泉教授 EPIP 教学模式正是汲取了墨子哲学、鲁班实践发明、黄炎培职业教育理论、陶行知“生活教育”理论的精华，把“行为本”“亲知”“建教合作”“生活即教育、社会即学校”“千教万教教人求真，千学万学学做真人”“知行合一”等付诸当代职业教育实践之中形成的。

（一）EPIP教学模式传承中国古代教育思想

墨子作为一位思想巨匠，也是精通手工技艺的能工巧匠，他用行动和实践创立了墨家学说。EPIP 教学模式吸纳墨子著名的“素丝说”“兼士”“扣则鸣，不扣则必鸣”“士虽有学，而行为本”等教育思想，确立环境育人、实践育人等模式内涵。一是探索建立 EPIP 视域下的产教融合、专业建设路径，回答了职业学校如何真实地融入经济社会发展。如天津中德围绕天津经济社会发展，对接滨海新区建设需求，探索专业组群服务现代产业的建设机制；以国际合作为依托，引进国外高端智力资源配备每个专业组群，引进国际跨国企业标准，开发国际化优质教学资源，融入专业建设；以校企合作为支撑，分析行业企业发展趋势，分析岗位技术技能要求，面向真实工程，优化专业和产业发展、企业需求的匹配度，用项目服务集聚资源，用资源累积孵化专业，用产业升级推动专业改造，构建了“服务—累积—孕育—优化”的专业组群产教互动的建设机制，形成 5 个对接滨海新区“高端化、高质化、高新化”产业体系的专业组群，提升了专业组群服务现代产业能力。二是探索建立 EPIP 视域下的教学团队、赛教互动路径，回答了教师如何在真实完整的环境中成长、如何做到以赛促教。吕景泉教授和他的教学团队在实践中凝练出“五个最真实结合”的思想，即“动脑和动手最真实的结合”“理论和实践最真实的结合”“学校和企业最真实的结合”“职业教育和经济社会发展最真实的结合”“职业教育和人的全面发展最真实的结合”。该团队探索了“服务产业升级与社会需求，面向教学改革实际，聚焦综合实训教学，融入行业企业标准，采纳国际通用技术，着眼大赛教学资源转化”的赛项设计与开发模式。同时，探索出“以赛促学、以赛促教、以赛促改、以赛促建、教赛结合”的机制和途径，推动职业技能赛项成果转化，推进我国职业院校技能赛项国际化，扩大了我国职业教育在世界上的影响力。

（二）EPIP教学模式坚守中国近代教育思想

EPIP 教学模式吸纳黄炎培“大职业教育主义”观和陶行知的“生活教育”理论精髓，把“建教合作”“实施全面的职业教育”“生活即教育、社会即学校、教学做合一”“千教万教教人求真，千学万学学做真人”等思想，发展为宇观的办学思想、宏观的教育论和教学论、中观的专业建设、微观的课程改革和纳观的知技素思想。五观论回答了职业学校从课程、专业到办学的“依据是什么”的问题，即让职业院校教师真教真做，职业院校学生真学真练，让整个职业院校因为“真实”和“完整”焕发新的活力。创新性地提出专业“核心技术一体化”概念，把专业的固有属性从真实的生产技术实践中提取出来，通过“核心技术技能”，明确专业的技术和技能，明确每门课程的知技素，形成基于工程实践导向的教学情境（项目），再形成核心技术与课程设置一体化、核心技术与教学环境一体化、核心技术与顶岗实习一体化、核心技术与职业资格一体化四个一体化。“四个一体化”有效保证了产业、行业、企业、职业要素全程全面融入专业建设，实现了专业建设的开放性、针对性和职业性，为校企共同开发专业、实施教学、培养学生、共赢发展提供了可持续发展平台。创新性地提出“四层两段一贯穿”课程结构体系，即以专业核心技术技能为人才培养主线，职业学校整体教学过程可以分为基础教学、专业教学、专长教学、毕业顶岗四个层面，平台学习和主体学习两个阶段（平台学习阶段包括基础教学，主体学习阶段包括专业教学、专长教学、毕业顶岗），实践能力培养始终不断线，贯穿教育教学始终。

（三）EPIP教学模式坚定中国当代教育思想

“要处理好继承和创造性发展的关系，重点做好创造性转化和创新性发展”。吕景泉教授带领教学团队20余年教学实践和理论研究创立的工程实践创新项目（EPIP）教学模式，将产教融合、校企合作、工学结合、知行合一创造性转化和创新性发展，概括为“12345”，即一宗“知行合一”，二核“真空和完整”，三谛“实谛、名谛、合谛”，四元“工程化、实践性、创新型、项目式”，五观“宇观的办学思想、宏观的教育论和教学论、中观的专业建设、微观的课程改革和纳观的知技素思想”。构建了基于“真实／完整”的职业教育教学理论，用实际工程、工程实践、工程项目、能力培养四个关键解决了在技术技能人才培养过程的依据、方法、内容的问题，就是说要EPIP是以实际工程为背景，以工程实践为导向，以能力培养为目标，以工程项目为统领的技术技能人才培养模式。

“真实”和“完整”是EPIP理论的逻辑主线，贯穿于EPIP理论的各个部分。每一个知识点、技能点、素养点的讲授和训练，都可以基于“真实工程”“真实世界”“真实生活”，去实践、去创新，强调一个“真”，而且，要“真”的有办法；每一个知识点、技能点、素养点的讲授和训练，都可以基于“完整”“过程”“项目”，体现一个“全”字，从头到尾真实地做一个全过程的“完整”项目，就是“真实”和“完整”。职业院校的每个部门、每个岗位、每项工作，都应服务于高素质的复合型技术技能人才培养，也都要做工程实践创新“项目”，要体现教书育人、管理育人、服务育人、环境育人、过程育人、全员育人的“真实”和“完整”。职业教育的课程实施要达到什么样的目的？学生学习了课程之后要达到什么目标？这是世界职业教育界共同思考与探索的问题。吕景泉教授提出“学而知其用，用而知其所，所而知其在，在而知其代，代而知其原，原而知其衍”，即要让学生知道“为什么学、学习什么、学习了用在哪里、学习生能有什么创新”，把主动学习、自主学习、协作学习有机地融合到教学实践之中。在EPIP的课堂，学生不仅学会了学习，而且懂得了创新；学生不仅学会了知识技能，更重要的是学会了思维和方法；学生不仅热爱了学习，更重要的是热爱了生活；教师懂得了教育即生活，学校即社会。

三、EPIP教学模式话语构建的实践逻辑

话语作为理论的外在表达，一旦离开了产生的实践基础，将变成空洞的概念。EPIP教学模式话语的形成是基于近代以来中国职业教育探索和创新的一种理论自觉，它汇集了中国职业教育校企合作、工学结合的多样性实践，是在教学中进行的探索与创新，回答了“如何进行校企深度合作”“如何开展工作与学习的深度结合”等关键问题。

（一）EPIP源于工矿企业实践和教学实践

EPIP源于真实生活，源自工矿企业实践和教学实践，是建立在企业技术服务之上的教学实践探索和研究的成果。吕景泉教授用17年时间形成基于工

厂 / 企业技术改造的教学实践研究成果，在 1990—2006 年间，帮助工厂 / 企业进行技术改造（国内外企业）、开展基于生产技术问题的企业培训，进而探索产学合作专业建设、开发自动化类专业领域实训基地、实训项目与设备配置，推进天津市职业教育区域综合性实训基地建设；用 13 年时间构建 EPIP 职业教育教学模式并取得重大成效，2007 年先后开发专业教学标准、核心课程建设标准、机电专业类师资知技素框架标准并付诸推广，2008 年开发首届全国职业院校技能大赛“自动化生产线安装与调试赛项”和教学资源，目前已完成 10 余个全国性技能赛项、国际化赛项、企业赛项，成功开展一系列教学改革，取得重大成果，获得职业教育国家级教学成果奖特等奖、一等奖等多项殊荣。

（二）作为鲁班工坊核心的EPIP融入世界

2016 年，基于 EPIP 教学模式的鲁班工坊走向世界。鲁班工坊以中国原创首创的“工程实践创新项目（EPIP）”为教学模式、以中国教育部主导开发国际化专业教育标准为基本依据、以全国职业院校技能大赛（国赛）优秀赛项装备为主要载体、以师资培训先行及教材教学资源开发为必要保障，依靠合作国本土化院校和合作国本土化教师，走进了合作国国民教育体系和合作国教学标准认定，有效地服务了合作国经济社会和合作国青年就业创业。

截至 2022 年 3 月，海外鲁班工坊已建成 20 个，覆盖亚洲、非洲和欧洲三大洲，47 个中外合作建设的专业，很好地回答了中国职业教育如何整体走出去、走进去。EPIP 教学模式是鲁班工坊建设的重要内涵，先后在中国天津渤海职业技术学院、泰国大城技术学院、葡萄牙塞图巴尔理工学院建立“工程实践创新项目（EPIP）体验中心”“EPIP 研究中心”等中外 EPIP 教学研究的集散地。

四、EPIP教学模式的未来面向

（一）“教”与“学”新生态的建立

EPIP 教学模式把真实工程、真实世界、现实生活、实际问题搬入到职业学校，融入到专业，延伸到课程，解决了教学做一体化的工程化精度、实践性深度、创新型宽度、项目式整度问题，解决了产教真融合、校企真合作的内生内审标度问题，将构建一个“真实”“完整”的教育教学新生态。

在近十年的教育教学实践中，以《工程实践创新项目教程》为代表的一批教材及其他教学资源，激活了职业院校现有的教学理念、教学团队、教学设施、教学方案、教学管理、教学环境、教学考评等各种教育教学环节和要素。尤其是激活了天津机电职业技术学院、天津轻工职业技术学院、天津渤海职业技术学院等办学、教学和管理，也激活了职业学校教师，如天津机电职业技术学院的姜颖老师、刘勇老师，天津轻工职业技术学院的李云梅及她的教学创新团队，葡萄牙塞图巴尔理工学院鲁班工坊负责人约瑟马伽勒斯・卢卡斯等，形成了一批电气自动化技术、机电一体化技术、光伏工程技术、智能制造装备技术等专业和智能电梯、风光互补发电系统安装与调试、数控加工技术等课程应用 EPIP 教学案例。

（二）教师职业成长与发展的融入路径

2022 年 5 月，《教育部办公厅关于开展职业教育教师队伍能力提升行动的通知》的印发再一次将职业教育教师成长与发展提出新要求。新入职的职业院校教师应该经过入岗训练、适岗锻炼、胜岗历练三个阶段成长为“双师型”素质教师。用 EPIP 理念和思想，设计新教师的职业规划，让教师在真实中掌握基于实际工程导向的课程设计，成为具备实施专业情境式工程实践课程能力和可持续发展能力的高素质教师，这是时代的需求。

“推广工程实践创新项目 (EPIP) 教学模式应用”，已经纳入教育部与天津市政府共建“新时代职业教育创新发展标杆”协议，已经写入天津市教育现代化“十四五”规划，已经成为中国职业教育同世界分享的国际话语。

——摘自《职业教育研究》2022 年第 8 期中耿洁《工程实践创新项目（EPIP）教学模式的逻辑演进与未来面向——试论中国职业教育的国际话语“EPIP 教学模式”的创建创成》。

第四节　工程实践创新项目（EPIP）的技术哲学基础

【此文发表于 2022 年 8 月】

工程实践创新项目对应英文为 Engineering、Practice 、Innovation、Project，首字母缩写为 EPIP，其内涵是“工程化、实践性、创新型、项目式”。工程实践创新项目是在吸收借鉴中国传统文化智慧以及西方教育思想的基础上而创造提出的具有本土特点、顺应时代需求的特色教学模式，在职业教育领域，特别是技术技能人才培养方面，进行了积极而卓有成效的探索，积累了较为丰富的成果，在中国职教的理论探索、实践应用及话语构建方面做出了重要创新。技术哲学则是关于技术发展的根本观点与普遍规律的学问，它既对技术整体进行哲学反思，又对技术具体现象进行哲学分析，主要涉及以下内容：技术本体论探讨技术作为人的存在方式所具有的本体特征；技术认识论聚焦技术知识特点及其转化的内在机制；技术方法论探究技术嵌入社会系统的应用模式。在本质上，EPIP 的提出虽然没有直接应用技术哲学理论，但其核心要义与内在理路无不渗透着对于技术规律的深刻把握与理解。从这个意义上看，技术哲学关于技术的哲学反思为理解 EPIP 提供了一个重要的分析视角，奠定了前提基础。

一、EPIP 的本体论基础：技术本质的“范式”特征

（一）EPIP 的“范式”意涵

探寻 EPIP 只有追溯到本体论层面，才能从根本意义上阐明 EPIP 的存在价值与意义。EPIP 的本体论基础体现在其作为一个整体性概念，内含着技术本质的范式特性。在通常意义上，EPIP 被基础性定义为一种教学模式，指导着职业教育教学实践。仔细探究 EPIP 的内涵，会很清楚地发现其内涵在一定

意义上具有“范式”的意义与特征。所谓“范式”，是由托马斯库恩最早创造性提出的一个概念，原初是指在科学共同体内部，被大家所共同接受和信仰的理念、理论、原则、方法、策略等的整体。从“范式”的基本内涵出发，EPIP作为一种教育“范式”该如何理解？德裔美籍技术哲学家伯格曼借用库恩的“范式”一词提出“装置范式论”，表明现代技术区别于传统技术而呈现出一种范式转换的特点。他认为“装置范式”反映着现代技术的本质。“装置范式”中的“装置”指现代技术人工物，其主要功能指向效率与功用，而更多的价值性、人本性内容却被抽离。“他认为‘装置范式’把我们的注意力集中在技术的运作上，而远离本身有意义和价值的活动；并用比喻来说明‘装置范式’和‘非装置范式’：前者就好比把一套音响器材送给小孩子；后者就好比把一个小提琴和学习课程送给他。两套礼物都可以‘制造’音乐，但从人的角度来看，后者所‘制造’出来的音乐会更珍贵。”伯格曼对“装置范式”呈现一种批评的态度，认为“装置范式”窄化了人的实践活动意义的丰富性、价值的多元性，功利主义的单维追求遮蔽了世界的丰富性。伯格曼从技术控制主义的立场出发，认为应该在现代技术背景下挖掘更多“聚焦物”以促进“聚焦实践”，以此来平衡“装置范式”的功能单维性和目的功利性的不足。从“装置范式”到“聚焦物”与“聚焦实践”的范式转换，体现的是对现代技术本质单维性、功利性、片面性的批判，是对技术实践的多维性、价值性、筹划性的探寻，也深刻反映在EPIP的理念与模式中。

EPIP以工程实践为蓝本设计与组织职业教育教学过程，形成职业教育教学模式。工程实践思维是一种筹划性思维，是对传统职业教育模式的片面性、机械性、割裂化的批判性超越，是对技术实践活动的整体性设计。

（二）EPIP的“范式”特征

从技术哲学视角看，工程实践思维的本质是一种技术设计的筹划性思维。EPIP的四元（工程化、实践性、创新型、项目式）在技术本质的范式视角下，对应呈现出技术设计的筹划性、实践性、创新性、社会性等特征。

1. 工程化的底层逻辑

筹划性：EPIP的“工程化”本质上是一种“筹划性”思维。在技术设计过程中，如何对这一系统工程进行筹划是摆在主体前面的第一性问题。技术设计的典型步骤包括：准备、起始、实施、完善。准备阶段，设计主体熟知了解设计对象的基本情况和相关知识，并确定所要处理解决的核心问题。起始阶段，技术主体根据任务要求进行基础性构思，并通过方案草图的方式进行择优判断。实施阶段，技术主体对选择方案进行更深入设计，根据实际需求以具体模型的方式予以呈现。 同时，技术主体还要进行与工作相关的一系列物料的准备与设计，并付诸具体实施。完善阶段，结合实际开展情况以及目标达成度，对工程相关细节进行进一步完善。整个技术设计过程的每个阶段都要不断回看，以确保整体设计目标的最终实现。

2．实践性的逻辑一致

EPIP 的实践性强调的是科学的、合理的、符合现实需求的“做”，而不是机械、盲目地“做”。技术设计的实践性与其逻辑相契合。技术设计的实践性是指其出发点兼顾技术性与社会性两方面需求。一方面技术设计实践需符合实用性、功能化、多样化的需求；另一方面技术设计需对与技术相关的社会价值诉求进行内化与反映，包括审美、伦理等内容。

3．创新型对应创新性

技术设计的创新是指技术主体根据实际情况，综合技术本身、社会价值观念、用户需求等多种因素，对技术手段、操作方式、技术工艺、技术组织形式等进行创造性变革，对技术实践过程的可能发展方向进行前提预测。在实践中需不断将实际情况与原初预测进行对比分析，适时进行调整，确保技术实践正确方向。技术设计的创新性不一定是颠覆式的，更可能是渐进改良的方式，同时是理性因素与非理性因素的汇聚融合，其中非逻辑、大胆想象、灵感迸发等非理性因素往往发挥着更为关键的作用。

4．项目式反映社会性特征

EPIP 所讲的“项目”是一个综合性实践活动载体，承载着技术技能等本体元素，同时聚集着审美、创新、伦理、团队合作等社会性因素。这在技术设计要求中也清晰地体现着。技术设计最终需要透过载体来实现，此载体需要经过精心的组织与设计，特别是要反映技术实践的原初目的，还要将技术性内容呈现出来，同时要将社会性要求予以充分融入。这个载体是以一个个具体的项目的形式来呈现的，将知识、技能、社会文化、价值观等内容整合起来，通过合理的教育学转化，成为符合教育要求的学习内容，进而开展合理的教育教学。

二、EPIP 的认识论逻辑：技术知识特点及其转化机制

从认识论的角度看，EPIP 教学过程本质上是技术知识的内化与传递，这一过程不仅仅涉及可以明言化、符号化的技术显性知识，更重要的是蕴含着大量难以“明言”的诀窍、技巧、技能等技术隐性知识，而且对于实践来讲，后者往往对人的职业能力形成更重要。显性知识与隐性知识之间不是孤立分离的关系，而是内在相关并可以相互转化。关于二者之间的转化机制，日本学者野中郁次郎等人地提出了技术知识转化的“SECI”模型。“SECI”模型包括四个相互联系的部分：社会化（Socialization）：从默会知识到默会知识；外部化（Externalization）：从默会知识到明言知识；组合化（Combination）：从明言知识到明言知识；内化（Internalization）：从明言知识到默会知识。需要注意的是，以上过程并非一个线性、单向、终结的闭环过程，而是一个围绕技术实践活动不断开放拓展、螺旋上升的过程。从“SECI”模型出发，我们可以对 EPIP 进行更基础的分析，进而揭示出其内在的技术认识论逻辑。

EPIP 的四元即工程化、实践性、创新型与项目式，彼此内在关联并相互统一。

第一，“工程化”是从整体上筹划与设计教学项目与内容，对于教学者来讲，就是要帮助学生去搭建一个真实完整的技术学习环境，要让学生学会解决真实的问题。这里的真实并不仅仅指外部环境的真实，而是构建一个本质上符合实际工作场景需要，具有真实能力要求、任务要求的学习场域。在认识论本质上看，“真实”“完整”蕴含的是技术显性知识与技术隐性知识的综合与统一。

第二，“实践性”则聚焦教学过程中的技术实践活动的组织与实施。集中关注学生在学习过程中的真想、真做、真用、真干。不是机械盲目地操作，而是有计划、有策略，目的明确地去实践。而这种技术实践又是在集体攻关、团队合作的意义上来开展的知识共享、情感交流、技能切磋。EPIP 针对“实践性”所提的“知技协进”本质上指的就是学习者素养当中的以技术显性知识为代表

的“知识”与以技术隐性知识为代表的“技能”的综合协调发展。

第三，“创新型”既是客观要求，又是技术实践活动特点的自然而内在地生发。实践中总是会遇到各种问题，解决问题过程的本身就是创新。教师在此过程中，要发挥引导、激发、鼓励、促进的作用，引导学生参与实践，激发其内在的兴趣与动机，鼓励孩子大胆地去尝试，不怕犯错，促进学生主观能动性的发挥，自觉、主动、积极、负责任地投入到工作实践中。这是唤起并激活创新意识的起点和基础；要培养学生团队合作的意识与能力，通过团队的智慧与力量来创造性地分析问题、解决问题。这就涉及如何“激活创新”技术知识的内在本质底蕴，实现技术知识的创造性转化与应用。

第四，“项目式”则是教学过程中的技术实践活动能够开展的有效载体，是为创造独特的产品、服务或成果而进行的工作，也是指一系列独特的、复杂的并相互关联的活动。这些活动有着一个明确的目标，必须在特定的时间、预算、资源限定内依据规范完成。通过 EPIP 统领构建工程技术环境和载体，贯穿实践能力、沟通能力、管理能力、团队合作、严谨作风、质量意识、时间意识、成本意识等工程思维和素养培养，进而达成综合能力的培养。这一过程与《墨子》主张的“名、实、合、为”内在相通，进而衍生出 EPIP 的实谛、名谛、合谛三境界。从认识论视角看，实谛是技术知识所对应的本真实践世界，名谛是以技术知识形式构建的替代世界，合谛是指技术知识本真与技术知识形式的综合化用，整体过程构成了“为”的实践行动。

可见，在内在机理上，技术知识作为本质元素贯穿在 EPIP 的四元（工程化、实践性、创新型、项目式）内涵当中。进一步，在转化机制上，四元彼此相通，环环相扣，体现的是从“真实完整”的“工程化”思维到“知技协进”的实践性底蕴，到“激活创新”的创新型要求，再到“名实合为”的项目式呈现的螺旋循环、开放发展的实践境界。正是通过 EPIP 教学模式这一完整且开放的教学实践过程，学生的综合能力得以实现反复锤炼、持续提升。

三、EPIP 的方法论路径——工具化理论的分析

基于前文分析，可以看到 EPIP 内在顺应着技术本质的“范式”特征。如果说 EPIP 整体呼应着从单一的“装置范式”向整体性的“聚焦物”与“聚焦实践”

的范式转变，那么工程化、实践性、创新型、项目式则构成了范式转变的具体逻辑环节，工具化理论则构成了对这一逻辑环节的技术哲学诠释。芬伯格提出技术之所以能够成为技术，其实包含着“初级工具化”与“次级工具化”两个不同层次。“初级工具化”是一个“去情境化”的过程，主要描述的是技术功能的实现往往需要从其原本的情境中抽离出来，并针对特定目的与功能进行功利性取舍与制造。其中包括四个环节：去背景化；还原论；自主化；定位化。“次级工具化”是一个“再情境化”的过程，主要呈现的是技术价值的社会赋予，即技术功能只有从抽象的“去情境化”重新嵌入到现实社会系统与文化中，通过“再情境化”，才能实现技术的属人意义。同样包括四个环节：系统化、中介化、职业化、主动性。

（一）工程化映射着“去背景化”与“系统化”的统一

EPIP 的“工程化”是生活化、生产化、现实化、社会化，反映的是学习内容的整体化、系统性与情境性，其核心是真实。这点映射着工具化理论中“去背景化”与“系统化”的统一。“‘去背景化’是指要把自然对象人为地将其从产生它的世界中脱离出来，必须使它们呈现某种‘去背景化’或‘去世界化’的特征。这样，就能将它们包含的技术模式应用于各个实践领域。系统化是指为了实现实际功能，孤立的技术客体必须被组合起来，彼此相互协调，并且重新进入一个环境中。‘系统化’就体现这样的‘重组’过程。”技术社会化过程是现代技术设计的核心问题，其具体实现有赖于种种社会政治、价值因素与技术的彼此协调。而 EPIP 的“工程化”底层逻辑的“筹划性”特征，表明其一定在综合考虑主体、技术、社会的需求的基础上，将一个项目、一件事的最核心因素与其承载的教育教学需要以及复杂的社会文化因素整合起来，进行合理的筹划与设计。

（二）实践性蕴含着“还原论”与“中介化”的融合

EPIP 的“实践性”是指教育教学整体过程及其活动的真实性与实在性。要求产教融合、校企合作、工学结合、知行合一。工具化理论“还原”与“中介”的融合体现着技术功能性质的本体属性与技术的美学、伦理、道德等价值性质的社会属性的统一。“还原论”即要把去“背景化”后的对象所显现的在技术上无用的特性剥离掉，使之能够进入技术网络。在阐述“还原论”时，芬伯格借用洛克的“第一性质”和“第二性质”的概念来说明这个问题。其中，“第一性质”是指物体技术上被关注的方面，“第二性质”是指物体所具有的诸如美学的、伦理的以及文化价值等方面的特性。中介化体现了伦理学与美学所具有的中介调解作用，其主要功能是使被简化的技术客体获得了紧密嵌入新的社会语境的次要性质。可见，EPIP 的“实践性”是在经过教育学转化的真实的技术技能学习场域中，真看、真学、真做，也不是机械地、简单地去做一项工作，而是将技术性、人本性、社会性诉求融入实践当中，通过团队合作，综合性、完整性地去完成项目任务。

（三）创新型反映着“定位化”与“主动性”的整合

EPIP 所讲的“创新型”既是过程，又是结果，是“在而知其代，代而知其原，原而知其衍”。衍就是繁衍、衍化、变化，本质上就是创新。与之相契合，工具化理论的“定位化”与“主动性”的整合，反映的是技术自身的规律性应用、规范使用与创造性设计、主观能动地创新使用的统一。定位化是指技术行为主体依据其客体的规律而控制对象。芬伯格认为技术主体并不修正客体本身的规律，而是使用它以获利。一个人如果知晓人力资源的“第一性质”，就能够有效地管理人类行为并决定其方向，这里人类只是简单地看作一个劳动力或受控制的消费者。所谓主动性，即用户通过创造性地以多种方式使用既有的技术，甚至赋予技术以其设计者始料未及的功能与意义。次级工具化中的主动性表明：在遵守自然规律的前提下，存在着种种可替代的技术设计，呈现出创新特征。EPIP 的“创新型”并不追求完全的颠覆式创新，而是特别强调激活原有的基础元素，重新组合排列，重构呈现样态，就是要在“定位化”与“主动性”之间找到平衡，从而不断为教育教学注入力量与活力。

（四）项目式呈现着“自主化”与“职业化”的结合

EPIP 强调职业教育关键能力的培养是“项目式”的，要注重全过程的、完整的教育教学。工具化理论的“自主化”与“职业化”的结合，强调技术实践的系统内的闭环运行逻辑与技术主体及其生存的生活世界互动逻辑的统一。“自主化是指技术行为主体尽可能地把其自身从对客体的影响中隔离开来。这时，技术行为的主体与客体的关系就完全不同于牛顿第三定律中作用者与反作用者的关系，因为技术行为通过耗散或延缓行为客体到主体的反馈而使主体自主化。所谓职业化是指技术客体只有在其行动与生命历程相隔时才是自主的。但从整体来看，技术主体与客体是紧密联系在一起的。在根本上，技术主体是作为人和作为参与种种活动的共同体成员而存在着的。”通过职业化，技术客体与主体相互“卷入”，从而使“技术世界与生活世界密切相关，而不是自主的和非人的”。

EPIP的“项目式”是整体意义上的，即项目是与工作任务相关的技术因素、文化因素、社会需求、人本要求的综合聚集，将技术与教育世界、生活世界紧密联系起来，通过项目式的学习，学生的整体素养能够得到切实地培育。

四、结语

本文基于技术哲学的相关理论尝试对EPIP的本体论基础、认识论逻辑与方法论路径进行诠释与分析，旨在从更本质层面、本源角度探讨EPIP理论的合理性与创新性。总体上看，EPIP的本体论基础、认识论逻辑与方法论路径并不是彼此孤立与割裂的，三者本质上相互统一并内在蕴含着共通的教育承诺。从技术范式角度揭示EPIP的本体论的四个特征，其实也贯穿在EPIP的认识论逻辑当中，指引着EPIP的方法论路径。

从技术知识转化机制角度分析EPIP的认识论逻辑，也彰显着EPIP的本体论基础，同时影响着EPIP的方法论路径选择。从工具化理论角度诠释EPIP的方法论路径映射着EPIP的本体论基础，渗透着EPIP的认识论逻辑。所谓教育承诺是指EPIP的具体应用是有前提预设与内在承诺的，即通过EPIP这样一种教学模式能够为教师教学提供范式指引，为学生学习创造共享平台，为整体教学质量提升树立模型参考。从这一意义上看，EPIP有着广阔的应用空间，除了职业教育之外，其对与技术相关的劳动教育、新工科教育等领域的教育教学改革同样具有重要的引领价值与示范意义。

——摘自《职业教育研究》2022年第8期中徐宏伟《工程实践创新项目（EPIP）的技术哲学基础探微》。

第五节　创建职业教育国际品牌，构建职业教育国际话语

【此文发表于 2023 年 6 月】

1866 年，中国的近现代职业教育发端，在福建马尾创建“船政学堂”。2016 年，世界上首个“鲁班工坊”在泰国古都大城府揭牌运营，天津渤海职业技术学院在境外建立实体性教育合作机构，为当地培养培训本土化技术技能人才。从“引进来”到实现“走出去”，中国职业教育奋斗了整整 150 年。

作为中国职业教育的国际品牌，鲁班工坊的创新发展首先要跳出传统的以借鉴国外理念、模仿国外模式和套用国外经验为特征的合作模式，要基于中国传统文化和当代国情、世情，与世界分享中国职业教育在模式、标准、装备和资源等方面的优秀成果，要建构起中国职业教育的话语体系、标准体系和资源体系，以此提供让世界信服的职业教育产教融合、服务发展的整体解决方案。这是中国职业教育实现“走出去”,进而实现“走进去”的关键问题,也是服务“一带一路”增强职业教育适应性的必要环节。

吕景泉教授（以下简称编著者）编著的《鲁班工坊核心要义——中国职业教育的国际品牌》一书为此提供了整体解决方案。该书立足对鲁班工坊建设实践进行主体性的经验总结和理论建构，系统确立并完整阐释了鲁班工坊的核心要义及其实现路径，为鲁班工坊项目建设与品牌创建提供了指南性操作方案和可借鉴性实践案例。

一、有关鲁班工坊著述的主要文献脉络

2015 年 9 月，编著者组建团队启动以“鲁班工坊”命名的职业教育国际合作新平台项目研发计划。当年底，研发团队在鲁班工坊的项目目标、建设任

务、实施路径、内涵模式与发展策略等方面取得了实质性的突破，基本形成了解决方案。

2016 年 3 月，泰国鲁班工坊揭牌运营，这是世界上第一个鲁班工坊；2017 年 5 月，英国鲁班工坊揭牌运营，这是在欧洲也是在发达国家启运的第一个鲁班工坊；2019 年 3 月，吉布提鲁班工坊落地运营，这是非洲启运的第一个鲁班工坊，成为落实 2018 年中非合作论坛北京峰会成果“在非洲建设 10 个鲁班工坊”的务实举措。

2019 年 9 月，《鲁班工坊核心要义——中国职业教育的国际品牌》出版。该书是编著者组织编撰了《鲁班工坊 职业教育国际合作新支点——天津渤海职业技术学院“鲁班工坊”建设纪实》，主编了《鲁班工坊》之后，完成的首部有关鲁班工坊“理实并重”的研究性书籍，是鲁班工坊实践探索、理论研究、经验总结、模式推广的“集成性”成果，也是开展鲁班工坊研究的奠基性著述，对中国职业教育的国际品牌与国际话语建设作出原创性贡献。2021 年，该书受中宣部“中华文化走出去重点任务清单项目”资助翻译为英文版和葡萄牙文版，由境外出版社出版。编著者以此为基础，又相继编著了《鲁班工坊（LUBAN WORKSHOP）解析》《鲁班工坊研究 溯源 · 要义 · 标准 · 策略—吕景泉“鲁班工坊”主题论文集》《鲁班工坊 品牌·内涵·布局·目标（中英双语版）》以及鲁班工坊国别研究系列丛书等著述，成为鲁班工坊项目建设与理论研究的权威性著述。

《鲁班工坊核心要义——中国职业教育的国际品牌》编著者坚持实践导向和问题导向，总结鲁班工坊建设实践，开展实践总结、理论构建与理论创新。基于历史研究，书中“纵览”勾画 2500 年前的班墨文化、150 年前的船政学堂、100 年前的行知思想与炎培理念，“博观”比照国际职教发展脉络，实施本土化创新，为鲁班工坊核心要义、EPIP 教学模式、“五业联动”机制的理论体系建构做出贡献；基于案例研究，书中解析了泰国、英国、印度、葡萄牙、吉布提等 8 个鲁班工坊项目的实施历程，阐释了鲁班工坊研究与推广中心、鲁班工坊建设 · 体验馆、鲁班工坊与产教融合国际论坛、EPIP 国际教育联盟等功效作用，为鲁班工坊核心要义的确立提供了真实完整的案例支撑；基于文献研究，书中解构鲁班工坊创建历程中的重要论述、政策文献、论文著述及媒体报道，多维度阐释了鲁班工坊核心要义的理论价值和实践意义；基于实践研究，书中提出鲁班工坊是中国职业教育实践探索与理论创新成果的“集大成”，彰显了中国职业教育在新时代的历史担当与价值创造；基于系统分析，书中从模式创立、标准研制、技术装备、教学资源、师资培养等要素系统分析品牌内涵，从目标功能、实现路径、发展策略等维度系统剖析品牌价值，从生态学视角系统解析“五业联动”在职业教育产教融合中的理论建构和实践意义。

二、鲁班工坊的历史逻辑、核心内涵与论述阐释

《鲁班工坊核心要义——中国职业教育的国际品牌》开篇，介绍了鲁班工坊职业教育国际品牌创成的历史逻辑。“引语”即开门见山框定了鲁班工坊的概念定义、关键表述。此类文字是首次出现在公开出版物，成为广泛沿用、习以为常的鲁班工坊基本表述。该部分以中国近现代职业教育的发轫“引进来”、中国职教品牌鲁班工坊的创建“走出去”为背景，系统梳理了项目发展历程、理论研究成效、品牌应用推广，系统总结了鲁班工坊项目的建设成果与运营成效，翔实描述了鲁班工坊成为国家重大行动的演进过程；并从班墨文化（兼爱非攻、行为本）、工匠精神（精益求精、创新创造）视角探析了鲁班工坊的中国优秀传统文化、职业文化基因，从项目布局、区域布局、资源建设、平台搭建、基础能力、配套政策、拓展计划等方面对鲁班工坊品牌项目进行了透析与前瞻。

书中主体部分聚焦鲁班工坊的核心内涵。编著者提出，职业教育的高质量发展是中国经济高质量发展的重要支撑力量，中国职业教育在新时代坚持历史自信，把握历史主动，创设鲁班工坊品牌，传承中国职业文化，分享中国职教方案，贡献中国技术力量，是历史必然。该部分翔实论述了鲁班工坊的“发端起步”“品牌得名”“标识寓意”“发展进程”“国际布局”，详细阐释了鲁班工坊的核心要义，将其凝练成为“一个品牌、两个功能、三个路径、四个内涵和五项原则”，同时对其进行了溯源性、机理性、专业性详尽分析与深度探究，创立了鲁班工坊品牌“名实相耦”的定义与框范。鲁班工坊核心要义表征为“12345”，其中，“1”即为鲁班工坊创建的“一个品牌”，其含义为鲁班工坊要

通过为合作国培养适应当地经济社会发展需要的技术技能人才而创建中国职业教育的国际品牌；“2”指鲁班工坊发挥的“两个功能”，其含义为鲁班工坊在合作国实施学历教育与技术培训，为当地培养培训熟悉中国技术、了解中国工艺、认知中国产品的技术技能人才；“3”指鲁班工坊建设的“三个路径”，其含义为鲁班工坊的建设与运营要依托校校间主体责任性国际合作、校企间服务保障性国际合作以及政府间政策支持性项目合作；“4”指鲁班工坊国际品牌的“四个内涵”，其含义为鲁班工坊的建设与运营在模式、依据、载体和资源方面要具化的内涵，即“以中国本土化、视野国际化的‘工程实践创新项目（EPIP）’为教学模式，以中外院校合作开发的国际化专业教学标准为基本依据，以国赛世赛优质赛项装备为主要载体，以‘中外师资培养培训’及教学资源开发为必要保障”；“5”指鲁班工坊国际合作的“五项原则”，其含义为鲁班工坊的对外合作要遵循“平等合作、优质优先、强能重技、产教融合、因地制宜”原则。借此，鲁班工坊核心要义得以确立，它体现了一个教育品牌所含“模式、标准、装备、资源、师资”的全部内涵，从品牌、功能、路径，到原则、策略、评价，构建了教育品牌的内涵框范、学理支撑和话语体系，成为鲁班工坊项目建设的实践操作手册和理论研究基石。

鲁班工坊建设与发展相关的重要论述与相关阐释也收录书中。在精要选编习近平主席2017年1月在联合国日内瓦总部的重要主旨演讲《共同构建人类命运共同体》和2017年5月在北京出席“一带一路”国际合作高峰论坛的主旨演讲《携手推进“一带一路”》有关内容基础上，书中重点论述了鲁班工坊建设与运营的核心内涵——“工程实践创新项目（EPIP）”教学模式。该教学模式是新时代中国职业教育创新发展的重大成果，是编著者在汲取中国古代（墨子）、近现代教育思想（陶行知、黄炎培）的同时借鉴国际先进教育理念，以其自身在职业教育领域的长期教学实践和理论研究为积淀而创立的适合技术技能人才培养的教学模式。书中首次系统梳理了EPIP的三个应用层面，即微观课程层面、中观专业层面、宏观教育层面，系统阐释了“工程化”“实践性”“创新型”“项目式”的四要素及其应用，探析了“真实”“完整”的主旨意义。书中还以EPIP应用为视角，围绕鲁班工坊的核心要义，剖析了“赛教互动”的机理，解析了基于工程实践的“赛项设计开发”，服务日常教学的“教学资源开发”，面向产教融合的“五业联动”机制。该部分还围绕国家职教示范区建设、鲁班工坊“优质优先”策略，论述了做强做优职业教育的“八个着力点”，提出实现职业教育与经济发展同步规划、与产业建设同步实施、与技术进步同步升级、与国际产能合作同步布局的建设目标，回应了“鲁班工坊，是天津的，是中国的，也是世界的”主题。

三、鲁班工坊首倡者、品牌主要创立者

《鲁班工坊核心要义——中国职业教育的国际品牌》编著者吕景泉教授，是鲁班工坊首倡者、品牌主要创立者，从事职业教育教学实践30余年，专注职业教育理论“宏观”“中观”和“微观”研究，首创并探索实践了职业教育“五业联动”产教融合办学模式、“工程实践创新项目（EPIP）”教学模式和“核心技术一体化”专业建设模式；出版“鲁班工坊”著述8部、“工程实践创新项目（EPIP）”著述8部、“技能大赛”研究著述2部；主编EPIP系列规划教材12部，主编国家规划教材6部次；发表论文近百篇，其中，鲁班工坊主题论文近30篇。编著者首创并主导鲁班工坊项目建设，牵头组织研发鲁班工坊核心要义、模式标准、实施路径以及建设原则并在境内外推广应用，指导开展了鲁班工坊教材开发、装备研制、师资培养等工作；直接组织完成亚欧非8个“鲁班工坊”项目建设，布局15个鲁班工坊项目计划。

编著者以鲁班工坊首倡者、品牌主要创立者的视角，依据时间顺序，依照实践逻辑，依凭研究脉络，集结饱含鲁班工坊激变与理性“韵味”的文字篇什，探究鲁班工坊建设实践与建设理论，集成于《鲁班工坊核心要义——中国职业教育的国际品牌》《鲁班工坊研究 溯源・要义・标准・策略——吕景泉“鲁班工坊”主题论文集》，具有重要的理论意义；从设计实施，到实践探索，再到品牌创成，从项目溯源，到核心要义，再到发展策略深入剖析这一史诗性的探索过程，具有重要的现实意义。在中国知网数据库中以“鲁班工坊”为主题查询文献，在280余篇文章中，“被引量”排前五的，编著者的文章占4篇；“被引量”排前二十的，占9篇。

编著者连续受邀，在首届产教融合与鲁班工坊国际论坛（2019年）、工程实践创新项目（EPIP）国际教育联盟年会（第一届、第二届、第五届）、中非合作智库论坛（2021年）、首届世界职业技术教育发展大会（2022年）、第九届产教融合发展战略国际论坛（2023年）等10余个高端国际学术会议上以“鲁班工坊核心要义及其应用”为主题发表主旨演讲。

四、鲁班工坊著述的价值创造

新时代，教育部就职业教育国际交流平台、“走出去”重大行动、技能大赛等提出了职业教育国际化的发展计划，鲁班工坊项目建设实现了重大实践突破和重大理论创新。这些突破和创新在《鲁班工坊核心要义——中国职业教育的国际品牌》得到集中展现。书中阐释了“与世界分享的中国职教成果”“与世界分享的中国职业文化”“与世界分享的中国教学模式”“与世界分享的专业教学标准”“与世界分享的中国技术装备”“与世界分享的国际化教学资源”“与世界分享的‘五业联动’机制”“与世界分享的产教融合策略”的内涵机理、应用价值，是首部系统确立、完整阐释鲁班工坊核心要义的公开出版物，是首部通过境外出版社出版英文版、葡萄牙文版，向世界分享中国职业教育的教学模式、五业联动、专业标准、技术装备等方面成果的学理性著述，也是首部面向国际社会内涵性阐释新时代中国职业教育的国际品牌、国际话语的专业性著述。

《鲁班工坊核心要义——中国职业教育的国际品牌》是教育部重点课题“‘一带一路’视域下海外鲁班工坊建设的标准化模式”研究成果集成，是国家现代职业教育改革创新示范区重大建设成果，其选题2018年入选中宣部“中华文化走出去工作重点任务清单项目”，2020年、2021年由北京大学、北京外国语大学、北京语言大学等专业团队翻译为英文版和葡萄牙文版，由英国New Classic Press出版，在境外发行。《EPIP教学模式——中国职业教育的话语体系》著述，2020年、2021年、2022年翻译为英文版、葡萄牙文版、泰文版，由境外出版社出版发行。

在应用成效方面，该书相关成果被天津渤海职业技术学院、天津铁道职业技术学院、天津职业技术师范大学等20余所项目建设院校采用，在亚欧非鲁班工坊建设与运营中发挥重要指导性、指南性作用。天津鲁班工坊建设院校遴选了大城技术学院、塞图巴尔理工学院、艾因夏姆斯大学等一批优秀合作院校，联动了中联重科、华为、中土等一批优质合作企业，聚焦铁道交通（高铁）、智能制造、信息通信、冶金建筑等领域，在境外构建了国际化“中高本硕”职业教育与培训体系。中外院校联动企业合作开发了《工业机械手与智能视觉系统》等百余部（套）双语教学资源；培养合作国当地学生9 800余人，技术培训企业员工13 400余人。

《鲁班工坊核心要义——中国职业教育的国际品牌》提出的鲁班工坊核心要义、工程实践创新项目（EPIP）教学模式被天津市鲁班工坊研究与推广中心等机构采纳用以指导开展鲁班工坊项目的建设、研究、推广和验收等工作；书中关于产业、行业、企业、职业、专业“五业联动”机制被国务院办公厅确立为“职业教育发展新机制”；书中关于鲁班工坊核心要义、EPIP教学模式、产教融合“五业联动”等论述被载入教育部《中国职业教育发展报告（2012—2022年）》；书中提出的“赛教互动”等内涵机理被首届世界职业院校技能大赛组委会采用，指导了“鲁班工坊赛道”组织与实施；书中提出的鲁班工坊全球化布局、EPIP教学模式等被纳入教育部与天津市人民政府关于共建“新时代职业教育创新发展标杆”协议。

2022年，由天津职业技术师范大学、天津轻工职业技术学院牵头联动15家院校与研究机构，基于该书成果产生的《模式创立、标准研制、资源开发、师资培养——鲁班工坊的创新实践》获评天津市职业教育教学成果“特等奖”第1名，并被推荐申报国家级教学成果奖；由天津渤海职业技术学院，基于该书成果在泰国鲁班工坊应用产生的《工程实践创新项目（EPIP）教学模式的探索与实践》获评天津市教学成果“特等奖”；由天津市东丽区职业教育中心学校，基于该书成果在印尼鲁班工坊应用产生的《培训先行 标准对接 装备优质——中职教育国际合作与交流范式探索与实践》获评天津市教学成果“特等奖”。

五、结语

截至 2022 年底，天津完成了非洲 10 个鲁班工坊国家建设任务，并在 20 个国家建设了 21 个鲁班工坊，遍及亚欧非三大洲。2018 年至今，在中非合作论坛北京峰会、上海合作组织成员国元首理事会、中阿峰会等重大外交场合，习近平主席先后 15 次就鲁班工坊作出重要论述，鲁班工坊已经成为中国职业教育的国际品牌，成为服务“一带一路”的重大国家行动。

举旗以彰理，落地以取效。《鲁班工坊核心要义——中国职业教育的国际品牌》体现了继承性、民族性的立场主张，具有主体性、原创性的理论观点，彰显系统性、专业性的实践特色，对中国职业教育的国际品牌创建、国际话语构建作出了原创性贡献。

——摘自《职业教育研究》2023 年第 6 期中张磊、刘铭《创建职业教育国际品牌，构建职业教育国际话语——〈鲁班工坊核心要义——中国职业教育的国际品牌〉解析》。

第六节　鲁班工坊本土师资能力建设：内涵、逻辑、要素与行动

【此文发表于 2023 年 6 月】

1866 年，左宗棠在福建马尾创建“船政学堂”，中国的近代职业教育在“中学为体，西学为用”和“师夷长技”中发端。20 世纪后半叶，中国职业教育在改革开放中向世界上教育发达国家借鉴学习，引进、消化和吸收境外经验和优质资源，创新发展并构建了适合自身发展的职业教育体系，有力支持了国家经济社会发展和产业升级。21 世纪初，中国院校走出去尝试探索国际化办学道路。新时代以来，以天津职业院校为代表的中国教育机构走出国门，在境外与当地教育机构和国际化企业合作创建了一种名为“鲁班工坊”的实体化国际合作平台，与世界分享中国职业教育的教学模式、专业标准、技术装备和教学资源，为当地培养熟悉中国技术、了解中国工艺、认知中国产品的技术技能人才，创建创成了中国职业教育的国际品牌。鲁班工坊品牌化、规模化、可持续地与世界分享中国职业教育的话语体系、标准体系、装备体系和资源体系，向全球提供中国教育的国际公共产品，实现了中国职业教育由“引进来”到“走出去”的历史转折。支撑这个转折成功的内涵要素，除了模式、标准、装备和资源，还有一个师资要素尤其值得关注。

一、问题的提出

在教育国际化的进程中，早期的境外办学是以中方提供师资和高级管理人员为特征和主要内容的，特别是在理工等专业教学领域，中方人员的专业素养、教学能力、职业操守和管理方法发挥了关键作用。然而，对中方人员的过度依赖也成为境外办学体系化、规模化、可持续性发展的瓶颈。鲁班工坊通过“本

土师资培养先行”成功突破了这个瓶颈，为与世界分享中国职业教育创新发展成果提供了一个有效的解决方案。因而，解析鲁班工坊的成功之道，离不开对本土师资培养培训问题的研究。

2016—2018 年期间，随着泰国、英国、印度等鲁班工坊的建成，鲁班工坊建设团队在一系列的文章中总结凝练了鲁班工坊的核心要义，即一块品牌，两项功能，三条路径，四个内涵，五项原则，有效指导了鲁班工坊的建设与运营。在第七个鲁班工坊葡萄牙鲁班工坊建成后，作为鲁班工坊品牌的主要创建者，吕景泉教授总结了鲁班工坊核心要义四个内涵，其中之一就是“以师资培训先行及教材教学资源为必要保障”，成为鲁班工坊本土师资培养理念的学术史源头。在后续的一系列研究中，吕景泉教授一再提及本土师资对于鲁班工坊建设与运营的重要性，主张“每个鲁班工坊建设之初，需要对国外合作单位的教学团队、管理团队进行系统化、进阶式培养培训，使其掌握职教新理念、教学新模式、技术新应用，具备实际操作装备能力，能够掌握专业技术技能及其综合应用”。此外，李云梅研究了鲁班工坊“交替互动”师资培训模式，祖晓东探析了鲁班工坊涉外师资培训形式等问题，张磊解析了本土师资在鲁班工坊教学活动中的教育社会学地位。

纵观鲁班工坊本土师资培养的学术史和研究动态，既有的研究确认了本土师资培养是鲁班工坊建设运营的重要保障，并就本土师资培训的现实需要进行了论述。然而，就鲁班工坊运营中本土教师“具有什么样的内涵，应该具备什么能力，如何赋予这些能力”这一问题，尚未有学者进行系统性的理论研究。这个问题实际上就是鲁班工坊本土师资能力建设问题，围绕这个问题对本土师资培养相关理念的概念界定、逻辑论证、要素解析和路径探寻对于完善鲁班工坊核心要义，推动全球鲁班工坊建设与运营具有现实的理论支持和实践指导意义。

二、本土师资能力的内涵

鲁班工坊的本土师资可以定义为外方院校聘任的在鲁班工坊从事教育教学活动的当地教师，这些教师能够按照鲁班工坊的教学要求以当地通用语言、习俗和方式针对当地学生开展教育教学活动，是一个与中方派出教师相对应的概念。本土师资能力就是鲁班工坊的本土师资作为一种职业应该达到的要求。

（一）本土师资能力的解析基础

鲁班工坊本土师资能力建设的解析和推演基础是鲁班工坊的核心要义。根据鲁班工坊核心要义的“12345”表述，鲁班工坊是中国职业教育的国际品牌，在境外实施学历教育和技术培训，通过国际化的校校合作、国际化的校企合作以及政府间项目合作为当地培养技术技能人才；在内涵上，鲁班工坊以视野国际化、中国本土化的工程实践创新项目（EPIP）为教学模式，以中外双方共同合作开发的国际化专业教学标准为基本依据，以各级各类技能大赛赛项装备为主要载体，以师资培训先行和教学资源开发为重要保障，构建了中国职业教育在境外建设与运营实体化机构的合作办学体系；此外，平等合作、优质优先、强能重技、产教融合、因地制宜成为鲁班工坊国际合作遵循的五项基本原则。基于此，鲁班工坊的本土师资的内涵、能力和要求均应从核心要义中加以推演。

（二）本土师资能力的内涵推演

本土师资能力是一种职业能力，因而，基于鲁班工坊核心要义可以通行地从职业能力评价的知识、技能和态度三维模型来定义其内涵。从知识维度来讲，本土师资能力包含从事技术技能人才培养所必须掌握的专业知识、教育教学知识和行业发展知识，其中的教育教学知识主要以工程实践创新项目（EPIP）教学模式及其教育理念为主。从技能维度来讲，本土师资需要掌握的能力包括能够使用中国职业教育的教学模式开展教育教学活动、能够会同中方老师开发专业教学标准、能够使用教学装备进行教学和竞赛等活动、能够协同开发课程和教学资源。从态度维度来讲，除了具备教师职业道德，还应对中国职业教育的教学模式、国际化专业标准、优质技术装备和教学资源有着基本的认同，也就是要认同中国职业教育的特色和优势。

基于鲁班工坊核心要义和职业能力评价，可以对本土师资能力进行如下界定：本土师资能力是在鲁班工坊品牌追求、功能达成、路径选择、内涵实现和原则遵循过程中，本土教师围绕教学模式、专业标准、教学装备和教学资源方面所应具备的知识、技能和态度。

三、本土师资能力建设的逻辑

鲁班工坊品牌的主要创建者吕景泉教授曾断言：“鲁班工坊成败的关键，在于本土师资的培养”。在讨论本土师资能力建设的要素构建和行动路径前，有必要对鲁班工坊跳出传统以中方教师远赴合作国当地开展教学的合作模式，转而以培养合作国本土师资开展境外办学的现实逻辑、底层逻辑和发展逻辑进行深入考察。

（一）现实逻辑

在跨境办学的合作中，持续的批量选派中方教师赴外教学存在着现实困难，这使得中方师资供给较难满足当地需求。其原因在于：第一，在以当地学生为教育对象的教学过程中，教师需以当地学生能够理解的语言来讲授专业知识和技能，这种非母语的专业教学在保障教学质量和实现教学目的方面是极其具有挑战性的。中国的职教师资很难既是“双师型”教师，又能讲鲁班工坊所在国通用的法语、葡语、泰语、阿姆哈拉语等语言。第二，选派中方教师赴外教学会产生较高的人力成本，主要来自教师出国补贴、境外交通和食宿、国际旅费等，这些成本在大多数境外办学合作项目中难以得到充分补偿。第三，由于境外教学存在对于教学语言、专业知识和技能的多重要求，招募合格的教师赴外工作并非易事；而教师本身还存在对境外教学生活环境、安全、个人学术发展以及职业生涯规划方面的疑虑，这使得批量持续选派教师赴外任教难上加难。因此，靠中方提供师资对于鲁班工坊的可持续发展并不是一个良好的模式。如此，培养当地本土师资就成为一个现实的选择。

（二）底层逻辑

本土师资能力建设的底层逻辑在于本土师资是鲁班工坊教育社会关系网络的关键性群体，处于接受、应用和推广鲁班工坊所使用的教学模式、专业教学标准、教学装备和教学资源的关键节点，是鲁班工坊所要分享的知识、技能和职业素养等教育内容流动的必经之路。本土教师具有遴选基数大、雇用成本低、服务周期长、本土语言专业表达力强等客观优势，也是易于被校方和师生认可的正式和正规教育从业者。唯有本土师资掌握了工程实践创新项目（EPIP）教学模式，中国职业教育的教学理念才能真正分享于鲁班工坊的教育教学实践；唯有本土师资参与开发、应用与推广国际化专业教学标准，国际化的专业合作才能真正服务于鲁班工坊的学历教育与技术培训；唯有本土师资熟悉使用优质教学装备和赛项装备，赛教互动和资源开发才能真正激发鲁班工坊培养人才的技术、工艺和产品属性；唯有本土师资参与联合开发、应用和推广课程、教材、案例等教学资源，知识、技能和职业素养才能具化于鲁班工坊的专业建设中。可以说，只有相当数量的本土师资掌握了鲁班工坊核心要义所提出的模式、标准、装备和资源并将其具体应用于鲁班工坊的教育教学活动中，鲁班工坊才算真正在境外当地落地生根，才能够可持续地为当地培养技术技能人才。

（三）发展逻辑

本土师资能力建设的发展逻辑在于鲁班工坊要与世界分享中国职业教育的话语体系、标准体系、装备体系和资源体系，实现中国职业教育150多年来从“引进来”向西方学习到“走出去”与世界交流互鉴的历史转折。通过鲁班工坊这个跨境的实体化合作办学平台，中国职业院校与世界分享的是一个中国职业教育150多年学习、引进、消化与创新发展而成的体系化的国际合作品牌，这个品牌包含以工程实践创新项目（EPIP）为教学模式的国际话语，包含以中外双方共同开发并嵌入当地国民教育体系的国际化专业教学标准，包含以赛项装备、竞赛赛项和教学设施为支撑的国际化通用教学装备，包含以教材、大纲、案例、资源库等为支撑的国际化通用教学资源。也就是说，鲁班工坊与世界分享的是集话语体系、标准体系、装备体系和资源体系为一体的中国职业教育创新发展的最新成果。这些体系化的成果一旦被本土师资所接受、验证、掌握和应用推广，能在很大程度上规避非技术风险，推进中国职业教育在境外办学与合作的本土化进程。更为重要的，中国职业教育的真正的、真实的国际影响力是境外本土教师对其的吸纳程度和运用成效。

四、本土师资能力建设的要素构建

本土师资能力建设就是针对外方聘任的服务鲁班工坊教育教学工作的本地教师进行知识、技能和态度方面的涵养与提升，使其具备从事鲁班工坊教学模式、专业标准、教学装备和教学资源相关教育教学活动的能力。这种能力的提升，在静态方面涉及本土师资培养的教育社会学解析，也就是在教育者、教育对象、教育内容、教育环境和教育手段的框架内对本土师资培养的要素进行分项构造和系统组合，这也是鲁班工坊核心要义的致用之道。

（一）教育者

教育者是鲁班工坊本土师资能力提升的主体教育社会学要素。考虑到鲁班工坊的核心要义，本土师资能力建设的教育者应该是由中方为主的高水平EPIP专家、专业导师、技能大师、竞赛专家组成的以培养培训鲁班工坊本土师资为目标的教育教学和能力开发团队。这个团队的教育者扮演着“教师的教师”（Trainer of Trainers，即“TOTs”）的角色。其中，EPIP专家是整个教师团队的核心和引领成员，担负着向教育对象讲授“工程实践创新项目EPIP教学模式”的任务，其本身需要对中国班墨文化传承、EPIP原理与应用、鲁班工坊核心要义及中国职业教育的话语体系有着深入的掌握并能够带领教育对象开展世界职业教育发展的比较研究和互动对话。专业导师在本土师资能力提升中担负着向教育对象传授专业知识并全程指导其进行专业学习的任务，通常以学历教育中的研究生导师和专业培训中的课堂讲师等角色出现；另一方面专业讲师还担负着与教育对象进行专业教学标准研制和教学资源联合开发等拓展性的工作任务。技能大师是在本土师资能力提升过程中向教育对象展示技术、工艺和产品，并传授专业技能的高级技能人员，其担负着提升本土师资技术技能水平的关键任务。此外，教育者团队中还应有技能竞赛类的专家，这些专家主要来自世界技能大赛、世界职业院校技能大赛、全国职业院校技能大赛以及各类行业技能比赛的指导老师、裁判、组织者、获奖选手等，能够带领本土师资进行赛教互动、赛项应用和资源开发，提升鲁班工坊师生的技能交流能力。

（二）教育对象

教育对象是鲁班工坊本土师资能力提升的主体教育社会学要素，通常为境外合作院校安排参加能力提升项目的本土教师人选，其完成能力提升后将到鲁班工坊任教或已经是在鲁班工坊任教的本土教师。于鲁班工坊本土师资能力建设而言，教育对象的选择余地相对较小，主要来自合作院校推荐的与鲁班工坊教育教学相关的人员，或者中方招收的有志于到鲁班工坊工作的高层次来华留学生。为达成既定的教育目的，双方需提前就参加师资能力提升项目的候选人选拔条件进行充分磋商。这其中基本的选拔条件包括掌握较高水平的专业知识、具备一定的专业技能、具有良好的职业素养以及良好的身体健康条件。此外，教育对象的选择优先考虑具备“五认同”条件的学员，即认同中国经济社会发展；认同中国产业发展与技术创新；认同中国优秀传统文化与人类命运共同体；特别是对于中国职业教育促进经济社会发展的有力有效作用；认同中国特色国际视野的教学模式、国际化专业框架标准、中国优质技术装备和教学资源。

（三）教育内容

本土师资能力建设的教育内容是教育者在特定教育环境下使用一定的教育手段向教育对象传授的知识、技能和职业素养，使教育对象具备在鲁班工坊实施高水平教育教学工作的合格能力。从知识角度而言，本土师资能力提升的教育内容包括鲁班工坊通识认知、专业理论知识以及以工程实践创新项目 EPIP 教学模式为核心的学习是能力提升的关键，应该贯通于整个能力提升项目实施的全过程。从技能角度而言，本土师资在能力提升过程中需要掌握的教育内容包括专业技术技能力模块、联合研制专业教学标准能力模块、赛教互动能力模块和教学资源开发能力模块，此外还应有鲁班工坊品牌推广应用能力模块。从职业素养而言，本土师资应具备所教授专业的行业职业态度和作为教师的职业素质，因此在鲁班工坊本土师资的能力提升中，相关的行业职业道德、师德师风以及对于鲁班工坊的认同涵养等内容应作为提升本土师资职业素养的重要内容。作为拓展，相关的文化交流与文明互鉴内容也可纳入教育内容中。根据教育类型的不同，本土师资能力提升的三方面教育内容可以依据培训周期、教育层次等进行难度和侧重点的优化设计。

（四）教育环境

本土师资能力提升的教育环境的搭建应以实现教育对象在教育认知和教育行动上知行合一为宗旨，即将教育内容融合于未来的教育教学活动中。教育环境搭建的两个核心就是“真实”和“完整”，要真实地再现专业知识和技术技能应用以及教育教学实施的具体场景，完整地呈现解决真实工程问题和实施教学环节的具体过程，使得教育对象能够在工程化、实践性、创新型、项目式的教育教学过程中提升专业能力和教学能力，实现“学而知其用，用而知其所，所而知其在，在而知其代，代而知起原，原而知其衍”。这就要求教育环境能够再现知识技能素养点应用与操作的“纳观”场景、课程开发与应用的“微观”进程、专业教学与技能训练的“中观”过程、教学组织与实施的“宏观”架构以及鲁班工坊建设与运营的“达观”框范。这些要求需要在研修教室、实训场地、行业场所、竞赛现场、学术论坛、空中课堂等具体场景中通过产业、行业、企业、职业和专业的“五业联动”去营造本土师资能力提升的教育环境。同时，作为一种环境氛围的营造手段，有关鲁班工坊、EPIP 的标识和相应的寓意场景也应在本土师资能力提升的教育环境中予以体现。

（五）教育手段

本土师资能力提升的教育手段由系列化的教育方式组成，这些手段可以在境外的鲁班工坊和合作院校通过中方教师实地教学和空中课堂远程教学实施，也可以在境内院校、企业等机构以来华留学或培训的方式实施。从类型而分，本土师资能力提升的教育手段可以分为学历教育和项目培训，其中学历教育是针对鲁班工坊本土骨干师资实施的以硕士和博士研究生层次为主的系统性教育教学活动，项目培训是针对鲁班工坊本土师资实施的以教学模式和技术技能为主的专门性的研修与培训活动。除了学历教育与培训，联合开发专业教学标准、参与技能竞赛和联合开发教学资源是本土师资能力提升的拓展教育手段。中外师资联合开发专业教学标准能够提升本土师资对专业课程教学的标准认知、开发和应用素养，进而提升本土师资团队的标准化教育教学能力。通过参与世界技能大赛、世界职业院校技能大赛、地区或国家技能竞赛以及行业性技能竞赛，本土师资能够在赛事筹备、集训、指导、参赛、执裁、赛项开发与赛事研究中熟悉和了解教学设施和赛项装备的运用，实现鲁班工坊教学的赛教互动，这有助于提升鲁班工坊教育教学和师生交流的开放性。联合开发教学资源能够促使本土师资在与中方教师的互动中提升教学资源的本土开发能力，有助于因地制宜拓展和提升鲁班工坊教学装备和专业课程的服务能力。

五、本土师资能力建设的行动路径

根据教师发展理论，教师的职业成长要经历新手、熟练新手、胜任、业务精干、专家的五阶段，据此可以设计鲁班工坊本土师资能力建设的行动路径，也就是在教育社会学的静态框架下对教师的职业发展进行规划和实施而构建的动态进程，这其中包括教师能力养成、教师能力提升、骨干素养进阶、专家成长引领和认证体系构建等阶段，不同阶段的行动内容可以交互进行。

（一）教师能力养成

本土师资进入鲁班工坊承担教育教学相关工作任务必须具备的基本条件就是教师能力，这包括基础的专业知识和教学法知识，基本的专业技能和教学技能，以及良好的师德师风和职业态度。这可以在对既有师资和候选人员进行遴选后，有针对性地开展专项培训，使其加深对特定专业的知识的了解，熟练掌握对特定专业技能的操作，增强作为鲁班工坊本土师资的师德师风意识和文化互鉴共享。这个能力养成的过程中最关键的是掌握工程实践创新项目 EPIP 的教学模式并将其融合到专业提升和教学过程中。一般，这个阶段能力的养成可以通过 EPIP 标准化进阶式培训获得。

（二）教师能力提升

本土师资通过学习和培训养成教师能力后可进入鲁班工坊参加教育教学活动，要经历“入岗训练、适岗锻炼、胜岗历练”的教师能力三阶段提升方可成为合格的鲁班工坊本土教师。其中，入岗训练主要指在实训场地和生产现场实地了解所从事专业的工程化场景和实践应用环节，并将之与教学设计与教授过程串联起来。适岗锻炼是指本土师资在鲁班工坊教学或管理岗位上进行实习授课或教辅工作，逐渐适应鲁班工坊的教育教学模式和运营实践。胜岗历练是指本土师资在经过试岗锻炼后继续开展相关方面的拓展锻炼达到能够熟练使用工程实践创新项目 EPIP 的教学模式开展教育教学活动从而成为能够胜任鲁班工坊本土教学任务的合格教师。

（三）骨干素养进阶

鲁班工坊是职业教育的国际化合作平台，其合作内涵包括教学模式、专业标准、教学装备、师资培养和资源开发。本土教师在沿着“入岗训练、适岗锻炼、胜岗历练”三阶段进行教师能力提升的过程中主要接触的是以工程实践创新项目 EPIP 教学模式引领的教育教学活动。从“胜岗历练”阶段开始，专业标准研制、赛教互动和教学资源开发等将逐渐进入本土教师能力提升的行动路径，并衍生出新的能力发展阶段——骨干进阶阶段。在骨干进阶阶段，本土教师将在中方教师团队的带领下参与专业教学标准的研制工作，并参与后期的认证和推广应用；将在中方技能大师和竞赛专家的带领下参与世界性、地区性或国别性的各类技能竞赛，通过参与赛事筹备、参赛、指导、执裁等环节提升赛教互动能力和赛项开发能力；将在中方开发团队的带领下参与开发鲁班工坊专业课程、教材、教学大纲等教学资源乃至技能竞赛赛项，从而提升教学资源开发能力。通过这些进阶提升，本土师资从广义上掌握了鲁班工坊教育教学与运营发展的全部内涵要义，具备了成为骨干师资的基本条件。实际上，从这个阶段开始，本土师资也已经具有了开展鲁班工坊教育教学活动的独立性、自主性和创新性，能够引领鲁班工坊本土团队因地制宜地开展教育教学活动并推进鲁班工坊的本土化进程。

（四）专家成长引领

本土师资经过较长时间的教育教学实践，尤其是在骨干进阶阶段之后，随着教育实践的增多，对于教学活动相关的思考和认知也将不断深入，这是一个知行合一的螺旋上升过程。思考和认知的深入将激发本土师资研究和推广鲁班工坊话语体系、标准体系、装备体系和资源体系的主动性和自觉性。这些研究和推广活动终将使得本土师资成为鲁班工坊建设、教学、运营和发展方面的专家。这个过程伴随着参加国际学术会议、开展科学研究和教学研究、执裁和指导技能赛事等实践活动，能够呈现出本土师资的思考结晶和认知成果，提升其在国际职业教育领域的学术地位和影响力。世界职业技术教育发展大会、EPIP国际教育年会、产教融合发展大会、世界技能大赛、世界职业院校技能大赛、地区性和国别性技能竞赛为本土师资的专家成长之路提供了良好的平台。目前，境外鲁班工坊已经出现了一批在国际上引领工程实践创新项目 EPIP 研究与推广应用的本土师资，其代表性人物有葡萄牙鲁班工坊的卢卡斯教授和泰国鲁班工坊的哲仁教授等。

（五）认证体系构建

在鲁班工坊师资能力的涵养进程中，标准化进阶式的 EPIP 认证体系的构建及其认证机构国际网络的授权设置是解决方案系统推进的归结所在和行动框架：在认证机构方面，构建一个以“工程实践创新项目（EPIP）研究与推广中心”为中心并辐射境内外的认证体系；在认证标准方面，就本土师资能力的分级、进阶研制一套标准描述和相应的评估体系；在认证内容方面，规范中国职业教育的标准体系、装备体系和资源体系，为境内外师资的培养和鲁班工坊教育教学活动提供标准化的教育内容和教学方案；在认证应用方面，强化认证资质的基本应用领域使之成为在鲁班工坊从事教育教学活动的基本任职条件，进而开发认证资质的拓展应用领域使之成为产业、行业、企业、职业和专业五业联动的产教融合通行证；在认证推广方面，联动境内外工程实践创新项目（EPIP）应用机构，逐步建立认证机构试点、认证项目试验、认证资源及数据开发推广直至全面认证的实施路径。

2022 年 8 月，在首届世界职业技术教育发展大会上，《中国职业教育发展报告（2012—2022 年）》宣示：发挥已建立的泰国、葡萄牙、埃塞俄比亚等国 EPIP 教学研究中心作用，给更多境外合作伙伴带去先进的教学模式、优质的教学装备。2023 年 4 月，“东非职教师资 EPIP 认证试验中心”成立；2023 年 5 月，“葡萄牙自动化与人工智能类专业 EPIP 认证试验中心”成立；2023 年 6 月，

“泰国综合实训类课程 EPIP 认证试验中心”即将成立。这些认证机构的成立必将推进工程实践创新项目（EPIP）认证体系在全球的构建与分享应用。

六、归结

鲁班工坊是中国职业教育与世界分享的国际公共产品，已经成为中国职业教育的国际品牌。擿动这个品牌的重要一环是本土师资能力建设。将中国职业教育的教学模式、专业教学标准、教学装备和教学资源融合到本土师资能力建设的教育社会学框架内，从教育者、教育对象、教育内容、教育环境和教育手段等方面构建全方位提升本土师资的职业能力的教育体系，构建教师能力养成、教师能力提升、骨干素养进阶、专家成长引领和认证体系构建的行动路径，是鲁班工坊本土师资能力提升的经验总结、理论提升和实践探索的整体解决方案。

鲁班工坊的可持续发展需要高水平本土师资，高水平本土师资能力建设需要基于工程实践创新项目（EPIP）主线的系统性解决方案，系统性解决方案需要师资能力标准的构建和认证。

——摘自《中国职业技术教育》2023 年第 17 期中张磊、吕景泉《鲁班工坊本土师资能力建设：内涵、逻辑、要素与行动》。

第七节　EPIP 视域下“双师型”教师队伍的培养机制与路径

【此文发表于 2022 年 2 月】

新入职的职业院校教师应该经过入岗训练、适岗锻炼、胜岗历练三个阶段，也就是“入岗、适岗、胜岗”三个阶段。这三个阶段一般为三年的时间跨度。它是一名新教师能够融入职业教育、从事职业教育、投身职业教育的必经阶段，也是一名新教师融入职业院校、认知职业专业、精熟职业课程的必由之路，更是培养一名“双师型”素质教师应该经历的过程。这个过程，要把校企双元要素、国际多元要素、教学综合要素、教育复合要素有机融合，要对教师进行多方面、多经历、多层级的“设计式”打造和锤炼；新教师要有“视自我提升为己任”的深潜意识、跨界视野、奉献精神，主动获取教师的综合职业能力水平的“升华”。

这个过程，是工程实践创新项目（EPIP）教学模式（简称 EPIP）的首创者“入岗训练、适岗锻炼、胜岗历练”所经历过的真实的、完整的过程。现在来看，这其实就是 EPIP 运用于新教师培养培训的方法路径，是 EPIP 在新教师培养培训领域的成功应用。它较为完整地体现了 EPIP 工程化、实践性、创新型、项目式“四元”，也体现了 EPIP 真实、完整的“两核”精髓。可以说，这一过程，是 EPIP 首创者萌动工程实践创新项目（EPIP）教学模式创设的实践原点和思考始点。

一、关于EPIP教学模式

EPIP，是工程（Engineering）、实践（Practice）、创新（Innovation）、项目（Project）四个关键核心要素的有机组合，其内涵是“工程化、实践性、创新型、项目式”。EPIP，是 Engineering Practice Innovation Project（工程实践创新项目）首字母的缩写。EPIP 是中国的教学模式。它以中国职业教育实际为研究起点，体现继承性、民族性的立场主张，具有主体性、原创性的理论观点，彰显系统性、专业性的实践特色，构建起具有中国特色、自身特质的院校办学思想、专业建设模式、课程结构体系、标识品牌概念，形成职业教育的 EPIP 教育论、EPIP 专业论和 EPIP 课程论。EPIP 强调“改造我们的学习”，改变重教法轻学法，更轻做法的旧习；改进教师学生只认“假”，不识“真”，只会“技”，不知“用”的常规；用工程化实践代替封闭式训练，用一个个由简单到复杂的工程情境和载体，完整、真实地培养学生。EPIP 强调“以用立业”，落实以服务发展为宗旨，以促进就业为导向，为生产服务、为生活服务，为培养创新型、复合型、应用型技术技能人才服务。

EPIP，是理念，是方法，是路径，是启示，更是探索。EPIP 是一种理念，它对于职业教育发展、职业院校办学、专业组群构建、课程教学设计、师资队伍建设、实训装备研制、教育教学管理、培养绩效评价诸方面都有指导作用。EPIP 是一种方法，是谋教育事业、做院校管理、干实际项目、当教师、做学生的方式方法。EPIP 是一种路径，是聚焦服务区域经济社会发展、打造院校核心竞争力、构建专业核心技术技能、推进知技协进、德技并修、全面培养的路径。EPIP 是一种启示，是我们的睿智圣者、职教先贤给予我们教育同仁的启示。EPIP 是一种探索，是结合中国职业院校办学实践、教育教学实践、改革创新实践和理论创新实践；举旗以彰理，举中国特色之旗，彰中国职业教育之理；落地以取效，落中国职业教育之地，取促进经济社会发展之效。

二、职业院校的教师培养

培养具有国际视野和互鉴交流能力、校企协同和组织实施能力、工程实践和环境营造能力，专业知识与实践技能好，专业技术与信息化应用能力强，教学组织与协作方式活，职业道德与文化素养高的“双师型”素质教师和“双师型”结构教学团队，是提升职业院校办学质量的大命题，是职业院校办学的生命线。

职业教育产教融合、工学结合的人才培养，决定了职业院校必须打造“双师型”素质教师，必须探索“双师型”结构教学团队培养的有效途径、模式与机制。以专业教学能力和工程实践能力提高为目标，以校企合作“项目驱动”为培养途径，实施新教师“三年三阶段（入岗训练、适岗锻炼、胜岗历练）”、在职教师“五年一轮次”的培养培训，形成教师职业能力提升的有效机制，实现师资队伍建设的专业化、系统化和规范化，为职业院校服务区域经济、专业建设服务产业发展、人才培养适应新时代需要的内涵发展提供支撑，是职业院校办学的重要任务。

三、EPIP入岗训练

为了叙述方便，也为了增加“工程化”的真实感和现实感，在此，结合“我”的经历与感悟，从 EPIP 视角，真实、完整地讲述“我”的入岗训练过程。

1990 年 7 月 24 日，是我硕士研究生毕业入职职业院校的第一天。这所院校是中德两国政府间在职业教育与培训领域最大合作项目中德现代工业技术培训中心（后为天津中德职业技术学院，现为天津中德应用技术大学，以下简称天津中德）。第一天上午是学校领导和德国专家做学校概貌性介绍，下午我们新教师就穿上了工装，开始在学校机电车间进行实践培训。我经历了为期一年的“入岗训练”。

这一年，我没有给学生讲过一节课，学校认为我们还不是合格的职业教师。新教师的入岗训练分为两个阶段、三项内容：第一阶段为校内训练，为期半年；第二阶段为针对性企业现场实习，也就是企业训练，为期半年；在这两个阶段中安排了由德国专家“讲”“演”“练”的职业教学法培训项目，为期 80 学时。

（一）校内训练

第一个阶段是在校内的主要实验、实训、实习场所内进行技术技能培训。学校为我们制定了半年的机电类基础实践和专业技术技能培训。在校内两个机电车间内进行车、钳、铣、刨、磨、电器安装、元件焊接、数控加工等一系列基础实践技能的训练；同时还要在校内的 24 个相关实验实训室进行计算机应用、可编程控制、电气测量、传感技术、驱动技术、机械手编程等方面的专业技术训练。凡是机电类专业学生在校期间要进行的实训操作训练，要学的加工方法和技术技能我们都要亲手做一遍。这是 EPIP 的“工程化”,是使新教师“真实”“完整”地了解学校“真实”的学生学习技术技能环境、设备、工艺的“实谛”境界，要“真实”“完整”地了解学校“真实”的学生所要学专业知识与技术技能运用的“实谛”境界。

在这一个阶段，指导教师对我们进行训练指导、专业考核和水平测试，训练指导采取“项目式”团队工作进行,构建一个个“完整”的“教学做”项目；考核与测试采用过程评价和结果评价相结合，素养评价、工艺评价和功能评价相结合的方式进行。通过六个月的基本技能、专业技术训练，我接触到学校的近 40 位有经验的专兼职教师，通过他们对技术技能的传授，包括言行举止、职业素养的传递，使我熟知、体验了教学场所、设施设备、专业特点、知技素点及各种教学方法,为我“融”入学校教育教学打下坚实基础。现在回想起来，这个过程太重要了！它让我了解了学校，知道了学校都有哪些先进的实验实训室，在那里能够进行什么样的技术技能训练；我知道了学校都有哪些教师，他们都擅长什么，他们采用哪些教学方法；我知道了各门课程之间的相互依存和联系，我要讲的课程在整个教学体系中的位置和作用；我知道了学生都要学习什么，需要什么，他们在各个学习过程中的体验是什么；我知道了职业院校教师讲课不仅需要丰富的理论知识，还需要精湛的专业技能，更需要良好的职业素养和灵活的教学方法。EPIP 强调,“学而知其用,用而知其所,所而知其在”。“在”，是实化具化的所处所在，实实在在的“实际”。在入岗训练中，新教师的“学”，是为了学生这个“在”而学，是为了教学这个“在”而学，是为了培养学生技术技能这个“在”而学。以此，我的新教师专业成长的第一步（校内入岗训练），进行了彻底的“工程化”。这一阶段“真实”“完整”的入岗训练的“现实”描述，现在看来，可以说是 EPIP 在新教师校内入岗训练方面的极好运用，呈现了 EPIP“四元”“三谛”“两核”“一宗”的效用。其实，这应该是 EPIP 首创者（我）开启 EPIP 思考、探索、研究的“开端”，也是 EPIP 思想启蒙的“首课”。

（二）企业训练

入岗训练的第二个阶段在企业进行。学校安排新教师下企业锻炼，同时，安排专职特派员定期到企业联系情况、提供支持。学校为新教师安排企业实习，让新教师深入接触生产实际，同企业建立联系，了解企业之需，寻求自己所讲授的专业课程与企业实际需要的结合点，熟悉真实生产工艺、了解真实企业生产设备的运行情况，使新教师学而知其用，教而知其用。

在这一阶段，我被安排到大型企业（天津感光胶片厂）进行企业实践。我选择了厂内重点项目（涤纶片基生产线）进行实习。该生产线是企业于1985年左右引进的欧洲先进生产线，进行感光片基生产。生产线长近300米，是由6个自动控制站组成，融入可编程控制技术、液压气动、传感技术、驱动技术、罐装、压膜、自动化立体库、计量技术的光机电一体现代化生产线。企业导师是具有20多年现场经验的工程师。我从了解工艺流程、每个传感器的位置和作用开始，到对照图纸熟悉整个生产线的控制程序、集散系统。经过在生产线旁同工程师、机电维修工一起摸爬滚打，我将整个生产线了解得清清楚楚，认识了许多新器件、熟悉了许多新工艺、掌握了许多新技术、结识了许多新伙伴，全面感受了企业生产氛围。在企业实践中期，我同技术人员一起调研生产线的控制技术，了解到生产原料是由国外进口，随着产量加大和降低成本需要，急需改进控制程序与流程，使用国产原材料替代。 经过一个多月的调研和现场试验，由我牵头主持，带领四名学校毕业班学生，与现场工程技术人员一道，承担了“涤纶片基生产线控制系统的改造和完善”项目。企业给予项目经费，我们通过近两个月的设计、试验、调试、验收、试运行、运行，顺利地完成了我的职业生涯中首个企业现场的技术改造项目，为企业创造了良好的效益，也出色地完成了企业实践任务。新教师带着问题、带着课程、带着专业下企业实习，向现场技术人员学习、向现场的设施设备学习，将自己的专业知识和技术技能，运用到企业现场实际，是新教师上岗训练和在岗提升的一项必要任务。这种方式的企业实践，让我体会了动脑和动手相结合，理论与实践相结合，教、学、用相结合的重要性。 我从中极大地充实了自己、丰富了知识、开阔了眼界、了解了企业，使产业、行业、企业、职业与专业实现了联动联通，为成为一名合格的职业教师打下坚实基础。

EPIP 强调“学而知其用，用而知其所，所而知其在”。通过“在”，搞清楚对象的实化具化的所处所在，实实在在的“实际”；搞清楚我们学习知识、练就技能、掌握技术、熏陶素养，要以真实工程为背景，知道学的东西如何用，用在哪；搞清楚它在真实工程中具体的、真实的存在形态，所处位置、所起作用、所生效果。EPIP 提供了工程化的背景和基础，提供了实践性的载体和积累，也提供了工程实践的广阔创新空间。以此，我的新教师入岗训练的第二步，是在企业进行了彻底的“工程化”。

这一阶段“真实”“完整”的入岗训练的“现实”描述，现在看来，也是 EPIP 在新教师入岗训练方面的极好应用。第一个阶段在学校，第二个阶段在企业，这应该是 EPIP 首创者（我）深度思考、探索、研究 EPIP 的“开示”。

（三）教学法培训

说一说 80 学时教学法培训。当时，学校聘请了德国专家施泰歇尔（学校第三任德方专家组组长，曾获中国政府颁发的外国专家最高奖项“政府友谊奖”）讲授。我是师范毕业的硕士生，教育心理学、教学法、教育学是我们师范类学校的三大主课，但是，听施泰歇尔讲座，对于我当老师来说是受益终身的。他从教师如何着装、如何举教鞭、如何布置板书、如何掌控语言、如何演示实验、如何师生互动、如何分组分工，实训课如何“收—放—收”，如何安排团队项目、如何进行“自评”“互评”、如何进行过程评价等方面进行全方位讲解，其内容完全是具体的、真实的、情境化、可操作可实施的。施泰歇尔的讲座，也是教学法的“工程化”。

比如，第一次上课，教师要拿出 5 分钟左右的时间进行自我介绍；如果是小班教学，还应安排学生进行自我介绍。前几次上课，教师最大的任务是认识学生、记住姓名。教师的自我介绍，要将自己的经历、业绩、成果对学生进行“形象性”介绍，要讲出自己在这个领域中“骄人的业绩”；从一个角度讲，教师的自我宣介是让学生信服，让学生更加愿意、更加倾心去接受施教，为提升教学效果服务。

比如，教师在上演示实验课时（演示实验课是指将实验台放置在教室中进行演示性教学），读仪表上的数据，大部分教师是自己读，然后自己写到黑板上，这种方式不可取。而应该由学生派代表来读，告诉教师和学生；再由学生写到黑板上，这样全班的学生都会认为这数据是由他们自己读到的、写上的。又是一个小小的"工程化"。再如，教师写板书的回头频率，如何能够控制和调动学生；教师在教学过程中要随讲随走，不能只站在讲台旁；教师语言的调控，要通过声音的强弱、大小、快慢来吸引学生；教师要力争在前三次课把学生名字记下来，用"第几排第几个学生"来称谓，是对学生不尊重，会让学生感受到距离感。一个教师要让学生产生钦佩的感觉，也是教师完成课程教学非常重要的"功课"。这是重要的教学法"工程化"。

教无定法，教而有道。这 80 学时给我留下深刻的印象。通过这种培训，使我学到了许多"真实""完整"的教学方法和技巧，也使我对教育理论、教学法有了深刻、具体的认识，让我看到"可用""有用"的教育理论、教学方法；更为重要的，它使我更加主动、自觉地关心教育理论，培养了不断丰富教学思想、注重教学研究的习惯和兴趣。我知道了什么是"能用""真实"的职业教育理论和教学法！

现在，许多职业院校的新教师入岗后，直接指定他（她）一门课、一本教材、一套教参，教师抱着一本书进行备课、做教案、上课，这样做对新教师今后的成长，特别是参与课程改革、专业建设都是有问题的。教师是最容易成为"边缘人"的群体。只有真正融入学校，才能保证教师以后发挥更大的潜力。换言之，教师不知道自己的学校有哪些教学设备，有哪些可学的教师，学生在学校都学什么，那么这位教师今后的课程开发、专业建设就无从谈起。"融入"职业学校、"融入"产教融合、"融入"教学方法的过程，就是新教师的"入岗训练"过程，也是新教师开启立德树人、教书育人过程的第一步。这也是职业院校新教师入职从教的"工程化"。

四、“双师型”素质教师要求

职业院校教师应该学会如何做“先生”。职业院校的专业特色十分明显，在理论与实践相结合的教学过程中，更突出实践环节。因此，职业院校应该结合本校特点和各专业特点对新教师进行相关的教学法、教育理论方面的上岗训练。衡量职业院校教师的素质指标，不仅仅要求教师做到授课观点正确、重点突出、语言通畅、逻辑性强，更要注重衡量教师运用教学法、教具等的直观性如何，教师与学生课堂合作如何，学生的能动性发挥，特别是学生的接受效果如何等指标。这些都要求职业院校教师在实际教学中具备新的教学观念，运用新的教学方法。

职业院校教师要做好“先生”，先得做好“学生”。职业院校要根据入岗教师文化水平高、实践经验不足、动手能力差的共性以及各自不同专业的个性，有针对性地制定系列实践技能培训，全面系统地学习学生要进行的实践操作、要学的加工方法、要掌握的专业技术。教师要想教好一门课，首先要清楚你的学生都要学什么、需要什么，要亲身体验学员各个学习过程。如果你自己不能成为学校的“好学生”，就不会是学校的“好先生”。

职业院校教师既是“先生”，也是“专家”。职业院校培养人的目标是为企业需要服务，培养适应能力强、企业生产实践需要的应用技术技能人才。从职业院校走出去的毕业生不应该再需要数年的理论到实践过渡。这种短过渡期、无过渡期的人才培养正是职业院校追求的办学特色，也应该是中国职业教育发展的方向。职业院校教师应该广泛接触实际，同企业建立联系，了解企业之需，寻求自己所讲授专业课程同企业实际的结合点。学校要支持教师开展各种形式的校企合作，推进教师在校企合作实践中增长专业才干，学生在校企合作实践中得到工程培养。职业院校毕业设计的选题要来源于真实工程、真实世界、现实生活，师生共同完成真实现场技术项目的同时，也完成了学生向企业所需人才的过渡；同样重要的，教师也从中充实了自己，提高了利用专业理论进行实践的能力。

职业院校教师要成为专业技术领域的“专家”。职业院校教师要不断“充电”，做不过时的“双师型”素质教师、“教育型”工程师。职业院校教师要树立终身学习、终身实践的观念，应该充分利用各种培训、学习、教研丰富自己，给自己不断地“加压”“续航”。学校也应该为教师创造条件，不断提高教师的教学能力和专业水平。

（一）“双师型”素质教师

职业院校教师要有“事业心、责任感、求知欲”。“双师型”素质教师是一个概念，需要实化具化。“双师型”素质教师应该包含八个要素：具有现代的职教理念和国际视野；能够讲授两门以上的专业理论课；能够运用实验、实训设备开设两门以上的专业实验、实训或综合实践课程；能够完成 EPIP 专业认知、企业实习和毕业设计；能够为行业、企业现场工程人员开展技术短训，为企业现场生产与管理解决实际问题；能够开展相关专业领域的科技研发、成果转化；能够指导新教师完成入岗训练，指导学生开展职业生涯设计、技能竞赛和创新创业教育；具有良好的职业素养、职业道德，不断地学习和进修，具有可持续职业发展能力。

（二）“双师型”教师“素质拓展”

“双师型”素质教师还应该懂一些职业教育理论和发展史，懂一些职业教育心理学和教育教学法，成为一个集理论、技术、技能、示范于一身的复合型人才；“复合”包括知识的复合（例如，机电复合、土建管理复合、外语与专业复合等）、能力的复合（例如，管理能力、创新能力、解决问题能力），要不断提高教育技术和信息技术应用能力，汲取中国古代、近现代教育思想，吸取现代教育理念，改进教学方式，注重国际交流，这样才能适应新时代的需要。

五、“双师型”结构教学团队

我曾经历“空客”招聘新员工的测评，下面就“真实”“完整”地说一说团队工作、团队合作意识与团队合作能力。2006 年年初，欧洲空客的专家团队来到了中国，在正式签署协议前，来寻找空客人才测评中心和培训中心，当时有五家单位参加竞标，最终天津中德中标，成为欧洲空客 A320 天津总装项目的技术技能人才测评中心。

（一）“空客”测评的团队合作

在工厂开工建设之前，我们就承担起员工招聘测评工作。招进来的员工，在天津中德要经历 52 周的培训，再去汉堡进行 52 周的培训，总共 104 周的培训。培 训合格，这个人已经是身价上百万的技术技能人才（培训费成本）。

通过了初选，要到现场（天津中德）来接受测评。接受测评的人员一次要经历两整天，每次 15 个人左右。两整天，分为四个半天的测评。15 个人来测评，空客来多少人呢？空客的专家团队有 16 个人，有来自法国、德国等，都是空客有经验的技术专家。其实，这 16 个人还不够，还要加上天津中德的接受过专门培训的 8 位教师。第一个半天：有关空客的演讲介绍、视频宣介和项目描述。紧接着，四套纸介试卷分发，有逻辑性的、视图性的、基本计算等，趣味性很强。第二个半天：基本技能的测试。第三个半天：语言表达与综合。第四个半天：团队工作“TEAM WORK”测试。

重点说说团队工作“TEAM WORK”测试。测试要分为若干团队，每个团队三人。三个人进到一个大的室内空间里，中间有一张大桌子，桌上放纸、文具、各种日常工具等。测试教师宣讲项目：你们三人用两个小时时间，搭一座“塔”，越结实、越美观、越高越好。项目宣讲完毕。我们参加测试的应聘者长时间没有反应，根本没反应过来。还有什么要求，都说完了吗？

三位应聘者在中间的大桌旁边坐好，宽敞明亮的空间顿时寂静了很多，远处站立或坐着 4 ～ 6 名测评师（原则上，2/3 是空客专家，1/3 是中方教师），他们依据测评点进行观察、考测。这时，问题来了，半天的测试让做什么？要考什么？标准答案是什么？这同专业技术技能有什么关系？应聘者一片茫然！

三位应聘者是随机抽取的，相互不认识。我记得，有一个团队，一个厦门来的，他向两位同伴讲，他近年一直带自己的孩子，孩子 3 ～ 5 岁时，教过孩子做剪纸。厦门人让同伴们放心，他一定能做好。他又动剪刀又拿尺，找来浆糊，自己干起来了。另外两位很庆幸，踏实地开始小声聊天。这位厦门小伙子自己一个人忙活了半个多小时，那两位好像发现了什么，看了看旁边的测评师，觉得不对劲儿，三个人考试，他俩什么也不做，分数怎么办？一时兴起，他俩也开始忙活起来，学着厦门小伙子的做法，搭起了第二座、第三座塔。一个多小时以后，桌面上出现了貌似相同又不一样的三座纸塔。

那么，团队工作（TEAM WORK）测试，它测的是什么呢？三个人的团队一起工作，在两小时里，共同搭一座塔，质量越高，结构越结实，外形越美观，高度越高越好。其观测点归纳为：团队成员之间的信息交流、经历介绍、彼此熟悉，这是首先要做的。彼此认识后，交流各自的擅长，共同研究团队工作内容，发挥各自智慧、分工协作、协同合作，共同搭建一座塔。如何搭这座塔？互相交流中，要了解工作条件、工作环境、工作用具；要使用笔、纸、尺，要划，要写，要算；要主动提出观点，相互研讨，制定计划，做出方案，设计环节，考虑用时，筹划用材；要事先考虑是搭建一座方形的、多角形的，还是圆形的塔；要事先考虑是用浆糊粘黏为主，还是折叠交合为主；要考虑团队成员分工、配合，要商定形成共同认可的流程和标准。这一过程应该用很长时间，充分交流，应该逐渐趋向统一协调的过程。每个人都围绕工作任务，发表自己的观点，阐明自己的想法，提出自己的依据，讲明自己的道理，共同遴选、优化方案。这一过程，语言表达能力、逻辑思考能力、组织协调能力、形象展示能力很重要；说服别人，接受自己很重要；同时，经过交流阐释，能够心悦诚服地接受别人、采纳更优化的方案也很重要。方案实施中，三个人分工合作，相互配合，协同协作，将预设方案在实施中再优化、再磨合、再落地。这也是对职业素养和协作能力的测试！再好的理论，再好的方案，都需要实施的工艺、技巧、手法、经验来保障、来完善。实施的过程中，出现了超乎预想的情况，如塔身结构歪了、重量支撑有问题了、尺寸不吻合了……这时，就要停下来，进行再讨论、再商量，从中取得经验，重新完善方案和工作设计。最后，大家商量，为共同搭建的“塔”书写工艺流程、工作说明、结构描述、外形特色和工单纪要。一个“真实”“完整”的团队工作被团队漂亮地完成。团队力量之塔，才会结实、美观、有高度（这个团队工作测评，大多数应聘者失分很多，甚至两个小时过去了，还不知道要干什么？应聘者总感觉要充分表现自我，要让团队其他人不如自己，让别人主要看我）。

我们的教育教学，时常是片段的、割裂的、不完整的。通常情况下，竞争，我们强调的多了；合作，对于我们陌生了。自己干自己的，我们练了很多。几个人合作完成“一项工作”，我们练得少。操作，我们练了很多，“真实”“完整”了解一件事，研究一件事，阐明一件事，完成一件事，我们练得太少了。EPIP“项目式”要求，在一个一个项目中，在一件一件事情上，培养学生认知能力，独立思考、逻辑推理、信息加工、文字应用；培养学生合作能力，自我管理，与他人合作；培养学生创新能力，激发学生想象力和创新思维；培养学生职业能力，引导学生适应社会需求，爱岗敬业、精益求精，动手实践和解决问题。每门课程、每项活动、每个环节都要力求体现完整、体现过程、体现全面，教师指导学生（团队）不停地在“做”一件一件完整的事情，在一件一件完整的事情上“教”，在一件一件完整的事情上“学”。EPIP 的“实践性”，是知技协进，德技并修，全面培养。

（二）教学团队的分工合作

按照课程类型分工合作，实施人才共育，需要打造的是一支专兼结合、优势互补的“双师型”结构队伍，我们也习惯叫“教学团队”。这个教学团队建设，应该立足于专业群，而不是立足于一个专业，其核心目标是培养经济社会发展所需的高素质技术技能人才。这里，团队的分工协同与协作，至关重要。

基础课程，应该主要由学校的专任教师承担，探索采用“教学做”一体化实施；“专业认知”“企业认识”和“企业实习”由学校专任教师和行业企业兼职教师共同承担，以行业企业兼职教师为主。素质课程，可以主要由学校的专任教师承担；其中，“就业指导”与“职业生涯设计”等课程由学校专任教师和行业企业兼职教师共同承担，以行业企业兼职教师为主。

技术课程，应该由学校专任教师和行业企业兼职教师共同承担，行业企业兼职教师承担部分实验、实训。拓展课程，应该由学校专任教师和行业企业兼职教师共同承担，依据教学团队中专任教师和兼职教师的各自优势，分工协作完成教学。

顶岗实习，应该以企业兼职教师为主，教学团队中部分专任教师作为企业特派员和联络员深入实习现场，共同指导，共同完成。资格取证，需要在有关部门、行业协会、重点企业指导下，将相应的资格标准纳入教学方案，由学院专任教师和行业企业兼职教师共同承担；高级资格证书以企业为主，以行业企业兼职教师指导和培训，学院专任教师辅助。

学校专业组群的教学团队建设，应该实施“双一双带头人”制，即两个专任教师与两个长期稳定的行业企业工程技术人员共同担当。学校国际化特色比较明显的，可以实施国外专家教师同专任教师、行业企业人员组合的国际化专业组群带头人制。

六、结语

天津职业教育在全面完成国家现代职业教育改革创新示范区建设任务的基础上，启动了新时代职业教育创新标杆建设，其建设任务明确提出，要完善“五业联动”产教融合机制，要推广工程实践创新项目（EPIP）教学模式应用，要实施新入职教师“入岗、适岗、胜岗”三年三阶段培养工程。中国职业教育的国际品牌“鲁班工坊”，要为合作国家的教师开展进阶式 EPIP 师资培养培训，其“进阶式”，就是指鲁班工坊本土化教师的“入岗、适岗、胜岗”训练过程。

新教师成长为“双师型”素质教师是一个系统工程，“双师型”结构教学团队的有效构建，更是一个系统工程。以专业教学能力和工程实践能力提高为目标，以校企合作“项目驱动”为培养途径，实施新教师“三年三阶段（入岗、适岗、胜岗）”培养培训，形成教师职业能力提高的有效机制，对于中国特色职业教育高质量发展是非常重要的。

师，是教之本。“双师型”素质教师，是职业教育之本。

——摘自《职业教育研究》2022 年第 2 期中吕景泉《谈职业院校新教师入岗训练与“双师型”素质教师、“双师型”结构团队培养——EPIP 视域下“双师型”教师队伍的培养机制与路径》。

第四篇

理论研究与实践探索

2023年4月25日，在埃塞俄比亚鲁班工坊运营两周年之际，天津职业技术师范大学举办“埃塞俄比亚鲁班工坊”高质量发展推进会暨工程实践创新项目（EPIP）教学分享活动。埃塞俄比亚劳动与技能部国务部长特沙莱·贝雷查·亚德萨、埃塞俄比亚驻华使馆公使所罗门·特斯法耶、天津市教育委员会主任荆洪阳，天津职业技术师范大学党委书记张金刚、副校长吕景泉、埃塞俄比亚鲁班工坊中外双方建设团队、企业代表、中埃教师学生出席了“埃塞俄比亚鲁班工坊”高质量发展推进会。双方共同为“工程实践创新项目（EPIP）研推中心”和“东非职教师资培养EPIP认证试验中心”成立揭牌启运；亚德萨受聘担任“东非职教师资培养EPIP认证试验中心”首席专家。

埃塞俄比亚鲁班工坊，是在非盟总部所在国建设的鲁班工坊，是在埃塞俄比亚首都亚的斯亚贝巴建成的鲁班工坊。项目建成以来，已经成为非盟总部人力资源开发委员会指定的面向整个非洲的技术技能人才培训中心，服务东非职教一体化世行项目（EASTRIP），已经成为埃塞俄比亚、肯尼亚、坦桑尼亚、乌干达等四国16所职业院校培养高水平师资的重要基地。

2023年4月6日，鲁班工坊建设专家委员会成立大会在北京召开。

教育部党组成员、副部长孙尧，教育部党组成员、副部长陈杰出席会议并讲话，教育部国际司、相关省市教育行政部门和中国教育国际交流协会秘书处负责同志，以及专家委员会全体委员参加会议。会议指出，鲁班工坊是中国职业教育“走出去”的重要平台，在培养国际化本土技能人才、促进各国民心相通方面发挥了重要作用。专家委员会成立正当其时、意义深远，将为鲁班工坊高质量发展提供智力支撑。会议强调，专家委员会要充分发挥专业优势，对鲁班工坊建设重大事宜提出专业性、建设性意见建议，产出高质量研究成果，提升鲁班工坊建设相关工作科学化水平。相关单位及省市要重视发挥专家委员会咨询作用，健全工作机制和服务保障机制，为专家开展工作创造良好条件。

会上，孙尧、陈杰为专家委员会委员颁发聘书。专家委员会主任吕景泉作交流发言。此次成立的鲁班工坊建设专家委员会成员共 25 名，由工科、职业教育、国际中文、行业企业等多领域专家组成，将按照专家委员会章程要求，组织开展专业调研论证，为鲁班工坊高质量建设发展提供高水平专业咨询。

第一节　鲁班工坊研究的文献计量及可视化分析

【此文发表于 2023 年 6 月】

鲁班工坊是我国现代职业教育体系建设中不可或缺的重要组成部分，是蕴涵中国职业教育发展特色和核心理念的中国职业教育优质品牌，是我国职业教育走向国际化人才培养的创新典范。截至目前，我国已在 23 个国家建成了 25 个鲁班工坊，对 3 000 余人开展了学历教育，对 10 000 余人进行了职业技术培训；开设 49 个专业，实现学历层次由中职到研究生的全覆盖；人才培养标准和专业建设质量被广泛认同，已有 11 个国际化专业教学标准被纳入合作国国民教育体系，1 个国际化专业标准被纳入发达国家职业资格证书体系。鲁班工坊实现了国际产教融合、校企合作，培养了一批国际化能工巧匠。2022 年，鲁班工坊建设成果亮相首届世界职业技术教育发展大会，其发展成就令世界瞩目。当前，关于鲁班工坊的研究不断涌现，为全面、客观地把握鲁班工坊研究现状，本研究从多元、分时、动态的视角出发，对中国期刊全文数据库（以下简称“中国知网”）中收录的鲁班工坊相关文献进行文献计量和可视化分析，绘制知识图谱，以呈现鲁班工坊研究的核心要素与结构关系、研究主题与发展进程，以期为鲁班工坊后续研究提供借鉴与参考。

一、数据来源与研究方法

（一）数据来源与处理

以鲁班工坊“LUBAN WORKSHOP”为检索词，依次进行关键词、主题、篇名检索，时间跨度始于鲁班工坊研究初始年（2016 年），止于 2022 年 8 月 31 日，共获得来源于中国知网的样本文献 260 篇。经人工方式筛选、剔除主题不符合的文献以及会议发言、新闻、评论、作者随笔等非学术论文，最终获得有效样本文献 234 篇。

（二）分析方法与工具

本研究主要采用文献计量分析方法，同时结合 CiteSpace 软件进行知识图谱可视化分析。值得注意的是，实际研究中如若检索词与研究主题匹配度过低，可能会导致分析结果偏差，因此，CiteSpace 开发者认为该软件更适用于研究某个主题的演进，有针对性的主题检索效果相对更好。在本领域研究中，研究者一般会在标题或关键词中明确提及“鲁班工坊”，说明“鲁班工坊”这一关键词标识度较高，主题与关键词高度吻合，进行“针对性的主题检索”能够获得准确和客观的分析结果。

二、计量结果与可视化分析

（一）发文数量年度分布

鲁班工坊文献发文量年度分布如图 4-1 所示，鲁班工坊的研究最早出现在 2016 年，发文量与时间折线呈上升趋势，2018 年之后增幅显著扩大，2019 年开始出现高位振荡走势。据此可将鲁班工坊发文数量划分为三个阶段：一是初期起步阶段（2016—2017 年），年均发文量为 10.5 篇；二是稳步发展阶段（2018 年），年均发文量为 22 篇，同比增长 109.5%；三是爆发增长阶段（2019—2021 年），年均发文量约为 54.7 篇，同比增长约 148.6%。

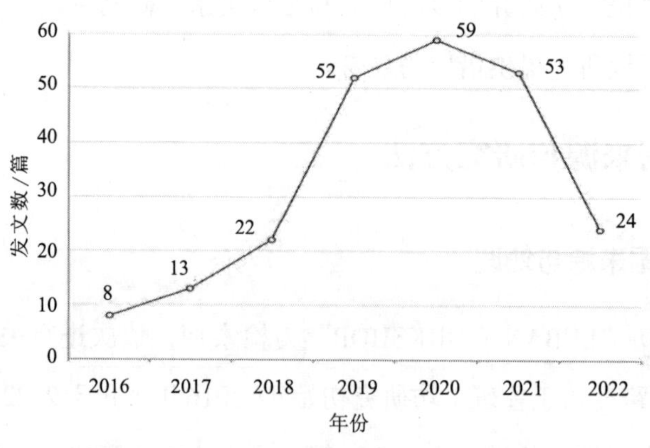

图 4-1　鲁班工坊文献发文量年度分布图

（二）作者分析

1. 作者共现知识图谱分析

设定节点类型为“作者”，时间跨度为“2016 年 1 月—2022 年 8 月”，时间切片为 1 年，TOP N=50，将三组 c、cc、ccv 都设定为 1、2、20，其他参数为默认值，得到图 4–2 所示鲁班工坊研究作者共现知识图谱。节点面积越大说明作者发文越多，发文量较多的作者依次是吕景泉、杨延、张磊。此三位作者处于不同作者群落的桥梁路径上，显现出高中介中心性。作者间的合作关系由连线表示，连线粗细代表了合作强度。如图 4–2 所示，N（节点数）为 165，E（连线数）为 107，Density（密度）为 0.007 9，这表明对于鲁班工坊的研究，主要研究人员及团队之间呈现出较深的合作态势。CiteSpace 软件将作者的合作汇成若干个自然聚类，聚类内部作者合作密切，聚类之间作者合作较少。图 4–2 形成了一个以吕景泉、杨延为主要中心的较大聚类，也就是说鲁班工坊研究呈现以上述两位作者为核心的辐射型网络合作模式。两位作者分别来自天津职业技术师范大学、天津市教育科学研究院，两者的合作不仅促进了高校、科研机构间的知识、资源共享，更有助于提高科研产出和增强学术影响力。除此辐射型合作网络外，其他作者的合作呈现或合作关系较为单一，或合作较为分散的特点。总的来看，鲁班工坊研究作者呈现“单一聚焦、整体分散”的状态，绝大多数作者之间联系较弱，有待进一步加强合作与交流。

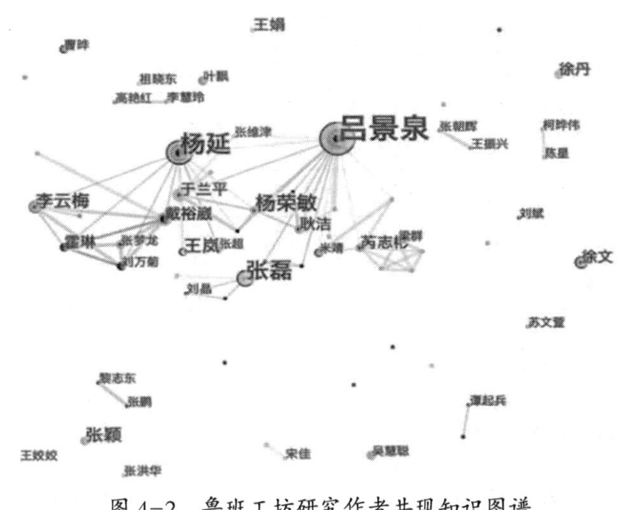

图 4–2　鲁班工坊研究作者共现知识图谱

2．核心作者分析

（1）核心作者候选人选择

借鉴普赖斯定律确定核心作者候选人的最低发文量和最低被引量，只要符合以上之一要求的作者即可作为核心作者候选人进入测评样本。依照普赖斯定律，核心作者最低发文量为 M 篇，发文量最大的作者发表的论文数计为 N_{max}，计算公式为 $M \approx 0.749 \times \sqrt{N_{max}}$。经计算 $M \approx 3.59$，向上取整后为 4。

同理，核心作者候选人的刊发文章累计最低被引量是：$M_c \approx 0.749 \times \sqrt{N_{c\,max}}$，计算得出 $M_c \approx 3.349\,6$，向上取整后可确定被引量为 4 次。经统计，发文量为 4 篇及以上的核心作者候选人共 7 位；被引量为 4 次及以上的核心作者候选人共 26 位。

（2）核心作者测定

对同时符合上述最低发文量和最低被引量的作者进行统计，可确定核心作者为 7 位，详见表 4–1。统计时段内 7 位核心作者共计发文 51 篇，约占所有样本总发文量的 20%；该 51 篇文献在统计时段内共被引 368 次，约占本文所有样本总被引量的 61.4%。可以看出，鲁班工坊核心作者的研究充分体现了专业性、权威性，起到了良好的科研带头作用。

表 4–1　鲁班工坊研究核心作者

序号	作者	作者单位	发文数 / 篇	总被引数 / 次
1	吕景泉	天津职业技术师范大学	23	227
2	杨延	天津市教育科学研究院	7	63
3	王岚	天津市教育科学研究院	5	20
4	张磊	天津职业技术师范大学	4	5
5	徐文	天津渤海职业技术学院	4	10
6	张颖	天津现代职业技术学院	4	13
7	李云梅	天津轻工职业技术学院	4	30

（三）研究机构分析

1．研究机构发文数量

鲁班工坊研究发文数量排名前十的研究机构见表 4–2。排名前十的发文机构全部来自天津市的政府、高校和科研机构，这表明天津市的职业技术类高校和教育科研机构作为现阶段鲁班工坊研究的主力，取得了比较丰硕的学术成果。

表 4–2　鲁班工坊研究发文数量排名前十的研究机构

序号	发文机构	发文数 / 篇
1	天津职业技术师范大学	32
2	天津渤海职业技术学院	22
3	天津市教育科学研究院	16
4	天津铁道职业技术学院	15
5	天津轻工职业技术学院	12
6	天津市教育委员会	11
7	天津现代职业技术学院	9
8	天津商务职业学院	9
9	天津工业职业学院	9
10	天津机电职业技术学院	8

2. 研究机构合作情况

在 CiteSpace 软件中设定节点类型为“机构”，时间跨度为“2016 年 1 月—2022 年 8 月”，时间切片为 1 年，选择标准 TOP *N*=20，得到图 4–3 所示鲁班工坊研究机构共现知识图谱。N（节点数）为 115，E（连线数）为 67，Density（密度）为 0.010 2。如图 4–3 所示，多个节点面积较大，研究机构之间连线较粗且数量较多，形成了一个比较大的多中心自然聚类和若干小型聚类。这说明各研究单位之间合作十分密切，已形成多中心网络化格局，本研究领域知识与研究成果的共享与流动性较强。

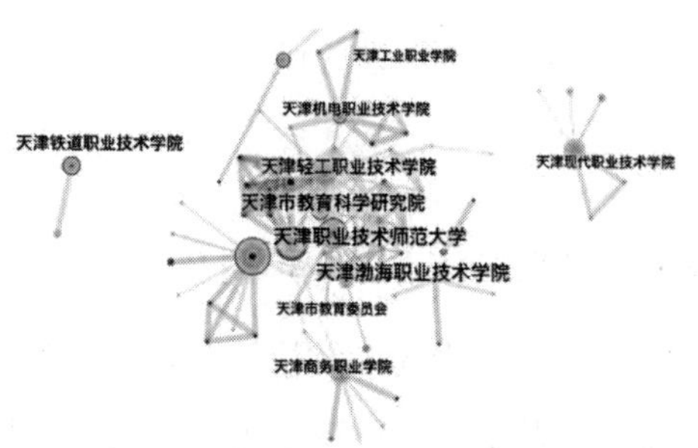

图 4–3　鲁班工坊研究机构共现知识图谱

3. 研究机构类别

分类统计样本文献第一作者来源机构，发现鲁班工坊研究的作者来源机构共计 65 个，分别为政府、行业、企业、高校（普通高校、高职院校）、科研机构五类，结果详见图 4–4。高校为鲁班工坊的研究提供了人力、经费和技术支持，拥有一手资源，因此成为鲁班工坊研究的绝对主力。“政、行、企、校、研”五业联动参与鲁班工坊研究，是鲁班工坊产教融合原则在科研层面的落实。“政、行、企、校、研”五业联动对于拓展研究思路、加深产学研融合、促进科研成果转化具有重要意义。

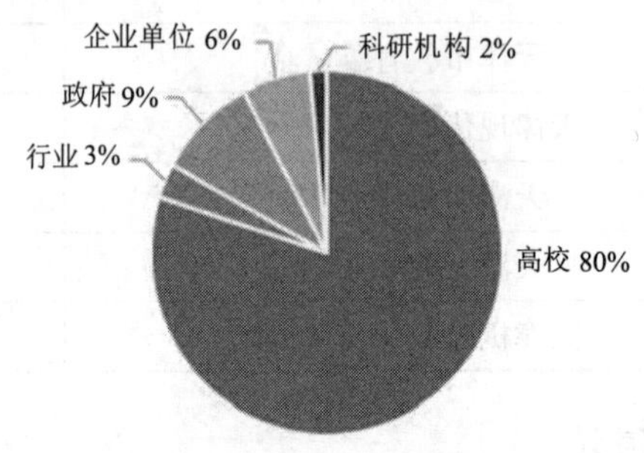

图 4–4　鲁班工坊研究机构类别

4. 研究机构的地域分布

统计样本第一作者来源机构所在地域发现，来自天津的研究机构约占 81%，居于二、三、四位的分别是北京（占比 4%）、江苏（占比 3%）、福建（占比 2%）。显而易见，天津已成为鲁班工坊研究、建设、推广的排头兵和先遣队，为全方位推动鲁班工坊高质量发展提供了坚强的科研支撑。政府统筹、行业主办、教育管理、企业参与的办学体制机制成为天津职业教育的鲜明特色。此外，鲁班工坊的研究也体现出地域非均衡性，亟待向全国推广。

（四）来源期刊分析

刊发鲁班工坊研究文献数量较多的 5 本期刊，按发文量由多到少排序为：《天津职业院校联合学报》发文 49 篇、《中国职业技术教育》发文 22 篇、《职业教育研究》发文 19 篇、《天津市教科院学报》发文 11 篇、《中国投资（中英文）》发文 9 篇。排名前四的期刊均属于教育研究类期刊，其中《中国职业技术教育》《天津职业院校联合学报》《职业教育研究》属于职业教育研究类期刊，表明鲁班工坊研究在教育，特别是职业教育领域获得了较高的关注度。此外，《中国投资（中英文）》是经济与管理学科期刊，其发文量排名第五，显示了除教育领域外不同学科领域对鲁班工坊研究的关注及推广。在排名前五的来源期刊中，《中国职业技术教育》《天津市教科院学报》为北京大学《中文核心期刊要目总览》来源期刊，说明了鲁班工坊研究具有较高的专业度及学术影响力。

（五）高被引文献分析

对高被引文献的研究有助于把握研究领域的前沿理论、历史和核心内容。被引频次排名靠前的 5 篇文献（见表 4–3）介绍了鲁班工坊的核心概念、创建基础、发展脉络、工程实践创新项目（EPIP）教学模式、建设标准以及可持续建设发展路径，为鲁班工坊研究提供了重要的理论依据和实践指导。

表 4–3　鲁班工坊研究文献被引频次排名

序号	文献标题	作者	发表期刊	年份	被引频次 / 次
1	鲁班工坊——职业教育国际化发展的新支点	吕景泉；杨延；芮福宏；杨荣敏；于兰平	《中国职业技术教育》	2017	54
2	工程实践创新项目（EPIP）教学模式的研究与实践	吕景泉；汤晓华；史艳霞	《中国职业技术教育》	2017	38
3	服务“一带一路”，职业教育的新作为——鲁班工坊	吕景泉	《天津职业院校联合学报》	2018	27
4	渤海鲁班工坊天津职教国际化发展的创新之举——职业教育活动周“一带一路”建设成果分享	黎志东；张鹏	《中国职业技术教育》	2016	24
5	鲁班工坊的核心内涵——中国职业教育的国际品牌	吕景泉	《天津职业院校联合学报》	2020	22

（六）关键词共现图谱分析

为揭示该学科领域的研究热点，应用CiteSpace软件进行关键词共现图谱分析。按照阈值Top *N*=50，Top *N*%=10参数进行设置，可得到图4-5所示鲁班工坊研究关键词共现图谱。图谱显示有207个网络节点，434条连线，网络密度为0.020 4。图4-5中“鲁班工坊”“职业教育”“一带一路”“国际化”“产教融合”“高职院校”“校企合作”等关键词出现频次较高。图中大多数连线多且粗，说明对应关键词联系紧密。总体上看，该关键词共现图谱呈现如下样态：形成了以“鲁班工坊”和“职业教育”两个关键节点为中心辐射的大聚集群，同时伴有几个联系紧密的小型聚集群，聚集群内关键词关系非常紧密，共现频次很高。

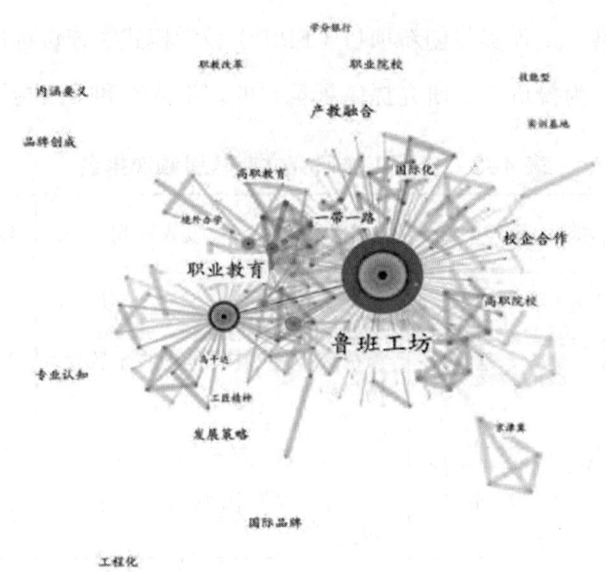

图4-5 鲁班工坊研究关键词共现图谱

（七）关键词聚类图谱分析

应用CiteSpace软件进行关键词聚类分析以精准考察鲁班工坊研究热点的知识结构。使用对数似然算法（LLR）进行聚类，可得到图4-6鲁班工坊研究关键词聚类图谱。其中Modularity Q=0.600 9>0.3，说明聚类结果可信，平均轮廓值Mean S=0.946 9>0.5，说明聚类合理。图中聚类顺序从0到5，数字越小，聚类中所含关键词越多。如图按照聚类顺序由小到大排序，依此得到“职业教育”“国内发展”“产教融合”“知技素点”“国际化”“境外办学”六大聚类群组，表明鲁班工坊研究文献主要围绕这六大关键词群组展开。在职业教育学科背景下探讨鲁班工坊的国际化发展路径，探寻国内发展与境外办学、EPIP 教学模式与产教融合方式，呼应了鲁班工坊建设实践的诉求。

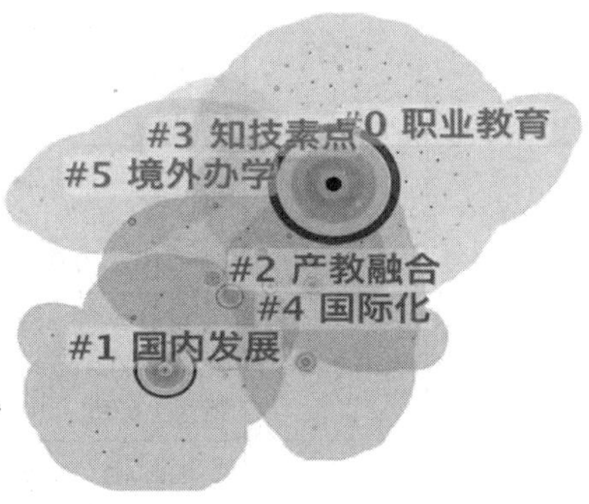

图 4-6　鲁班工坊研究关键词聚类图谱

进一步整理聚类信息列出聚类内代表性关键词，可得到表 4-4 鲁班工坊研究文献关键词聚类表。聚类大小表示该聚类中包含的关键词个数；紧密程度代表各关键词之间的联系程度，值越高聚类效果越好。六大聚类紧密程度均在 0.8 以上，其中 1 个聚类紧密程度为 1，说明聚类效果很好，提示在未来的研究中，应加强同一聚类中关键词的联系，将研究视角置于同一聚类的关键词所建构的知识体系之中。如 #5“境外办学”聚类紧密程度为 0.986，提示在研究时要将境外办学置于“一带一路”背景之下寻求其“发展路径”，并突出对“教育服务贸易”“孔子学院”主题的探讨。“职业教育”是最大的聚类标签，说明鲁班工坊在职业教育领域的研究最为广泛，同“校企合作”“产教融合”“一带一路”“国际化”关键词有密切联系；“境外办学”是最小的聚类标签，说明目前有关鲁班工坊境外办学的研究尚待推广。

表 4-4 鲁班工坊研究文献关键词聚类

聚类号	聚类名称	聚类大小	紧密程度	聚类内代表性关键词
#0	职业教育	68	1	职业教育（19.3，1.0E-4）；校企合作（12.27，0.001）；产教融合（9.5，0.005）；“一带一路”（8.12，0.005）；国际化（5.38，0.005）
#1	国内发展	35	0.831	职业教育（24.62，1.0E-4）；国内发展（3.91，0.05）；邢台模式（3.91，0.05）；历史演进（3.91，0.05）；实体经济（3.91，0.05）
#2	产教融合	30	0.918	产教融合（24.62，1.0E-4）；校企合作；“一带一路”（21.02，1.0E-4）；高职院校（10.4，0.005）；职业院校（6.9，0.001）
#3	知技素点	15	0.984	知技素点（6.95，0.01）；核心要义（6.95，0.01）；课程概论（6.95，0.01）；构型（6.95，0.01）；知行合一（6.95，0.01）
#4	国际化	11	0.917	国际化（22.59，1.0E-4）；天津（11.12，0.001）；高等职业教育（7.43，0.01）；三位一体（5.52，0.05）；机械设计与制造（3D 制作）（5.52，0.05）
#5	境外办学	5	0.986	境外办学（16.51，1.0E-4）；“一带一路”（11.03，0.001）；发展路径（8.09，0.005）；教育服务贸易（8.09，0.005）；孔子学院（8.09，0.005）

（八）关键词时间线图谱分析

图 4-7 鲁班工坊研究关键词时区图谱显示了样本时间内历年的研究热点。“鲁班工坊”和“职业教育”一直是研究关注的前沿问题。2016 年主要探讨鲁班工坊作为职业教育国际化品牌的缘起和生成逻辑，介绍并分享其建设成果；2017 年聚焦在“一带一路”视域下对国际交流合作、产教融合和教学模式的研究，同时开启了对鲁班工坊内涵和模式的探讨；2018 年以“十三五”规划为指导，深入研究职教改革、校企合作、国际办学等领域，对鲁班工坊落地实体进行跟踪调研，对工匠精神进行系列探索；2019 年全方位研究鲁班工坊建设，包括品牌建设、课堂建设、实训平台建设、培养模式建设、文化体验建设、价

值意蕴建设等，推动了鲁班工坊的规范化和高质量发展。2020 年继续深入研讨国际合作方式，重点研究品牌价值、办学模式、师资培训、课程思政等关键要素；2021 年从哲学高度深入探究鲁班工坊的核心要义，从“天下观”高度入手研讨品牌创设，在理论和实践结合的基础上对发展策略和管理政策做进一步思索；2022 年在对核心内涵深入钻研的同时，以“技能型学分银行”“中英双语示范区”为抓手，探寻鲁班工坊的海外办学和创新发展路径。

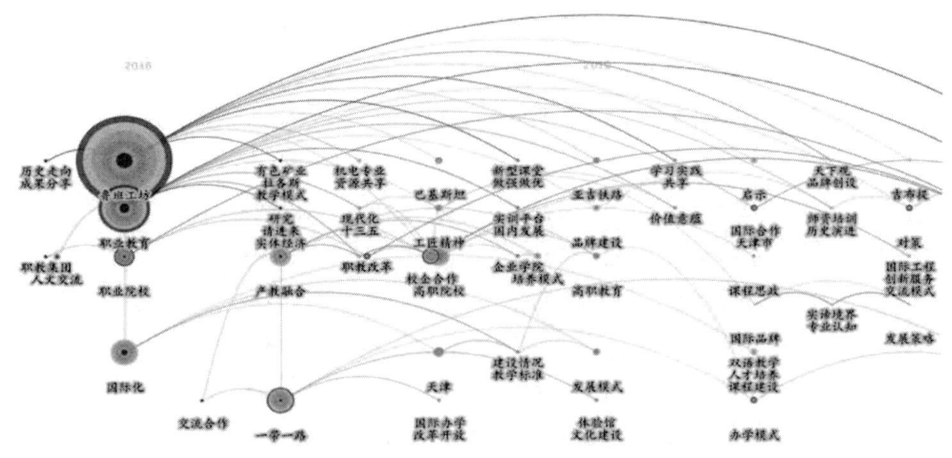

图 4-7　鲁班工坊研究关键词时区图谱

（九）关键词突现分析

在关键词时区分布的基础上进行突现词分析，探测出频次变化率高、增长速度快的突现词，以识别不同阶段研究热点的变化，从而描绘研究发展趋势，探索前沿演化动态。图 4-8 所示为鲁班工坊研究关键词突现图谱，显示了 2016—2022 年期间具有高突现值的 15 个关键词，以及关键词的突现强度、成为热词的开始时间和结束时间。研究发现鲁班工坊研究关键词突现趋势与发文数量趋势吻合，鲁班工坊前沿演进趋势同样可划分为三个时期：起步发展时期（2016—2017 年），稳步发展时期（2018 年），快速深入发展时期（2019 年至今），在此过程中呈现出明显的政策促进和实践推动影响。

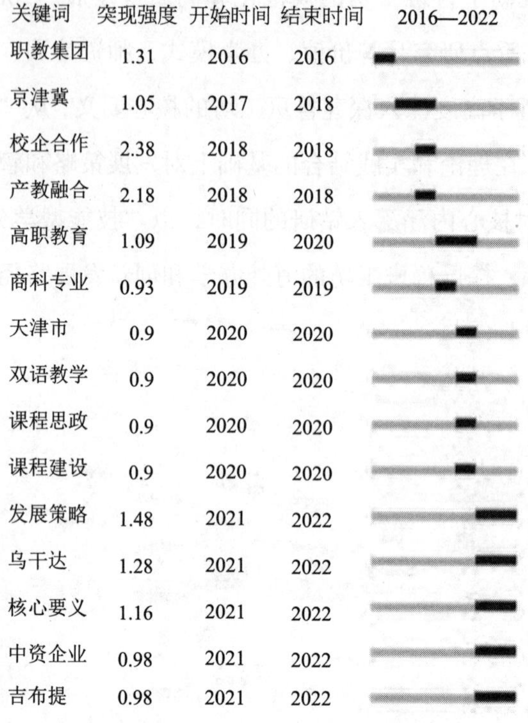

图 4-8　鲁班工坊研究关键词突现图谱

1. 起步发展时期

早期研究热点关键词的突现时间为 2016 年至 2017 年，该阶段鲁班工坊的研究前沿主要集中在“职教集团”“京津冀”两方面，聚焦于对鲁班工坊作为职业教育国际化品牌的缘起和生成逻辑的分析，对建设条件和海外输出模式的探索，以及对内涵特质、建设意义的讨论。2005 年起，教育部与天津市人民政府先后在天津完成职业教育“三区”共建项目，鲁班工坊正是落实“三区”职业教育国际合作交流建设任务的重要举措和创新成果。2015 年教育部职成司指导天津市教委牵头启动鲁班工坊项目研究、方案设计和标准研制工作。2017 年，中央全面深化改革领导小组会议审议通过了《关于加强和改进中外人文交流工作的若干意见》重要决议，明确在人文交流领域形成鲁班工坊等一批有影响力的品牌项目。本阶段鲁班工坊建设扎实起步：2016 年首个鲁班工坊在泰国揭牌启运；2017 年工程实践创新项目（EPIP）国际教育联盟在天津成立，英国奇切斯特学院鲁班工坊成立并获得英国国家学历资质认可；泰国大城技术学院中泰 EPIP 教学研究中心、印度金奈理工学院鲁班工坊、印度尼西亚鲁班工坊相继建成。

2．稳步发展时期

本阶段研究前沿的突现时间为 2018 年，该阶段鲁班工坊研究集中在“校企合作”“产教融合”等方面。在政策与实践层面的顶层设计的推动下，学者们围绕鲁班工坊的国际化达成路径，服务企业“走出去”重大行动，“国赛”对接“世赛”对鲁班工坊建设的意义等方面展开研究。深化产教融合、校企合作是党的十九大为职业教育提出的明确方向，亦是鲁班工坊项目建设成功的重要标志。一系列政策的出台推进鲁班工坊建设项目持续健康发展：《天津市人民政府办公厅转发关于推进职业院校在海外设立鲁班工坊试点方案》颁布；习近平主席宣布建设 10 个非洲鲁班工坊并见证葡萄牙鲁班工坊项目签约仪式，鲁班工坊正式上升为国家行动；《关于做大做强做优职业教育的八项举措》文件颁布，天津市委、市政府成立鲁班工坊领导小组。本阶段鲁班工坊建设实践方面亦取得可喜成就：鲁班工坊研究与推广中心揭牌启运，巴基斯坦旁遮普省技术教育与职业培训局鲁班工坊、泰国鲁班工坊铁院中心、柬埔寨鲁班工坊、葡萄牙鲁班工坊建成，运营良好。

3．快速深入发展时期

2019 年至今为鲁班工坊研究的快速深入发展期。本时期研究出现两大特点，一是论文数量出现了井喷式增长；二是研究方向向标准化、规范化、内涵化延伸。前沿关注既有“乌干达”“吉布提”的实证研究，又有对鲁班工坊“核心意义”“发展策略”等理论层面的讨论；在课程研究方面实现了深耕细作，关注“双语教学”“课程建设”“课程思政”；对天津市的引领作用和中资企业角色的讨论从 2016 年延续至本阶段，仍是研究的热点。需要注意的是，“发展策略”“乌干达”“核心意义”“中资企业”“吉布提”5 个关键词突现时间延续至 2022 年，说明此 5 个关键词仍是未来研究应关注的前沿热点。

本阶段充分释放了政策效能：2019—2022 年，习近平主席多次在重要外事场合提出建设鲁班工坊，助力世界青年技能培训。2021 年，中共中央办公厅、国务院办公厅印发《关于推动现代职业教育高质量发展的意见》，提出完善鲁班工坊建设标准，拓展办学内涵。本阶段鲁班工坊成绩颇丰：其建设已由天津向四川、浙江、陕西等地成功推广，已建成的25个鲁班工坊运营顺利，建立起完整的职业技术培训和职业技术学历教育体系，完成制定鲁班工坊建设标准，对电气类、新能源发电工程类、铁路运输类等专业建设提出了详细的建设要求，鲁班工坊建设走向高质量、可持续发展道路。

以上的阶段划分是基于CiteSpace软件可视化分析的结果，从鲁班工坊的理论研究和实践发展来看，刚刚起步不久，总体上还处在研究发展初级阶段，有待深入拓展。

三、结论与建议

（一）研究结论

本研究对中国知网2016—2022年234篇鲁班工坊研究文献样本进行文献计量和知识图谱可视化分析，结论如下：发文数量时间分布呈三段式上升趋势，一阶段稳步上升，二阶段增幅显著扩大，三阶段出现高位震荡走势；鲁班工坊研究作者共现关系具有"单一聚焦、整体分散"特点，7位核心作者起到了良好的科研带头作用；天津市职业技术类高校和教育科研机构是现阶段鲁班工坊研究主力，各研究机构之间合作十分密切，已形成"政、行、企、校、研"五业联动的研究态势，机构分布呈现非均衡性，亟待由天津向全国推广；职业教育研究类期刊是鲁班工坊研究推广的重要平台；高被引文献为鲁班工坊研究提供了重要的理论依据和实践指导，具有重要的学术价值；鲁班工坊研究文献主要围绕"职业教育""国内发展""产教融合""知技素点""国际化""境外办学"六大关键词聚类群组展开；鲁班工坊前沿演进亦呈三阶段分布，表现出明显的政策促进和实践推动。

（二）研究建议

鲁班工坊现有研究成果颇丰，但仍可在研究内容、研究方法及研究视角方面笃行致远。

研究内容方面，在鲁班工坊绩效评估体系、品牌建设、中国优秀职业教育文化提炼、可持续发展路径等领域的研究尚需深化。例如，目前仅完成对鲁班工坊建设标准的研究，尚未形成适应鲁班工坊发展差异的针对性和适用性绩效评估体系。

研究方法方面，调查研究不足、案例比较不够。建议加强对鲁班工坊教学与管理实践活动的实地观察，引入调查法和访谈法，获取一手资料，客观审视鲁班工坊发展的现状及其问题。运用案例比较分析法，探索鲁班工坊建设发展的深层逻辑，形成对鲁班工坊发展的客观、全面认识。

研究视角方面，已有研究多局限于职业教育领域，未广泛运用多学科视角拓宽研究思路。特别是与国际中文教育联系不够，借力不足，未能与“中文+职业教育”研究形成合力，未能有效应用孔子学院在跨文化交际、文化传播、师资培养等方面的研究成果。鲁班工坊研究视角的拓宽和深化亟待教育学、文化学、语言学、社会学、心理学以及公共管理学等领域的学者参与其中。

当前，对鲁班工坊的研究任重而道远，迫切需要总结梳理鲁班工坊建设成果和成功经验，为鲁班工坊的可持续发展提供借鉴和参考，助力始于天津的鲁班工坊兴于中国、成于世界。

注释：①入选本文的所有样本累计被引 599 次，单篇文章累计最高被引量 Ncmax 为 20 次。②知技素点是 EPIP（工程实践创新项目）在课程论中的重要内容。吕景泉教授在“EPIP 教学模式的教育论探究”一文中指出：“专业是由课程有序有机排列组成的，课程是由各个知（知识）技（技术技能）素（素养）点有序有机组成的。每个知技素点的教学也应该遵循 EPIP 进行组织和实施。”

——摘自《职业教育研究》2023 年第 6 期中付安莉《鲁班工坊研究的文献计量及可视化分析——基于中国知网 2016—2022 年数据》。

第二节　EPIP 国际化：SWOT-PESR 模型分析与路径研究

【此文发表于 2023 年 2 月】

一、问题的提出

习近平总书记强调："在全面建设社会主义现代化国家新征程中，职业教育前途广阔、大有可为。"职业教育国际化是职业教育高质量发展中的关键一环，是建设教育强国的丰富内涵之一，不但反映了中国职业教育自身发展的迫切需要，也是对国际产能合作中企业"走出去"的重要支撑；不但是建设中国现代职业教育体系的成果检验，也是与其他国家之间的成果分享。经过多年的努力，中国职业教育国际化已进入到自主创建模式、制定标准、研发装备、开发教材的新阶段，构建了中国职业教育的国际标准、国际资源与国际话语体系。随着鲁班工坊上升为中国职业教育的国际品牌、服务"一带一路"的国家行动以及元首引领外交的重要合作项目，工程实践创新项目（EPIP）教学模式也被更多人熟知。《中国职业教育发展报告（2012—2022 年）》指出："继续推进中国本土化、视野国际化的工程实践创新项目（EPIP）应用，发挥已建立的泰国、葡萄牙、埃塞俄比亚等国 EPIP 教学研究中心作用，给更多境外合作伙伴带去先进的教学模式、优质的教学装备。"EPIP 作为打磨多年的国家现代职业教育改革创新示范区的成果，在职业教育国际化方面有着巨大潜力，不但在以鲁班工坊为代表的"职教出海"领域，而且在来华留学生培养、师生交流派出、国际学术合作等方面都大有可为。因此，如何更好地发挥 EPIP 教学模式在推动职业教育国际化方面的作用，是值得研究的问题。

职业教育国际化相关的文献较为丰富，包括对其现状、特点、逻辑、困境和对策等方面的研究，现有文献也关注到近年来国内外新形势对职业教育国际交流新格局提出的要求。但是对职业教育国际化的研究并不能完全替代对EPIP教学模式国际化的研究。因为EPIP教学模式的国际化仅是职业教育国际化中的众多领域之一，不能将对职业教育国际化的研究结论直接套用到EPIP国际化上，概念范围不一致，特点也不同。而且，随着国家层面对EPIP教学模式的重新定位,更有必要对其进行单独且全面的评估,并提出发展对策建议。

EPIP教学模式的早期文献主要为创始人吕景泉教授的专著和系列论文，吕景泉教授从EPIP的思想来源、创立过程、核心内涵、课程论、专业论、教育论、教师培养、拓展应用等诸多层面建立了EPIP的理论体系，为后续研究奠定了重要的理论基础。后续研究关注EPIP理念下不同专业的课程改革、人才培养的路径、鲁班工坊建设中EPIP的应用实践等。现有文献指出EPIP教学模式在鲁班工坊实践中体现出工程化、实践性、创新型和项目式的特点，认为EPIP为中国职业教育的创新发展提供了新的思路。在专门研究EPIP教学模式国际化的文献中，耿洁阐述了EPIP教学模式作为中国职业教育的国际话语的创建创成，并对EPIP国际教育联盟的发展路径、效应与未来展望进行了分析。张维津认为EPIP教学模式面临国际化发展不均衡、国际化进程缓慢、国家就业观不同等发展困境，并从合作理念、师资团队、内外平衡、管理模式等方面提出发展对策。本文则主要应用SWOT和PEST模型，分析EPIP国际化自身及外部的优势、劣势、机遇和挑战入手，希望对EPIP国际化和职业教育国际化相关研究形成有益的补充。

二、EPIP教学模式国际化的内涵与实践

（一）EPIP教学模式国际化的内涵

工程实践创新项目（EPIP）是结合技术技能人才培养的中国实际而创立的一种教学模式。EPIP是工程（Engineering）、实践（Practice）、创新（Innovation）、项目（Project）四个关键元素的有机组合，是指以实际工程为背景，以工程实践为导向，以能力培养为目标，以工程项目为统领的技术技能人才培养的教学模式。

EPIP 教学模式的国际化是职业教育国际化的一部分，是 EPIP 教学模式在全球范围内的应用和实践。作为一种教学模式，EPIP 的国际化通过嵌入境外合作办学、境内合作办学、来华留学等项目实现跨国分享。EPIP 是以上项目的内核，而这些项目则是 EPIP 的载体。

（二）EPIP教学模式国际化的实践

1. 鲁班工坊

鲁班工坊核心要义中“四个内涵”的第一个内涵即为“以中国特色的‘工程实践创新项目（EPIP）’为教学模式”。EPIP 教学模式是鲁班工坊建设的重要内涵，也是鲁班工坊的核心教育理念和教学模式。鲁班工坊则是 EPIP 教学模式在全球范围内最知名的实践。

近 7 年，中国已经在亚欧非三大洲 21 个国家建立了 22 个鲁班工坊，这些鲁班工坊全面采用 EPIP 的教学模式。鲁班工坊的建设过程充分诠释了 EPIP 工程化、实践性、创新型和项目式的特点，强调“真实”与“完整”，将产教融合、工学结合、校企合作落到实处，推动对鲁班工坊建设规范与标准、模式与机制、质量与评价、应用与推广进行系统研究。

2. EPIP 国际化智库群

现有的 EPIP 国际教育联盟、境内外 EPIP 研究中心、EPIP 认证试验中心、鲁班工坊研究机构等组成了 EPIP 国际化的智库群，为 EPIP 在全球的实践应用提供了理论研究平台和认证试验平台，有力地促进了 EPIP 理论与当地职业教育实践的充分结合，推动 EPIP 教学模式在全球范围的分享。

工程实践创新项目（EPIP）国际教育联盟于 2017 年成立并举办第一届论坛。随后六年间，又举办了五届 EPIP 国际教育联盟年会。联盟成员不断壮大，联盟效应凸显。

EPIP 研究中心与鲁班工坊同样以泰国作为起点，随后陆续成立了葡萄牙、印度、埃塞俄比亚、肯尼亚、埃及等国 EPIP 教学研究中心。至此，EPIP 教学研究中心已形成与鲁班工坊的洲际布局相匹配的亚非欧三大洲的布局。中华职业教育社 EPIP 教学研究中心和两个研推中心（“天津市工程实践创新项目

（EPIP）研究与推广中心”与“中国—中亚工程实践创新项目（EPIP）教学研究与应用推广中心”）也相继成立。

随着鲁班工坊建设的持续深入，以提高本土师资能力和完善师资标准认证为目标的认证试验机构国际网络也在不断建立，至今已在全球建成东非、葡萄牙、泰国和巴基斯坦四个 EPIP 认证试验中心。

鲁班工坊研究与推广中心和鲁班工坊国际发展研究中心先后于 2018 年和 2021 年成立。天津职业技术师范大学（以下简称“天职师大”）外国语学院成立了“鲁班工坊译研中心”，且在新建的英语笔译硕士专业中设立了 EPIP 和鲁班工坊翻译课程，为精准及时翻译推广 EPIP、鲁班工坊的专著、论文、教材、报道等做好人才储备。

3．EPIP 赛教互动的国际化

EPIP 教学模式自 2008 年被用于开发首届全国职业院校技能大赛（以下简称“国赛”）“自动化生产线安装与调试”赛项和教学资源以来，通过赛教互动迅速走向世界。第一，国赛“引进来”提高国际影响力。国赛每年都邀请国外的知名企业、选手、专家学者、会展集团参与，召开国赛对接世界技能大赛研讨会，举办国际化专业教学成果交流赛、鲁班工坊建设项目研讨等活动。第二，赛项“走出去”到更加广阔的国际赛场。自 2010 年以来，“自动化生产线安装与调试”等 3 个国赛赛项成为东盟技能大赛指定赛项。2012 年，举办首届自动化工程实践创新国际交流会暨工程实践创新国际挑战赛。2012 年至 2014 年，连续举办三届“能力源”自动化工程实践创新国际挑战赛。2016 年至 2021 年，连续举办五届 IEEE 电脑（智能）鼠走迷宫国际邀请赛。2021 年，迷宫机器人项目参加第五届世界智能大会。第三，教学资源“走出去”以赛促教。2011 年以来，运用 EPIP 教学模式开发的英文版教材《自动化生产线安装与调试》《工业机械手与智能视觉系统应用》等相继出版，《工程实践创新项目教程》被翻译为英文、葡萄牙文、泰文、俄文等多种语言，被国外高校应用。《EPIP 教学模式——中国职业教育的话语体系》被列入中华文化走出去项目清单，其英文版和葡萄牙文版先后在英国出版社出版。

三、EPIP教学模式国际化的SWOT-PEST模型分析

SWOT模型是管理学中常见的分析企业内外部情况的模型，因简单有效，也常被广泛地应用于其他领域和学科。SWOT模型分析研究对象的优势（strengths）、劣势（weaknesses）、机遇（opportunities）和挑战（threats）。其中，从研究对象的内部分析优势和劣势，而从研究对象的外部分析机遇和挑战。PEST模型则专门分析外部环境，涵盖了政治（political）、经济（economic）、社会（social）和技术（technological）四个方面。本文将EPIP国际化作为研究对象，先用SWOT模型从内部和外部分析优势、劣势，再进一步运用PEST模型分析来自其中外部的优势和劣势。然后，再一次使用SWOT模型分析机遇和挑战，并运用PEST模型分析外部环境，最终形成模型矩阵（见表4-5）。

表4-5 EPIP教学模式国际化的SWOT-PEST模型分析

类型	内部	外部			
		政治（P）	经济（E）	社会（S）	技术（T）
优势（S）	（1）完备的理论基础和长期的实践经验；（2）普遍适用性；（3）国际化实践的显著成果	（1）习近平主席的重要论述；（2）服务“一带一路”倡议；（3）写入中国职业教育发展报告	（1）中国职业教育促进经济社会发展有力有效作用的示范效应；（2）“走出去”的中资企业	已有的国际化实践尤其是鲁班工坊，产生了良好的国际社会反响	（1）中国的技术优势；（2）新型数字技术的发展
劣势（W）	（1）认证标准未能达到统一规范；（2）国内符合要求的师资数量不足	（1）部分合作国政局不稳定；（2）“中国阴谋论”	部分项目后续经费来源不稳定	中国与合作国存在的差异	线上实践操作课程难以保证效果
机遇（O）	—	“一带一路”的“八项行动”、金砖国家扩员、《中非人才合作计划》、教育强国等	（1）“小而美、见效快、惠民生”的建设思路；（2）合作国技能人才缺口	对于实践能力强、创新精神丰富的人才的社会需求机遇	教育数字化机遇

续表

类型	内部	外部			
		政治（P）	经济（E）	社会（S）	技术（T）
挑战（T）	—	国际环境复杂	后续资金来源	（1）合作国本土师资不足； （2）来自其他国家的竞争	数字鸿沟

（一）优势分析

1. 内部优势

第一，EPIP 教学模式有着完备的理论基础和丰富的实践经验，其诞生于国家职业教育改革创新示范区，是在中国职业教育实践和理论研究基础上，汲取中国古代、近现代教育思想，借鉴国际先进职业教育经验创立的，经受住了时间的考验，也因此具有与世界分享的宝贵价值。第二，有别于传统教学模式，EPIP 强调“真实”和“完整”，通过产教融合、工学结合、校企合作提高职业教育的质量，提升人力资本水平，促进青年就业，使得 EPIP 教学模式普遍适用于不同国家职业教育的发展需求。第三，鲁班工坊、EPIP 国际教育联盟等国际化实践取得了显著进展，国际影响力迅速提高，为 EPIP 国际化水平的提升奠定了坚实的基础。

2. 外部优势

政治方面，习近平主席先后 19 次在重大外交场合就“鲁班工坊”作出重要论述。鲁班工坊是服务“一带一路”倡议、助力国际产教融合和国际产能合作的重要项目。《中国职业教育发展报告（2012—2022 年）》明确了 EPIP 的发展方向。这均意味着 EPIP 的国际化推广和应用得到国家政策上的支持。经济方面，第一，中国经济在过去几十年取得的成就与职业教育迅速发展密不可分，中国职业教育促进经济社会发展有力有效作用产生了巨大的示范效应。第二，“走出去”的中资企业为当地劳动力带来了较为优质的就业机会，而且中资企业通过产教融合积极参与职业教育国际化，提高当地劳动力的职业素质，从供需两侧改善了劳动力市场，促进 EPIP 服务本土经济发展。社会方面，已有的实践获得了良好的国际社会反响。尤其是鲁班工坊将中国职业教育的EPIP教学模式、专业标准、技术装备、教学资源与世界分享，形成职业教育“走向世界”的中国方案，获得国际社会高度赞誉，包括荣获海内外多项大奖、得到多家国际主流媒体的深度报道。国际使节、专家、行业组织纷纷到鲁班工坊参观调研，并对鲁班工坊推动当地经济发展给予高度评价。技术方面，第一，中国先进的科学技术相对于合作国形成一定的技术优势，这是得以通过EPIP教学模式与合作国分享中国技术的重要前提。第二，在EPIP教学模式下，教学资源不再局限于传统的教材和教辅材料，还包括各种实践资源、网络资源、社区资源等，如空中课堂等新型数字技术拓宽了EPIP教学模式的教学实践场景。

（二）劣势分析

1. 内部劣势

第一，在EPIP现有的国际化实践中，教学模式的认证尚未达成全球范围的统一和规范，标准也不够清晰，不利于EPIP的大范围推广。第二，EPIP的国际化推广对国内教师提出了更高的要求，不但要掌握熟练的技术技能，还要熟悉现代职业教育的理念、方法，而且要具备一定的语言和跨文化交流能力。为提升中国师资的EPIP教学模式的应用水平，天职师大连续多年举办鲁班工坊建设能力提升项目，进行不同级别的培训。然而，现有符合要求的师资数量仍不能达到预期需求。

2. 外部劣势

政治方面，第一，部分合作国政局不稳定，为项目建设和运行带来较大阻力。第二，西方媒体的“中国阴谋论”抹黑了中国职业教育国际交流的成绩，造成负面的舆论影响。经济方面，部分国际交流项目初期经费来源以政府支持为主，后续经费来源的不稳定成为制约项目可持续发展的瓶颈。社会方面，中国与项目合作国存在的文化、语言、法律、社会价值观等方面的差异会影响双方的交流和合作，也因信息不对称增大了项目专业设置、培养方案制定上的难度。技术方面，现有的基础设施和设备难以保证线上教学达到与线下一致的效果。世界银行的一项报告表明，疫情期间，即使在网络基础设施和设备普及较好的国家,学生学习效率的损失也非常严重。EPIP 教学模式强调“真实”和“完整”，需要真实的环境和完整的参与，尤其是对于工科课程，如果不得不进行线上教学，可能需要更加先进的技术以改善实操效果。

（三）机遇分析

政治方面，结合“教育强国”的重大契机，将 EPIP 教学模式的国际化切实化作实现“教育强国”、促进职业教育高质量“出海”的务实举措。2023 年 8 月,金砖国家迎来第二次扩员,“金砖大家庭”之间的职业教育合作未来可期。与此同时，中国发布《中非人才培养合作计划》，提出“每年为非洲职业院校培训 500 名校长和骨干师资，培养 1 000 名非洲本土中文教师”。2023 年 10 月，习近平主席在第三届“一带一路”国际合作高峰论坛开幕式上的主旨演讲宣布中国支持高质量共建“一带一路”的八项行动，其中就提到“要通过鲁班工坊等推进中外职业教育合作”。这些政策都为 EPIP 的国际化带来重大的政治机遇。经济方面，第一，鲁班工坊建设专家委员会提出“鲁班工坊建设要按照‘小而美、见效快、惠民生’的建设思路，完善内涵式发展工作机制”，这也为 EPIP 教学模式的国际推广指出新的方向。第二，合作国存在着技术技能人才的巨大缺口，亟需将规模庞大的人口转化为丰富的人力资源，助力本国工业化发展。社会方面，对于实践能力强、创新精神丰富的人才的社会需求日益增长，EPIP 教学模式着眼于工程实践和创新能力的培养，更适应这一社会需求。技术方面，教育数字化为 EPIP 带来机遇。在党的二十大报告中，习近平总书记强调 :“推进教育数字化，建设全民终身学习的学习型社会、学习型大国。”信息技术、互联网技术和人工智能技术的快速发展为 EPIP 教学模式创新教育资源供给提供了便于跨国分享的技术支持。例如，在线教育平台可以为学生提供更多学习资源和学习方式，虚拟仿真技术可以为工程实践教学提供更丰富的实践场景。

（四）挑战分析

政治方面，国际环境纷繁复杂，国际政治局势变化莫测，不稳定的外部环境会对国际合作项目的决策和落地造成影响，甚至严重阻碍国际化合作的动力。经济方面，EPIP 教学模式所依托的合作项目需要稳定的资金来源。目前鲁班工坊项目运行时间尚短，后续资金来源或将成为项目持续运行的潜在挑战。社会方面，合作国本土师资的严重不足是制约 EPIP 教学模式进一步推广的重要挑战之一，此外，EPIP 也面临着来自其他国家的激烈竞争，尤其是有着丰富职业教育国际化经验的德国、澳大利亚、英国等。技术方面，数字鸿沟阻碍着国际化教学资源的整合，使得学生无法享受数字化驱动下革新的教育模式和教育效果。更严重的情况下，如果合作国的数字化基础设施、教学设备严重落后，可能导致学生连数字化教育资源都接触不到，加之本土师资数字能力的缺失，将阻碍 EPIP 教学模式在国际职业教育交流中发挥更好的作用。

四、EPIP教学模式国际化的SWOT发展路径

基于对 EPIP 国际化优势、劣势、机遇、挑战的全面分析，本部分继续应用 SWOT 模型，就 EPIP 国际化的发展路径提出政策建议（见表 4–6）。根据 SWOT 理论，EPIP 国际化的发展路径可总结为四种方向：优势和机遇交叉维度的 SO 增长型战略、劣势和机遇交叉维度的 WO 多元型战略、优势和挑战交叉维度的 ST 扭转型战略以及劣势和挑战交叉维度的 WT 防御型战略。以上四种发展路径相互补充、相辅相成，为 EPIP 国际化的进一步推广实践提供了思路。

表 4–6　EPIP 国际化的 SWOT 发展路径

类型	优势（S）	劣势（W）
机遇（O）	SO 战略 （1）紧抓重大机遇，持续扩大鲁班工坊的国际影响力，打响 EPIP 国际职业教育品牌； （2）紧抓教育数字化机遇，提高数字包容性，推动跨国分享	WO 战略 （1）创新职业教育国际化模式； （2）以赛促教、以会促教
挑战（T）	ST 战略 （1）充分发挥中资企业在海外的优势，做好产教融合； （2）积极培养合作国的本土师资	WT 战略 （1）发挥智库作用，加强智库布局； （2）修炼内功，做好 EPIP 的“中国本土化”

（一）SO战略：创造机遇、乘势而上

紧抓外部机遇。以服务“一带一路”倡议和国家外交为首要目标，以金砖国家扩员等重大事件为契机，以《中非人才合作计划》等政策为指导，以高质量的职业教育国际化促进教育强国为基本导向，做好EPIP教学模式的国际化。尤其要充分利用鲁班工坊这一国际品牌，持续扩大国际影响力。趁势打造EPIP这一国际职业教育品牌，将EPIP教学模式作为蓬勃发展的“职教出海”背景下众多“项目载体”的关键“内核”，充分体现中国特色和国际视野。做好舆论宣传和舆情监控，防止西方不良势力别有用心的抹黑和诋毁。

紧抓教育数字化和技术革新的机遇。充分利用数字化技术激活EPIP教学模式“真实”与“完整”的内涵，推动线上线下融合互动，聚合分散的优质教育资源，将EPIP教学模式借助数字技术的互联互通和即时高效的特性迅速、平等地分享给身处不同国家的学生。特别是面对数字基础设施落后国家的学生，在分享教学模式的同时，也分享数字设备与数字技术，消除数字壁垒，缩小数字鸿沟，提高数字包容性，让EPIP“乘上”数字化的“翅膀”，飞到世界各地。

（二）WO战略：抓住机遇、扬长避短

创新职业教育国际化模式。保持EPIP教学模式作为合作项目的核心不变，向“小而美、见效快、惠民生”的思路转化，探索项目可持续发展模式，引入多元化的资金来源。挖掘项目中的亮点，贴近当地人民的生活，服务民生就业。探索境外合作办学以外的EPIP国际化项目载体，如留学生培养、师生交流派出、国际学术合作等。

以赛促教、以会促教。完善大赛对话机制、大会对话机制，为世界职业院校师生搭建高质量的EPIP交流平台，将大赛、大会作为学生实践的重要场景。吸引更多国内外企业参与大赛、大会，深化产教融合程度。

（三）ST战略：迎接挑战、发挥优势

充分发挥中资企业在海外的优势。将行业企业的办学特色发挥到合作国，将企业的“走出去”与EPIP的“走出去”深度绑定。中资企业可以通过专业设置、

培养方案和技术标准的制定、教学资源开发、兼职教学指导，甚至资金支持等方式“嵌入式”参与 EPIP 的国际化，规范产教融合流程和标准，促进产教融合高质量发展。

积极培养合作国本土师资。合作国本土师资能力是实现本土教师培养本土化人才的关键，也是 EPIP 教学模式在合作国得以建立良性循环、实现独立运作的关键。充分运用 EPIP 标准化进阶式培训的模式培养有能力的本土师资，再由本土师资将 EPIP 教学模式应用到合作国的教学中。埃塞俄比亚鲁班工坊培养的两名埃塞俄比亚在华留学生已经回国并到 EPIP 教学研究中心工作，建立了良好的“来华学习——回国任教”的循环机制。

（四）WT战略：化危为机、补齐短板

发挥智库作用，加强智库布局。第一，提升现有国际化智库群的国际学术影响力，将 EPIP 理论优势转化为基础理论和应用研究的成果。发挥现有认证试验中心的作用，规范标准，指导 EPIP 教学模式在全球布局、专业设置、产教融合的实践。第二，在更多国家设立 EPIP 研究智库，可从现有的鲁班工坊所在国开始完善全球布局，构建国际认证试验网络体系，扩大 EPIP 的“朋友圈”，充分利用“外脑”，与世界分享优质的教学模式。

修炼内功，做好 EPIP 的“中国本土化”。EPIP 的“中国本土化”是国际化的基础。EPIP 教学模式应随中国本土的实践不断完善、改革，更好地推动中国本土职业教育的高质量发展、发挥中国职业教育的示范作用、适应现代社会的发展和需求变化，从而在更广阔的土壤上发挥更大的作用。

五、结语

习近平总书记在 2022 年世界职业技术教育发展大会贺信中提出的“互学互鉴、共建共享”为我们在新时代开创具有中国特色和世界影响的职业技术教育新篇章指引了前进方向、提供了根本遵循。EPIP 教学模式在经过“中国本土化”后，正走在与世界“互学互鉴、共建共享”的国际化道路上。在这个过

程中，EPIP 教学模式应紧抓“一带一路”倡议、教育强国、教育数字化等重大机遇，发挥鲁班工坊国际品牌的特有优势，积极应对复杂的国际环境和竞争，苦练内功，强化优势，用高质量的“走出去”助力中国职业教育的高质量发展。

——摘自《职业教育研究》2024 年第 2 期中云蔚、李炜婷《工程实践创新项目（EPIP）教学模式的国际化：SWOT-PEST 模型分析与路径研究》。

第三节 “鲁班工坊国际化研究系列丛书”成果发布仪式

【此文发表于 2022 年 8 月】

2022 年 8 月 18 日上午 10 时，在首届世界职业技术教育发展大会召开之际，《鲁班工坊研究：溯源·要义·标准·策略》等系列研究丛书发布会在天津国家会展中心首届世界职业技术教育发展大会发布大厅举行。同期发布的还有中英双语版《工程实践创新项目：模式·学理·话语·应用》《鲁班工坊：品牌·内涵·布局·目标》。这是近年来天津职业教育实践探索、理论研究、经验总结、模式推广的汇集性成果发布，也成为世界职业技术教育发展大会发布大厅举行的第一批成果发布。

这批研究系列丛书，是继《鲁班工坊核心要义——中国职业教育的国际品牌》《EPIP 教学模式——中国职业教育的话语体系》入选中宣部“中华文化走出去工作重点任务清单项目”，在英国出版发行英文版、葡萄牙文版之后，天津职业技术师范大学鲁班工坊国际发展研究中心的又一重要成果。

系列研究丛书针对性服务首届世界职业技术教育发展大会在天津召开，为国际交流合作增添了新内涵、新底色。丛书全面论述了鲁班工坊品牌项目的总体支撑、品牌内涵的基本构成以及品牌发展的策略遵循；系统梳理了鲁班工坊在亚洲、欧洲和非洲的建设历程和重大行动布局；详细阐释了亚洲泰国鲁班工坊、印度鲁班工坊、欧洲的英国鲁班工坊、葡萄牙鲁班工坊、非洲的吉布提鲁班工坊、埃及鲁班工坊等典型项目在品牌创成、内涵形成、布局完成、目标达成方面所发挥的基础性、关键性作用；并从中国传统文化视角、班墨文化维度，对鲁班工坊在服务“一带一路”建设、助力人类命运共同体构建过程中的创新性发展、创造性转化做了深度探究和本质思考。

系列研究丛书在形式上，采取中英文对照呈现，为国内外鲁班工坊建设者的实践探索、学术研究和国际交流厘定话语标识；在应用上，既有助于中外实践者开展鲁班工坊教育教学交流，也有助于中外学者开展鲁班工坊理论研究探讨，为中国职业教育的国际话语推广提供优质的、有影响力的资源素材。

七年之前的金秋时节，2015 年 9 月开始，天津职业教育启动鲁班工坊研究，原创首创，率先组织实施，创建了鲁班工坊品牌。

七年之后的金秋时节，鲁班工坊国际发展研究中心团队自信地认为：鲁班工坊研究，将是中国职业教育研究的新领域，国际职业教育、世界产教融合的新思潮，将是中国教育的品牌、EPIP 的模式、中国职教的话语走进世界舞台中央的新势力，更是中国优秀传统文化创造性转化、创新型发展的最新成果。

发布会还举行了天津职业技术师范大学与外语教学与研究出版社合作签约仪式，针对国别鲁班工坊、国别职业教育研究丛书签署合作协议。此次合作，为中国职业教育走出国门，与世界分享最新的成果、话语体系和整体方案将会做出重要贡献。

天津职业技术师范大学党委书记张金刚，外语教学与研究出版社党委副书记、副总编辑常小玲出席新书发布会并致辞。

张金刚向参与丛书编撰与出版工作的全体人员表示祝贺和感谢。他表示“鲁班工坊与 EPIP 教学模式系列研究丛书”的出版是鲁班工坊国际发展研究中心发展进程中的一项标志性成果，也是为首届世界职业技术教育发展大会在天津成功举办献上的一份厚礼。天津职业技术师范大学一直以培养高素质职教师资和应用型高级专门人才为己任，在职教师资培养领域形成了独特的办学特色和整体方案，不仅应用于中国职教师资的培养，还通过在非洲设立的鲁班工坊和埃塞俄比亚 EPIP 教学研究中心与世界分享。2022 年 4 月 28 日，埃塞俄比亚鲁班工坊与东非 EASTRIP 世行项目签署合作协议，服务东非肯尼亚、乌干达、坦赞尼亚、埃塞俄比亚四国的职业院校教师培养培训，此批新书的出版发行与后续的建设，为更好服务世界青年职业教师交流奠定良好基础。

“鲁班工坊与 EPIP 教学模式系列研究丛书”作者、天津职业技术师范大学副校长吕景泉深情回顾了鲁班工坊及其教学模式 EPIP 的发展历程，就丛书出版的学术意义和社会意义畅谈了感受。

据了解，“鲁班工坊与EPIP教学模式系列研究丛书”及当天签约的两套丛书，旨在向世界职业技术教育发展大会献礼，将以学术的形式集中展示近年来以鲁班工坊品牌为代表的中国职业教育“走出去”的发展和成就。

外语教学与研究出版社党委副书记、副总编辑常晓玲出席仪式并致辞，天津中华职业教育社秘书长魏新兵、天津市教育委员会职教处处长李力、外语教学与研究出版社职业教育出版分社社长李淑静、鲁班工坊国际发展研究中心团队成员参加了活动。

——摘自《中国日报》2022年8月18日专稿中《“鲁班工坊研究系列研究丛书”发布会暨国别鲁班工坊、国别职业教育研究丛书签约仪式在世界职业技术教育发展大会发布厅举行》。

第四节　鲁班工坊高质量发展推进会暨 EPIP 教学分享活动

【此文发表于 2023 年 4 月】

2023 年 4 月 25 日，在埃塞俄比亚鲁班工坊运营两周年之际，天津职业技术师范大学举办“埃塞俄比亚鲁班工坊”高质量发展推进会暨工程实践创新项目(EPIP)教学分享活动。埃塞俄比亚劳动与技能部国务部长特沙莱·贝雷查·亚德萨、埃塞俄比亚驻华使馆公使所罗门·特斯法耶、天津市教育委员会主任荆洪阳，天津职业技术师范大学党委书记张金刚、副校长吕景泉、埃塞俄比亚鲁班工坊中外双方建设团队、企业代表、中埃教师学生出席了“埃塞俄比亚鲁班工坊”高质量发展推进会。双方共同为“工程实践创新项目 (EPIP) 研推中心”和“东非职教师资培养 EPIP 认证试验中心”成立揭牌启运;亚德萨受聘担任“东非职教师资培养 EPIP 认证试验中心”首席专家。

亚德萨、荆洪阳在推进会上分别发表了热情洋溢的讲话，对埃塞俄比亚鲁班工坊两年来取得的成果表示祝贺。埃塞俄比亚鲁班工坊，是在非盟总部所在国建设的鲁班工坊，是在埃塞俄比亚首都亚的斯亚贝巴建成的鲁班工坊。项目建成以来，已经成为非盟总部人力资源开发委员会指定的面向整个非洲的技术技能人才培训中心，服务东非职教一体化世行项目（EASTRIP)，已经成为埃塞俄比亚、肯尼亚、坦桑尼亚、乌干达等四国 16 所职业院校培养高水平师资的重要基地。鲁班工坊，是天津职业教育原创首创并率先组织实施的国际合作项目，将中国的教学模式、专业标准、技术装备、教学资源与世界伙伴分享的实体化平台，为合作国家培养认知中国产品、了解中国工艺、熟悉中国技术的本土化人才，搭建了促进世界产教融合、服务国际产能合作的公共平台，形成职业教育“走向世界”的中国方案。

2018年9月，习近平主席在中非合作论坛北京峰会上宣布，未来三年将在非洲设立10个鲁班工坊。天津院校在非洲11个国家建成12个鲁班工坊，高质量高水平完成了国家任务。截至目前，习近平主席先后15次在重大外交场合就鲁班工坊项目建设作出重要论述，天津在亚非欧三大洲20个国家成功设立了21个鲁班工坊，天津探索的鲁班工坊，已经成为中国职业教育的国际品牌，服务“一带一路”的重大国家行动。

为贯彻落实习近平总书记对在天津举办首届世界职业技术教育发展大会的贺信精神，深入落实《中国职业教育发展报告（2012—2022年）》提出的“继续推广中国本土化、视野国际化工程实践创新项目（EPIP）教学模式应用，发挥泰国、葡萄牙、埃塞俄比亚等国EPIP教学研究中心作用，给更多境外合作伙伴带去先进的教学模式、优质的教学装备”要求，天津市教育委员会决定成立“工程实践创新项目（EPIP）研究与推广中心”，中埃双方决定在埃塞俄比亚设立“东非职教师资培养EPIP认证试验中心”。

工程实践创新项目（EPIP）是鲁班工坊的核心要义，是中国本土化、视野国际化的教学模式，是新时代天津职业教育原创首创的国际话语。它转化了墨子的“行为本”“名实耦”思想，发展了陶行知的“生活即教育”思想，创新了黄炎培的“建教合作”思想，进行借鉴、试验、总结、创新，形成了适合技术技能人才培养的教学模式，是新时代中国职业教育实践探索、理论研究、经验总结、模式推广的重大创新，助力了鲁班工坊国际品牌的创建创成。

天津职业院校基于工程实践创新项目（EPIP）教学模式的探索与创立，构建了产业、行业、企业、职业、专业“五业联动”办学机制，形成了“核心技术技能一体化”专业标准开发机理，开发了“工程化、实践性、创新型、项目式”系列化综合实训课程，研制了100余部双语教材与教学资源，系统实施了以工程实践为导向、以实践创新能力培养为目标的中外“双师型”职教师资培养计划，取得了重大改革实践与理论创新突破。

2017年，EPIP国际教育联盟成立，连续举办了五届学术年会；相继在泰国、印度、葡萄牙、埃塞俄比亚等国设立EPIP教学研究中心，推动了海外对中国职业教育的研究与借鉴。EPIP研推中心和认证试验中心启运，必将为鲁班工坊高质量发展提供新动力，为世界职业教育合作注入新内涵。

所罗门·特斯法耶、张金刚在致辞中表示，学校与埃塞俄比亚联邦职业技术培训学院成功设立埃塞俄比亚鲁班工坊，并通过埃塞俄比亚 EPIP 教学研究中心与非洲分享中国教学模式，得到了当地各界的高度认可。学校先后设立了“非盟研究中心”“世界技能大赛（中国）研究中心”“鲁班工坊国际发展研究中心”等机构，积极打造学校核心竞争力。未来，双方将深化合作，进一步提升鲁班工坊服务力和贡献度，共同将埃塞俄比亚鲁班工坊建成非洲鲁班工坊的标杆，为非洲培养高素质技术技能人才和高水平职教师资，助力“一带一路”对接“非洲 2063 年愿景”。

EPIP 教学分享活动中，举办了“工程实践创新项目国际挑战赛”，来自泰国、葡萄牙、埃塞俄比亚中外师生参加挑战赛启动式和《工程实践创新项目（EPIP）教程》升级再版交流会等系列活动。葡萄牙塞图巴尔理工学院、EPIP 专家卢卡斯教授、天津市教育科学研究院职教研究所所长耿洁研究员分享了 EPIP 教学与研究成果。天津市教委国际交流处、天津渤海职业技术学院、天津机电职业技术学院领导、专业教师及相关处室和学院负责同志参加了活动。

——摘自《中国日报》2023 年 4 月 25 日专稿中《埃塞俄比亚鲁班工坊高质量发展推进会暨 EPIP 教学分享活动在天津职业技术师范大学举行》。

第五节　鲁班工坊建设专家委员会成立与“可持续发展”

【此文发表于 2023 年 4 月】

近日，鲁班工坊建设专家委员会成立大会在北京召开。教育部党组成员、副部长孙尧，教育部党组成员、副部长陈杰出席会议并讲话，教育部国际司、相关省市教育行政部门和中国教育国际交流协会秘书处负责同志，以及专家委员会全体委员参加会议。

会议指出，鲁班工坊是中国职业教育“走出去”的重要平台，在培养国际化本土技能人才、促进各国民心相通方面发挥了重要作用。专家委员会成立正当其时、意义深远，将为鲁班工坊高质量发展提供智力支撑。

会议强调，专家委员会要充分发挥专业优势，对鲁班工坊建设重大事宜提出专业性、建设性意见建议，产出高质量研究成果，提升鲁班工坊建设相关工作科学化水平。相关单位及省市要重视发挥专家委员会咨询作用，健全工作机制和服务保障机制，为专家开展工作创造良好条件。鲁班工坊建设要按照“小而美、见效快、惠民生”的建设思路，完善内涵式发展工作机制，深化国际产学研用合作，讲好鲁班工坊故事，更好支持和促进中国职业教育“走出去”，促进中外人文交流和民心相通，为构建人类命运共同体贡献力量。

会上，孙尧、陈杰为专家委员会委员颁发聘书。专家委员会主任吕景泉作交流发言。成立大会后，专家委员会召开第一次工作会议，审议通过专家委员会章程并开展相关研讨交流。

自 2016 年第一个鲁班工坊建立以来，相关院校已在共建“一带一路”国家共建了 27 个鲁班工坊。此次成立的鲁班工坊建设专家委员会成员共 25 名，由工科、职业教育、国际中文、行业企业等多领域专家组成，将按照专家委员会章程要求，组织开展专业调研论证，为鲁班工坊高质量建设发展提供高水平专业咨询。

——摘自中华人民共和国教育部官网 2023 年 4 月 12 日专题中《鲁班工坊建设专家委员会成立》。

第六节　首届世界职业院校技能大赛设立与实施的前提性思考

【此文发表于 2022 年 8 月】

举办世界职业技术教育发展大会是立足新时代我国职业教育新的发展阶段和形势，推进职业教育国际化纵深发展的一项重要机制性设计，旨在打造“一会、一赛、一展、一联盟”的职业教育国际交流合作崭新平台和范式，其中，“一赛”指世界职业院校技能大赛（简称“世校赛”），建立大赛交流机制，借鉴国际技能大赛先进经验，聚焦产业发展，每两年举办一届。世界职业院校技能大赛创新办赛模式，以全国职业院校技能大赛为基础，以鲁班工坊为纽带，以中国职业教育教学模式、教学标准、大赛装备、教学资源为支撑，构建中外职业院校“手拉手”组队参赛方式，建立会赛一体、赛展一体的赛事机制，打造促进中国职业教育标准“走出去”的重要抓手和国际职业院校师生增进友谊、切磋技能、展示风采的重要平台。

一、世界职业院校技能大赛的新时代背景

（一）构建人类命运共同体是时代变局下的全球化价值旨归

世界大变局正在向纵深发展，新一轮科技革命和产业革命方兴未艾，互联网、大数据、云计算、人工智能迅猛发展，全球经济结构和创新版图重塑，新兴市场国家和广大发展中国家快速崛起，国际力量对比发生深刻变化；新冠疫情全球大流行使世界变局加速演变，后疫情时期全球经济更加脆弱，全球价值链面临更加剧烈的调整；粮食安全、资源短缺、气候变化、网络攻击、环境污染、疾病流行等全球非传统安全问题层出不穷，对国际秩序和人类生存都构成

了严峻挑战，世界面临的不稳定性、不确定性更加突出。中国政府深刻认识全球命运与共、休戚相关的客观现实，准确把握和平、发展、合作、共赢的时代主题，冷静分析层出不穷、风险日益增多的全球性挑战，提出构建人类命运共同体，并被数次载入联合国决议，逐渐成为国际共识。

构建人类命运共同体要秉持相互依存的国际权力观、合作共赢的共同利益观、绿色低碳的可持续发展观和共商共建共享的全球治理观，构建人类命运前途的生命体、成长体和发展体。第一，构建人类命运前途的生命体，共建顺应自然、和谐共生的生态体系，营造公道正义、共建共享的安全格局。地球是人类赖以生存的家园，应对气候变化、环境污染是人类共同事业。安全是人类生存和社会发展的基本需求和普遍要求，要实现共同、综合、合作、可持续的安全。第二，构建人类命运前途的成长体，建立互相尊重、平等对话、权责共担的国际伙伴关系。秉持共商共建共享原则，尊重世界各国的平等地位和话语权，共同承担全球性问题及挑战。第三，构建人类命运前途的发展体，促进和而不同、兼收并蓄的文明交流，谋求开放创新、包容互惠的发展前景。推动文明交流互鉴，倡导开放中交流、包容中互生、创新中发展。世界各国经济互联互通，共同发展是持续发展的重要基础，推动全球现代性朝着均衡、普惠、共赢的方向发展。

金砖国家、上海合作组织和“一带一路”等国际组织及相关倡议积极践行人类命运共同体理念；坚持协商对话，建设一个持久和平的世界；坚持共建共享，建设一个普遍安全的世界；坚持合作共赢，建设一个共同繁荣的世界；坚持交流互鉴，建设一个开放包容的世界；坚持绿色低碳，建设一个清洁美丽的世界。“一带一路”展现了中国推进普惠平衡全球化的行动，普惠平衡的全球化是各国平等协商、共同参与、联动发展的新型全球化，为世界各国发展提供了新机遇，也为中国开放发展开辟了新天地。“亚太经合组织”“上海合作组织”“金砖国家”等区域性合作组织，紧紧凝聚广大发展中国家力量，使广大发展中国家在国际事务的商讨和国际准则的制定中获得更多话语权与更高关注度，促进世界格局“多元治理”和“全球善治”。

（二）构筑实体经济竞争优势亟需高质量职业教育有力支撑

实体经济是国民经济发展的基础、社会生产力的集中体现，是强国富民的根基和发展国民经济、创造社会财富的基本经济形态。主要发达国家反思脱实向虚的危害，重新聚焦实体经济，纷纷实施“再工业化”战略。例如，美国制定《国家制造创新网络计划》《美国先进制造业领导力战略》等，旨在实现美国在各工业行业保持先进制造业的领导力，确保国家安全和经济繁荣；英国发布《工业战略——建设适应于未来的英国》《英国工业 2050 战略》等，强调制造业是英国经济复苏的核心。工业强国德国也实施了《保障德国制造业的未来：关于实施工业 4.0 的建议》《国家工业战略 2030》等，旨在使德国维持和重新获得在全球工业领域的竞争力和领导力，维护和增强整体经济力量、工作岗位和经济繁荣。作为发展中大国，我国制定《国家创新驱动发展战略纲要》等，将实体经济视为“立身之本”“财富之源”“取胜之匙”。

我国实体经济基于重大技术突破及重大发展需求，快速呈现及持续表现出新的发展趋势和强劲的发展态势。一方面，因数字技术的重大突破快速呈现新的发展趋势。数字技术发挥强大的赋能力，与制造业深度融合，智能制造在全球范围内快速发展，作为新技术突破催生的新兴产业，产业分工格局还未定型，产业价值链高附加值环节成为各国竞争关键。我国积极部署与提升智能制造产业链关键环节竞争力，组织研发并应用高档数控机床、工业机器人、增材制造装备等智能制造装备以及智能化生产线。另一方面，因新型基础设施建设、绿色低碳发展、构建新市场格局等重大需求持续表现出强劲的发展态势，包括有序推进 5G 网络基础设施建设，建设关键信息网络基础设施。加快构建清洁低碳安全高效能源体系，确保如期实现碳达峰碳中和。支持节能与新能源汽车、智能网联汽车发展，推动跨境电商加快发展提质增效，带动中医药、中餐等产业开拓国际市场，促进国内国际双循环，满足人民美好生活消费需求增长。

实体经济的高质量发展需要构筑基于高级产业能力的竞争优势，高级产业能力基于高级生产要素形成，技能是重要的高级生产要素，高技能的形成需要高质量职业教育的有力支撑。新科技驱动的战略性新兴产业、应用数字技术的智能制造产业、促进生态文明建设的绿色制造产业、满足美好生活需求的新型消费品产业等是我国实体经济发展的重点领域，存在巨大的技术技能人才需求。在战略性新兴产业方面，以云计算、物联网、5G 等产业为例，预计云计算工程技术人员需求近 150 万、物联网安装调试员需求近 500 万、5G 相关人才需求约 800 万。在智能制造产业方面，人社部预计到 2025 年，我国智能制造人才缺口将达 450 万，其中工业机器人系统操作员和运维员需求均达 125 万，增材制造人才需求缺口达 800 万。在绿色制造产业方面，自“碳达峰碳中和”目标设立后，预计 2025 年相关从业人员数量将增长至 50 万 ~100 万。在新型消费品产业，以智能网联汽车为例，预计 2025 年人才净缺口为 3.7 万。职业院校毕业生是我国产业大军的主要来源，在相关领域，一线新增从业人员 70% 以上来自职业院校。高技能等高级生产要素的形成，高级生产能力的培育，迫切需要高质量职业教育的支撑。

（三）建设技能型社会是职业教育的使命担当

全国职业教育大会创造性提出了建设技能型社会的理念和战略，技能是强国之基、立业之本，加快建设国家重视技能、社会崇尚技能、人人学习技能、人人拥有技能的技能型社会，是全面建设社会主义现代化国家、实现中华民族伟大复兴中国梦的基础保障和必然要求，对国家经济发展、对外开放、民生福祉、社会文明等重大问题具备促进作用与深远意义。

第一，建设技能型社会，通过提升劳动力的技能水平提高生产效率和技术水平，增强生产过程的创新性，从而实现产业结构由劳动密集型的低附加值产业逐渐升级到资本与技术密集型的高附加值产业，推动传统产业高端化、智能化、绿色化转型。第二，建设技能型社会，为企业提供高技能劳动力，随着低附加值产业向高附加值产业的升级，企业市场战略也发生相应转变，产品的质量规格是企业市场战略的重要表现，高附加值的市场战略将更加重视产品与服务的质量，有利于实现更大范围、更宽领域、更深层次的对外开放，开拓合作共赢新局面。第三，建设技能型社会，更多的人掌握更好更多的技能、胜任更加复杂更加重要的职业岗位、获取更高的薪酬、享受更加美好的生活。第四，建设技能型社会，营造劳动光荣的社会风尚，树立劳动最光荣、劳动最崇高、劳动最伟大、劳动最美丽的正确观念，促进社会文明程度得到新提高。

技能型社会是国家政治、经济、社会、文化、教育的良性互动，职业教育是技能型社会建设中不可缺少的一部分，发挥着不可替代的作用。技能型社会中，重视技能发展的政府、重视技术进步与产品质量的企业、重视高质量技能供给的职业院校、重视技能学习的人民之间紧密协作，实现政府政策、企业生产技术与产品服务、人民技能、社会价值观、职业院校教学等的均衡发展。在教育方面，建立起开放、包容、适应性、衔接融通的现代职业教育体系，技能教育和职业培训实用化、常态化，产教深度融合、校企深度合作，教学课程适应经济产业需求和人民技能学习需求。技能型社会的最终目的指向技能型人才的培养，职业教育作为培养技术技能人才的重要载体，具备至关重要的作用。

（四）新时代职业教育进入类型教育与鲜明特色的新发展阶段

《中国教育现代化 2035》提出：到 2035 年，总体实现教育现代化，迈入教育强国行列，发展中国特色世界先进水平的优质教育。教育系统要深入贯彻落实习近平总书记重要讲话精神，抓住机遇、超前布局，加快推进教育现代化，建设教育强国，办好人民满意的教育，为实现高水平科技自立自强、加快建设世界重要人才中心和创新高地提供有力支撑。职业教育现代化是教育现代化的重要组成部分。随着我国进入新的发展阶段，产业升级和经济结构调整不断加快，各行各业对技术技能人才的需求越来越紧迫，职业教育重要地位和作用越来越凸显。职业教育作为与社会经济发展结合最为紧密的教育类型，有着其独特的发展规律和普通教育不可替代的教育特征。《国家职业教育改革实施方案》提出：经过 5 至 10 年，职业教育由参照普通教育办学模式向企业社会参与、专业特色鲜明的类型教育转变；《关于推动现代职业教育高质量发展的意见》提出：到 2025 年，职业教育类型特色更加鲜明；新职教法明确规定职业教育是与普通教育具有同等重要地位的教育类型。明确职业教育是一个教育类型，是对职业教育的重大理论贡献，对于摆正职业教育的地位，发挥职业教育服务社会和个体发展的能力，以及推进职业教育治理体系和治理能力现代化，具有重要的发展战略意义。

在全面建设社会主义现代化国家新征程中，职业教育前途广阔、大有可为，新征程作为新奋斗的新起点，必须坚定不移沿着中国式现代化新道路推进我国职业教育类型发展。第一，建设与普通教育双轨平行、相互融通、具有同等地位的完整职业教育体系。加快健全“中职—职业专科—职业本科”一体化的职业学校体系；推进职业教育高考制度建设，制定中国技能大赛、全国职业院校技能大赛、世界技能大赛获奖选手等免试入学政策。同时加强各学段普通教育与职业教育渗透融通。第二，深化产教融合，构建“校企双元育人”新格局。促进行业企业深度参与职业学校专业设置、教材开发、培养方案制定、质量评价、教师培养培训、实习实训基地建设全过程。第三，提高职业教育治理能力和水平，政府统筹、分级管理、地方为主、行业指导、校企合作、社会参与。第四，打造中国特色职业教育品牌。积极承办国际职业教育大会，形成一批教育、技能和人文交流品牌；推出一批具有国际影响力的专业标准、课程标准、教学资源。第五，强调德技并修，创新方式聘请技能大师、能工巧匠、非物质文化遗产代表性传承人等担任专兼职教师，培养学生养成良好职业道德、职业精神和行为习惯。第六，创生中国特色职业教育科学理论，加强基础理论研究和实践探索，为职业教育发展筑牢理论根基。

二、世界职业院校技能大赛的重要意义

首届世界职业院校技能大赛旨在构建世界技能共同体，推动中国职业教育国际化发展，进一步巩固和强化职业教育类型特色，助力推动新时代职业教育高质量发展，作为全国职业院校技能大赛的国际赛道，在国赛基础上，完善大赛标准规则。

（一）搭建国际技术技能交流互鉴平台，增强职业教育话语权、主导权和影响力

世界职业院校技能大赛面向世界职业院校师生搭建技术技能交流互鉴平台，推动世界各国职业院校互相学习、汲取营养，共享世界先进职业教育发展

经验与成果。以大赛为平台，分享中国职业教育经验与改革创新成果、高水平装备与技术，呈现中国传统技能文化，向世界展示中国特色职业教育、先进产业技术与高端装备、中华传统文化等的时代魅力，推动中国职业教育迈向国际化发展新阶段，增强我国职业教育国际话语权、主导权和影响力。

第一，构建国际技术技能交流互鉴平台，推动世界各国职业院校交流互鉴。全球正处于时代变局，各国间的彼此联系和相互依赖空前加深，技能对世界各国经济发展、民生福祉具有深远意义，作为技术技能人才培养主体，职业教育重要地位和作用越来越凸显。世界职业院校技能大赛旨在打造新时代职业教育国际交流合作的崭新平台，促进世界各国职业院校师生增进友谊、切磋技能、展示风采，促进和而不同、兼收并蓄的教育交流、技能交流与人文交流，探索构建世界技能共同体，推动世界各国职业院校交流互鉴、互相学习，倡导职业教育在开放中交流、包容中互生、创新中发展，推动全球职业教育朝着均衡、普惠、共赢、高质量的方向发展，世界各国充分享有先进的职业教育发展成果。

第二，分享中国职业教育经验与改革创新成果，推动中国职业教育迈向国际化发展新阶段。首届世界职业院校技能大赛以新时代中国职业教育教学模式、教学标准、大赛装备、教学资源为支撑，在赛项规程、标准、装备、资源、试题等方面依托全国职业院校技能大赛，展现中国职业院校技能竞赛模式；试题设计融入扎根于天津职业教育实践的工程实践创新项目（EPIP）教学模式，突出中国职业教育改革创新和人才培养成果；赛项设置、组织、设计以鲁班工坊建设成果为核心要素，突出鲁班工坊为代表的国际职业教育知名品牌、中外人文交流重要平台建设成果，全面展现鲁班工坊在海外对当地国和周边国家的辐射效果。

第三，凸显中国装备与技术高水平发展态势，展示中国传统技能文化，呈现中国技术技能薪火相传。一方面，赛项设置聚焦新时代职业教育服务实体经济，选取机电一体化项目、智能产线安装与调试、工业机器人技术应用、碳中和可再生能源工程技术、信息技术应用创新、人工智能配网带电作业机器人、疏浚技术与疏浚装备等赛项，展示和分享中国在智能制造、新能源、新一代信息技术、疏浚船舶、航空航天等新兴产业及高技术产业的最新产业科学技术成果、产业装备及技能。另一方面，赛项设置立足展示中国传统技能文化，选取中医传统技能、中餐烹饪、中华茶艺等展演类赛项，以及中华非物质文化遗产手工艺展示项目，弘扬中华优秀传统文化融入职业教育全过程。通过技术技能展示呈现中国技术技能薪火相传，进一步向世界展示中国先进产业技术与中华传统文化的时代魅力。

（二）巩固职业教育类型特色，加快推动新时代职业教育高质量发展

世界职业院校技能大赛进一步激发大赛对深化职业教育教学改革的“树旗、导航、定标、催化”作用，树立世界职业院校技能大赛旗帜，引导中国职业院校发展方向和重点，促进职业教育人才培养标准更新和升级，催化提升职业教育社会认可度，进而巩固职业教育类型特色，加快推动新时代职业教育高质量发展。

第一，立足赛事活动的国际性和引领性，树立世界职业院校技能大赛旗帜。首届世界职业院校技能大赛在借鉴、对标世界性技能赛事的基础上，结合世界职业教育发展趋势，融入中国职业教育改革创新经验与成果，大胆创新赛事组织与设计，力争办出世界水平的大赛，将世界职业院校技能大赛打造为世界职业院校师生增进友谊、切磋技能、展示风采的重要平台，助力跻身世界著名大赛行列，打造中国职业教育的亮丽品牌。

第二，定向中国职业教育未来发展，引导中国职业院校发展方向和重点。一是，首届世界职业院校技能大赛突出新时代职业教育服务实体经济，赛项设置紧密对接新科技驱动的战略性新兴产业、应用数字技术的智能制造产业、促进生态文明建设的绿色制造产业、满足美好生活需求的新型消费品产业等，展现职业教育发展顺应数字时代趋势、支撑制造产业升级、服务社会经济民生发展、落实碳达峰碳中和行动方案的重要方向。二是，首届世界职业院校技能大赛充分凝聚与展现鲁班工坊元素及特色，在参赛组队上，形成以鲁班工坊建设院校与鲁班工坊所在国合作学校为代表的世界各国职业院校师生“同比赛、共交流、齐分享”的崭新赛事；在赛项设置、组织、设计上，突出鲁班工坊为代表的国际职业教育知名品牌建设成果，展现拓展中外职业教育合作交流平台、

推动职业教育走出去等打造中国特色职业教育品牌的重点工作。三是，首届世界职业院校技能大赛展现未来职业教育与普通教育深度融合、殊途同归的发展趋势，响应世界职业技术教育发展大会设置“科学教育、工程教育”平行论坛，赛项设置航空航天应用展演项目，展示典型的工程教育项目成果与创新型工程实践项目，体现现代职业教育体系纵向升级延伸职业教育层级、横向与普通教育渗透融通的建设方向。

第三，聚焦技术技能人才培养，促进职业教育人才培养标准不断更新和升级。首届世界职业院校技能大赛赛事组织设计紧密对接职业教育发展定位，整合经济发展需求与个性发展需求，立足培养更多高素质技术技能人才、能工巧匠、大国工匠，更新和升级职业教育人才培养标准。推动“岗课赛证”综合育人，推广工程实践创新项目（EPIP）教学模式在职业院校中的应用。一方面，大赛促进教师转变和更新教学理念，将实际工作和课堂授课结合起来，引入企业真实项目案例开展教学，使学生主动适应就业岗位的技能要求，真正实现“岗课赛证融通”。另一方面，大赛充分运用 EPIP 教学模式，从工程化入手，以实践性贯彻，引创新型风尚，推项目式载体，探索服务产业升级与社会需求，融入行业企业标准，坚持知技协进、德技并修、全面培养，实施赛项设计开发，着眼大赛教学资源转化，突出服务日常教学、引导专业建设。

第四，催化提升职业教育社会认可度，加快技能型社会建设。首届世界职业院校技能大赛设置能工巧匠展演单元，邀请技能专家、劳动楷模、大国工匠展示产业高新技术技能成果，展现大国工匠技能成才、技能报国的成长历程，大力弘扬劳动光荣、技能宝贵、创造伟大的时代风尚；同时大赛实施重奖，竞赛类赛项设置金、银、铜、优胜奖，展演类赛项设最佳表现奖、最佳创意奖、最佳组织奖和特别合作奖，并设立奖金制度，引导激励全社会共同关心、广泛支持、积极参与职业教育，把加快发展现代职业教育摆在更加突出的位置，引导广大劳动者特别是青年一代关注技能、学习技能、投身技能，加快技能型社会建设。

（三）完善大赛标准规则体系，丰富中国特色职业教育科学理论

依据《全国职业院校技能大赛章程》，开设全国职业院校技能大赛国际赛暨首届世界职业院校技能大赛，基于14届次全国职业院校技能大赛的深厚积淀，立足中国职业教育发展模式与国际职业教育发展趋势，面向世界职业院校师生，打造新时代职业教育国际交流合作的崭新平台，有利于完善和拓展职业院校技能竞赛体系，并以世界水平赛事为标准，不断提高大赛的科学化、规范化、专业化、国际化水平，拓展我国职业院校技能竞赛体系，完善竞赛设计、组织实施等方面的标准规则体系，探索大赛与全国职业院校技能大赛、世界技能大赛的区别，丰富中国特色职业教育科学理论。

第一，完善和拓展职业院校技能竞赛体系。2008年首届国家职业院校技能大赛在天津举办，正式开始建设职业技能竞赛的国家体系。经过14年建设发展，大赛引领形成“校校有比赛，省省有竞赛，国家有大赛”的三级竞赛体系，“人人都参与、专业大覆盖、层层有选拔”，辐射网络使每所职业院校的师生都成为竞赛体系的真实主体。世界水平是全国职业院校技能大赛的重要办赛目标，自办赛以来，积极鼓励国际学生、符合条件的国际选手参与比赛，包括邀请国外代表队作为正式参赛队参加全国职业院校技能大赛，以及组织“国赛”对接“世赛”职业院校国际赛事合作交流活动等。2022年，首届世界职业院校技能大赛的举办，面向世界职业院校师生组织开展技能竞赛活动，有利于完善和拓展职业院校技能竞赛体系，形成学校、省级、国家、世界四级竞赛体系，增进国际职业教育合作，共享先进职业教育人才培养经验。

第二，建立和完善赛事设计、组织实施方面的标准规则体系。一方面，完善赛事设计标准规程体系，坚持以赛促教、以赛促学、以赛促改的教育特色，合理借鉴世界技能赛事的理念和标准，对标世界先进水平，创新赛事设计。对接产业需求，突出中国元素，建立赛项设置标准，规划赛项设置方向和重点，完善赛项目录；根据赛项特点设置竞赛类和展演类两种赛项类型，拓展赛项类型;将EPIP教学模式融入赛题设计，完善赛题设计的职业教育教学特色;比赛、展示与体验三位一体，对赛项进行单元化的布局与设计，创新赛事设计理念。进一步完善赛项技术文件编撰、赛题设计、赛场设计、赛事咨询、竞赛成绩分

析和技术点评、资源转化、裁判人员培训等竞赛技术工作的标准规则体系。另一方面，完善赛事组织实施标准规则体系。完善参赛规则及组队机制，突出职业教育国际合作项目建设院校办赛、参赛主体作用，明确国（境）外学校组队参赛的基本条件、标准、规则和程序；进一步完善高质量、高级别国际赛事的奖项设置标准，以及承办地、承办校和合作企业遴选标准规则，组建符合世界职业院校技能大赛新的赛事要求的专家、裁判库，提升大赛的含金量和权威性。

第三，拓展中国职业院校技能竞赛模式与制度，丰富中国特色职业教育科学理论。职业院校技能大赛是我国新时期职业教育重大制度创新和中国特色职业教育科学理论的重要组成部分。举办全国职业院校技能大赛是天津市作为首个国家职业教育改革试验区建设的重要内容，教育部将大赛列为年度工作要点，不断完善制度设计，确保规范运行，大赛制度涵盖赛事组织机构、赛事筹备、竞赛过程、赛后工作，经历 14 届次国赛，大赛丰富了我国职业教育的制度体系，使中国特色的职业教育制度日趋完善。同时，国赛资源转化不断推动着职业院校改革创新，围绕国赛形成了一系列研究成果，丰富了中国特色职业教育科学理论。首届世界职业院校技能大赛，在国赛制度创新与理论建构的基础上，探索为人类命运共同体贡献技能力量，构建国际技术技能交流合作平台，进一步巩固职业教育类型特色，推动新时代职业教育高质量发展，丰富中国特色职业教育科学理论。

三、世界职业院校技能大赛的创新设计

首届世界职业院校技能大赛在赛项类型、赛项设置、赛项单元、赛题、组队方式等方面进行了创新设计和大胆实践。

（一）竞赛类与展演类的赛项类型设置，兼顾国际视野与中国元素

首届世界职业院校技能大赛赛项类型设置竞赛类和展演类。竞赛类赛项设装备制造、交通运输、能源动力与材料、电子与信息、财经商贸等 5 个赛项单元，共 15 个赛项；展演类赛项设中国制造与传统文化、能工巧匠、非物质文化等 3 个赛项单元，共 8 个赛项。

第一，竞赛类赛项设置聚焦新时代职业教育服务实体经济，响应制造强国、智能制造主攻方向，顺应构建清洁低碳安全高效能源体系、经济社会发展全面绿色转型，实现信息技术领域的自主可控，保障国家信息安全，设置赛项包括机电一体化、智能产线安装与调试、工业机器人技术应用、虚拟现实（VR）设计与制作、信息技术应用创新、汽车技术、碳中和可再生能源工程技术等，主要围绕高端装备制造业、新一代信息技术产业、新能源产业等以重大技术突破和重大发展需求为基础，对经济社会全局和长远发展具有重大引领带动作用，知识技术密集、物质资源消耗少、成长潜力大、综合效益好的战略性新兴产业。

第二，展演类赛项设置体现新时代职业教育传承中华优秀传统文化，重视满足居民美好生活需求。设置赛项包括中医传统技能、中餐烹饪、中华茶艺等展演类赛项，并在非物质文化赛项单元定向征集蛋雕艺术、传统插花、潍坊风筝、金钱板、航海旗语、岭南御纸、芜湖铁画、木刻水画、川剧变脸、扎染工艺、贝雕工艺、陶瓷制作等视频展示项目，主要围绕中国传统技艺技能，弘扬中华优秀传统文化融入职业教育全过程，通过技能展演呈现中国技术技能薪火相传。

第三，展演类能工巧匠赛项单元呈现新时代职业教育涵养“劳模精神、劳动精神、工匠精神”，突出以“鲁班”为代表的工匠精神传承，定向邀请技能专家、劳动模范、大国工匠开展能工巧匠展示活动，凸显中国装备与技术高水平发展态势，营造尊重技术技能人才、重视技术技能人才、激励技术技能人才成长为大国工匠的浓厚氛围。竞赛类、展演类赛项参赛的职业院校师生与展演类能工巧匠单元大国工匠形成“今天的小匠”与“明天的工匠”的呼应，寓意职业院校学生未来成长为大国工匠。

第四，展演类能工巧匠赛项单元中的航空航天应用展示项目，展望现代职业教育体系纵向贯通、横向融通的发展未来，展示典型的创新型工程实践项目，以及典型的高等工程教育成果项目。展现从脑机接口技术研发，到世界首套空间站在轨脑机交互系统在神十一、神十三、神十四实验应用，再到脑电分析的放大器、康复机器人等设备自主研发、生产和运维设备的全过程，呈现顶端科技、工程实践与职业教育的链条式对接，未来职业教育与普通教育，不再是简单区分不同，而是科学精神、工程素养、工匠精神、项目实践的融入与综合。

（二）单元化的赛项设计与布局，增强赛项单元故事性与呈现度

首届世界职业院校技能大赛将比赛与展示、体验融为一体，创造性地以产品、生产或应用为主线，对赛项及赛项中的比赛、展示及体验进行串联设计和统一布局，单元化的赛场布局中赛项单元呈现真实、完整的产品生产、应用过程或服务供给、接受过程，增强赛项单元的故事性、互动性和呈现度。

其一，多赛项的赛项单元化布局，以产品、生产或应用逻辑将多个赛项进行统一的单元布局，对多个赛项串联设计，呈现生产或应用过程。例如，机电一体化项目、智能产线安装与调试、工业机器人技术应用三个赛项进行单元化布局，在赛场中对三个赛项进行统一布局，三个赛项代表生产过程中系列功能不同、但相互关联的生产实践活动，通过赛场的设计与布置串联呈现三个赛项；信息技术应用创新、5G 通信网络布线两个赛项进行单元化布局，在赛场中对两个赛项进行统一布局，通过赛题的设计、赛场的布置串联起两个赛项，呈现出 5G 网络从规划、光缆布线与基站搭建到机房布线、信创设备管理与维护、信创网络渗透技术与测试、网络安全运维管理的规划、布线、应用和安全管理全过程。

其二，单赛项的赛项单元化布局，围绕比赛内容，设计技能展示内容及体验内容，以产品、生产、应用或服务供给、接受为主线，串联比赛、技能展示和体验环节，并进行相应的赛场设计，还原产品生产、应用以及服务供给、接受过程。例如，智能网联汽车技术展演类赛项的比赛内容为智能化模块及部件的安装、调试和故障排除，以及对智能网联汽车进行虚拟仿真测试及场地综合道路测试，在比赛内容基础上，该赛项还设计了智能网联汽车的试乘体验环节，还原了智能网联汽车安装、调试、测试再到用户试乘的过程。中医传统技能展演类赛项的比赛内容包括新生儿抚触、推拿按摩补肺固卫强体魄、古今交融客观诊断疾病、耳穴压豆治疗失眠、药膳的制作、药用植物插花、中药香囊的制作、八段锦等八个项目，在比赛内容基础上设计相应的体验内容，以“远古·现代·未来，中医传统技能护佑人类家园，构建美好生活”为主题，将八个项目串联起来，进行展演和体验。

（三）系统化的赛题设计，关注选手全面发展和可持续发展能力

首届世界职业院校技能大赛将工程实践创新项目（EPIP）教学模式创新性地融入赛题设计，赛题主要包括四个部分。第一部分为设计部分，根据赛题制定任务书；第二部分为操作部分，按任务书完成技能操作部分；第三部分为创新部分，设置新的技术条件，在新的技术条件下完成技能操作；第四部分交流部分，对设计理念、技能操作或参赛作品等进行交流、汇报和展示。整个赛题是工程化、实践性、创新型、项目式的设计，工程化指基于真实的工作任务、场景、情境设计赛题具体内容；实践性为在技能操作部分，选手完成常规性的实践操作；创新型是通过设置故障、新的技术条件或新的技术要求等方式改变原有的技能操作条件或要求；项目式指选手间相互讨论、交流，协作设计并完成常规性和创造性的技能操作，达到共同的比赛目标；关注参赛选手的专业技术技能、创新能力、职业素养、团队协作能力、交流展示能力等全面发展和可持续发展能力。

例如，碳中和可再生能源工程技术赛项赛题包括工程实践操作、工程项目创新、工程项目展示三个模块。在工程实践操作模块融入了设计部分，在完成可再生能源工程项目的系统电气图纸设计基础上，进行设备安装与连接、单元模块软硬件设置、系统功能调试与故障排除等常规性技能操作；在工程项目创新模块，设置更高的技术技能要求，包括搭建光伏电站、风电场，设计与调试能源转换储存控制系统，调试与运行并网逆变控制系统，能源监控管理系统的运行优化等创新性技能操作；在工程项目展示模块，进行总结性汇报。选手可根据比赛任务书进行创新设计，遇到问题时协作解决问题，在实际工程中涵养劳动精神、工匠精神，培养创新发展能力。

EPIP 教学模式融入赛题设计，旨在打造成综合、多元、内涵、全面的比赛，突破在时间、速度、精度等方面单纯的技能操作比拼，创设真实条件下的工程化、实践性、创新型、项目式竞赛环境和条件，关注参赛选手全面发展和可持续发展的能力，展现中国职业教育对“知行合一”的理解和阐释，呈现首届世界职业院校技能大赛与全国职业院校技能大赛、世界技能大赛的区别。

（四）中外融通的组队方式，增进技术技能与人文交流互鉴

首届世界职业院校技能大赛创新组队参赛方式，开创性地实行国内外参赛选手“手拉手”组队方式。赛项融合中外选手组队参赛，实行中外联合组队或中外混合编队方式，组织中外职业院校师生或学生组成参赛队伍，以队为单位进行报名、比赛、获奖。从报名开始，中外选手即组成共同体，体现比赛的同心、共训、共享、共赢，国外参赛选手覆盖亚洲、欧洲、非洲、美洲等国家，增进国际职业院校师生的技术技能与人文交流互鉴。

第一，中外联队组队方式，比赛以联队为单位，即 1 个中国组和 1 个外国组联合组成一个参赛队。机电一体化项目、智能产线安装与调试、工业机器人技术应用、信息技术应用创新、云计算、汽车技术、碳中和可再生能源工程技术等 7 个竞赛类赛项采取中外联队的组队方式。赛前，中外参赛组共同组织和参与培训备赛活动；赛中，中外参赛组在赛题中的设计部分互相讨论、共同设计，在常规性、创新性技能操作部分独立操作，在交流部分相互交流和评价；赛中及赛后，对 2 个中外参赛组进行独立评分，联队的最终比赛成绩为 2 个中外参赛组的平均分。

第二，混合编队组队方式，中国选手和外国选手混合组成一个参赛队。增材制造技术、无人机维修与应用、虚拟现实（VR）设计与制作、信息安全管理与评估、物联网技术应用、通信网络管理、迷宫机器人、跨境电商等 8 个竞赛类赛项采取混合编队的组队方式，中外比例大致相当。赛前，中外参赛选手共同组织和参与培训备赛活动；赛中，中外参赛选手进行分工协作，共同完成赛题任务；赛中及赛后，对中外参赛选手混合组成的参赛队进行统一评分。

在比赛中，国际职业院校师生共同组织参与培训备赛、完成赛题任务、评分获奖等过程中，增进世界职业院校师生的友谊构建、技术技能的切磋互动以及职业教育人才培养经验的交流互鉴。

——摘自《中国职业技术教育》2022 年第 22 期中耿洁、李文《世界职业院校技能大赛设立与实施的前提性思考》。

第五篇

模式创立与品牌创成

以模式创立确立中国职业教育的话语体系。鲁班工坊的创新实践就是沿着这样的逻辑主线，通过中国本土化教育教学实践，创立了中国职业教育的话语体系——工程实践创新项目（EPIP）教学模式。

以“四递进”实现国际化专业标准落地生根。“四递进”的实施将中国职业教育标准与境外合作国经济社会发展实际相结合，与境外合作院校人才培养方案相融合，与境外当地产业企业需求相契合，全面提升了职业院校国际化办学水平和国际影响力。

以资源开发为牵引分享技能大赛教学设备。将全国职业院校技能大赛的理念、标准、装备、资源“具化”到专业建设中，“渗入”到课程教学中，“拓展”到中外合作中，奠定了中国职业教育与世界深度分享、互学互鉴的资源基础。

以本土师资建设为保障实现可持续发展。从技术装备选择、设备安装调试、教学模式运用，到参加中国大赛；从专业教学标准研制，到人才培养方案制订；从教学资源开发、双语教材编制，到优化学生培养、员工培训评价方式；从鲁班工坊项目管理，到自主运营自主发展，鲁班工坊的师资培养与培训，实现了合作国本土教师实施本土化教学、开展本土化培训的建设目标，为鲁班工坊的健康发展提供了可靠保障。

鲁班工坊，源自天津，成在中国，功予世界。

鲁班工坊的创新实践，聚焦在创立中国本土化教学模式，聚焦在创成中国国际化教育品牌。

2018 年以来，习近平主席先后 26 次在重大外交场合就“鲁班工坊”作出重要指示、重要论述。鲁班工坊，是中国职教人响应和落实习近平总书记“用中国道理总结好中国经验，把中国经验提升为中国理论”的生动实践。

第一节　EPIP 教学模式概念谱系、理论框架与应用影响

【本文发表于 2024 年 6 月】

面向 2035 年教育强国建设，如何“讲好中国故事、传播中国经验、发出中国声音，增强我国教育的国际影响力和话语权”，是教育自强和服务强国建设的关键。现阶段，中国职业教育形成了一系列改革重大成果，其中，鲁班工坊已成为新时代中外人文交流知名品牌、向世界推广中国职业教育理论和实践成果的重要平台。作为鲁班工坊的灵魂和内涵根基,工程实践创新项目（EPIP）分别被写入《中国职业教育发展报告（2012—2022 年）》《教育部 天津市人民政府关于深化产教城融合 打造新时代职业教育创新发展标杆的意见》《天津市教育现代化“十四五”规划》等，明确要“推广工程实践创新项目（EPIP）教学模式应用”。葡萄牙鲁班工坊塞图巴尔理工学院约瑟・卢卡斯教授认为，EPIP 与欧洲的 PBL（项目式学习法）很类似，但它具有更强的实用性、创新性和创意性，其应用更接近并存在于工业行业中；肯尼亚鲁班工坊马查科斯大学乔伊斯・阿加鲁校长认为，EPIP 是一种变革性的教学模式，旨在培养学生的实践能力，促进创新，为他们能够适应现实世界做准备。2023 年 4 月，天津市教育委员会批准成立了工程实践创新项目（EPIP）研究与推广中心，统筹推进 EPIP 应用与研究。为更好地促进 EPIP 推广应用，本研究尝试对内涵丰富的 EPIP 做出概念谱系，剖析五观理论框架，总结在国内外的推广应用情况，以便让人们能更全面了解 EPIP 教学模式，并深刻认识 EPIP 教学模式的重大影响。

一、EPIP教学模式的概念谱系

概念是理论构成的最基本要素，了解概念是理解、熟悉和掌握理论的前

提。理解一个概念需要知道它在理论框架中是如何被使用的，进而达到能够应用它的目的。本研究借鉴谱系学研究方法，对所有 EPIP 教学模式的论文、专著等文献进行系统梳理、分析，最终确定了以四组概念为基础的概念谱系。

（一）全概念组呈现EPIP理论全景图

第一组是全概念组，即一宗、两核、三谛、四元、五观，是 EPIP 内涵的主要概念。一宗即知行合一，两核即真实和完整，三谛即实谛、名谛、合谛，四元即工程化、实践性、创新型、项目式，五观即宇观、宏观、中观、微观、纳观。

（二）关键四要素组是EPIP理论在五观各个层面上应用时需要把握的关键要素

第二组是关键四要素组，即工程化、实践性、创新型、项目式。这一组概念是 EPIP 教学模式的直接呈现。工程化是将课堂学习与真实世界（生活和生产）连接起来，即以问题形式把现实生产和生活中的实物、实事、实景，也就是将真实的生产或生活案例引入课堂，让学生知晓课堂中的学习是为了解决真实情境中的问题。工程化的课程遵循问题—学习—问题—创新的逻辑，强调课堂知识、技术（技能）、素养的学习要以工程为基础，源自、瞄准、服务于工程，课程活动对象、活动目标、项目内容等不能脱离真实世界。实践性强调学和做统一，理论教学体系和实践教学体系统一，动脑和动手统一，知识、技能学习与素养养成统一。创新型强调由单位模块学习到综合模块学习，学会基于真实工程中新问题、复杂问题等的解决，学会从整体上探索解决方案。项目式注重全过程的整体教学，强调在“准”项目中完整地学习，强调专业能力、方法能力、社会能力等关键能力的培养。关键四要素强调以实际工程为背景、以工程实践为导向、以能力培养为目标、以工程项目为统领。

（三）核心词组是建立产业与教育、行业企业与学校、职业岗位与专业课程关系的支撑点

第三组是核心词组，即核心技术一体化和关键能力。该组概念是支撑

EPIP 教学模式在专业建设、课程建设落地的核心概念。“核心技术和技能”是专业的属性，专业建设要从确立专业核心技术技能开始。确立专业核心技术技能的过程是产与教、校与企深度融合的过程，也是职教与行业、学校与企业长效合作的过程。因此，专业建设的开始建立了产融入教、岗融入课的基础，推进专业的核心技术和技能贯穿于专业人才培养方案、课程体系的制定全过程。在 EPIP 教学模式中，强调基于专业核心技术和技能“四个一体化”的课程设置、教学环境、顶岗实习、职业资格，简称为“核心技术一体化”。通过核心技术一体化，扩充、深化和丰富教学内容，从职业和岗位出发确定毕业生知识、能力和素质结构，为产教融合的专业建设提供整体解决方案。如确立持续的产教融合路径、构建专业教学理论和实践体系、设计课程结构和课程内容、开发“双证”课程、设置教学环境（实训基地）、推进教材建设和师资队伍建设等。在专业建设中形成课程、培养规格与职业标准高效对接机制，技术技能人才培养与选拔评价机制，实训条件建设与企业发展有效跟踪机制。同时，基于“核心技术一体化”开发赛项设计与资源，通过赛事促进学、教、改、建。

关键能力主要包括专业能力、方法能力和社会能力。专业能力要求学生会系统、综合地学习和掌握专业知识与技能；方法能力要求学生能自我学习，能处理和解决问题，能适应社会变化；社会能力要求学生有责任、能交往、会合作。

（四）方法概念组是对理解、熟悉、掌握、应用EPIP理论的过程概括

第四组是方法概念组，即理念、方式、路径、启示、探索。EPIP 教学模式是基于中国职业教育教学实践，用理论思维反思职业教育教学，发现已有教学实践的局限性，进而提出新的问题；同时对提出的新问题，剖析其根源，揭示其实质，形成解决问题的理念、思路和方法。EPIP 作为一种理念，贯穿在职业教育办学、职业院校发展、专业组群建设、核心服务能力、课程教学设计、师资队伍建设、实训基地建设、教育教学管理、培养绩效评价等各方面。EPIP 作为一种方式，重在激活，可用于谋事业、做工作、干项目、当教师、做学生。EPIP 作为一种路径，是聚焦服务区域经济社会发展，构建院校核心竞争力，打造专业核心技术技能，追求德技并修、精益求精育人的路径。对教育工

作者来说，EPIP 是一种启示、一种探索，可在 EPIP 视域下探索产教融合，在 EPIP 视域下探索专业建设，在 EPIP 视域下探索教学团队，在 EPIP 视域下探索赛教互动。

全概念组是 EPIP 理论的全景图，清晰地呈现了一宗、两核、三谛、四元、五观之间的逻辑关系，勾勒出应用 EPIP 理论需要以“如何做”为基本问题，以激活现有、实现创新为终极目标，如图 5-1 所示。关键四要素组是 EPIP 理论在“五观”各个层面上应用时需要把握的关键要素，且四个关键要素呈依次递进关系。核心词组是建立产业与教育、行业企业与学校、职业岗位与专业课程关系的支撑点，有了核心技术一体化才能实现产教融合、校企合作、工学结合，才能将关键能力的培养落地、落实、落细。方法概念组是对理解、熟悉、掌握、应用 EPIP 理论的过程概括，最终达到学校办学、教师教学、学生学习的激活，实现创新发展。

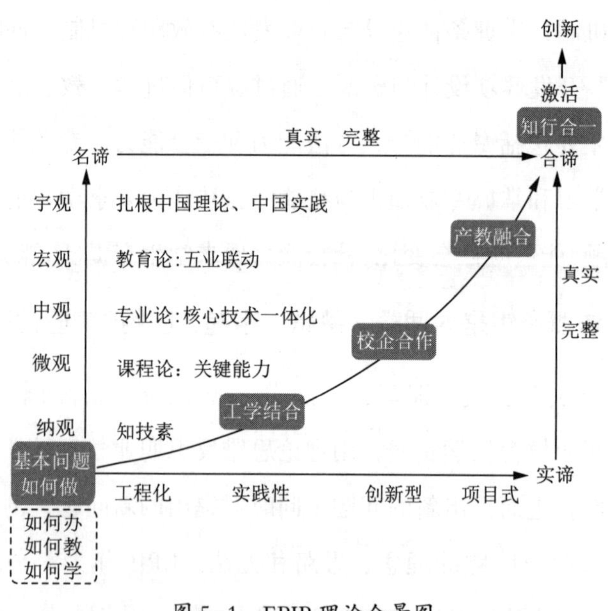

图 5-1　EPIP 理论全景图

二、EPIP教学模式的理论框架

EPIP 教学模式的理论框架分为五观：宇观、宏观、中观、微观、纳观，是基于“如何做”这一基本问题，即“教育如何办”“学校如何办”“教师如何教”“学生如何学”，是经过长期的实践探索形成的。

（一）EPIP宇观解决思想和理念层面的职业教育扎根问题

宇观属于战略层面的观点，回答了职业教育与社会、个体发展的关系问题，认为职业教育是现代产业体系发展的组成部分，也是营商环境改善的重要内容；主张举办职业教育要结合中国实际、围绕重大战略、服务经济社会发展，让青年成长成才。

（二）EPIP宏观解决职业院校办学核心竞争力建设问题

宏观即教育论，回答了职业教育的本质、目的、方法，主张真实工程、真实世界、现实生活培养人，全面育人，院校办学要体现工程化、实践性、创新型和项目式四个基本要素。

（三）EPIP中观解决“核心技术一体化”专业建设问题

中观即专业论，核心技术一体化是专业的固有属性。针对不同区域特点、不同院校实际，创建开放式专业建设模式，即专业的若干个核心技术和技能要结合区域行业企业特点、院校实际情况，更富针对性地开展调研，校企共同确定专业核心技术要素，使核心技术一体化专业建设更加适应区域经济社会的发展要求。具体而言，针对区域经济发展的要求，职业院校的专业建设要及时跟踪了解专业人才培养规模变化、就业状况和供求情况，跟踪市场需求；专业建设团队要围绕核心技术一体化专业建设需求，借助校企合作、国际合作平台为企业提供技术服务，同企业建立长期关系，形成互动、互惠、互补的校企合作运行机制。不同专业属性的核心技术应该是趋同的，但应用领域和应用深度可以不同。

（四）EPIP微观解决教与学“真实”“完整”问题

微观即课程论，课程改革的唯一目标是让课程活起来，教学中任何一个概念、情景、载体、项目、装备都可以通过EPIP激活，让其与生活、生产结合，与经济社会结合，与人的全面发展结合。以《工程实践创新项目教程》中的“自动门项目”为例予以说明，见表5-1。

表 5-1 《工程实践创新项目教程》中的自动门项目

<table>
<tr><th>课程名称</th><th colspan="2">四元</th><th colspan="2">课程组织与实施</th><th>三谛</th><th>六递进</th></tr>
<tr><td rowspan="23">自动化工程实践创新项目：项目一自动门</td><td rowspan="14">工程化</td><td rowspan="4">缘起工程化——生活中的工程</td><td rowspan="2">引子 1</td><td>场景：商场、宾馆、办公楼等自动开启和关闭的大门</td><td rowspan="14">实谛</td><td rowspan="6">学而知其用</td></tr>
<tr><td>问题：思考“谁”在为我们服务</td></tr>
<tr><td rowspan="2">引子 2</td><td>场景：公元 1 世纪最早的自动门、希腊自动打开的庙门装置</td></tr>
<tr><td>问题：古代的真实工程、现实生活</td></tr>
<tr><td rowspan="2">“现实”工程化——生活中的工程</td><td rowspan="2">引子 3</td><td>现代自动门起源于 20 世纪 30 年代军事仓库和重要工厂</td></tr>
<tr><td>20 世纪 50 年代广泛应用于生活日常</td></tr>
<tr><td rowspan="2">“现实”工程化的再深化</td><td rowspan="2">任务一：了解生活中的自动门</td><td>认识几种典型的自动门</td><td rowspan="2">用而知其所</td></tr>
<tr><td>自动门的定义与分类：平移自动门、旋转自动门、医用自动门、庭院自动门、车间自动门、道路智能闸机</td></tr>
<tr><td rowspan="6">技术维度工程化</td><td rowspan="2">任务二：自动门的结构与组成</td><td>了解典型自动门的结构和常用部件（解剖结构图）</td><td rowspan="6">所而知其在</td></tr>
<tr><td>熟知日常见到的自动门的基本组成</td></tr>
<tr><td rowspan="4">任务三：了解自动门核心技术</td><td>了解典型自动门中传感器技术的应用</td></tr>
<tr><td>了解典型自动门中驱动技术的应用</td></tr>
<tr><td>了解典型自动门中控制技术的应用</td></tr>
<tr><td>自动门是集传感技术、驱动技术、控制技术一体的机电一体化产品</td></tr>
<tr><td rowspan="9">实践性</td><td rowspan="5">完整的项目学习体验</td><td rowspan="5">任务四：构建自动门系统</td><td>掌握自动门的结构与组成</td><td rowspan="5">名谛</td><td rowspan="5">在而知其代</td></tr>
<tr><td>动手搭建自动门</td></tr>
<tr><td>分析自动门检测系统和控制系统</td></tr>
<tr><td>使用 JVC 为自动门编程和调试</td></tr>
<tr><td>用能力源套件完成一个完整的项目：“平移自动门”搭建、调试、运行</td></tr>
<tr><td rowspan="4">反复“回象”</td><td rowspan="4">项目小结</td><td>总结搭建自动门</td><td rowspan="4">合谛</td><td rowspan="4">代而知其原</td></tr>
<tr><td>学习工程实践创新项目方案设计、材料准备、工程搭建、程序编写与调试的全过程</td></tr>
<tr><td>进一步熟悉能力源控制器及 JVC 图形化交互式开发系统的应用</td></tr>
<tr><td>掌握自动门系统的工程实现的主要技术环节</td></tr>
</table>

续表

<table>
<tr><th>课程名称</th><th colspan="2">四元</th><th colspan="2">课程组织与实施</th><th>三谛</th><th>六递进</th></tr>
<tr><td rowspan="8">自动门工程实践创新项目：项目一自动门</td><td rowspan="7">创新型</td><td rowspan="7">基于实践的创新思维养成</td><td rowspan="7">项目拓展</td><td>想一想，练一练</td><td rowspan="8">合谛</td><td rowspan="8">原而知其衍</td></tr>
<tr><td>1. 可以增加门的宽度、采用两扇平移门吗</td></tr>
<tr><td>2. 可以增加报警功能吗？例如当门开启时间超过 1 s，黄灯闪烁进行报警</td></tr>
<tr><td>3. 门在闭合过程中如检测到有人要进出时，能立即停止闭合吗</td></tr>
<tr><td>4. 能否统计通过门的人数</td></tr>
<tr><td>5. 能否分别统计出门和进门的人数</td></tr>
<tr><td></td></tr>
<tr><td>项目式</td><td>—</td><td>—</td><td>从认识自动门到搭建自动门，再到解决不同问题，进行改进、优化自动门，形成一个完整、真实项目学习</td></tr>
</table>

（五）EPIP纳观解决课程和教学“全时空”知技素问题

纳观是指知技素，即课程中每个教学单元所包含的知识点、技能点、素养点要遵循 EPIP 进行组织实施；也指学校每项细小工作、环节或环境要遵循 EPIP 进行组织实施；还指教育教学“全时空”的微片段、微间隙、微元素要遵循 EPIP 进行组织实施。EPIP 主张将职业岗位要求嵌入高等职业教育专业教学体系，融入专业核心课程知技素中。

三、EPIP在国内外推广应用的影响力分析

EPIP 是从中国职业教育教学实践探索中提炼并构建中国职业教育教学理论话语而形成的中国职业教育教学的叙事体系。EPIP 是中国教育理念、智慧的结晶，在国内外产生了重大影响。

（一）EPIP写入中国职业教育发展报告

2022 年 8 月，EPIP 写入教育部发布的《中国职业教育发展报告（2012—2022 年）》。其在“第三篇守正创新：中国职业教育制度模式”的“四、坚持面向实践、强化能力”中，写入“推进工程实践创新项目教学、案例教学、工作过程导向教学模式”；在“第四篇开放共享：面向世界的合作与展望”的“三、

合作共铸人类技能开发大体系”的“擦亮‘鲁班工坊’中国名片”中，写入“继续推动中国本土化、视野国际化的工程实践创新项目（EPIP）应用，发挥已建成的泰国、葡萄牙、埃塞俄比亚等国EPIP教学研究中心作用，给更多境外合作伙伴带去先进的教学模式、优质的教学装备”。

2022年8月，在首届世界职业技术教育发展大会上，来自亚洲、欧洲、非洲的22位特邀嘉宾发表了主旨演讲，向全球123个国家呈现了鲁班工坊、EPIP在不同国度和领域的运用成效。

（二）EPIP国际教育联盟覆盖亚欧非80多家成员单位，产生联盟效应

2017年5月9日，在中国、美国、泰国等8个国家的20多所学校和30多名专家学者共同发起下，成立了工程实践创新项目（EPIP）国际教育联盟（Alliance EPIP International Education）（以下简称“联盟”）。联盟通过年会，搭建了EPIP国际研究与交流的平台，聚集了各国专家学者、教育管理人员、高等教育和职业教育学校研究人员与教师、行业企业人员100多人，覆盖亚欧非18个国家的80多家成员单位，深入研究、推广应用EPIP。7年来，EPIP国际教育联盟举办了六届年会。联盟围绕EPIP共识、共享、共用的内外诉求及其成员相互之间交流与提升的要求，遵循国际化的逻辑，通过举办论坛、校企互动、项目培训等形式，建立交流、交融的通道，让越来越多的中外院校开始认识、了解并应用EPIP教学模式，国际专业标准、国赛装备、教学资源不断丰富，一批国外师资在鲁班工坊的运行中成长。联盟探索出了一条理念共识、模式共享的发展路径，产生了联盟效应，推动了EPIP的国际应用和创新发展。

（三）EPIP教学研究中心和认证试验中心推进EPIP在国际上的深度实践应用

截至2023年11月底，在国内外相继建立了18个EPIP教学研究或推广应用中心。国内的包括：2017年5月建立的天津渤海职业技术学院EPIP体验中心和EPIP国际教育联盟，2022年5月建立的天津中华职业教育社工程实践创新项目（EPIP）教学研究中心，2023年4月建立的天津市工程实践创新

项目（EPIP）研究与推广中心，2023 年 9 月建立的贵州省赫章县中等职业学校工程实践创新项目（EPIP）应用推广中心和中国—中亚工程实践创新项目（EPIP）教学研究与应用推广中心，2023 年 11 月建立的台湾地区工程实践创新项目（EPIP）教学研究与应用推广中心。国外的包括：2017 年 5 月建立的泰国 EPIP 教学研究中心，2017 年 12 月建立的印尼 EPIP 教学研究中心，2018 年 10 月建立的葡萄牙 EPIP 教学研究中心，2018 年 12 月建立的印度 EPIP 教学研究中心，2022 年 4 月建立的埃塞俄比亚 EPIP 教学研究中心，2023 年 4 月建立的东非职教师资培养 EPIP 认证试验中心，2023 年 5 月建立的葡萄牙自动化与人工智能类专业 EPIP 认证试验中心和泰国工程实践课程 EPIP 认证试验中心，2023 年 9 月建立的巴基斯坦职教师资培养 EPIP 认证试验中心和肯尼亚 EPIP 教学研究中心，2023 年 10 月建立的埃及 EPIP 教学研究与推广应用中心。

试点开展师资培训、专业建设、课程建设认证。2023 年 4 月，东非职教师资培养 EPIP 认证试验中心揭牌启运。此中心服务东非职教一体化世行项目（EASTRIP），为埃塞俄比亚、肯尼亚、坦桑尼亚、乌干达等四国 16 所职业院校培养高水平师资。2023 年 5 月，葡萄牙自动化与人工智能类专业 EPIP 认证试验中心和泰国工程实践课程 EPIP 认证试验中心分别揭牌启运，葡萄牙的 EPIP 认证试验中心专注于在自动化和人工智能领域向葡萄牙及欧洲国家提供基于 EPIP 的专业认证；泰国的 EPIP 认证试验中心专注于在工程实践课程领域向泰国及其他国家提供基于 EPIP 的专业认证。

（四）形成了专著—论文—课题—教学成果等系列学术研究成果

形成了《EPIP 职业教育教学模式——改造我们的学习》《工程实践创新项目（EPIP）解析》《EPIP 教学模式——中国职业教育的话语体系》《工程实践创新项目 模式・学理・话语・应用（中英双语版）》等系列专题学术著作，其中重点专著已翻译为英文、泰文、葡萄牙文等语言在国内外出版发行。同时，还出版了《鲁班工坊（LUBAN WORKSHOP）解析》《鲁班工坊研究：溯源・要义・标准・策略》《鲁班工坊 品牌・内涵・布局・目标（中英双语版）》《世界上首个鲁班工坊——泰国鲁班工坊研究》《鲁班工坊纵览与博观》《技能大赛

（ChinaSkills）解析》《职业院校技能大赛——中国职业教育的制度创新》等系列学术著作。

自2010年开始，尤其是2012年以来，对EPIP的相关研究快速增加，形成了《工程实践创新项目（EPIP）教学模式的逻辑演进与未来面向》《鲁班工坊本土师资能力建设：内涵、逻辑要素与行动》《工程实践创新项目（EPIP）国际教育联盟：发展路径、效应与展望》《基于EPIP的中国职业教育国际化发展路径研究——以埃塞俄比亚鲁班工坊为例》《EPIP模式下埃及鲁班工坊建设与运行实践研究》等实践性研究成果，以及《EPIP教学模式的教育论探究》《EPIP教学模式的专业论探究》《EPIP教学模式的课程论探究》《工程实践创新项目（EPIP）的技术哲学基础探微》等学理性研究成果。

近10年来，立项完成教育部重点课题“基于工程实践创新项目EPIP的教学模式研究与实践”、天津市重点课题“工程实践创新项目（EPIP）教学模式应用与推广研究”等省部级课题近20项。

在2014年至2022年三届国家级职业教育教学成果奖和天津市职业教育教学成果奖中，有近40项EPIP相关成果获奖。其中，“模式创立、标准研制、资源开发、师资培养——鲁班工坊的创新实践”获得2022年国家级职业教育教学成果特等奖。

（五）出版以《工程实践创新项目教程》为代表的教材，并开展EPIP研训项目

以全国职业院校技能大赛为支撑，开发出《工程实践创新项目教程》《自动化生产线安装与调试》等近150部（套）综合实训课程教材，其中不少教材还译为外文出版。开发出的100多个国际化专业中，有近50个在境外“落地”实施。截至2023年初，实施了52期432人次国外教师EPIP研训项目；开展了6期180人次国内教师研训项目。

（六）形成全国职业院校技能大赛和世界职业院校技能大赛的赛事赛项设计开发实施实践成果

赛项承载着教育教学的思想、理念，是教学模式“如何推广应用和推广应

用效果怎样”高度浓缩的具体实践形式，是检验教育教学的最有效方式之一。EPIP 在技能竞赛中的应用，形成了与产业紧密对接、与企业实践紧密对接、与岗位紧密对接的赛项开发机制。通过全国职业院校技能大赛等赛项开发、首届世界职业院校技能大赛赛制设计与赛项开发，彰显了 EPIP 教学模式的重大理论支撑和实践应用价值。

1. 运用 EPIP 开发首届全国职业院校技能大赛赛项及其他赛项

在 2008 年首届全国职业院校技能大赛上，工程实践创新项目（EPIP）教学模式首创者运用 EPIP 设计开发“自动化生产线安装与调试”“机器人技术应用”等赛项。此后又组织实施了“楼宇智能化系统安装与调试”“智能电梯装调与维护”“工业机械手与智能视觉”“机器人应用技术”“飞机发动机拆装与维护”等一系列国赛赛项、国际化赛项和企业性赛项。同时，围绕技能竞赛成果，开发了 10 个基于赛项成果服务专业综合实训教学的教学资源包，包括竞赛实训装备、彩色纸质教材、数字资源光盘及专题学习网站，形成“四位一体”的教学资源，出版了工程实践创新项目系列教材。

2. 运用 EPIP 开发首届世界职业院校技能大赛

作为世界职业技术教育发展大会的品牌活动，2022 年 8 月，在天津成功举办的世界职业院校技能大赛（简称“世校赛”）的赛事设计按照 EPIP 的“五观”理论，创新性构建了基于工程实践创新项目的比赛形式和基于工程实践创新项目的赛题设计。

一是创新性构建基于工程实践创新项目的比赛形式。世校赛回应中国职业教育对接实体经济，聚焦装备制造、信创、新能源等，以装备制造类及相关竞赛类赛项为重点，创新性地构建了以产品逻辑、生产逻辑或应用逻辑形成的赛项单元，将技能比赛、技能展示、体验融为一体，创设竞赛类与展演类两类赛项类型。

二是创新性构建基于工程实践创新项目的赛题设计。世校赛构建的基于工程实践创新项目比赛形式，突破单纯技能比拼，突出综合能力考核，将 EPIP 教学模式、标准、装备与资源有机融进比赛赛项。

3. 开发 2023 年全国职业院校技能大赛中职短视频制作赛项

根据教育部《全国职业院校技能大赛执行规划（2023—2027 年）》，该赛项为每年举办的常规赛项，且为首设试点的师生同赛项目。中职短视频制作赛项命题紧贴岗位需求，紧贴现代生活实际、中职师生实际生活，试题覆盖短视频制作的全部工作流程，较完整地覆盖了短视频制作的每个环节，充分体现了产业与专业、岗位与教学、技术与艺术的结合，从素材管理及编制策划书、制作短视频、制作反思等几个方面考核参赛选手运用基础技能的能力和水平。赛项实现了以下功能：

一是将真实项目流程与专业核心技术技能有机融合。赛项设计运用工程实践创新项目（EPIP）教学模式，从工程化、实践性、创新型、项目式四个方面，把短视频制作的核心技术技能通过七个任务形成一个完整的项目，提升参赛选手操作能力和创新创意水平，提升参赛选手审美、价值判断、团队合作的能力，引导教学改革与产业发展、岗位需求的紧密结合，以赛促教、以赛促融。通过较为完整的竞赛项目，检验参赛选手策划书编制、素材管理、影视编辑、音画合成、制作反思的能力；通过参赛选手对自己参赛的策划、操作的过程和结果有意识地进行深入、细致、批判性的回顾、分析和检查，主动探究，提升参赛选手认识自我、完善自我的能力。

二是提高规范标准操作能力与培养创新创意水平密切结合。竞赛命题按照中等职业学校新闻传播类等相关专业教学标准，结合岗位需求及对人才培养的要求，统一命题。竞赛考核任务分为编制策划书、制作短视频、制作反思三个模块，整体呈现短视频制作程序与流程。同时，将自主创意策划及制作与命题相结合，考核选手的综合能力。

三是提高职业技能与培养职业精神高度融合。赛项在设计中体现师生协同工作、综合设计和团队协作能力。设立师生同赛项目，重点考查选手的工作组织能力和团队管理及合作精神，增进师生日常情感建立与沟通交流，加强对师生职业素养的考核，引导选手在提升职业技能的同时，养成遵守规范标准、团队合作、精益求精、善始善终等品质，以及产业发展、企业管理和精品制作所需要的综合职业素养和良好职业精神。

四、EPIP推广应用的问题与对策建议

（一）加大统筹，推进以EPIP为核心的鲁班工坊高质量建设

在鲁班工坊五要素中，EPIP是内涵的根基和灵魂。鲁班工坊要高质量运行和发展，需要在专业建设、课程建设、装备与资源应用、师资培养培训上高质量推进EPIP。然而，在已建成的鲁班工坊中还存在对EPIP认识不到位、理解不到位、应用不到位的问题，需要加强EPIP在已建成的鲁班工坊中的广泛应用和深度应用。一是根据各鲁班工坊的特点和特色，确定各鲁班工坊EPIP推广应用的重点内容和方法，形成实施方案；二是建立鲁班工坊EPIP研究与推广应用评价指标，形成推进应用与改进评价一体发展。

（二）建立EPIP推广应用的长效机制，以EPIP为抓手有组织地深化“三教”改革

目前，EPIP已经在国内不少学校应用，但还存在“三教”改革依托教学理论不足、实践经验多而理论支撑缺乏等问题，亟须中国职业教育教学理论的指导和支撑。因此，需要建立EPIP推广应用的长效机制。要将EPIP理论作为“三教”改革的支撑理论，充分发挥EPIP国际教育联盟、EPIP研究与推广中心的作用，在创优赋能项目、精品课程建设、专业教学资源库建设、优质课程建设、实训基地建设等工作中，在教学能力提升、说课等具体的实践教学中，用中国特色的EPIP教学理论解决“三教”改革中的困难和问题。

（三）依托产业链和服务链，拓宽应用领域并探索各领域人才培养创新路径

EPIP源于产业、行业、企业、职业与专业的五业联动，也推进五业联动。EPIP的推广应用离不开产业链和服务链，离不开职业岗位，需要将服务区域经济社会发展、服务区域产业发展、服务人的全面发展贯穿于EPIP推广应用中。建议开展有组织的科研，在智能制造、交通运输、现代物流等重点专业大

类中分专题推进 EPIP 课程体系建设研究；同时，在劳动教育、职普融通中深化探索 EPIP 教学模式推广应用。

（四）系统解析EPIP发展构型，促进EPIP在更广泛的范围内实践应用和成果转化

EPIP 从实践至理论再到实践的循环螺旋上升，需要进行系统深入的解析，构建以理论激活实践、以实践丰富理论的动态发展模型。联合国内外相关机构与院校，加大 EPIP 在专业群、专业、课程、教材、赛项、师资建设等方面应用研究。构建以泰国 EPIP 教学研究中心为主体的亚洲、以葡萄牙 EPIP 教学研究中心为主体的欧洲、以埃塞俄比亚 EPIP 教学研究中心为主体的非洲等区域性在地国应用网络，研制典型方案，推广应用成果，助力境外合作伙伴有效运用 EPIP。开发 EPIP 标准化进阶式教育项目和培训项目，培养培训骨干教师队伍，助力探索鲁班工坊核心要义的致用之道，促进职业教育国际交流合作。

——摘自《职业教育研究》2024 年第 6 期中耿洁《工程实践创新项目教学模式概念谱系、理论框架与应用影响研究》。

第二节　鲁班工坊——中国职业教育国际化的创新实践

【此文发表于 2023 年 9 月】

2023年7月21日，教育部公布了2022年国家级教学成果奖获奖项目名单。在 572 个职业教育成果奖获奖项目中，由天津职业技术师范大学作为第一完成单位、天津轻工职业技术学院戴裕崴作为第一完成人牵头 15 家天津院校和科研机构共同完成的成果《模式创立、标准研制、资源开发、师资培养——鲁班工坊的创新实践》位列两个特等奖之一。对该成果进行项目解析、逻辑解构、路径解密，有助于理解当代中国职业教育国际化创新实践的历史进程、突破领域和理论蕴涵。

一、鲁班工坊的创新实践

鲁班工坊是以国家职业教育改革试验区、创新示范区与示范区“升级版”，以及“新时代职业教育创新发展标杆”与“现代职业教育体系建设改革新模式”项目的建设成果为支撑，历经 18 年的实践探索、理论研究、经验总结、模式推广，与世界分享中国教学模式、专业标准、技术装备和教学资源的实体化平台。2016 年以来，天津职业教育发挥整体优势，以系统化、体系化、品牌化设计集结“出海”，在亚欧非 20 个国家创建了 21 个鲁班工坊。基于鲁班工坊的创新实践，天津职业院校一是创立了中国本土化、视野国际化的工程实践创新项目（EPIP）教学模式；二是主导开发了国际化系列专业教学标准；三是推广了以中国技能大赛优质装备为代表的中国技术产品和优质双语教学资源；四是面向境外师资实施了卓有成效的标准化进阶式培训培养。通过这四个方面的实践探索，创立了中国本土化教学模式，创成了中国国际化教育品牌。

1. 鲁班工坊建设历程

2012年9月，鲁班工坊创建团队参加在南宁举办的中国—东盟职业教育联展暨论坛，提到一个话题，他们认为，中国经济社会发展，中国职业教育发展和中国“世界工厂”发展，都标志着“攻守易形”了。中国职业教育要继续学习、借鉴国外职业教育经验，同时，也要分享、提供中国职业教育优秀方案，与发达国家在世界范围同向同行、并驾齐驱、“分庭抗礼”，为人类进步做出中国贡献。据世界权威机构统计，全球青年的职业准备期平均是三年左右。如果一个国家的职业教育教师借助中国模式、利用中国标准、使用中国产品，提高其本土职业教育适应性；青年学生利用职业准备期的宝贵时光学习中国技术、中国工艺，了解中国产品，提升其本土就业服务能力，这对中国、对合作国、对世界都是非常有意义的。这是鲁班工坊的初心初愿！

2015年7月，教育部与天津市人民政府共建“国家现代职业教育改革创新示范区”，提升职业教育国际化水平成为重要任务。鲁班工坊创建团队启动了职业教育国际合作“新平台”的项目研发方案设计工作。一方面，在项目命名上，王继平、吕景泉、李力等基于“专注技术技能、传承职业文化、体现技能特质、彰显工匠精神、蕴含创新智慧”的考虑，选择了“鲁班（LUBAN）”作为项目的历史文化传承代表；另一方面，基于“体现教学做一体，寓意小巧精致的环境、现代学徒的情境、工作劳动的场所、精湛技艺的传承”的考虑，选择了“工坊（WORKSHOP）”作为项目的空间载体寓意。“鲁班工坊（LUBAN WORKSHOP）”由此得名。同年12月，鲁班工坊项目研发工作在目标任务、实施路径、建设模式、核心内涵和保障措施等关键环节取得决定性成果，鲁班工坊建设由此进入实施阶段。

2016年3月，中泰两国职业院校合作在泰国建成了世界上第一个鲁班工坊。之后，天津职业院校与英国、印度、印尼、巴基斯坦、柬埔寨、葡萄牙、吉布提、肯尼亚、南非、马里、尼日利亚、埃及、科特迪瓦、乌干达、马达加斯加、埃塞俄比亚、保加利亚、摩洛哥、塔吉克斯坦等20个国家的院校合作建成了21个鲁班工坊，项目建设遍布亚欧非。

2018年9月，在北京召开的中非合作论坛上，习近平主席宣布，在非洲设立 10 个鲁班工坊，向非洲青年提供职业技能培训。当年 12 月，习近平主席在里斯本见证了欧洲葡萄牙鲁班工坊项目合作签约。由此，鲁班工坊成为元首引领外交的重要合作项目。

2021 年 4 月，非洲第 10 个国家的鲁班工坊在非盟总部所在地埃塞俄比亚首都亚的斯亚贝巴揭牌启运，非洲鲁班工坊东西南北中空间布局蓝图实现，这标志着习近平主席提出的非洲鲁班工坊三年建设任务圆满完成。

2021 年 9 月，习近平主席在上海合作组织成员国元首理事会上提出："未来 3 年，中方将向上海合作组织国家提供 1 000 名扶贫培训名额，建成 10 所鲁班工坊。当年 11 月，习近平主席在中非合作论坛第八届部长级会议上提出，中国将继续同非洲国家合作设立鲁班工坊。从此，鲁班工坊开启了以"聚焦中亚，继推非洲"为特征的发展新征程。

2022 年 12 月，习近平主席在利雅得举行的首届中国—阿拉伯国家峰会上提出，推动在阿国建设更多鲁班工坊。

2023 年 5 月，习近平主席在陕西西安主持中国—中亚峰会主旨讲话中提出，在中亚国家设立更多鲁班工坊。

亚洲鲁班工坊项目的建设与运营，对鲁班工坊品牌创建、推广应用及策略优化做出了基础性贡献。欧洲鲁班工坊项目的建设与运营，是鲁班工坊品牌进入推广应用阶段的重要标志。非洲鲁班工坊项目的建设与运营，是鲁班工坊品牌要义的集中运用。泰国、英国、印度、葡萄牙、埃及、埃塞俄比亚等国鲁班工坊完美诠释了鲁班工坊的核心要义，系统应用了工程实践创新项目（EPIP）教学模式，是鲁班工坊品牌创成的重要支撑。天津职业教育和院校着眼国家外交大局，基于合作国政治安全、经济发展、教育现状、资源禀赋以及语言文化等要素的综合考量，与合作伙伴携手共进，为职业教育国际合作开辟了新的领域。

2．鲁班工坊显著成效

鲁班工坊遵循"平等合作、优质优先、强能重技、产教融合、因地制宜"五项原则，遴选了包括泰国大城技术学院、英国奇切斯特学院、葡萄牙塞图巴尔理工学院、埃及艾因夏姆斯大学、埃塞俄比亚技术大学等在内的一批合作院校，联动了以中土、华为、海尔、亚龙、中材、天煌、骥腾、中联重科等为代表的一大批合作企业，同时对接了中泰高铁通运、中国—澜湄合作、中巴经济走廊、金砖投资项目、亚吉铁道运营等重大国际合作项目，在亚欧非境外“落地”开展了铁道交通、机械电气、智能制造、新能源汽车等领域50余个专业的教育教学活动；教育合作层次从中职、高职、本科到工程硕士；此外，还输出设备5 000余台套，配置工位近2 000个，培养当地学生近万人，为13 000余人提供了技术培训，惠及中外企业和院校千余家。

2022年8月，中国政府举办的首届世界职业技术教育发展大会在天津召开，全球123个国家代表，50余个国家的教育部部长、驻华大使、国际组织负责人等700余人参会。同期，“鲁班工坊建设成果展”、“一带一路”合作与“鲁班工坊”建设发展论坛成功举办。运用EPIP开发的“鲁班工坊赛道”，成为首届世界职业院校技能大赛的“主力赛项”。在大赛中，鲁班工坊中外师生联队斩获了全部金牌的60%。

3．鲁班工坊实践研究

鲁班工坊建设团队不断探索，持续研究，在项目建设初期就确立了鲁班工坊核心要义为“12345”，即一块品牌，两种功能，三条路径，四个内涵，五项原则。其中，一块品牌是指中国职业教育的国际品牌；两种功能是指实施学历教育与技术培训；三条路径是指实施校校责任主体合作、校企协同依托合作、校府项目支持合作；四个内涵是指以中国本土化、视野国际化的工程实践创新项目（EPIP）为教学模式，以中国院校主导开发的国际化专业标准为基本依据，以全国职业院校技能大赛（国赛）等优质赛项装备为主要载体，以师资培训先行及教学资源开发为必要保障；五项原则是指平等合作、优质优先、强能重技、产教融合、因地制宜。此外，建设团队还提出了核心要义的金字塔（静态）和双螺旋（动态）构型，在鲁班工坊项目溯源、要义运用、标准体系、策略运营等方面取得了系统化的研究成果，并以鲁班工坊、EPIP为主题完成教育部重点课题、天津市教育科学规划课题等近30项。此外，建设团队还出版《鲁班工坊》《鲁班工坊核心要义——中国职业教育的国际品牌》《鲁班工坊（LUBAN WORKSHOP）解析》《鲁班工坊研究：溯源・要义・标准・策略——吕景泉“鲁班工坊”主题论文集》《鲁班工坊　品牌·内涵·布局·目标》《鲁班工坊纵览与博观》《世界上首个鲁班工坊——泰国鲁班工坊研究》等中文、英文、葡萄牙文、泰文多语种著述20余部，发表主题论文百余篇，举办国际性高端论坛、学术年会10余个。

二、鲁班工坊的创新突破

鲁班工坊的实践有效解决了中国职业教育长期存在的教学模式盲从、教学标准依赖、教学装备模仿、教学资源照搬、教学效果不彰等问题，系统解决了直面世界产教融合、国际产能合作，开展境外职教合作的内涵依托问题，成功解决了中国职教“出海”，与世界分享教学成果的路径、载体、保障问题，构建起面向世界的中国职业教育标准体系、资源体系与话语体系，深度助力“一带一路”建设，取得了重大教学理论创新与重大改革实践突破，在全国乃至世界范围引起重大反响。

1. 以模式创立确立中国职业教育的话语体系

习近平总书记指出：“要加快构建中国话语和中国叙事体系，用中国理论阐释中国实践，用中国实践升华中国理论，打造融通中外的新概念、新范畴、新表述，更加充分、更加鲜明地展现中国故事及其背后的思想力量和精神力量。”鲁班工坊的项目建设与品牌运营就是沿着这样的逻辑主线，通过中国本土化教育教学实践，创立了中国职业教育的话语体系——工程实践创新项目（EPIP）教学模式。

2005年，吕景泉教授创设“核心技术一体化”专业建设模式，奠基了工程实践创新项目（EPIP）的专业应用层级。2012年，在长期开展中德、中西（西班牙）、中日、中加（加拿大）、中新（新西兰）等合作办学基础上，建设团队开展“创造性转化、创新性发展”实践探索与理论研究，以中国当代职业教育实践为起点，转化了墨子的“行为本”“名实耦”思想，发展了陶行知的“生活即教育”思想，创新了黄炎培的“建教合作”思想，将古今中外的教育理念、模式、经验在中国大地“耦”合，创立了工程实践创新项目（EPIP）教学模式。同年11月，出版《工程实践创新项目教程》中文版，奠定了工程实践创新项目（EPIP）的课程应用层级。2013年，该书英文版出版，在东盟国家推广应用。2014年，系统提出产业、行业、企业、职业、专业“五业联动”产教融合机理，丰富了工程实践创新项目（EPIP）的办学应用层级。建设团队相继出版《自动化生产线安装与调试》《工业机械手与智能视觉系统应用》《楼宇智能化系统安装与调试》《数控机床安装与调试》《智能电梯装调与维护》等系列规划教材（教学资源），拓展了工程实践创新项目（EPIP）的实施应用层级。“推广”“推行”“推动”工程实践创新项目（EPIP）教学模式，相继写入《天津市教育现代化“十四五”规划》、《教育部　天津市人民政府关于深化产教城融合　打造新时代职业教育创新发展标杆的意见》、《中国职业教育发展报告（2012—2022年）》、教育部与天津市人民政府共建《关于探索现代职业教育体系建设改革新模式实施方案》。

工程实践创新项目（EPIP）是以实际工程为背景和基础，以工程实践为导向和贯穿，以工程实践创新能力培养为目标和归依，以真实工程项目为统领的适合技术应用型、技术技能型人才培养的教学模式。中宣部“中华文化走出去重点任务清单项目”中《EPIP教学模式——中国职业教育的话语体系》等8部中外文系列专著出版，60余篇EPIP研究论文（中外文）发表，泰国哲仁、葡萄牙卢卡斯、埃塞俄比亚特萨利为代表的一批EPIP专家教师在世界各地开展了卓有成效的推广应用。“发挥已建立的泰国、葡萄牙、埃塞俄比亚等国EPIP教学研究中心作用，给更多境外合作伙伴带去先进的教学模式、优质的教育装备”，载入《中国职业教育发展报告（2012—2022年）》。在首届“鲁班工坊”与“产教融合”国际论坛、首届世界职业技术教育发展大会上，来自10余个国家的22位学者发表主旨演讲，向全球演绎了工程实践创新项目（EPIP）应用与推广成效，推动了海外中国职教研究，提升了中国职教的影响力。

可以说，班墨文化、生活教育、建教合作是中国职业教育“EPIP”模式、鲁班工坊品牌的底层逻辑。创立中国职业教育的本土化模式，创成中国职业教育的国际化品牌，是中国优秀传统职业文化创造性转化，创新性发展的重大成果。

2．以“四递进”实现国际化专业标准落地生根

2006年，作为教育部高等学校高职高专自动化技术类专业教学指导委员会主任委员，吕景泉教授带领团队运用“核心技术一体化”开发了自动化技术类专业教学标准。2009年，教育部组织制订《高等职业学校专业教学标准》；团队开发了机械、信息、自动化、交通、铁道等32个类的专业教学标准。这些标准于2012年由教育部组织出版并在全国推广应用。鲁班工坊的国际化专业标准是以此为基础，按照“四递进”的逻辑推进的。

第一“递进”，联络产业、行业、企业、职业要素，研制“中国式”国际化专业教学标准。根据教育部《关于借鉴国外先进经验开展职业教育部分专业教学标准开发试点工作的通知》要求，天津职业院校自2012年起借鉴国外经验，结合中国实际，组织开展了50个国际化专业教学标准的研制工作。

第二“递进”，组织专业教学试验班，开展国际化教学观摩与成果验收。在这个过程中，团队首批开发了27个专业标准，并组织实施了243个试验班。经过验证和总结，团队于2015年完善了50个专业标准并集册出版。基于此，“国际化专业教学竞赛”“国际化专业说课观摩”成为全国职业院校技能大赛同期活动每年列定的必选项目。

第三“递进”，通过鲁班工坊，中外合作院校、中外合作企业共同开发“国别性”专业教学标准。2016年以来，天津院校结合合作国当地实际，会同中外企业融汇产业、行业、企业、职业要素，开发了一批适应合作国需要、满足合作学校要求的专业标准。截至2022年，团队完成105个国际化专业标准研制，并集册出版。

第四“递进”，在境外“落地”国际化专业教学标准，纳入合作国的国民教育体系。在“国别性”专业标准的境外应用中，有13类50余个专业“落地”到21个鲁班工坊，纳入合作国的国民教育体系，为项目实施奠定了标准基础。

“四递进”的实施将中国职业教育标准与境外合作国经济社会发展实际相结合，与境外合作院校人才培养方案相融合，与境外当地产业企业需求相契合，全面提升了职业院校国际化办学水平和国际影响力。

3. 以资源开发为牵引分享技能大赛教学设备

2008—2019 年，天津作为主赛场连续举办了十二届全国职业院校技能大赛。在赛项设置升级和先进技术融入的过程中，天津市成立了全国职业院校技能大赛成果转化中心，主动开展了竞赛资源成果转化工作，将技能大赛的理念、标准、装备、资源“具化”到专业建设中，“渗入”到课程教学中，“拓展”到中外合作中，奠定了中国职业教育与世界深度分享、互学互鉴的资源基础。

在鲁班工坊项目建设与运营中，建设院校联动中外企业，开发了近 40 个优质赛项；同时，基于各类技能竞赛赛项标准，研发了工程化、实践性、创新型、项目式教学资源 130 余部套。2010 年，吕景泉教授牵头开发的“自动化生产线安装与调试”赛项，首次实现中国赛项走进东盟技能大赛；团队开发的三个赛项相继纳入该赛事并连续举办。2011—2019 年，全国职业院校技能大赛设置“国际赛道”，邀请国外选手走进中国大赛，最多时达到 8 个赛项同场竞技。第 42 届世界技能大赛以来，世赛中国（天津）研究中心助力中国选手获奖，涉及中国金牌选手总量 20% 以上。2022 年，团队主持了首届世界职业院校技能大赛赛项设计和赛场组织实施工作，并兼容性开发了 13 个竞赛类赛项，奠定了“鲁班工坊赛道”的竞赛标准和竞赛载体基础，为世界职业院校师生的技能交流搭建了高质量平台。

4. 以本土师资建设为保障实现可持续发展

天津职业院校成功探索了新教师“入岗、适岗、胜岗”三年三阶段培养机制，完善了“双师型”素质教师职业能力标准，实施了“双师型”结构教学团队分工协作计划，并将其运用到鲁班工坊建设，为合作国开展进阶式 EPIP 师资培养培训。

2016—2019 年，建设院校连续开展了五期印度鲁班工坊教师进阶式培训，32 人次接受了培训。2019 年以来，为阿布贾大学培训教师累计 44 人次。2021 年以来，以埃塞俄比亚技术大学在华留学的硕士、博士教师为主体，组织实施了四期（每期 90 课时）专业培养，为埃塞俄比亚鲁班工坊承担东非 EASTRP 世行项目培养了高水平教学骨干。建设团队创设了“鲁班工坊建设双语能力提升”国培项目，持续打造“双语、双师、双能”中外教学团队。截至2022年，建设院校已实施了近80期国外教师研修项目，培养外方教师840余人次，培训中方教师920余人次，总时长达1.3万课时。

从技术装备选择、设备安装调试、教学模式运用，到参加中国大赛；从专业教学标准研制，到人才培养方案制订；从教学资源开发、双语教材编制，到优化学生培养、员工培训评价方式；从鲁班工坊项目管理，到自主运营自主发展，鲁班工坊的师资培养与培训，实现了合作国本土教师实施本土化教学、开展本土化培训的建设目标，为鲁班工坊的健康发展提供了可靠保障。

三、鲁班工坊的创新启示

鲁班工坊，源自天津，成在中国，功予世界。鲁班工坊是中国职业教育内涵发展、质量提升、开拓创新的成果集成，是中国经济社会转型发展、提质升级、自主创新的成果集成。鲁班工坊，是天津职业院校办学成果、教学改革、领导水平、服务能力的集成“呈现”，是天津职教人勇担当、敢作为、干实事、讲奉献的集成“展现”；是中国职教人勇于实践、敢于开拓、求真务实、家国情怀的集大成！

鲁班工坊的创新实践，聚焦在创立中国本土化教学模式，创成中国国际化教育品牌。鲁班工坊的创新实践表明：中国职业教育的国际化进程已经步入从低水平迈向高水平的新阶段，形成了国际优质职业教育“输入”与中国优质职业教育“输出”并举协行的新特征。2018年以来，习近平主席先后18次就“鲁班工坊”作出重要论述。鲁班工坊的创立是中国职业教育在世界教育合作、国际产教融合领域开辟先河的大事件，是近代以来中国职业教育发展史上具有里程碑意义的大事件！

鲁班工坊，是中国职教人响应和落实习近平总书记“用中国道理总结好中国经验，把中国经验提升为中国理论”的生动实践。

——摘自《中国职业技术教育》2023年第25期中吕景泉、戴裕崴、李力、张磊《鲁班工坊——中国职业教育国际化的创新实践》。

第三节　中国职业教育国际话语权的发展形态与提升策略

【此文发表于 2023 年 1 月】

2022 年 8 月，由我国政府首次发起并主办的世界职业技术教育发展大会成功举办，120 多个国家和地区代表注册参会，本次大会实质上是中国职业教育国际话语权的重要体现，甚至职教界认为本次大会是中国职业教育国际话语权转型的重要标志，本次大会对中国职业教育国际话语权建设具有重要意义。

话语权问题成为新时代中国社会对外交流合作体系中的一个新概念，话语权建设也是当前中国对外交流合作中的一个重要发展主题。话语不仅仅是一种信息传递的媒介或载体，话语也是体现讲话主体或发声主体能力和权威的一种载体，话语象征着一种权利或权力。进而在公共交往和交流场域中，就产生“话语权”这一概念，用以表征主体地位或社会影响姿态。福柯在《话语与秩序》中提出“话语权”的概念，探讨了在话语中赋予权力，分析了话语对个体及社会在思想观念和实践行动中的影响。由此，话语权是一种影响力量，它表示的是主体的话语表达能够影响外界的能力。而这一影响力与主体有没有能力产生表达的内容、有没有被给予表达的机会和资质、所表达的内容有没有影响力这三个方面密切相关。所以，话语权是话语生产能力、话语资格权利和话语影响力的有机统一。也正如有学者所主张，国际话语权“可以简单地理解为一个国家在世界上说话的权利及其产生的效力和影响力。”

中国职业教育国际话语权是实现中国整体社会国际话语权的不可或缺支撑。中国职业教育国际话语权由职业教育话语生产能力、职业教育话语资格权利和职业教育话语影响力的三大方面构成。中国职业教育国际话语生产能力主要是指中国职业教育在理论研究和实践探索中为国际职业教育所创生的新概念、新理论和新模式的能力。中国职业教育国际话语资格权利是指中国职业教育理论创新和实践探索成果融入国际职业教育组织或格局权利。中国职业教育国际话语影响力主要是指中国职业教育理论创新和实践探索在国际职教大舞台中所产生的影响力。总之，中国职业教育国际话语权包含着是否具备为国际职业教育发展贡献话语的能力、贡献话语的资质和所贡献话语的影响力。

在上述背景和认识的基础上，本文着重分析新时代中国职业教育国际话语权的战略意义、发展形态与提升策略。

一、职业教育国际话语权的战略意义

2022 年 8 月 19 日，习近平总书记向世界职业技术教育发展大会致贺信时指出，职业教育与经济社会发展紧密相连，对促进就业创业、助力经济社会发展、增进人民福祉具有重要意义。2021 年 5 月 31 日，中共中央政治局就加强我国国际传播能力建设进行第三十次集体学习，习近平总书记指出，“形成同我国综合国力和国际地位相匹配的国际话语权，为我国改革发展稳定营造有利外部舆论环境，为推动构建人类命运共同体作出积极贡献”。职业教育是国家战略，是推动全球社会经济发展的重要力量。一国职业教育彰显该国综合实力，职业教育国际话语权在国家社会发展中具有重要战略意义。

（一）职业教育国际话语权是国家职业教育自主创新的体现

职业教育国际话语权是一国为国际职业教育所贡献和输出职业教育智慧的表达，实际上是一国职业教育自主创新水平的体现。这种职业教育自主创新集中体现在职业教育制度创新和思想理论创新两个方面，这种创新能够破解职业教育发展中的公共难题，能够为全社会提供可迁移、可效仿的蓝本。不论是职业教育制度创新还是思想理论创新，一方面是抓住了职业教育的本质性规律性问题，揭示了人类社会职业教育发展的内在规律；另一方面是为全社会贡献出了全球职业教育发展的公共智慧。以德国为例，德国职业教育的国际话语权是德国职业教育自主创新的体现。德国创立了供全球效仿的“双元制”职业教育人才培养模式，创生了“工作过程职业教育理论”，为人类社会认识职业教育本质做出了创造性的揭示，在世界职业教育理论和实践圈中展示了德国职业教育的自主创新水平，因此，德国职业教育的国际话语权在全球享誉。总之，一个国家是否拥有职业教育国际话语权或拥有职业教育国际话语权的程度，充分体现出该国的职业教育自主创新能力和水平。实际上，这也意味着，一个国家的职业教育国际话语权与其职业教育自主创新水平密切相关，要想在国际社会中拥有和提升其职业教育国家话语权，那么首先需要不断提升其职业教育自主创新水平，只有不断创新，不断向国际共享和贡献职业教育智慧，那么才会获得职业教育国际话语权。

（二）职业教育国际话语权是国家职业教育发展成熟的标志

“作为国家软实力的国际话语权既是一个国家文化传统、价值取向、精神气质的体现，也是一个国家战略目标、运筹能力、国家利益的象征。”国际话语权其实是一个复杂系统，其不仅仅是一种影响力的体现，而蕴涵着内在的文化传统、价值取向、治理能力、制度供给、思想体系等诸方面因素。职业教育作为一种跨界的事物，远远超越和超出了教育体系内部的边界，而与社会经济、文化传统、技术变革等方面密切相关，没有与社会经济、文化传统、技术变革等因素的密切协同，就不会有真正的职业教育。因此，职业教育国际话语权实质上是一国综合发展水平的体现、一国职业教育发展成熟的标志。还是以德国为例，众所周知其职业教育国际话语权的发展格局，其背后反映的是德国技能型社会建设、技术技能文化积累、职业精神、企业参与技术技能人才培养等多方面的发展状态，综合体现了职业教育发展成熟的状态。显然，在国际社会中，职业教育国际话语权是职业教育强国的重要指标。中国在建设职业教育强国的道路上，善于向国际社会讲好中国职教故事，传播好中国职教声音，贡献好中国职教智慧，分享好中国职教方案，展现好中国职教形象，宣示着职业教育国际话语权，助力和催化中国职业教育发展的成熟。

（三）职业教育国际话语权是国家社会经济国际地位的彰显

职业教育国际话语权是国家职业教育形象的重要体现，彰显其社会经济的国际地位。“提升并运用国际话语权是主权国家塑造和建设国家形象的重要路径。”首先，职业教育国际话语权是一国文化软实力的重要体现。中共十九届五中全会指出：“繁荣发展文化事业和文化产业，提高国家文化软实力。坚持马克思主义在意识形态领域的指导地位，坚定文化自信”。一个国家的职业教育国际话语权是一个国家文化软实力的重要体现，因为职业教育在国际上有没有声音、有没有具有影响力的声音、有没有得到国际认可，这反映的是该国职业教育作为一种文化彰显着一种力量，强化自身职业教育文化自信。我们都知道，当德国职业教育学者和职业教育工作者在世界上广泛展示和输出其双元制职业教育模式的时候，世界上其他国家对于双元制职业教育的热衷和效仿，国际上把德国作为职业教育模式创新的标杆，双元制成为国际上的一种话语，这其实形成了一种德国职业教育文化，双元制在国家职业教育话语中彰显了德国职业教育文化软实力。其次，职业教育国际话语权是一国综合影响力和竞争力的彰显。话语权是对外影响力和竞争力的集中体现形式之一，党的十八大报告首次使用了话语权概念，话语权是一个国家、民族和文明的标志。综观国际格局，基本形成这样一种认识，职业教育国际话语权占主导地位的国家往往是那些经济发展水平高，在国际社会中其国家发展水平处于前列的那些国家。职业教育与经济发展密切相关，二者之间几乎是一种正相关关系，职业教育国际话语权彰显了一国经济发展态势。

（四）职业教育国际话语权是国家在构建人类命运共同体中的担当作为

习近平总书记指出：“要深刻认识新形势下加强和改进国际传播工作的重要性和必要性，下大气力加强国际传播能力建设，形成同我国综合国力和国际地位相匹配的国际话语权，为我国改革发展稳定营造有利外部舆论环境，为推动构建人类命运共同体作出积极贡献。”在构建人类命运共同体中，中国职业教育责无旁贷。职业教育是教育事业中与经济社会发展联系最直接、最密切的部分，担负着为经济发展培养高素质技术技能人才的重任。构建人类命运共同体，推动全球经济蓬勃发展，中国职业教育肩负着向国际提供职业教育先进标准、分享人才培养模式和输送高素质技术技能人才的重要使命。助力人类命运共同体构建，拓宽国际化视野，服务“一带一路”建设，融入全球职业教育话语体系，成为世界职业教育交往中心，引领世界职业教育变革发展，是当前我国职业教育的重要使命。

二、新时代中国职业教育国际话语权的发展形态

总体上，伴随着中国对外开放的全方位、多层次、宽领域格局形成，以及中国职业教育自主发展水平的提升，中国职业教育国际话语权的发展经历了从弱到强、从被动到主动、从追随模仿到自主创新的历史性变革。具体而言，在国际话语生产能力、国际话语资格权利和国际话语影响力三个方面呈现出相应的发展形态。

（一）中国职业教育的国际话语生产能力从弱到强

可以这样讲，话语生产能力是话语权的基础，如果我们自己不会生产出话语，或者我们所生产的话语不具备原创性，那么我们就没有资本融入相应的圈子里，对于话语权的问题就无从谈起。“中国话语生产力是中国话语在其生产和实践过程中所表现出来的原创能力、对中国实践的引领能力、对西方话语的解构能力、为全球发展提供理念的贡献能力。”应当说，我们一直都有自己的职业教育话语在不断创生，但是可能并没有产生出国际影响；或者我们虽生产了职业教育话语，但是并未生产出职业教育国际话语。中国职业教育的国际话语生产能力集中表现在我们自己所创造的职业教育话语能够融入国际职业教育格局，中国的探索和实践能够为国际职业教育贡献智慧，能够解决国际难题。可以从这两个方面审视中国职业教育的国际话语生产能力：一是我们有没有自己的职业教育话语；二是我们自己的职业教育话语有没有进入国际体系。概括起来，中国职业教育的国际话语正在从弱变强。改革开放以来，中国职业教育从追随和学习，逐渐发展到今天不断创立和创生自己的品牌，并且在国际上产生广泛影响。

第一，中国职业教育已生产出许多独创的职业教育话语。职业教育话语主要表现为职业教育概念、职业教育思想理论、职业教育实践模式及品牌等。职

业教育概念如半工半读、工学结合、产教融合、专业群、课程群、德技并修等；职业教育思想理论如黄炎培先生创造的大职业教育主义思想、职业教育类型说、技能减贫理论等；职业教育实践模式及品牌如鲁班工坊、EPIP、五业联动、职教本科、集团化办学等。应当说，我国具备生产职业教育话语的能力，但是这些话语是否全部走向了国际，还需要时间和实践的考验。

第二，中国所生产的许多职业教育话语具有广泛国际影响，形成国际品牌。比如鲁班工坊、EPIP 等。其中 EPIP，即工程实践创新项目，EPIP 四个字母分别取自工程(Engineering)、实践(Practice)、创新(Innovation)、项目(Project)的英文首字母。EPIP 将理论教学与实践教学融合为一体，以实际工程项目为导引，以实践应用为导向，在真实的工作情境中培养学生探究能力和问题解决能力的新型教学模式，是一种我国独创的教学模式。EPIP 作为我国第一个国家级职业教育教学成果“特等奖”的重要内容，是以 20 余年的教学实践和理论研究为基础，汲取中国古代和近现代教育思想，借鉴国际先进教育教学理念而创立的，适合创新型、复合型、应用型技术技能人才培养的一种教学模式。《EPIP 教学模式——中国职业教育的话语体系》纳入中共中央宣传部“中华文化走出去工作重点任务清单项目”，同时 EPIP 教学模式已在鲁班工坊等国际合作与交流项目中广泛应用。总之，中国职业教育国际品牌彰显出职业教育话语的生产能力。

第三，中国职业教育话语生产主体的规模和实力发展前所未有。一是我国拥有世界最大规模的职业教育实践队伍。目前，我国已建成世界上规模最大的职业教育体系，共有职业学校 1.12 万所，在校生超过 2 915 万人，中高职学校每年培养约 1 000 万高素质技术技能人才，为促进经济社会发展和提高国家竞争力提供了有力支撑。二是我国拥有世界最大规模的职业教育科研队伍。“全国 1 400 多所高职院校普遍设立专门的职业教育研究机构。”“全国各地共举办公开出版的各类职业教育专业期刊和职业院校学报 300 多种。”目前全国有 30 多个教育学一级学科博士学位授权点可开展职业技术教育学二级学科方向招生工作，已有 130 多个职业技术教育学二级学科硕士学位授权点。三是我国拥有世界数量最多的职业教育科研成果。在 CNKI 中国知网中以“职业教育”为主题进行检索，2021 年有 1.61 万条该主题的文献，2020 年有 1.7 万条该主题的文献。在 CNKI 中国知网中可统计发现，近些年我国每年产出 1.5~2 万篇职业教育主题的文献。总之，中国职业教育的国际话语从被动追随和学习正在走向自主创新和输出，中国已具备自主生产职业教育国际话语的能力。

（二）中国职业教育的国际话语资格权利在自主创立的国际平台中得到充分行使和运用

如果仅仅自己生产自己的话语，而没有机会和平台向外展示，也不能确立国际话语权，更难以产生话语的国际影响力。国际话语资格权利是实现国际话语权的重要条件，其能够保障话语主体有资格、有机会去表达和展示话语。近年来，随着中国职业教育对外合作交流平台的不断开拓，中国职业教育的国际话语资格权利得到有效和充分的行使，促进了中国职业教育话语在国际的传播。

第一，在中国特色大国外交平台中赋予中国职业教育话语资格，向世界传递表达中国职业教育。从 2018 年中非合作论坛北京峰会，到 2021 年上海合作组织成员国元首理事会；从 2018 年在葡萄牙见证鲁班工坊协议签署，再到 2019 年与埃及总统塞西会见，习近平主席先后 10 次在重大外交场合就“鲁班工坊”作出重要论述，鲁班工坊已经成为促进合作国能力建设、改善民生福祉，服务“一带一路”的国家重大行动。此外，近些年，我国提出的“一带一路”倡议是全球治理的中国方案，是中国为世界提供的国际公共产品，是一个崭新的国际经济合作新平台。“一带一路”倡议作为中国特色大国外交平台，中国职业教育在共建“一带一路”中提供其他教育不可替代的人才和技术技能支撑，向世界输出中国特色职业教育课程标准，助力人类命运共同体建设。2016 年 7 月，教育部正式发布《推进共建“一带一路”教育行动》，提出中国教育要行动起来，中国倡导沿线各国建立教育共同体，聚力推进共建“一带一路”，首先需要中国教育领域和社会各界率先垂范、积极行动。例如，北京市于 2017 年在全国率先实施“一带一路”国家人才培养基地项目，北京丰台区职业教育中心学校先后搭建“丝路学堂”国际合作与交流平台，创建“丝路工匠”职业院校国际合作联盟，构建“技能培训 + 语言学习 + 文化交流”为特色国际学生培养培训课程体系。

第二，在区域性国际职业教育组织建设中不断拓展中国的职业教育话语表达平台。例如，中国同东盟加强职业教育、学历互认等合作；实施“未来非洲—中非职业教育合作计划”，继续同非洲国家合作设立“鲁班工坊”；倡议建立金砖国家职业教育联盟，举办职业技能大赛，为五国职业院校和企业搭建交流合作平台。

第三，主动搭建全球性国际职业教育交流平台，作为国际话语资格权利主体，设置国际议题，汇聚国际各方力量，共享中国职业教育智慧。例如，2017 年，EPIP 国际教育联盟成立，在泰国、印度、葡萄牙、埃塞俄比亚等国设立 EPIP 教学研究中心，推动了海外中国职业教育研究。再比如，通过举办世界职业技术教育发展大会，建立起职业教育国际交流合作的有效机制和途径。在参与和举办世界职业技能大赛中不断彰显中国职业教育的实力，通过职业技能的展示向世界表达中国职业教育成果。2022 年举办首届世界职业院校技能大赛，一方面向世界搭建了职业院校技能交流切磋的平台；另一方面向世界共享了中国职业院校技能的标准和形成模式。中国在参与和搭建国际职业教育平台中表达自己的职业教育话语。

（三）中国职业教育的国际话语影响力全方位绽放

话语影响力表示的是主体的表达能够影响社会的能力，中国职业教育的国际话语影响力是指中国职业教育思想理念和实践经验的表达呈现能够影响世界的能力。中国职业教育的国际话语影响是全方位的，影响力的点位上表现在办学实践经验、教育教学标准和资源、在他国职业教育体系构建中贡献中国智慧等方面，同时影响力的区域范围在不断扩大。

一是在海外建设鲁班工坊，举办职业技术学院，向国际培养技术技能人才，中国职业教育办学模式和实践经验在国际有声音。2016 年，由天津渤海职业技术学院建设的泰国鲁班工坊揭牌成立，这是我国在海外设立的首个鲁班工坊。目前我国已在 19 个国家建成 20 个鲁班工坊，并在海外建立起从中职到高职再到本科、从技术技能培训到学历教育全覆盖的职业教育输出体系。例如，建立吉布提"鲁班工坊"填补了本国没有高等职业教育层次的空白，助力相关国家构筑职业教育体系。鲁班工坊，是将中国职业教育的教学模式、专业标准、技术装备、教学方案与世界分享的实体化平台，为合作国培养熟悉中国技术、了解中国工艺、认知中国产品的当地技术技能人才。此外，2019 年，13 所高职院校协同中国有色矿业集团有限公司，率先在海外独立举办开展学历教育的高等职业学校——中国—赞比亚职业技术学院。

二是向国际共享中国职业教育教学标准与教学资源，中国职业教育教学思想和成果在国际上有声音。例如，中国职业教育人才培养标准和专业建设质量获得广泛认同。中餐烹饪国际化教学标准经过英国核准颁证，纳入英国普通和职业学历框架体系。目前，中国正在积极向国际共享中国职业教育课程教材资源。例如，南京工业职业技术大学积极开发首套以"中文 + 职业技能"为特色的系列教材。目前，南京工业职业技术大学选择海外急需急用的物流管理、汽车服务工程技术、电子商务、机电一体化技术、计算机网络技术、旅游管理等 6 个专业进行研发，每个专业包含初、中、高级 3 个系列。"中文 + 职业技能"国际推广基地将依托移动互联、大数据、人工智能等新技术，设立融合线上线下的联合实训室、智慧教室等，统筹推进"中文 + 职业技能"数字资源体系建设。

三是中国职业教育的国际话语的影响正在从个别国家区域扩展到更加广泛的区域。例如，天津职业技术师范大学与埃塞俄比亚职业技术培训学院合作建设跨境办学机构——埃塞俄比亚鲁班工坊，挂牌成立埃塞俄比亚 EPIP 教学研究中心和鲁班工坊国际发展研究中心，面向非洲国家地区开展高端技术人才培训和高水平职教师资培养，分享技术技能人才培养和职教师资培养的中国方案。埃塞俄比亚鲁班工坊得到非盟总部和东非各国的高度关注，其被非盟委员会人力资源与科技司列为面向整个非洲国家地区的高端技术技能人才培训基地。埃塞俄比亚鲁班工坊同世界银行东非职业技术教育改革与区域一体化项目卓越中心合作，形成了面向东非职业技术教育资源共享的格局，其服务影响力实质性地拓展到肯尼亚、坦桑尼亚等东非各国，充分彰显了中国特色职业教育教学模式影响力、中国职业教育品牌国际影响力和中国职业教育国际话语影响力。

但是，遗憾的是，在中国职业教育国际话语影响力中，中国职业教育思想和理念的影响力不足，目前还缺乏如同国际上“工作过程职业教育理论”“工作场所学习理论”“能力本位理论”等原创而有广泛深远影响的理论思想体系。话语体系是思想理论体系、知识体系和实践体系的综合外在表达形式，中国职业教育国际话语体系中应包含思想理论体系，职业教育思想和理念的影响力是构成中国职业教育国际话语影响力的重要内容。因此，加强中国职业教育思想和理念话语的国际化建设是增强中国职业教育国际话语影响力的未来发展方向之一。

三、新时代中国职业教育国际话语权的提升策略

“国际话语权建设受到国际权力结构分布、跨文化语境、软硬实力支撑、核心价值观建设、对外媒体的发展、对外合作机制的构建、话语质量、话语翻译以及话语传播能力等因素影响。”由上述观点启发可知，国际话语权的发展受多种因素影响，要提升中国职业教育国际话语权，需要从多方面努力助力中国职业教育国际话语生产能力提升、话语资格权利充分运用和话语影响力广泛扩展。

（一）提升我国职业教育国际话语生产能力

第一，建设职业教育强国是提升我国职业教育国际话语生产能力的硬实力支撑。话语权的本质是地位和实力，一个国家的国际话语权是与一个国家的实力相关的，国家实力强大，其国际话语权也一定影响力大。中国职业教育国际话语权的提升与我国职业教育实力密切相关。我们都清楚，德国的综合国力、英国的综合国力、美国的综合国力都是有目共睹的，同样他们的职业教育在国际上也是有特色有实力，也产生和拥有相应的国际话语权。要提升我国职业教育国际话语权，首先要提升我国职业教育的实力，就要建设职业教育强国，关键是提高我国职业教育质量，推动我国在整体规模和质量、发展理念、人才培

养模式、人才培养特色和人才培养成效职业教育等方面的综合实力不断提升。当我们的职业教育实力强大，那么我们会成为他国效仿的榜样，我们能够为国际贡献出中国特色的智慧，自然我们的职业教育国际话语权不言而喻。

第二，确立中国职业教育的国际情怀是提升我国职业教育国际话语生产能力的软实力支撑。新时代之中国，在世界舞台上扮演着重要角色，大国的形象体现在致力于国际事务的积极参与、积极奉献和积极服务；在职业教育领域，中国应以国际情怀，在人类命运共同体格局定位中国职业教育，致力于向国际职业教育提供服务，强化我国的“职业教育国际责任”。中国职业教育秉持天下为公、构筑人类命运共同体，主动担当国际职业教育发展问题的破解，为国际职业教育发展问题出谋划策，为国际职业教育发展问题贡献中国智慧。

第三，确立中国职业教育文化自信。习近平总书记在党的十九大报告中指出，“文化自信是一个国家、一个民族发展中更基本、更深沉、更持久的力量。”我们要自信，职业教育不是他国的专利，中国传统文化中孕育着丰富的职业教育智慧，以墨子为首的贤哲向世人贡献了先进的职业教育思想，中国古代的学徒制是当前国际社会全面推进的现代学徒制的开端，中国自古以来就有自己的职业教育智慧。我们要确立中国的职业教育文化自信，追随自己走过的职业教育发展道路和探索适合我们自己职业教育发展模式，贡献具有中国特色的职业教育智慧和方案，而不是毫无自我地一味盲从他国。我们不排斥向国际学习，但是这不能等于照搬照抄，将向国际学习等同于简单模仿和照搬，终究会失去我们的话语权；既要学习，也要基于自身的国情去探索创生，才能确立起自身在国际的话语权。

第四，积极发起和参与职业教育国际行动。话语权体现在行动中，也在行动中生成。中国职业教育国际话语生产能力在职业教育国际行动中孕育和彰显。一方面，我们要积极发起职业教育国际行动，谋求为全球职业教育治理贡献中国智慧和中国行动；另一方面，在他国或相关组织发起和实施的职业教育国际行动中，我们要积极主动参与，并发挥中国作用。例如，德国不来梅大学技术与教育研究所创始人菲利克斯·劳耐尔教授，他作为国际职业教育研究组织国际创新学徒制研究网络（The International Network on Innovative

Apprenticeship，INAP）、职业教育创新与专业发展联合网络（The United TVET Network on Innovation and Professional Development，UNIP）和国际文化与生产研究网络（The International Research Network on Culture and Production，CAPIRN）主席，作为世界范围内职业教育研究的领军人物，劳耐尔教授领衔团队所创立的“工作过程系统化”理念、职业能力开发与测评（Competence Development and Assessment in TVET, COMET）方法等，对国际职业教育研究做出了巨大贡献。因此，我们需要有人员或力量成为有关国际职业教育组织引领人或参与者，在组织和参与职业教育国际行动中生产国际话语。

（二）自觉运用职业教育国际话语资格权利

“国际话语权的实现既与中国在国际社会中的影响力、身份、国际话语与实践本身的特性紧密相连，也与国际受众的利益、文化、价值观以及对华认知等因素密切相关。”因此，我们既要自主创生话语，也要寻求或搭建展示话语的平台，争取国际对我们的认知，这就需要我们自觉运用好职业教育国际话语表达和展示的资格权利。

第一，进一步谋划和构建职业教育“主场外交”平台。近年来，我国在社会、经济、文化、生态等领域搭建了“主场外交”平台，如APEC北京峰会、上海合作组织峰会、中非合作论坛峰会、G20杭州峰会、“一带一路”国际合作高峰论坛、金砖国家领导人厦门会晤、中国共产党与世界政党高层对话会、博鳌亚洲论坛年会、中国国际进口博览会等，产生了广泛的国际影响，在这些“主场外交”平台中不断提升中国的国际话语权。职业教育领域也是如此，在职业教育国际发展战略中，我国政府层面成功举办了首届世界职业技术教育发展大会、主动争取承办世界职业技能大赛等，构筑职业教育“主场外交”平台，主动运用职业教育国际话语资格权利。例如，在首届世界职业技术教育发展大会上，来自全球123个国家深入交流职业技术教育发展之道，会议形成《天津倡议》，向全世界发出呼吁，共同推动全球职教务实合作，为实现联合国2030年可持续发展目标、构建人类命运共同体作出更大贡献。

第二，推动大国外交的职业教育平台建设。前期在中国特色大国外交体系中已初步形成并践行着“职教外交”格局，习近平总书记在多个外交场合主推“鲁班工坊”国际品牌，在外交活动中将“鲁班工坊”建设纳入到了国际合作项目之中。“鲁班工坊”已经成为一个我国外交中开展国际交流合作的职业教育国际平台，凝结着职业教育的中国经验和中国智慧创新总结，体现中国职业教育的特色和优势。以鲁班工坊为引领，未来，可以进一步深化职业教育融入中国外交战略。例如，“一带一路”倡议体系中，职业教育能干什么？应主动对接、融入和贡献。在国际经济活动中融入职业教育，这是因为职业教育与经济密切相关，随着中国经济的腾飞和国际影响力的不断提升，伴随在经济领域的国际活动和国际平台中，可以附带搭建职业教育国际展示的平台。

第三，在参与全球经济活动中充分发挥职业教育的力量。职业教育作为与经济密切相关的活动，在人力资源供给、技术技能共享与传承等方面发挥着至关重要的作用，全球经济活动离不开职业教育支撑。中国在参与全球经济活动中彰显职业教育的支撑力量，具体表现为职业教育为国际经济合作项目所需的人力资源发挥供给保障作用。例如，在“一带一路”合作中，中国不仅向世界输出职业教育教学标准和人才培养模式，而且可以进一步向世界输出中国职业教育教学装备，进而以职业教育先进装备为引领可以输出相应生产领域的制造装备、高科技产品和技术。

第四，举办世界性职业教育学术交流平台，打造职业教育国际合作项目。世界性学术交流平台和国际合作项目是向世界传播话语的有力平台。一方面，通过世界性职业教育学术交流平台，可以传播中国职业教育的思想和理念；另一方面，通过职业教育国际合作项目，可以向世界分享中国职业教育实践经验和模式。可以举办多种形式的世界性职业教育学交流平台。例如，一种是整个全球范围的学术交流平台持续推进。例如，持续推进世界职业技术教育发展大会举办，不断向世界分享中国职业教育学术思想。另一种是分区域、分行业领域的学术交流平台持续运行。例如，亚洲职业技术教育学术年会、中国—东盟职教论坛、中非职教论坛等；例如，制造业数字化转型与职业教育发展国际论坛、数字经济与技术技能人才培养国际研讨会等。

（三）多渠道提升我国职业教育国际话语影响力

第一，增强中国职业教育话语的公共性品质。话语的公共性品质是话语影响力的基础。一般而言，话语的公共性弱肯定不宜传播，更不容易产生影响力。所谓话语的公共性是指我们所表达和呈现的信息是基于普遍问题而创生的，具有普遍的指导性的，能够被大家接受和理解。这其实就需要我们多关注国际性的职业教育问题，解决人类普遍共存的职业教育难题，需要我们创造出具有普遍指导意义的理念和模式。增强中国职业教育话语的公共性，这样我们所生产的职业教育话语才容易被世界接纳，才会产生影响力。这也需要中国在全球职业教育治理中应始终承担职教大国责任，履行职教大国义务，拥有职教大国担当，秉持“共赢”理念，谋求人类职业教育共同利益发展。

第二，推进中国职业教育国际话语传播能力建设。话语传播能力是提升话语影响力的关键。习近平总书记指出：“要全面提升国际传播效能，建强适应新时代国际传播需要的专门人才队伍。要加强国际传播的理论研究，掌握国际传播的规律，构建对外话语体系，提高传播艺术。”“要着力推进国际传播能力建设，创新对外宣传方式，着力打造融通中外的新概念新范畴新表达。”这就需要我们加强职业教育国际化研究队伍建设，我们不仅能够生产先进的职教理念和成熟的实践模式，而且要能够将先进的职教理念和成熟的实践模式传播出去，具备话语传播能力。

第三，打造中国职业教育国际话语传播的学术平台。我国在已经开创的“一会、一盟、一赛、一展”范式的世界职业技术教育发展大会基础上，进一步创办自己的职业教育国际期刊，建设职业教育国际学术交流的专题网站和相关媒体平台，打造世界级的职业教育权威学术平台，形成世界职业教育学术中心，培育国际化的职业教育学术研究场域。这些学术平台、学术中心和研究场域建设的价值在于向世界分享“中国职业教育方案”，传播“中国职业教育价值”；讲好“中国职业教育故事”，传播“中国职业教育声音”。例如，德国联邦职业教育研究所，实质上是世界认可的研究和发展职业教育和职业培训的权威中心。在其官网上我们能够获取大量的职业教育研究报告和成果，这些研究报告和成果都是聚焦世界职业教育发展中的共性问题，如职业教育数字化、疫情对职业教育的影响、职业资格、职业能力发展等，为世界其他国家在职业教育发展中解决该方面问题提供公共知识，是德国职业教育国际话语传播的公共学术平台。

第四，拓展中国职业教育国际话语传播的实践平台。拓展职业教育境外合作办学，扩大职业教育领域国际人才的培养，为国际社会培养技术技能型人才。职业教育境外合作办学有利于促进中国职业教育国际话语权的价值认同，有助于中国职业教育价值观念的有效传播，拓展新时代中国职业教育的国际话语平台。同时需要职业院校拥有国际化办学的理念，形成外向型办学格局。推进中国职业教育课程的国际化开发，向国际输出中国职业教育特色技术类课程，进一步推进教材和教法的国际化输出。此外，中国驻外企业与中国职业院校合作，联合开发境外合作办学项目，可以承接国际职教官员、职教教师培养培训工作。

——摘自《现代教育管理》2023年第1期中吕景泉、赵文平《中国职业教育国际话语权的发展形态与提升策略》。

第四节　中国职业教育国际化的进展与方略

——2022 年职业教育国家级教学成果奖“国际化”主题成果分析

【此文发表于 2023 年 9 月】

国家级教学成果奖代表着我国教育领域推进教育教学改革的国家行动和国家成效，是彰显我国相关领域教育教学改革的最高业绩和水平。国家级教学成果奖既是一种国家级水准的成果总结，也是一种国家级的教育教学改革引领。通过全面梳理国家级教学成果奖的内容，可以分析和透视出相应领域改革发展的进展动态，并能预测未来的发展展望。2022 年职业教育国家级教学成果奖获奖 572 项，其中特等奖 2 项，一等奖 70 项，二等奖 500 项。经梳理，在所有奖项中，反映职业教育国际化的成果为 21 项，其中特等奖 1 项，一等奖 1 项，二等奖 19 项。职业教育国际化是近些年职业教育改革中的一大热点，以国际化为主题的 21 项 2022 年度职业教育国家级教学成果奖展现了我国近些年职业教育国际化的成就。为全方位把握我国职业教育国际化改革发展态势，本文尝试通过内容分析法，对 2022 年度职业教育领域的 21 项以国际化为主题的获奖成果进行剖析，透视我国职业教育国际化的进展，升华出中国职业教育国际化的基本方略。

一、职教领域国家级教学成果奖中的“国际化”成果概况

职业教育作为一项与经济社会发展联系最紧密、最直接的活动，伴随着中国对外合作交流的不断深化，中国职业教育国际化的进程也在不断加快。党的十八大以来，党中央高度重视对外开放工作，我国对外开放水平达到前所未有的高度。职业院校积极开展国际交流合作，探索出了多样化的国际化模式，取得了丰硕的国际化成果。2022 年度职业教育国家级教学成果奖中的“国际化”

成果充分体现了新时代中国职业教育国际化的水平和格局。

（一）获奖成果题目的关键词分析

通过对获奖成果题目进行解析，可析出 100 余个关键词，其中关键词频数排在前五位的是实践、模式、探索、国际化、创新，这在一定程度上体现出了国际化教学成果的实践性和原创性特点，基于国际化模式的实践探索；此外，如标准、“一带一路”、协同、联动、融合、人才等关键词出现的频次也较高，这些关键词透视出了职业教育国际化的背景——“一带一路”，彰显出了职业教育国际化在协同、联动和融合中推进，同时也体现出成果聚焦了人才培养和职业教育标准的输出这些核心要点。图 5-2 所示为成果题目的关键词词云分布。表 5-2 为“国际化”获奖成果题目情况。

图 5-2　成果题目的关键词词云分布

表 5-2　“国际化”获奖成果题目情况

序号	题　　目
1	模式创立、标准研制、资源开发、师资培养——鲁班工坊的创新实践
2	服务建筑业国际产能合作，培养高职土建类国际化人才的探索与实践
3	四方联动、标准引领、语技融合——职业院校“走出去”人才培养模式探索与实践
4	“行业主导、专业联动、抱团出海”电力职业教育国际化办学模式研究与实践
5	走出去，引进来，服务“一带一路”高职交通类院校国际化模式的探索与实践
6	服务“一带一路”建设的“外语 +”高职多语种人才培养模式的探索与实践

续表

序号	题　　　目
7	校企协同构建服务“一带一路”人才培养命运共同体的探索与实践
8	西鉴—中融—东输：面向东盟地区国际合作培养交通技术技能人才的研究与实践
9	“三能递进 四轮驱动 五位一体”的国际学生人才培养模式创新与实践
10	中国味 丝路香：中国饮食文化“走出去”的职教创新实践
11	培训先行 标准对接 装备优质——中职教育国际合作与交流范式探索与实践
12	标准引领 语技并举 中外联动：东盟小语种人才培养的侨校实践
13	“一带一路”背景下中肯职业教育装备制造类专业国际合作模式的探索与实践
14	高职国际化“引优提智、开源育匠、强枢聚能、援外示范”协同育人创新与实践
15	从引进到引领：旅游高职教育国际化办学的探索与实践
16	一研三体五维：引领区域职业院校面向东盟的国际协同育人模式研究与实践
17	基于澜湄跨境江河运输共同体的国际船员育训模式的创新与实践
18	高职商业类国际学生“双轮驱动、三元融合、多维交互”培养模式的创新与实践
19	澜湄合作机制下“一体两翼四轮驱动”国际化职业教育培训体系构建与实践
20	“中外融通、标准融汇、校企融智”跨境电商在地国际化人才培养的创新与实践
21	非洲技术技能人才本土化培养的“楚怡”职教模式探索与实践

（二）成果完成单位分布情况

由表 5-3 和表 5-4 可知，21 项获奖成果中，华东地区最多，一共 6 项，占 28.75%，其中浙江 4 项、江西 1 项、江苏 1 项；其次是华北和西南，各 5 项，分别占 23.81%，其中华北地区天津 2 项、北京 2 项、内蒙古 1 项，西南地区云南 3 项、四川 1 项、贵州 1 项；华南地区一共 3 项，均在广西；东北和西北地区没有。从地域来看，如图 5-3 所示，浙江、广西、云南、天津和北京在数量上处于领先的位置，从中也透视出这些地域职业教育的优势和特点，如广西积极服务和对接中国—东盟战略，因此探索出了多项中国—东盟职业教育交流合作的成果。

表 5–3　第一完成单位分布情况

序号	第一完成单位	所属区域	序号	第一完成单位	所属区域
1	天津职业技术师范大学	华北	12	广西华侨学校	华南
2	四川建筑职业技术学院	西南	13	内蒙古机电职业技术学院	华北
3	北京工业职业技术学院	华北	14	九江职业技术学院	华东
4	郑州电力高等专科学校	华中	15	浙江旅游职业学院	华东
5	云南交通职业技术学院	西南	16	中国—东盟职业教育研究中心	华南
6	北京联合大学	华北	17	云南交通运输职业学院	西南
7	无锡商业职业技术学院	华东	18	浙江商业职业技术学院	华东
8	广西交通职业技术学院	华南	19	云南民族大学	西南
9	铜仁职业技术学院	西南	20	浙江机电职业技术学院	华东
10	浙江商业职业技术学院	华东	21	湖南外贸职业学院	华中
11	天津市东丽区职业教育中心学校	华北			

表 5–4　第一单位所属区域分布情况

区域	数量	占比
华北	5	23.81%
华东	6	28.57%
华南	3	14.29%
华中	2	9.52%
西南	5	23.81%

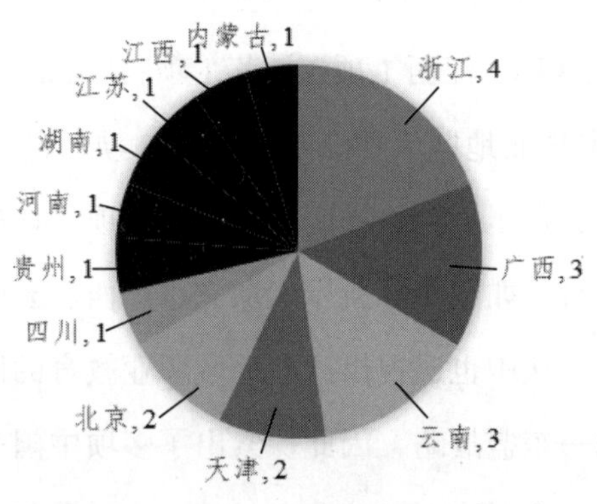

图 5–3　“国际化”获奖成果地域分布

由表 5–5 可知，有 71.4% 的成果合作单位为 3 个及以上，此外有 1 家完成单位和2家合作单位完成的成果各有3项。其中天津职业技术师范大学、天津轻工职业技术学院牵头的成果"模式创立、标准研制、资源开发、师资培养——鲁班工坊的创新实践"由来自天津的15家单位合作完成，郑州电力高等专科学校牵头的成果"'行业主导、专业联动、抱团出海'电力职业教育国际化办学模式研究与实践"由来自全国的12家电力类职业院校合作完成。从企业参与情况来看，只有5项成果没有企业作为完成单位参与其中，其余16项成果的完成单位均有企业，充分体现出职业教育的跨界性。

表5–5　合作单位数量情况分布

成果序号	合作单位数量	其中企业所占数量	成果序号	合作单位数量	其中企业所占数量	成果序号	合作单位数量	其中企业所占数量
1	15	0	8	5	1	15	3	1
2	3	2	9	1	0	16	7	1
3	4	1	10	3	1	17	3	1
4	12	1	11	1	0	18	3	1
5	2	1	12	6	2	19	2	0
6	8	1	13	2	1	20	3	2
7	3	1	14	1	0	21	3	2

（三）成果服务行业领域分布情况

从成果服务行业领域分布情况来看（见表5–6），充分说明职业教育紧随产业发展，中国职业教育国际化致力于服务中国对外交流合作的产业领域。获奖成果在装备制造、交通运输、土木建筑、电力、财经商贸、旅游餐饮、语言等行业领域展开了探索服务，在相应领域的标准建设、资源共享和人才培养等方面取得了丰硕成果。

表5–6　成果服务行业领域分布情况

成果序号	成果服务的主要行业领域	成果序号	成果服务的主要行业领域	成果序号	成果服务的主要行业领域
1	全面服务	3	语言＋技能＋文化	5	交通
2	土木建筑	4	电力	6	多语种人才

续表

成果序号	成果服务的主要行业领域	成果序号	成果服务的主要行业领域	成果序号	成果服务的主要行业领域
7	全面服务	12	东盟小语种	17	海运—船员
8	交通	13	装备制造	18	财经商贸
9	全面服务	14	全面服务	19	国际职业培训
10	餐饮	15	旅游	20	外贸—跨境电商
11	国际合作交流	16	全面服务	21	全面服务

（四）成果辐射国家分布情况

21 项“国际化”获奖成果均在不同程度辐射了相应的国家或区域（见表 5-7），总体上主要以共建“一带一路”国家为主，成果在亚洲、欧洲和非洲的部分国家得到推广应用或开展了战略合作。其中，东盟国家和非洲辐射的力度最大，这与我国企业走出去的格局有着密切关系，充分体现了中国职业教育服务国际产能合作的战略意义。

表 5-7　成果辐射国家分布情况

成果序号	成果辐射的主要国家	成果序号	成果辐射的主要国家	成果序号	成果辐射的主要国家
1	英国、印度、埃塞俄比亚、南非、埃及等 19 国	6	泰国、马来西亚、越南、西班牙等	11	印度尼西亚
2	坦桑尼亚	7	柬埔寨	12	东盟国家
3	赞比亚	8	印度尼西亚、缅甸等东盟国家	13	肯尼亚
4	尼泊尔、巴基斯坦、老挝及其他东盟国家、阿盟国家	9	老挝等东盟国家	14	泰国
5	泰国、老挝、缅甸、俄罗斯、马来西亚等	10	西班牙	15	澳大利亚、意大利、俄罗斯等

续表

成果序号	成果辐射的主要国家	成果序号	成果辐射的主要国家	成果序号	成果辐射的主要国家
16	东盟国家	18	荷兰、尼泊尔	20	澳大利亚、英国、缅甸、泰国、肯尼亚
17	泰国、缅甸、老挝、越南等澜湄国家	19	缅甸、老挝、柬埔寨等澜湄国家	21	苏丹、布基纳法索等非洲国家

（五）成果起始时间和实践检验起始时间情况

从成果起始时间和实践检验起始时间情况看，体现出教学成果奖的长期性和实践性（见表 5–8）。12 项成果的起始时间距申报时间超过 10 年，经过了长期的探索，其中"'行业主导、专业联动、抱团出海'电力职业教育国际化办学模式研究与实践"和"模式创立、标准研制、资源开发、师资培养——鲁班工坊的创新实践"这两项成果分别于 2002 年和 2005 年就开始探索。11 项成果拥有 6 年及以上的实践检验周期，成果的实践性和巩固性得以充分保障。

表 5–8　成果起始时间和实践检验起始时间情况

成果序号	成果起始时间	实践检验起始时间	成果序号	成果起始时间	实践检验起始时间	成果序号	成果起始时间	实践检验起始时间
1	2005	2016	8	2010	2015	15	2010	2017
2	2014	2017	9	2013	2017	16	2013	2015
3	2009	2016	10	2013	2017	17	2012	2017
4	2002	2018	11	2016	2018	18	2012	2016
5	2012	2014	12	2010	2015	19	2014	2018
6	2013	2017	13	2010	2016	20	2015	2018
7	2010	2016	14	2014	2016	21	2010	2016

二、从"国际化"获奖成果透视中国职业教育国际化的进展

以国际化为主题的职业教育国家教学成果奖代表着中国职业教育国际化的成果和水平。基于上述对"国际化"获奖成果基本概况的分析，可以进一步透视出中国职业教育国际化的进展，具体表现在以下几个方面。

（一）形成为他国培养技术技能人才的服务定位

进入新时代以来，中国职业教育国际化的定位发生了方向性的变化，从过去单纯地学习和引进国外的理念、模式与资源，到今天已转型为向国外“输出”中国的标准和方案，形成了为他国培养技术技能人才的服务定位。例如，天津职业院校响应习近平总书记提出“一带一路”倡议，在教育部、天津市委市政府领导下，基于国家职教示范区成果，原创首创并率先实施“鲁班工坊”项目建设。2016 年 3 月，首个鲁班工坊在泰国建成。截至 2022 年 9 月，天津院校相继在英国、印度、葡萄牙、南非、埃及等 19 个国家建设了 20 个鲁班工坊，项目遍及亚欧非，为项目建立国培养了技术技能人才。再如，北京工业职业技术学院牵头的项目为赞比亚培养自动化与信息技术、珠宝设计与加工等专业领域的技术技能人才。中国广大的职业院校积极走出去，在他国培养了一批知华、友华、爱华的本土技术技能人才，确立起来了为合作国家培养技术技能人才的服务定位。

（二）在他国建立实体性办学机构

“走出去”在境外办学标志着中国职业教育国际化进入了一个新的阶段。天津职业技术师范大学牵头的成果创造性地在境外创建的实施学历教育和技术培训的实体化合作机构——鲁班工坊，品牌化、系统化、体系化实施中外技术技能人才合作项目。北京工业职业技术学院牵头的成果建成我国首家开展海外学历教育的中国——赞比亚职业技术学院、首家职教型孔子课堂，开展学历教育、中文教学、技能培训，培养本土技能人才，为驻赞企业高质量发展，保障战略金属供给提供了人才支撑。浙江商业职业技术学院牵头的成果与西班牙巴利阿里大学合作开设中餐学院。郑州电力高等专科学校联合一批电力职业院校为服务企业“走出去”，组建“一带一路”电力丝路学院联盟，在海外建立电力丝路学院，行企校抱团出海开展学历教育、技术培训、人文交流、技能竞赛等。浙江旅游职业学院牵头的成果立足旅游行业，建立境外办学机构中俄旅游学院、中塞旅游学院和中意厨艺学院。

（三）国际合作面向多个行业领域和多个国家区域全面开花

一方面，国际合作面向多个行业领域。总体来看，这些年中国职业教育的国际服务面向了装备制造、交通运输、电力、旅游、商贸、语言等多个行业领域。例如，广西交通职业技术学院牵头的成果服务交通运输行业，为面向东盟地区国际合作培养交通技术技能人才提供了“跨境协同、平台支撑、标准引领、育训并举”的“中国方案”。再如，内蒙古机电职业技术学院牵头的成果围绕装备制造行业领域，利用“一基地一学院”“一中心一联盟”国际合作平台，通过开展师资培训、技能竞赛、技术服务等活动，向肯尼亚输出中国职教标准。

另一方面，服务面向国家形成“点—线—面”的辐射格局。天津职业院校相继在泰国、英国、印度、葡萄牙、南非、埃及、埃塞俄比亚等19个国家建设了20个鲁班工坊，项目遍及亚欧非。自2003年中国和东盟确立战略伙伴关系以来，双方在教育领域的合作不断深化，特别是职业教育已成为深化中国—东盟合作的重要内容。以广西壮族自治区的职业院校为引领，探索中国—东盟职业教育合作交流模式，形成了服务东盟国家的技术技能人才培养。

（四）中国职业教育标准在海外本土化

以鲁班工坊为例，基于中国教学模式，以国际化标准研制为牵引，开发了105个国际化专业标准框架，组织了243个试验班，境外“落地”建设了49个专业，研制了12个专业类鲁班工坊建设标准，形成了一批境外适用的教学方案。内蒙古机电职业技术学院牵头的成果研制了系列化中国职业教育标准体系，围绕硬件上的场地建设、设备配置和软件上的技术、服务、专业、课程等领域，编制了58个具有国际水准的现代职业教育标准。北京工业职业技术学院牵头的成果形成了具有“国际理念、中国元素、海外特色”的专业标准和课程标准，被纳入赞比亚国民教育体系，促成了标准的落地和实施，填补了赞比亚国家相关专业标准空白。

（五）创新丰富的国际合作品牌或人才培养模式

各项成果在推进中国职业教育国际化的进程中，创新了丰富的国际合作品牌或人才培养模式，为中国职业教育国际化提供了可借鉴的道路。在国际合作品牌方面，创建了鲁班工坊、丝路学院、楚怡模式、澜湄非遗工坊等一批具有中国文化特色国际合作品牌，并且国际影响力不断提高。“自产生动意之日起，鲁班工坊就是被作为中国职业教育的国际品牌来设计和打造的。”在人才培养模式方面，如天津职业技术师范大学牵头的成果创造性地探索出了适合技术技能人才培养的 EPIP 教学模式，并在亚欧非多国建立了 EPIP 教学研究中心，促进了中国职业教育的国际化研究，形成了中国职业教育的国际话语。北京联合大学牵头的成果创新了产教协同“外语 +”多语种复合型人才培养模式。内蒙古机电职业技术学院牵头的成果创新了“标准输出、平台支撑、机制保障”国际化人才合作培养的新模式。广西交通职业技术学院牵头的成果构建了“跨境协同、平台支撑、标准引领、育训并举”面向东盟地区国际合作培养交通技术技能人才培养新模式。浙江商业职业技术学院牵头的成果创建了商业类国际学生“双轮驱动、三元融合、多维交互”人才培养新模式。郑州电力高等专科学校牵头的成果创建了“行业主导、专业联动、抱团出海”职业教育国际化办学模式。

三、从“国际化”获奖成果透视中国职业教育国际化的基本方略

总体上，从获奖成果梳理可知，我国职业教育国际化基于中国国情与文化传统，进入到自主创建模式、制定标准、研发装备、开发教材的新阶段，构建了中国职业教育的国际标准、国际资源与国际话语体系。那么，我国广大职业院校所探索的国际化方面教学成果形成了推进职业教育国际化的基本方略，通过全面梳理，可以集中归纳为以下几个方面。

（一）以服务中国对外交流合作重大战略为出发点

教育是国之大计、党之大计，服务于中华民族伟大复兴是教育的重要使命。中国政府将职业教育作为国际交流合作的重要内容，在许多重要国际会议上不断提出职业教育合作新举措，广大职业院校在国际化中积极回应我国政府

的外交战略。从各项获奖成果的探索中可以发现，职业院校将服务中国对外交流合作的中国大战略作为推进职业教育国际化的出发点。以“鲁班工坊”为代表的成果服务于人类命运共同体的构建，服务于“一带一路”建设，服务于“未来非洲—中非职业教育合作计划”实施，服务于“澜湄合作五年行动计划”落实，服务于“中国—东盟全面战略伙伴关系”建立，等等。职业教育成为构建人类命运共同体的重要助力。职业教育正成为促进共建“一带一路”国家青年就业和民生改善、各国人民民心相通的有效桥梁，成为中外经贸和人文交流合作的新载体。

（二）以走出去培养当地国技术技能人才为立足点

教育的根本任务是立德树人，职业教育以培养德技并修的技术技能人才为目的。职业教育服务国际产能合作和中国企业走出去，培养国际化人才和中资企业急需的本土技术技能人才，以合作国中资企业所需要的技术技能人才培养作为职业院校走向国际化的立足点。例如，四川建筑职业技术学院牵头的成果“服务建筑业国际产能合作，培养高职土建类国际化人才的探索与实践”，以“‘走出去’的建筑业急需具有国际视野，会外语、商务谈判又懂工程技术，能服务国际产能合作的高素质技术技能人才”作为立足点，为涉外建筑企业提供了国际化人才支撑。

（三）以先进的职业教育思想、理论或理念为引领点

无思想指引的行动是盲目的，职业教育改革创新需要先进的思想、理论或理念来引领。中国职业教育国际化的推进路径离不开先进的职业教育思想、理论或理念的引领。例如，广西交通职业技术学院牵头的成果形成了“借鉴发达国家先进职教模式，融合中国职教改革成果及交通建设新标准、新技术，构建交通人才培养的‘中国标准’，跨境协同促进标准的推广与应用，共同培养交通人才”的新理念。例如，浙江旅游职业学院牵头的成果提出“构建国际旅游教育共同体”理念，以此引领国际化办学。再如，浙江机电职业技术学院牵头的成果以“在地国际化”理论为基础，提出学生“不出国门”的国际化教育在地培养新理念，为探索“中外融通、标准融汇、校企融智”跨境电商在地国际

化人才培养提供了理念引领。

（四）以技术技能人才培养系统要素革新为支撑点

技术技能人才培养是一个系统工程，涉及人才培养标准、课程体系、教学资源、师资队伍等一系列要素的支撑。国际化技术技能人才培养具有相对的复杂性，职业教育走向国际化需要以技术技能人才培养系统要素革新为支撑点。综观获奖成果，可归纳出一条共识性的方略，即以技术技能人才培养系统要素革新为支撑点，这是推进职业教育国际化的基本方略。在国际化办学的标准开发、师资保障、教学资源、基地建设、质量保障等方面，如天津职业技术师范大学牵头的“模式创立、标准研制、资源开发、师资培养——鲁班工坊的创新实践”成果，基于EPIP教学模式的探索与创立，构建了产业、行业、企业、职业、专业“五业联动”办学机制；基于国际化专业教学标准的研制与实施，形成了“核心技术一体化”专业标准开发机理；基于教育部、天津市主办10余届全国职业院校技能大赛的赛项设计、组织实施、成果转化，开发了“工程化、实践性、创新型、项目式”系列化综合实训课程，研制了一批双语教学资源；基于中外合作办学项目的能力保障需要，实施了以工程实践为导向、以实践创新能力培养为目标的职教师资培养计划。“本土师资培养先行是鲁班工坊创建国际品牌并成功向境外提供国际公共产品的关键。”鲁班工坊通过为合作国培养高水平本土师资，有效地促进了在合作国开展人才培养系统要素的革新。

（五）以导向性的体系化的国际标准建设为保障点

标准是一种指南，也是一种衡量和评判活动或成果的依据，更是一种质量建设的保障。职业教育国际化的水平以及国际化人才培养的质量，需要以导向性的体系化的国际标准为保障。“在构建人类命运共同体和推动全球经济蓬勃发展的进程中，中国职业教育肩负着向国际提供职业教育先进标准、分享可复制的人才培养模式和输送高素质技术技能人才的重要使命。”获奖成果已研制出了相应领域里引领性的、体系化的国际标准，为相应的人才培养和教育活动提供了高质量的保障。例如，浙江旅游职业学院牵头的成果“从引进到引领：旅游高职教育国际化办学的探索与实践”，研制全球通用的国际邮轮乘务专业课程标准；主导制定《导游等级划分与评定》《旅游民宿基本要求与等级划分》2 个国家标准、4 个行业标准，主持编制全国首个国际旅游教育团体标准、餐饮业标准并成功输出世界。

四、小结

新时代以来，中国职业教育国际化已从过去的以“引进来”为主的格局转向为以“引进来”和“走出去”并重的格局，尤其是“走出去”的格局占据了主导地位。社会经济发展制约或决定着职业教育发展，职业教育发展反作用于社会经济发展；中国职业教育国际化的格局转型，实质上正是中国经济“引进来”与“走出去”并重的结果；中国职业教育“走出去”是支持中国企业“走出去”的直接产物，中国职业教育国际化已进入内涵发展阶段。未来仍有一系列工作可以持续推进，例如，“为稳步推动职业教育国际化进程，增强职业教育适应性，我国应加快建立健全职业教育国际化相关政策法规体系”，提升职业教育国际化治理能力，保护和助力国际化品牌“走得更远”；建构中国职业教育的国际话语，广泛分享中国职业教育创新发展成果，推动话语体系、标准体系、装备体系、资源体系全面发力；探索职业教育国际化认证试验，提升职业教育的主导力；构建职业教育国际合作机制与对话平台，提升职业教育影响力；推动中国职业教育在世界上与主流教育体系对话、交流、合作与分享，走入世界职业教育发展的舞台中央。

——摘自《中国职业技术教育》2023 年第 25 期中吕景泉、赵文平、张磊《中国职业教育国际化的进展与方略——2022 年职业教育国家级教学成果奖“职业教育国际化”主题获奖成果分析》。

第五节　增强职教适应性，打造新时代职教创新发展标杆

【此文发表于 2022 年 3 月】

2021 年 12 月 31 日，天津市人民政府网站发布《教育部　天津市人民政府关于深化产教城融合　打造新时代职业教育创新发展标杆的意见》。意见成文于 2021 年 1 月 5 日，经教育部、天津市人民政府商研政策清单，分解工作任务，落实责任部门，建立推动机制，形成由教育部部长和天津市市长共同担任协调推动工作组组长，分管副部长和分管副市长担任副组长，教育部相关司局和天津市有关部门负责同志为成员的部市“共建国家职业教育创新发展标杆”领导小组，负责统筹协调推进职业教育创新发展。

至此，天津职业教育改革创新发展，站在新时代，开启了新征程。

一、从职教试验区、示范区到升级版

2005—2020 年，教育部确定天津市为全国首个“国家职业教育改革创新试验区（简称试验区）”（2005—2010 年），之后升级为唯一的“国家职业教育改革创新示范区（简称示范区）”（2010—2015 年）和“国家现代职业教育改革创新示范区（简称升级版）”（2015—2020 年）。

试验区建设，以深化职业教育体制机制改革为建设主线，示范区建设，以创新产教融合运行体制机制为建设主题，2015—2020 年的升级版建设，以提升职业教育适应性为建设主旨。试验区、示范区、升级版“三区”15 年建设的核心目标，是全面加强职业教育服务国家战略需要，服务区域经济社会发展需求。经过连续 15 年建设，天津职业教育初步实现了职业教育与经济社会同步规划、与产业建设同步实施、与技术进步同步升级、与国际产能合作同步布

局，通过实践探索、理论研究、经验总结和模式推广，对国家职业教育政策和区域职业教育实践产生了重大影响，建成具有中国特色、天津特质的现代职业教育发展高地。

1．坚持五主体制，完善行业企业办学特色

坚持和完善党委主导、政府主推、行业主办、教育主管、企业主体的“五主”体制，围绕城市定位和区域经济社会发展，全面对接产业转型升级和民生改善需求，形成产业、行业、企业、职业、专业“五业联动”产教融合机制，凝聚区域（区政府）、行业、企业、职业院校、科研院所“五方携手”合力，区校联手组建16个立足区域、面向产业、服务企业、辐射社区的职教集团，打造技术技能积累创新联合体。行业企业主办的高等职业院校始终保持在70%以上、中等职业学校保持在50%以上。完善职业教育经费投入机制，强化行业企业主体责任，完善业绩考核制度。健全职业院校领导班子选聘、调整、考核与教育部门、行业企业会商机制，探索行业企业技术骨干与职业院校教学骨干“双栖”互聘机制，加大职业院校管理干部横向交流力度。

2．坚持系统思维，建设中国特色职业教育体系

天津职业院校聚焦战略性新兴产业、先进制造业、传统优势产业和现代服务业，办好先进制造、人工智能、航空航天、石油化工、新能源、新材料、养老护理和幼儿教育类等专业。加强职业院校基础能力建设，使其成为区域人才培养、社会培训、职业启蒙、社区服务、老年教育的中心。加快中职与高职系统培养、高职与本科联合培养改革，加强应用技术大学与职业技术师范大学牵头引领，构建中职、高职、职教本科、专业硕士、特需博士有效衔接的技术技能人才培养通道，搭建人才多样化发展的“立交桥”和双师型职教师资培养的“加油站”，推进职业院校新教师入岗、试岗、胜岗“三年三阶段”、在职教师“五年一轮次”综合职业素质提升行动，初步形成具有中国特色的现代职业教育体系和“工匠之师”培养培训体系。

3．坚持开放理念，创成“鲁班工坊”国际品牌

天津职业教育首创原创，天津职业院校率先组织实施“鲁班工坊”项目建设，实施中国职业教育国际化、品牌化、系统化、体系化对外交流合作，创立了中国职业教育国际品牌。2018 年 9 月 3 日，习近平主席在中非合作论坛北京峰会上宣布，在非洲设立 10 个鲁班工坊。同年，习近平主席见证葡萄牙鲁班工坊项目建设签约仪式。自此，鲁班工坊上升为国家行动。2021 年 9 月 17 日，习近平主席在上海合作组织成员国元首理事会第二十一次会议上提出：未来 3 年，中方将向上海合作组织提供 1 000 名扶贫培训名额，建成 10 所鲁班工坊。2021 年 11 月 29 日，习近平主席出席中非合作论坛第八届部长会议发表主旨演讲提出，继续同非洲国家合作设立“鲁班工坊”。鲁班工坊，开启了发展新征程。

天津院校在亚欧非三大洲 19 个国家建设了 20 个鲁班工坊，助力中国优势产业、优秀企业和优质产品走出去。鲁班工坊以国家职教试验区、示范区和升级版建设的优质教学资源为支撑，培养当地国家熟悉中国装备和技术、了解中国产品和标准的本土化技术技能人才。鲁班工坊，萌动于试验区建设，发端于示范区建设，起步于升级版建设，成熟于服务“一带一路”，定型于鲁班工坊上升为国家行动。鲁班工坊服务中国企业走出去，促进国际产能合作，助力人类命运共同体建设。鲁班工坊，是天津职业教育试验区发展、示范区改革、升级版创新的成果集大成，是中国职业教育内涵发展、提质培优、改革创新的成果集大成“呈现”。

4．坚持大赛引领，探索中国职业教育制度创新

天津作为首个国家职业教育改革试验区，2007 年 8 月，教育部与天津市政府研究确定，实施“每年举办全国职业院校技能大赛”重大举措，天津被确定为主赛场和永久举办城市。2008 年，首届全国职业院校技能大赛（简称大赛）在天津开幕，到 2019 年，每年举办一届大赛，历经了十二届次。大赛纵穿天津职教试验区、示范区及升级版建设过程，已经发展成为中国职业教育领域乃至全国范围规格最高、校企合作最紧密、专业覆盖面最广、参赛选手最多、社

会影响力最大、联合主办部门最全的国家级技能赛事。随着大赛发展，中国职业教育在深化教学改革、服务经济社会、助力产业升级、推动区域发展、促进国际合作等方面取得可喜成绩。大赛有力助推中国职业教育发展，成为中国职业教育的亮丽品牌。

天津职业院校围绕产业发展需求，加大赛项成果转化，研制和开发高技能人才培训和技能赛项教学资源，完善校级、市级、国家级职业技能竞赛体系，在职业院校建设多个世界技能大赛培训基地，创设全国职业院校技能大赛成果转化中心。天津职业教育创新竞赛机制，拓展参赛范围，引进国际知名品牌赛项，面向经济社会发展急需紧缺职业（工种），吸引国际选手和国内产业工人参加大赛，实施优质赛项、教学装备、教材资源走出去，增强了职业技能大赛的国际影响力和社会贡献力。

5. 坚持服务宗旨，助推京津冀协同和东西部协作

建设京津冀职业教育协同发展共同体，完善京津冀职业教育产教对接平台和协同发展运行机制，加强京津冀职业教育科研、教研联盟建设。落实天津市与雄安新区签订的职业教育战略合作协议，统筹国内外优质资源，服务雄安新区职业教育产教融合专业建设和师资培养培训项目。加大国家职教示范区成果分享，倾心、聚力、精准、重效，采取区域系统援建、品牌整体输出、专业结对共建、师资订制培训、学生定向培养“五模式”，服务东西部协作“脱贫攻坚、职教帮扶”项目建设。发挥国家中西部地区职业教育师资培训中心平台作用，高质量完成新疆和田、西藏昌都、甘肃甘南、青海黄南、内蒙古鄂尔多斯、云南滇西，以及河北承德、青龙、威县等职教帮扶项目。

天津职业教育，发挥试验区、示范区、升级版的建设优势，勇于开拓，敢于创新，荣获中国职业教育领域首个国家级教学成果“特等奖”，成功创设职业教育领域第一所应用技术大学，率先将职业教育纳入天津市“双一流”建设计划，创立国家中西部地区职业教育师资培训中心，构建起产教融合办学体制、“五业联动”办学模式、工程实践创新项目（EPIP）教学模式，创建“鲁班工坊”职业教育国际品牌，形成具有中国特色、世界影响的职业教育话语体系，成为

中国职业教育改革创新发展的“拓荒牛”“千里马”“领头羊”，彰显了一个“闯”字，体现了一个“快”字，突出了一个“带”字。

二、新时代职业教育创新发展标杆建设至要

2022年是天津“新时代职业教育创新发展标杆”建设全面开启之年，也是天津市职业教育现代化“十四五”规划落实落地落细的关键之年。贯彻落实全国职业教育大会精神，优化职业教育类型定位，加快构建符合新时代要求的纵向贯通、横向融通的现代职业教育体系，增强职业教育的适应性，成为创新发展的主线。推进新时代职业教育创新发展标杆52项任务，力争在行业企业多元办学、对接服务产业高端需求、构建思政一体化育人体系、促进国际交流合作等方面实现新突破，成为创新发展的重点。实施职业教育创优赋能行动、深化职业教育产教融合、增强职业教育服务能力等领域实现新进展，成为创新发展的着力点。

天津职业教育，要继续解放思想，凝聚合力，以新理念拓展新思路，以新思路落实新任务，以新任务推进新发展，在创新发展的深度、广度、力度上再下新功夫，持续保持职业教育的领先态势，探索形成创新发展职业教育的“中国标杆”、世界一流职业教育的“国际名片”。

1. 解放思想，筑牢职业教育创新发展的大格局

在中国近现代职业教育发轫156年之时，天津作为我国近现代工业的发源地，承袭深厚的职业教育历史积淀，再一次肩负职业教育先行先试排头兵的重任。100多年前，“工学并举”率先开创了实业教育发展的中国模式；新中国成立之初，“半工半读”领跑全国，创设了技术教育的示范模式;21世纪初，“产教融合、校企合作、工学结合”职业教育办学模式，示范引领全国职业教育改革，确立了职业教育的“天津模式”。如果说，试验区、示范区、升级版建设是国家职业教育改革创新发展的2.0版、3.0版、4.0版，那么，创新发展标杆建设是天津职业教育在新时代开启了新征程。

（1）紧贴经济社会需求，开拓“四大支撑”特色发展之路

天津职业教育要坚持紧贴经济社会转型需求，紧跟改革创新发展步伐，紧

扣民生服务改善脉搏，紧随天津城市品牌提升，创新开拓、强化服务，继续走好“支撑经济转型，服务支柱产业；支撑创新发展、服务中小企业；支撑民生改善，服务技能培训；支撑城市品牌，服务国内国际”的“四大支撑”特色发展之路，探索一批可复制、可借鉴、可推广的模式范式和经验典型。

（2）以提高质量为核心，提升职业教育适应性和服务力

天津职业教育要始终坚持以质量为核心，对接经济结构优化和新动能引育需要，主动融入“一基地三区”建设，紧密对接战略性新兴产业、传统优势产业、现代服务业，成立产教融合研究院，动态发布企业需求信息。绘制职业教育专业建设与产业发展谱系图，建立职业教育专业质量评价、专业预警调控机制，优化调整专业布局。完善“五业联动”产教融合机制，发挥政行企校研“五方携手”合力共促机制，共建应用技术转移中心、产品工艺开发中心、紧缺人才实训基地，打造兼具产品研发与制造、工艺开发与改进、技术升级与推广和大国工匠培育“四功能”的职业教育技术创新服务平台。全面推广现代学徒制，在产教融合型企业设立学徒岗和实习岗，与职业学校联合培养。突出职业学校终身学习服务功能，落实职业学校学历教育和职业培训并举并重。推广复制“区校联合体”终身学习服务模式，做优做强服务终身学习的区域型职教集团，提升开放大学系统终身学习服务能力。

（3）开放式国际化办学，构建职业教育国际话语体系

融入“一带一路”建设，优化鲁班工坊全球布局，建设鲁班工坊研究与推广中心。联合多方力量共同推进成立鲁班工坊建设联盟，探索建立全国统一的鲁班工坊管理机制，统筹规划鲁班工坊的建设与发展。共鉴共享鲁班工坊建设经验和成果，完善鲁班工坊建设的规范和标准，推广工程实践创新项目（EPIP）教学模式应用。扩大与其他国家和地区的学历证书和技能等级证书的互通互认，大力推进“中文＋职业技能”项目“走出去”，全面提升国际交流合作水平。开展应用型本科高校、职业学校与国外高水平应用技术大学合作办学，在现有学位制度内探索高层次学徒制试点。加强国际职业教育交流与合作，以亚、欧、非 20 个鲁班工坊为主要载体，围绕教育思想、教学模式、技能竞赛、专业标准、实践装备、教学资源、师资培养等核心要素，打造高端化互动平台，增强我国

在国际职业教育领域的话语权、主导权和影响力。

2．改革创新，推动天津现代职业教育的大发展

（1）发挥行业办学优势，完善行业企业特色的办学机制

行业企业办学是天津市职业教育的突出特色。天津职业教育要借助与行业企业直接、紧密的关系优势，进一步理顺相关主体关系，优化布局结构，继续实施“两完善一增长一加强”具有天津特色、适应行业企业主体办学的管理运行机制，推进《天津市职业教育条例》修订，确立行业企业办学主体的法定地位。支持混改企业以独资、合资、合作等方式依法参与举办职业教育，允许以资本、技术、管理等要素依法参与办学并享有相应权利。探索社会力量与职业学校通过股份制、混合所有制改革举办实体性的二级学院、产业学院和企业大学。

（2）加强职教体系建设，创新系统培养技术技能人才路径

畅通“纵向贯通、横向融通”现代职业教育体系。推进职业教育“纵向贯通”，完善中职、高职、职业本科、专业硕士、特需博士的人才培养通道，探索自主招生、综合评价招生、技能拔尖人才免试、中高本硕贯通系统培养等招考办法，深化探索中高、中本、高本、本硕系统化衔接培养新机制。推进职业教育“横向融通”，推进学分银行在天津落地运行，推动创立京津冀跨区域资历框架，建立职业教育与普通教育课程互认、学生学习成果等值互换制度。推进“1+X”证书（学历证书＋若干职业技能等级证书）制度试点，率先落实“三同两别”要求和试点任务走在全国前列。推进职业教育、高等教育、继续教育机构试点实施完全学分制，建立弹性学制与自主选课制度，实现学习者职业经历、工作能力和培训经历等的等值转化。将职业院校建设成为中小学生体验技术技能、学习科学知识、养成职业观念、拓展素质训练、劳动教育实践的培养培训基地。

（3）构建思政育人体系，创新技术技能人才培养模式

坚持用习近平新时代中国特色社会主义思想铸魂育人，完善组织领导、课程改革、队伍建设、课内课外“四个一体化”育人格局，构建思政课程、课程思政、教师思政、专业思政、学校思政“五位一体”育人机制。建设天津市职

业教育“课程思政”教学研究示范中心，构建具有天津特色的职业教育思政体系。依托天津海河教育园区思想政治教育实践基地、鲁班工坊建设·体验馆、全国职业院校技能大赛博物馆和各高职院校专业实践场馆等优质思政资源，系统化建设一批融入思政教育理念、体现教育改革创新成果、展示产业发展成效的技能实践育人基地，实现全员、全程、全方位育人。

3. 服务发展，构建职业教育创新发展的大平台

（1）共研共建共用共享共赢，创建高端科研体系

成立职业教育研究院，整合天津大学、天津市教育科学研究院和天津职业技术师范大学的科研力量，发挥京津冀职业教育协同发展研究中心作用，联合国内外知名高校与研究机构，打造高度协同的职业教育研究链条，积极主动承担职业教育专业课题研究任务。支持市属高校联合职业学校按有关程序办法自主设置职业技术教育学二级学科学位点，扎根中国大地，推进中国特色职业教育学术体系和话语体系建设。

（2）发挥聚集效应，打造职业教育“国字号”智库

全面深化国家职业教育质量发展研究中心、全国职业院校技能大赛成果转化中心、国家职业教育教学资源开发与制作中心等“国字号”项目建设，开展天津职业教育教学质量监测，依托全国职业院校技能大赛成果研制高技能人才培训和技能竞赛的教学资源。建立天津市职业教育改革发展专家咨询委员会制度，为深化职业教育改革提供智力支持。

（3）夯实师资力量，推进职业教育“三教”改革

建立校企“共聘共育”、“双栖制”引人用人机制。全面推进高职院校人员总量管理，推动固定岗位和流动岗位相结合的人事管理制度改革，探索以不超过教师编制总数 30% 的标准设置流动岗位。明确职业学校专业领军人物遴选标准，设立专项人才经费，加大高层次人才引进力度。支持引进具有创新实践经验的企业家、高科技人才、高技能人才在职业学校兼职任教。建设“工匠之师”职教师资培养培训体系，形成中国特色“双师型”素质教师、“双师型”结构教学团队培养模式、建设方案与经验成果。

推动职业教育“三教改革”，制定天津市职业学校教材管理实施细则，支持天津市建立职业教育教材研究基地，建设一批职业教育教材教法研究基地。支持有实力的高等职业学校积极参与马工程重点教材建设工作，加强研究，推进教材统一使用。建设一批职业教育优质教材，重点支持校企共编活页式、工作手册式新型教材和满足鲁班工坊需要的“双语”教材。校企双元合作开发职业教育教材，建设并更新一批职业教育专业教学资源库和在线开放精品课程。

三、结语

新时代职业教育创新发展标杆建设，要以立德树人为根本，实施五育并举、德技并修，加强学风、教风、考风、班风、校风建设；以新发展理念为指导，推进职业院校国际化、校企化、体系化、系统化、终身化、协同化发展；以体制机制创新为动力，坚持行业企业办学特色，探索社会力量参与多元化办学；以提升适应性和服务力为抓手，加强职业院校现代治理能力建设和产教融合办学模式探索；以服务创新发展为宗旨，推进京津冀职业教育协同发展和中西部职业教育协作发展，不断完善国家职业教育“国字号”平台建设；以促进优质就业为导向，进一步推进“五业联动”，注重技术技能积累，强化教学诊断与改进，让天津职业教育的创新发展成为向世界展示中国职业教育在体系建设、办学实践、产教融合、师资培养、助力产业发展和减贫的重要“窗口”，成为贡献中国特色职教模式、职教方案、职教智慧的重要“供给地”。

——摘自《职业教育研究》2022年第3期中吕景泉《增强职业教育适应性，打造新时代职业教育创新发展标杆——基于职教试验区、示范区建设，试论天津职教创新发展》。

第六节　走向世界的中国名片
——鲁班工坊的创新实践纪实

【此文发表于 2023 年 9 月】

2016 年 3 月，第一个鲁班工坊在泰国建成。此后，英国、葡萄牙、吉布提、埃及、塔吉克斯坦等鲁班工坊相继落地，迄今为止已在 20 个国家建成 20 多个鲁班工坊，涉及亚洲、欧洲和非洲。

鲁班工坊项目建设最显著的特点，就是创立了工程实践创新项目（EPIP）教学模式。该模式可极大缩短毕业生进入企业的磨合期，受到合作国的高度肯定。

不久前，教育部公布了 2022 年国家级教学成果奖获奖项目名单。由天津职业技术师范大学作为第一完成单位、天津轻工职业技术学院戴裕崴作为第一完成人，牵头 15 家天津院校和科研机构申报的“模式创立、标准研制、资源开发、师资培养——鲁班工坊的创新实践”项目获得特等奖。

近年来，天津职业教育发挥整体优势集结“出海”，相继在亚欧非 20 个国家创建了 20 多个鲁班工坊，通过这一平台在海外开展学历教育和技术培训，与世界分享中国职业教育的教学模式、专业标准、技术装备和教学资源，取得了令人瞩目的成绩。

一、项目建设不忘“初心”

天津职业技术师范大学副校长吕景泉是鲁班工坊国际品牌的主要创建者，他全程深度参与了鲁班工坊项目的创立和建设工作，并系统提出鲁班工坊的核心要义。

吕景泉至今仍记得，2012 年 9 月，他带领鲁班工坊创建团队参加在广西南宁举办的中国—东盟职业教育联展暨论坛时参会者共同的心声：中国职业教育要继续学习、借鉴国外职业教育经验，同时，我们也要分享、提供中国职业教育优秀方案，与其他国家同向同行、并驾齐驱，为人类进步作出中国贡献。

“如果一个国家的职业教师借用中国标准、使用中国产品，提高其本土职业教育适应性；青年学生用职业准备期的宝贵时光学习中国技术、中国工艺，了解中国产品，提升其本土就业服务能力，这对中国、对合作国、对世界都是非常有意义的。”吕景泉告诉记者，这是鲁班工坊建设的“初心”。

2016 年 3 月，第一个鲁班工坊在泰国建成。此后，英国、葡萄牙、吉布提、埃及、塔吉克斯坦等鲁班工坊相继落地，迄今为止已在 20 个国家建成 20 多个鲁班工坊，涉及亚洲、欧洲和非洲。

其中，亚洲鲁班工坊项目对鲁班工坊品牌创建、推广应用及策略优化作出了基础性贡献，欧洲鲁班工坊项目是鲁班工坊品牌进入推广应用阶段的重要标志，非洲鲁班工坊项目则是鲁班工坊品牌要义的集中体现。泰国、英国、印度、葡萄牙、埃及、埃塞俄比亚等国鲁班工坊系统应用了中国职业教育教学模式——工程实践创新项目（EPIP）教学模式，是鲁班工坊品牌创建的重要支撑。

鲁班工坊项目建设生动诠释了什么叫作产业、行业、企业、职业、专业“五业联动”，遴选了包括泰国大城技术学院、英国奇切斯特学院、葡萄牙塞图巴尔理工学院等在内的一批合作院校，联动了以华为、海尔等为代表的一大批合作企业，同时对接了中泰高铁通运、中巴经济走廊等重大国际合作项目，在亚欧非开展了铁道交通、机械电气、智能制造、新能源汽车等领域 50 余个专业的教育教学活动；教育合作层次从中职、高职、本科到工程硕士；此外，还输出设备 5 000 余台套，配置工位近 2 000 个，培养当地学生近万人，为 1.3 万余人提供了技术培训，惠及中外企业和院校千余家。

2022 年 8 月，首届世界职业技术教育发展大会在天津召开。在同时举行的首届世界职业院校技能大赛上，“鲁班工坊赛道”成为“主力赛项”。大赛中，鲁班工坊中外师生联队斩获了全部金牌的 60%。

二、创新中国职教教学模式

2018 年，葡萄牙鲁班工坊合作院校教师卢卡斯在天津参加培训后，对工程实践创新项目赞不绝口：“EPIP 具有更强的实用性、创新性和创意性，其应用更适合工业行业。”

鲁班工坊项目建设最显著的特点，就是创立了 EPIP 教学模式。EPIP 是一种以实际工程项目为导引、以实践应用为导向、培养学生科学探究能力和问题解决能力的教学模式，该模式可极大缩短毕业生进入企业的磨合期，受到合作国的高度肯定。

以埃塞俄比亚鲁班工坊为例，2021 年 4 月，由天津职业技术师范大学与埃塞俄比亚技术大学共同建立的埃塞俄比亚鲁班工坊正式揭牌。此后不久，双方院校合作在埃塞俄比亚设立了非洲第一个 EPIP 应用与推广机构——埃塞俄比亚 EPIP 教学研究中心。2023 年 4 月，双方院校合作在埃塞俄比亚设立了全球第一个 EPIP 认证试验中心——东非职教师资培养 EPIP 认证试验中心。2022 年 4 月起与世界银行“东非职教一体化（EASTRIP）世行项目中心”合作启动东非地区职业技术师资培训和考核认证，颁发由埃塞俄比亚鲁班工坊、世界银行、埃塞俄比亚职业技术培训学院联合认证的证书。埃塞俄比亚劳动与技能部在各主要用工企业大会上表示，“劳动与技能部以及该认证体系下的受训者应享有优先聘用权”。

在中方合作院校鲁班工坊专家团队和常驻埃塞俄比亚教学一线的中方技术教师的指导培训下，目前埃塞俄比亚鲁班工坊实现初步独立运营。

几年里，以泰国哲仁、葡萄牙卢卡斯、埃塞俄比亚特萨利为代表的一批 EPIP 专家教师在世界各地开展了卓有成效的推广应用。

在首届“鲁班工坊”与产教融合国际论坛、首届世界职业技术教育发展大会上，来自十几个国家的 22 名学者发表演讲，向全球展示了工程实践创新项目应用与推广成效，提升了中国职教的影响力。

三、多措并举实现可持续发展

2023年暑期，来自哈萨克斯坦的15名专业教师在天津参加了为期一个月的哈萨克斯坦鲁班工坊师资培训，在进行专业学习的同时，还围绕人才培养、专业建设、课程标准建设等方面的重难点问题与中方教师进行了交流研讨。

近年来，天津职业院校将新教师“入岗、适岗、胜岗”三年三阶段培养机制运用到鲁班工坊建设中，为合作国开展进阶式EPIP师资培养培训。建设团队创设“鲁班工坊建设双语能力提升”国培项目，持续打造“双语、双师、双能”中外教学团队。截至2022年,建设院校已实施近80期国外教师研修项目，培养外方教师840余人次，培训中方教师920余人次，总时长达1.3万课时。

与此同时，鲁班工坊项目以资源开发为牵引分享技能大赛教学设备。2008年至2019年，天津作为主赛场连续举办了12届全国职业院校技能大赛。在鲁班工坊项目建设过程中，建设院校联动中外企业，开发近40个优质赛项，同时基于各类技能竞赛赛项标准，研发工程化、实践性、创新型、项目式教学资源130余部套。

2010年，吕景泉牵头开发的“自动化生产线安装与调试”赛项，首次实现中国赛项“走进”东盟技能大赛。2011年至2019年，全国职业院校技能大赛设置“国际赛道”，邀请国外选手“走进”中国大赛。2022年，团队主持首届世界职业院校技能大赛赛项设计和赛场组织实施工作，并兼容性开发13个竞赛类赛项，奠定了“鲁班工坊赛道”的竞赛标准和竞赛载体基础，为世界职业院校师生的技能交流搭建了高质量平台。

如今，鲁班工坊已在全球多个国家落地生根、开花结果，培养了一大批了解中国技术、熟悉中国工艺、认知中国产品的本土技术技能人才，让中国职业教育走向了世界。

四、打造“职教出海”成功典范

鲁班工坊作为中国自主创新的职业教育国际品牌，充分彰显了中国职业教育的国际担当。

政治站位高。习近平主席多次就鲁班工坊建设作出重要指示，为鲁班工坊建设指明了方向，提供了根本遵循。鲁班工坊的创新实践搭建了服务世界产能合作和提升中国企业国际竞争力的创新载体，打造了深化中外人文交流和助力“一带一路”建设的亮丽品牌，开创了以高水平教育对外开放推动构建人类命运共同体的新范式。

国际影响大。鲁班工坊创新开发了百余个国际化标准，开展了近千余人次的海外教师研修项目，频频在国际高端会议活动中闪亮登场，从 2016 年首个鲁班工坊建立，到现在短短 7 年的时间，先后建成 20 多个鲁班工坊，涉及亚欧非三大洲。鲁班工坊推动中国职业教育在国际舞台上产生了前所未有的影响。

思想意蕴深。鲁班工坊的创新实践将墨子、黄炎培、陶行知的教育思想融会贯通，传承创新了中国本土的职业教育思想文化。同时，鲁班工坊将产业、行业、企业、职业、专业“五业联动”的思想推向深入，坚持“教随产出、校企同行”，深化产教融合、校企合作，通过职业教育服务产业发展，持续为“走出去”的中国企业在海外发展培养培训优秀技术技能人才。

实践效能好。鲁班工坊的创新实践在技能供给、技术改进、资源建设、教师发展、文化传播等方面产生了优质的整体服务效能：既为当地培养了大量的技术技能人才，又直接服务当地企业技术设备的更新换代；既向合作方提供标准、教材、实践等方面的教学资源，又为教师能力提升开展了大量培训；既实现了技术技能共享，也促进了中华文化传播。

——摘自《中国教育报》2023 年 9 月 23 日头版头条中陈欣然《走向世界的中国职教名片——鲁班工坊的创新实践纪实》。

第七节　重要指示、重要论述与重大外交场合

截至 2024 年 6 月，习近平主席多次在重大外交场合就鲁班工坊作出重要指示、重要论述。

一、2018 年 9 月 3 日，中非合作论坛北京峰会开幕式在人民大会堂举行，国家主席习近平出席开幕式并发表主旨讲话。习近平主席宣布：中国愿以打造新时代更加紧密的中非命运共同体为指引，在推进中非“十大合作计划”基础上，同非洲国家密切配合，未来 3 年和今后一段时间重点实施“八大行动”。其中，第五项行动明确：在非洲设立 10 个鲁班工坊，向非洲青年提供职业技能培训。

二、2018 年 12 月 4 日至 5 日，习近平主席对葡萄牙进行国事访问。习近平主席与科斯塔总理共同见证葡萄牙鲁班工坊合作协议签署。

三、2019 年 4 月 25 日，习近平主席在人民大会堂会见埃及总统塞西。习近平主席提出：中方还将在埃及设立“鲁班工坊”，向埃及青年提供职业技能培训。

四、2021 年 9 月 17 日，习近平主席在上海合作组织成员国元首理事会第二十一次会议上发表题为《不忘初心　砥砺前行　开启上海合作组织发展新征程》的重要讲话。习近平主席提出：未来 3 年，中方将向上海合作组织国家提供 1 000 名扶贫培训名额，建成 10 所鲁班工坊，在“丝路一家亲”行动框架内开展卫生健康、扶贫救助、文化教育等领域 30 个合作项目，帮助有需要的国家加强能力建设、改善民生福祉。

五、2021 年 11 月 29 日，国家主席习近平出席中非合作论坛第八届部长级会议开幕式，发表题为《同舟共济，继往开来，携手构建新时代中非命运共同体》的主旨演讲。习近平主席提出：继续同非洲国家合作设立“鲁班工坊”，鼓励在非中国企业为当地提供不少于 80 万个就业岗位。

六、2022 年 2 月 5 日，习近平主席会见土库曼斯坦总统穆哈梅多夫，提出：中方愿加快在土库曼斯坦设立鲁班工坊，帮助土方培养更多高素质技能人才。

七、2022 年 2 月 5 日，习近平主席会见塔吉克斯坦总统拉赫蒙，提出：加快在塔建成中亚首家鲁班工坊。

八、2022 年 2 月 6 日，习近平主席会见吉尔吉斯斯坦总统扎帕罗夫，提出：尽快在吉建成鲁班工坊，帮助吉方培养更多专业技能人才。

九、2022 年 9 月 13 日，习近平主席在乌兹别克斯坦《人民言论报》等媒体发表题为《携手开创中乌关系更加美好的明天》的署名文章，指出：加快互设文化中心和在乌兹别克斯坦设立鲁班工坊。

十、2022 年 9 月 13 日，习近平主席在《哈萨克斯坦真理报》发表题为《推动中哈关系在继往开来中实现更大发展》的署名文章，指出：哈萨克斯坦将建成传统医学中心和鲁班工坊。

十一、2022 年 9 月 14 日，习近平主席与哈萨克斯坦总统托卡耶夫共同发布会谈声明中，提出：一致同意研究在哈开设鲁班工坊的可能性，为两国教育领域合作注入更多动力。

十二、2022 年 9 月 15 日，习近平主席会见乌兹别克斯坦总统米尔济约耶夫，提出：中方愿加快互设文化中心和鲁班工坊建设，讲好新时代中乌友好故事。

十三、2022 年 9 月 15 日，习近平主席会见土库曼斯坦总统穆哈梅多夫，提出：中方愿早日在土库曼斯坦设立鲁班工坊。

十四、2022 年 12 月 8 日，习近平主席在利雅得会见埃及总统塞西，强调：双方要推进鲁班工坊和中文教学，培养更多中埃友好的使者。

十五、2022 年 12 月 9 日，习近平主席在利雅得举行的首届中国—阿拉伯国家峰会上提出：推动在阿国建设更多鲁班工坊。

十六、2023 年 5 月 17 日，习近平主席与哈萨克斯坦总统托卡耶夫会谈，提出：加快在哈共建鲁班工坊。

十七、2023 年 5 月 18 日，习近平主席与塔吉克斯坦总统拉赫蒙会谈，提出：办好鲁班工坊。

十八、2023 年 5 月 19 日，习近平主席与哈萨克斯坦总统托卡耶夫共同见证《中华人民共和国天津市人民政府与哈萨克斯坦共和国东哈萨克斯坦州政府建立哈萨克斯坦鲁班工坊合作协议》签署，哈萨克斯坦鲁班工坊项目全面启动。

十九、2023 年 5 月 19 日，习近平主席在陕西主持中国—中亚峰会并发表主旨讲话，提出：在中亚国家设立更多鲁班工坊。

二十、2023 年 10 月 17 日，习近平主席在北京会见哈萨克斯坦总统托卡耶夫，提出：推进鲁班工坊建设。

二十一、2023 年 10 月 17 日，习近平主席在北京会见乌兹别克斯坦总统米尔济约耶夫，提出：加快互设文化中心和鲁班工坊建设。

二十二、2023 年 10 月 18 日，习近平主席在第三届“一带一路”国际合作高峰论坛开幕式的主旨演讲《建设开放包容、互联互通、共同发展的世界》中两次提及鲁班工坊。一是，独具特色的鲁班工坊、“丝路一家亲”、“光明行”等人文交流项目，不断深化的民间组织、智库、媒体、青年交流，奏响新时代的丝路乐章；二是，通过鲁班工坊等推进中外职业教育合作。

二十三、2023 年 10 月 18 日，习近平主席会见肯尼亚总统鲁托，提出：双方要用好孔子学院、鲁班工坊等平台，深化地方合作和人文交流。

二十四、2023 年 10 月 19 日，习近平主席会见土库曼斯坦民族领袖、人民委员会主席别尔德穆哈梅多夫，提出：早日在土建成鲁班工坊。

二十五、2024 年 3 月 29 日，习近平主席同哈萨克斯坦总统托卡耶夫向 2024 中国“哈萨克斯坦旅游年”开幕式致贺信，提出：近年来，两国人文合作方兴未艾，互免签证协定生效，互设文化中心协定签署，鲁班工坊落地，青年交流佳话频传。

二十六、2024 年 5 月 29 日，习近平主席在北京会见出席中国—阿拉伯国家合作论坛第十届部长级会议开幕式并进行国事访问的埃及总统塞西，提出：将埃及“鲁班工坊”打造成中非职业教育合作的标杆。

第六篇

优化布局与战略研究

以习近平新时代中国特色社会主义思想为指导，深入贯彻落实习近平关于鲁班工坊建设的系列重要论述，以支撑教育强国建设、推动“职教出海”走稳走实、培养“一带一路”共建国家产业发展所需技能人才、积极参与全球教育治理为立足点；着眼我国外交大局，服务高层双边活动，坚持“优质优先”，服务多边合作机制；助力国际产能合作，发挥“强能重技”“产教融合”优势，服务“一带一路”建设；坚持“平等合作”原则，在相互认可认同的基础上，开展优质教育成果分享，服务互鉴共赢发展。同时，综合考虑政治安全、经济发展、资源禀赋、语言文化、教育现状、交通便利等因素，“因地制宜”推进项目建设。

鲁班工坊是中国职业教育的国际品牌，品牌根基是模式、标准、装备、资源与师资，是一整套深受合作国院校与师生认可认同的“职教出海”的中国方案。鲁班工坊品牌项目的宗旨是推进中外职业教育交流与合作，服务合作国人力资源开发，帮助合作国培养更多专业技能人才，提升合作国青年就业能力，为教育领域国际合作注入更多动力。

加强建设鲁班工坊主题的研究平台和智库，开展鲁班工坊方面的系统研究。2021年12月29日，天津职业技术师范大学成立鲁班工坊国际发展研究中心（LB_IDRC），致力于鲁班工坊境外落地运行、政策标准研制、教师教学指导、内涵要义运用等研究，基于亚欧非三大洲鲁班工坊实践成果，聚焦非洲、东盟、上海合作组织等区域及组织的鲁班工坊项目建设，深度开展鲁班工坊国际话语、模式体系、标准策略、实施路径的实践研究和理论探究，强化鲁班工坊发展的智库作用。2023年4月，该中心入选天津市高校智库，并成为教育部鲁班工坊建设专家委员会的总服务平台。

围绕鲁班工坊的道理、学理、哲理、原理、机理“五理”，构建以鲁班工坊实践探索、理论研究、经验总结、模式推广为主线的自主知识体系、专业标准体系，发挥教育部鲁班工坊建设专家委员会作用，专题开展《鲁班工坊发展学》研究，专项开展《国别鲁班工坊研究》，是建设国家品牌、擦亮中国名片之必需。

第一节　鲁班工坊的布局优化与可持续发展

【此文发表于 2024 年 5 月】

鲁班工坊是在教育部支持和指导下，由天津首创原创，天津职业院校率先组织实施，历经实践探索、经验总结、理论研究、模式推广而创立的中国教育国际品牌。鲁班工坊，是将中国职业教育的模式、标准、装备、资源与世界分享的实体化平台，其核心目标是培养合作国经济社会发展急需的高素质技术应用型、技术技能型人才。

2015 年 7 月，教育部与天津市人民政府签署共建《国家现代职业教育改革创新示范区》协议。协议明确提出“一个工程三项计划”，即围绕国家发展战略需求，实施职业教育国际合作交流促进工程，职业教育国际交流平台构建计划、职业教育“走出去”实施计划和提升全国职业院校技能大赛国际影响计划。2021 年 1 月，教育部、天津市人民政府印发《关于深化产教城融合　打造新时代职业教育创新发展标杆的意见》，明确共鉴共享鲁班工坊建设经验和成果，完善鲁班工坊建设的规范和标准，推广工程实践创新项目（EPIP）教学模式的应用。2023 年 5 月，教育部、天津市人民政府印发《关于探索现代职业教育体系建设改革新模式的实施方案》，明确建立鲁班工坊建设部市会商机制，推广天津鲁班工坊建设经验，引领和带动全国院校高质量开展海外鲁班工坊建设。

2022 年 8 月 18 日至 20 日，由教育部、联合国教科文组织全国委员会、天津市人民政府联合主办“首届世界职业技术教育发展大会”，形成由我国主导、合作共赢、引领世界的职业教育国际交流合作机制。大会专设“鲁班工坊”主题平行论坛、鲁班工坊建设成果展。以“鲁班工坊赛道”为主体框架的首届世界职业院校技能大赛暨全国职业院校技能大赛国际赛成功举办。鲁班工坊核心要义、优化布局、未来发展等内容全面载入教育部向全球发布的《中国职业教育发展报告（2012—2022 年）》。2023 年 7 月 21 日，经评审委员会评审确定，报经国务院批准，“模式创立、标准研制、资源开发、师资培养——鲁班工坊的创新实践”项目获得 2022 年国家级教学成果“特等奖”。

鲁班工坊，源自天津，成在中国，功予世界。

当前，我国正在推进教育强国建设，鲁班工坊作为职业教育领域支撑和体现教育强国的重要标志，在走向世界舞台、服务人类命运共同体构建的过程中，如何对其进行高位布局？如何实现可持续发展？在此以智库研究的视角尝试对此进行探讨。

一、鲁班工坊建设布局现状

自 2016 年世界上首个鲁班工坊——泰国鲁班工坊揭牌运营以来，中国院校、外国院校合作相继在亚欧非三大洲 31 个国家布局建设了 35 个鲁班工坊，其中亚洲 13 个、欧洲 5 个、非洲 17 个。

（一）亚洲鲁班工坊布局情况

目前，已在东南亚的泰国、印度尼西亚、柬埔寨、老挝，南亚的印度、巴基斯坦，中亚的塔吉克斯坦、哈萨克斯坦、乌兹别克斯坦、吉尔吉斯斯坦、土库曼斯坦等 11 个国家建设了 13 个鲁班工坊，其中泰国和印度尼西亚各建设了 2 个鲁班工坊。

（二）欧洲鲁班工坊布局情况

目前，已在西欧的英国，南欧的葡萄牙、保加利亚、塞尔维亚，东欧的俄罗斯等 5 个国家建设了 5 个鲁班工坊。

（三）非洲鲁班工坊布局情况

目前，已在东非的吉布提、肯尼亚、乌干达、埃塞俄比亚、卢旺达、坦桑尼亚，西非的马里、科特迪瓦、贝宁、尼日利亚，南非的马达加斯加、南非，北非的埃及、摩洛哥，中非的加蓬等 15 个国家建设了 17 个鲁班工坊，其中埃及、肯尼亚各建设了 2 个鲁班工坊。

（四）多边机制布局情况

在“一带一路”方面，27 个共建国家建设了 31 个鲁班工坊；在中非合作论坛方面，15 个国家建设了 17 个鲁班工坊；在中国—中亚峰会国家建设了 5 个鲁班工坊；在中国—阿拉伯国家峰会方面，埃及、吉布提、摩洛哥 3 个阿拉伯国家联盟成员国建设了 4 个鲁班工坊；在上海合作组织成员国建设了 7 个鲁班工坊；在俄罗斯、印度、南非、埃及、埃塞俄比亚 5 个金砖国家建设了 6 个鲁班工坊，见表 6–1。

表 6–1　鲁班工坊多边机制分布

多边机制	工坊数量 / 个	国别
“一带一路”	31	巴基斯坦、哈萨克斯坦、老挝、塔吉克斯坦、泰国、乌兹别克斯坦、吉尔吉斯斯坦、土库曼斯坦、印度尼西亚、埃及、埃塞俄比亚、贝宁、吉布提、加蓬、科特迪瓦、肯尼亚、卢旺达、马达加斯加、马里、摩洛哥、尼日利亚、坦桑尼亚、乌干达、保加利亚、俄罗斯、葡萄牙、塞尔维亚
中非合作论坛	17	贝宁、科特迪瓦、吉布提、埃及、埃塞俄比亚、加蓬、肯尼亚、马达加斯加、马里、摩洛哥、尼日利亚、卢旺达、南非、坦桑尼亚、乌干达
中国—中亚峰会	5	哈萨克斯坦、塔吉克斯坦、乌兹别克斯坦、吉尔吉斯斯坦、土库曼斯坦
中国—阿拉伯国家峰会	4	埃及、吉布提、摩洛哥
上海合作组织	7	俄罗斯、哈萨克斯坦、塔吉克斯坦、乌兹别克斯坦、吉尔吉斯斯坦、印度、巴基斯坦
金砖国家	6	俄罗斯、印度、南非、埃及、埃塞俄比亚

二、鲁班工坊建设布局背景

（一）习近平关于鲁班工坊的重要论述

从 2018 年 9 月中非合作论坛北京峰会习近平主席首次对鲁班工坊建设作出重要论述，到 2021 年 9 月上海合作组织元首理事会，再到 2022 年 12 月中国—阿拉伯国家峰会、2023 年 5 月中国—中亚峰会、2023 年 10 月第三届“一带一路”国际合作高峰论坛；从2018年在欧洲见证葡萄牙鲁班工坊协议签署，到2019年在北京会见埃及总统塞西，再到2022年2月在北京会见中亚国家领导人；从2018年9月中非合作论坛北京峰会发表主旨讲话，纵论“八大行动”的第五项行动“在非洲设立10个鲁班工坊”，到2023年10月第三届“一带一路”国际合作高峰论坛发表主旨演讲，阐释高质量共建“一带一路”“八项行动”的第三项行动“通过鲁班工坊推进中外职业教育合作”，习近平主席先后25次在重大外交场合就“鲁班工坊”作出重要论述。

第一次，2018年9月3日，习近平主席在中非合作论坛北京峰会上宣布，在非洲设立10个鲁班工坊。

第二次，2018年12月5日，习近平主席在里斯本见证葡萄牙鲁班工坊协议签约。

第三次，2019年4月25日，习近平主席会见塞西总统，提出将在埃及设立“鲁班工坊”，向埃及青年提供职业技能培训。

第四次，2021年9月17日，习近平主席在上海合作组织成员国元首理事会第二十一次会议上提出，未来3年，中方将向上海合作组织国家提供1 000名扶贫培训名额，建成10所鲁班工坊。

第五次，2021年11月29日，习近平主席在中非合作论坛第八届部长级会议上发表主旨演讲，提出继续同非洲国家合作设立“鲁班工坊”。

第六次，2022年2月5日，习近平主席会见土库曼斯坦总统穆哈梅多夫，提出中方愿加快在土库曼斯坦设立鲁班工坊，帮助土方培养更多高素质技能人才。

第七次，2022年2月5日，习近平主席会见塔吉克斯坦总统拉赫蒙，提出加快在塔建成中亚首家鲁班工坊。

第八次，2022年2月6日，习近平主席会见吉尔吉斯斯坦总统扎帕罗夫，提出尽快在吉建成鲁班工坊，帮助吉方培养更多专业技能人才。

第九次，2022年9月13日，习近平主席在乌兹别克斯坦《人民言论报》等媒体发表题为《携手开创中乌关系更加美好的明天》的署名文章，指出加快互设文化中心和在乌兹别克斯坦设立鲁班工坊。

第十次，2022 年 9 月 13 日，习近平主席在《哈萨克斯坦真理报》发表题为《推动中哈关系在继往开来中实现更大发展》的署名文章，指出哈萨克斯坦将建成传统医学中心和鲁班工坊。

第十一次，2022 年 9 月 14 日，习近平主席与哈萨克斯坦总统托卡耶夫共同发布会谈声明中，提出一致同意研究在哈开设鲁班工坊的可能性，为两国教育领域合作注入更多动力。

第十二次，2022 年 9 月 15 日，习近平主席会见乌兹别克斯坦总统米尔济约耶夫，提出中方愿加快互设文化中心和鲁班工坊建设，讲好新时代中乌友好故事。

第十三次，2022 年 9 月 15 日，习近平主席会见土库曼斯坦总统穆哈梅多夫，提出中方愿早日在土库曼斯坦设立鲁班工坊。

第十四次，2022 年 12 月 8 日，习近平主席在利雅得会见埃及总统塞西，强调双方要推进鲁班工坊和中文教学，培养更多中埃友好的使者。

第十五次，2022 年 12 月 9 日，习近平主席在利雅得举行的首届中国—阿拉伯国家峰会上提出推动在阿国建设更多鲁班工坊。

第十六次，2023 年 5 月 17 日，习近平主席与哈萨克斯坦总统托卡耶夫会谈，提出加快在哈共建鲁班工坊。

第十七次，2023 年 5 月 18 日，习近平主席与塔吉克斯坦总统拉赫蒙会谈，提出办好鲁班工坊。

第十八次，2023 年 5 月 19 日，习近平主席和哈萨克斯坦总统托卡耶夫共同见证《中华人民共和国天津市人民政府与哈萨克斯坦共和国东哈萨克斯坦州政府建立哈萨克斯坦鲁班工坊合作协议》签署，哈萨克斯坦鲁班工坊项目全面启动。

第十九次，2023 年 5 月 19 日，习近平主席在陕西主持中国—中亚峰会并发表主旨讲话，提出在中亚国家设立更多鲁班工坊。

第二十次，2023 年 10 月 17 日，习近平主席在北京会见哈萨克斯坦总统托卡耶夫，提出推进鲁班工坊建设。

第二十一次，2023 年 10 月 17 日，习近平主席在北京会见乌兹别克斯坦总统米尔济约耶夫，提出加快互设文化中心和鲁班工坊建设。

第二十二次，2023 年 10 月 18 日，习近平主席在第三届“一带一路”国际合作高峰论坛开幕式的主旨演讲《建设开放包容、互联互通、共同发展的世界》中，两次提及鲁班工坊。一是，独具特色的鲁班工坊、“丝路一家亲”、“光明行”等人文交流项目，不断深化的民间组织、智库、媒体、青年交流，奏响新时代的丝路乐章；二是，通过鲁班工坊等推进中外职业教育合作。

第二十三次，2023 年 10 月 18 日，习近平主席会见肯尼亚总统鲁托，提出双方要用好孔子学院、鲁班工坊等平台，深化地方合作和人文交流。

第二十四次，2023 年 10 月 19 日，习近平主席会见土库曼斯坦民族领袖、人民委员会主席别尔德穆哈梅多夫，提出早日在土建成鲁班工坊。

第二十五次，2024 年 3 月 29 日，习近平主席同哈萨克斯坦总统托卡耶夫向 2024 中国“哈萨克斯坦旅游年”开幕式致贺信，提出“鲁班工坊落地，青年交流佳话频传”。

鲁班工坊已经成为元首引领外交的重要合作项目。

（二）鲁班工坊载入多部白皮书

自 2021 年 11 月国务院新闻办公室发布《新时代的中非合作》白皮书，2022 年 8 月教育部发布《中国职业教育发展报告（2012—2022 年）》，到 2023 年 9 月国务院新闻办公室发布《携手构建人类命运共同体：中国的倡议与行动》白皮书，再到 2023 年 10 月国务院新闻办公室发布《共建“一带一路”：构建人类命运共同体的重大实践》白皮书；鲁班工坊已经载入中国向世界发布的多部白皮书。

1.《新时代的中非合作》白皮书

国务院新闻办公室 2021 年 11 月 26 日发布《新时代的中非合作》白皮书，提出 2018 年以来，中国在埃及、南非、吉布提、肯尼亚等非洲国家与当地院校共建鲁班工坊，同非洲分享中国优质职业教育，为非洲培养适应经济社会发展急需的高素质技术技能人才。

2.《中国职业教育发展报告（2012—2022 年）》

教育部 2022 年 8 月 20 日发布《中国职业教育发展报告（2012—2022 年）》，提出擦亮“鲁班工坊”中国名片。中国将坚持平等合作、优质优先、强能重技、产教融合、因地制宜的原则，坚持鲁班工坊品牌核心要义，坚持共研、共建、共享、共用、共赢，不断优化和完善鲁班工坊全球布局。完善鲁班工坊联盟建设机制。继续鼓励有条件的职业学校在海外建设鲁班工坊，继续推动中国本土化、视野国际化的工程实践创新项目（EPIP）应用，发挥已建立的泰国、葡萄牙、埃塞俄比亚等国 EPIP 教学研究中心的作用，给更多境外合作伙伴带去先进的教学模式、优质的教学装备。在推广应用已有国际化专业教学标准基础上，中外双方合作院校持续开发落地国际化专业教学标准、课程体系和教学资源，推进鲁班工坊的学历教育纳入合作国国民教育体系。完善鲁班工坊质量认证体系，构建起中国特色、世界水准的鲁班工坊标准模式，提升鲁班工坊对国际产能合作、合作国青年高质量就业的服务力和贡献度。

3.《携手构建人类命运共同体：中国的倡议与行动》白皮书

国务院新闻办公室 2023 年 9 月 26 日发布《携手构建人类命运共同体：中国的倡议与行动》白皮书，提出共建“一带一路”倡议源于中国，机会和成果属于世界。中巴经济走廊启动 10 年来为巴基斯坦经济社会发展注入强劲动能，中老铁路实现了老挝人民“变陆锁国为陆联国”的夙愿，雅万高铁成为东南亚国家首条实现 350 公里时速的铁路，蒙内铁路拉动了当地经济增长超过 2 个百分点，马拉维 600 眼水井成为润泽当地 15 万民众的“幸福井”，中欧班列“钢铁驼队”助力中国与欧洲双向奔赴，鲁班工坊帮助塔吉克斯坦等国家年轻人掌握了职业技能，健康、绿色、数字、创新等领域合作蓬勃发展。

4.《共建“一带一路”：构建人类命运共同体的重大实践》白皮书

国务院新闻办公室 2023 年 10 月 10 日发布《共建“一带一路”：构建人类命运共同体的重大实践》白皮书，提出教育交流合作广泛深入。中国院校与亚非欧三大洲的 20 多个共建国家院校合作建设一批鲁班工坊。共同打造一批优质品牌项目和活动。“丝路一家亲”“健康爱心包”“鲁班工坊”“幸福泉”“光明行”“爱心包裹”“薪火同行国际助学计划”“中医药风采行”“孔子课堂”等人文交流项目赢得广泛赞誉。鲁班工坊已经成为深化中外人文交流、服务“一带一路”的重大国家行动。

三、鲁班工坊建设布局设想

以习近平新时代中国特色社会主义思想为指导，深入贯彻落实习近平关于鲁班工坊建设的系列重要论述，以支撑教育强国建设、推动“职教出海”走稳走实、培养“一带一路”共建国家产业发展所需技能人才、积极参与全球教育治理为立足点；着眼我国外交大局，服务高层双边活动，坚持“优质优先”，服务多边合作机制；助力国际产能合作，发挥“强能重技”“产教融合”优势，服务“一带一路”建设；坚持“平等合作”原则，在相互认可认同的基础上，开展优质教育成果分享，服务互鉴共赢发展。同时，综合考虑政治安全、经济发展、资源禀赋、语言文化、教育现状、交通便利等因素，“因地制宜”推进项目建设。

（一）优化项目布局的原则

1. 根本遵循原则

以习近平关于鲁班工坊重要论述为根本遵循，保质保量完成非洲、上海合作组织、中亚、阿拉伯、共建“一带一路”及中外元首会晤提出的鲁班工坊项目建设重大任务。

2. 白皮书原则

以《新时代的中非合作》《中国职业教育发展报告（2012—2022 年）》《携手构建人类命运共同体：中国的倡议与行动》《共建“一带一路”：构建人类命运共同体的重大实践》等提出的鲁班工坊建设要求为重要依据，全面服务国家重大发展行动，推进中外职业教育合作。

3. 多边机制原则

重点关注中非合作论坛、中国—中亚峰会、中国—阿拉伯国家峰会、上海合作组织、金砖国家、二十国集团、澜湄合作等中国牵头主持或重点参与的多边合作机制，协同推进鲁班工坊全球发展。

4. 紧贴需求原则

重点关注合作国当地需求，在中资企业聚集度较高和人力资源开发潜力较大的国家布局鲁班工坊；重点关注发展中国家鲁班工坊项目建设，在服务“一带一路”和人类命运共同体中发挥更大作用。

5. 均衡发展原则

重点关注美洲、大洋洲等鲁班工坊项目布局，推动全球均衡化发展；重点关注欧洲等较发达国家鲁班工坊建设，强强合作，提升鲁班工坊品牌含金量和影响力。

（二）实施全球布局的策略

1. 亚洲鲁班工坊布局的策略

持续做强做优“泰国鲁班工坊”，继续强化其“首个旗舰项目”的地位，发挥示范引领作用；做优现有“印尼鲁班工坊”，直接服务“雅万高铁”等重大项目；强化“柬埔寨鲁班工坊”建设，辐射澜湄国家，发挥示范带动作用；考虑在越南、马来西亚、新加坡、蒙古国等国家建设 2 ～ 3 个新项目；重点选择伊朗、沙特、阿联酋、卡塔尔等海湾国家建设 1 ～ 2 个新项目；考虑在马尔代夫、尼泊尔、斯里兰卡等南亚国家建设 1 ～ 2 新项目；考虑在哈萨克斯坦等中亚国家增建 1 ～ 2 个新项目。

2. 欧洲鲁班工坊布局的策略

持续做强做亮“葡萄牙鲁班工坊”，加强新技术装备增项建设，探索职普合作拓展新专业；做强做优“俄罗斯鲁班工坊”，强化现有项目，拓展专业领域；探索在中欧德国、波兰、匈牙利等国家选择建设 1 ～ 2 个新项目；探索在西欧爱尔兰、荷兰、比利时、法国等国家选择建设 1 ～ 2 个新项目；推进在南欧希腊、波黑、意大利、西班牙等国家选择建设 2 个新项目；在东欧白俄罗斯建设 1 个新项目。

3. 非洲鲁班工坊布局的策略

构建鲁班工坊服务“一带一路”、新时代中非合作、构建人类命运共同体系统格局，在现有 17 个鲁班工坊的基础上，应合作国当地的需求和产业发展需要，相应增设鲁班工坊；重点考虑中非合作标志性项目落地国，部分国家可增设至 2 个鲁班工坊；考虑在莫桑比克、布基纳法索等非洲国家增建 1 ～ 2 个项目；在此基础上强化各鲁班工坊的横向互动和经验共享，提升中国职业教育的国际影响力和话语权。

4. 美洲鲁班工坊布局的策略

以尼加拉瓜等国为切入点在中美洲建设鲁班工坊，向南在南美洲选择巴西、阿根廷、智利等代表性国家选择建设鲁班工坊，考虑依托“走出去”中资企业在秘鲁、委内瑞拉等国家建设鲁班工坊；向北在北美洲墨西哥、加拿大、古巴等国家开设新项目。考量在整个美洲国家建设 4 ～ 5 个鲁班工坊。

5. 大洋洲鲁班工坊布局的策略

根据国家外交大局需要开发太平洋岛国鲁班工坊项目，在新西兰、巴布亚新几内亚、斐济等国家选择建设鲁班工坊，强化鲁班工坊的教育交流合作能力，提升当地人力资源开发能力和民生福祉。

（三）鲁班工坊区域中心的考量

鲁班工坊的全球布局中，要考虑依托建设水平较高的鲁班工坊，结合区域特点等综合因素打造区域中心，以一国“一坊”辐射带动周边多国“多坊”。

亚洲方面，在东盟方向建设泰国、柬埔寨两个区域中心，辐射东南亚国家和澜湄国家。欧洲方面，建设葡萄牙和俄罗斯区域中心，辐射欧洲、中亚五国及俄语区国家。非洲方面，在非盟总部所在国、非盟使团所在地和非洲交通枢纽地——埃塞俄比亚，打造面向东非乃至非洲的区域中心；在非洲重要国家、阿盟总部所在国——埃及，建设区域中心，辐射北非及阿拉伯国家。美洲方面，根据美洲鲁班工坊建设发展状况，重点打造秘鲁、巴西、阿根廷、智利、墨西哥等国家鲁班工坊，力争建成 1 ～ 2 个区域中心。大洋洲方面，着重打造新西兰区域中心。

未来鲁班工坊建设将继续关注产业、行业、企业、职业、专业“五业联动”机制建设，根据中国产业、行业、企业发展状况，更加聚焦电力电气、人工智能、信息通信、装备制造、高铁高电、生产服务、电子商务、农业机械、中医技术（文化技艺）等领域，实施制造与信息、技术与技能、硬专业与软实力、做强教育与服务外交、做深职教与服务职业、学历教育与技术培训更加协调地布局与更可持续的发展。

（四）中外团队能力建设的考量

以工程实践创新项目（EPIP）标准化进阶式培养培训及 EPIP 认证试验中心建设为主线，促进鲁班工坊合作国本土师资和中方师资的国际化教学能力提升；坚持鲁班工坊品牌核心要义，全面提升鲁班工坊中外管理团队的岗位胜任能力；以英、俄、法、葡等语系性培训包的集成开发与共享应用为重点，提升中方教师和管理团队的国际交流能力；以资政决策和评估评价为引导，提升鲁班工坊智库成果转化与服务能力。

加强“招生、教学、实习、毕业、留学”全链条管理，研制鲁班工坊教学质量标准，加强与海外合作学校在课程体系建设、教材资源开发等方面的合作，打造境外合作办学样板与标杆。

四、鲁班工坊可持续发展的思考

强化品牌意识。鲁班工坊作为中国职业教育国际品牌，坚持品牌要义。教育为本，质量为先，紧贴需求，服务大局，既是鲁班工坊项目建设的发展策略，也是鲁班工坊品牌创建创成的至要方略。系统梳理、全面总结鲁班工坊建设与运营经验，形成更可借鉴、更可复制的发展与治理模式，是国家品牌建设的当务之急。

（一）加强体系化建设

围绕鲁班工坊的道理、学理、哲理、原理、机理“五理”，构建以鲁班工坊实践探索、理论研究、经验总结、模式推广为主线的自主知识体系、专业标准体系，发挥教育部鲁班工坊建设专家委员会作用，专题开展《鲁班工坊发展学》研究，也是国家品牌建设的当下之需。

（二）强化经费投入保障

教育部统筹外交部、商务部、国合署等国家援外和国际合作资金，定向立项支持鲁班工坊建设；鼓励各省（自治区、直辖市）持续投入经费支持教育机构与境外院校开展项目落地与内涵性建设；扩大项目合作国政府及教育部门对项目建设运营的资源投入；引导中外合作企业投入经费，全程参与项目建设；强化鲁班工坊品牌运营能力，提升鲁班工坊自主性社会服务、创新性迭代升级与可持续发展能力。助力开展“中文＋职业技能”合作，在国际中文教育与职业教育“走出去”融合发展中发挥重要作用，争取相关项目经费支持。

（三）深化系统研究

加强建设鲁班工坊主题的研究平台和智库，开展鲁班工坊方面的系统研究。2021 年 12 月 29 日，天津职业技术师范大学成立鲁班工坊国际发展研究中心（LB_IDRC），致力于鲁班工坊境外落地运行、政策标准研制、教师教学指导、内涵要义运用等研究，基于亚欧非三大洲鲁班工坊实践成果，聚焦非洲、东盟、上海合作组织等区域及组织的鲁班工坊项目建设，深度开展鲁班工坊国际话语、模式体系、标准策略、实施路径的实践研究和理论探究，强化鲁班工坊发展的智库作用。2023 年 4 月，该中心入选天津市高校智库，并成为鲁班工坊建设专家委员会的总服务平台。

（四）加大宣传宣介

在正面、有效宣传宣介的同时，要引导合作国、项目院校宣传报道。既要内外有别，克服重“内”、不重“外”、不重对方感受的现象；也要站在道义制高点上发声，克服重“利”、不重“义”的现象。内外协动，克服境内宣传报道的“纯政治”话语、过分强调服务中资企业等现象。

五、归结

坚持平等合作、优质优先、强能重技、产教融合、因地制宜的建设原则，坚持“鲁班工坊”品牌核心要义，坚持共研、共建、共享、共用、共赢，发挥技术应用型、技术技能型人才培养领域学历教育与技术培训作用，在世界职业教育大舞台上构建中国职教话语体系，建设一批具有国际影响力的中国职教标准、资源和装备，打造国际职教模式互鉴、标准互认、教材开发、教师教研、装备研制的交流平台；深化“教随产出、校企同行”，为中资企业、本土企业发展提供稳定的技术技能人才支撑，带动国内电力电气、铁路工程、中医药、轻工业等传统产业和信创、新能源汽车、高端装备、人工智能等战略性新兴产业走出国门，成为中外产业、行业、企业的合作平台，成为国际技能竞赛、国际会议展示、产教融合发展的共享平台，成为展示各国人文历史、技术文化、技能传承的“百花园”。

鲁班工坊是中国职业教育的国际品牌，品牌根基是模式、标准、装备、资源与师资，是一整套深受合作国院校与师生认可认同的“职教出海”的中国方案。

鲁班工坊品牌项目的宗旨是推进中外职业教育交流与合作，服务合作国人力资源开发，帮助合作国培养更多专业技能人才，提升合作国青年就业能力，为教育领域国际合作注入更多动力。

——摘自《职业教育研究》2024 年第 5 期中吕景泉、李力、张磊、赵文平《试析鲁班工坊的布局优化与可持续发展》。

第二节　重要论述的逻辑体系、价值意蕴和实践指向

【此文发表于 2024 年 6 月】

2018 年 9 月 3 日，国家主席习近平在中非合作论坛北京峰会上宣布，在非洲设立 10 个鲁班工坊。这是习近平主席首次在重大外交场合对鲁班工坊建设做出的重要论述。到目前为止，国家主席习近平在不同的外交场合共 26 次对鲁班工坊作出了重要论述。鲁班工坊成为深化中外人文交流、服务“一带一路”的重大国家行动，成为元首引领外交的重要合作项目，成为中国职业教育国际品牌。在此以智库为研究视角，通过对 26 次重要论述的相关情况进行内容分析，揭示习近平关于鲁班工坊重要论述的逻辑体系、价值意蕴，并明晰实践指向，为未来鲁班工坊建设提供重要指导。

一、习近平关于鲁班工坊重要论述的逻辑体系

从年度分布来看，习近平关于鲁班工坊重要论述分布见表 6-2，其中，2022 年和 2023 年的频次最多、范围最广。2023 年是“一带一路”倡议提出十周年，这可以充分说明鲁班工坊已经成为“一带一路”建设的标志性成果，上升为国家行动。鲁班工坊在“一带一路”倡议提出十周年之际必然备受关注。“模式创立、标准研制、资源开发、师资培养——鲁班工坊的创新实践”成果获得 2022 年国家级教学成果特等奖。鲁班工坊首创原创于天津，已成为国家名片，是中国职业教育国际化发展的重大实践突破和理论创新。

表 6–2　习近平关于鲁班工坊重要论述次数年度分布情况

年度	2018	2019	2020	2021	2022	2023	2024
次数	2	1	0	2	10	9	2

习近平关于鲁班工坊重要论述均发生在相关的重大外交活动场合之中，具体见表 6–3 和表 6–4，中非合作论坛、上海合作组织成员国元首理事会、中国—阿拉伯国家峰会、中国—中亚峰会、“一带一路”国际合作高峰论坛等多边机制，是习近平关于鲁班工坊做出重要论述的重大外交平台，非洲、上海合作组织成员国、阿拉伯国家、中亚国家等是建设鲁班工坊的重点实施区域。其中，中亚国家在 2022 年和 2023 年被频繁论及。

表 6–3　习近平关于鲁班工坊重要论述的多边机制分布情况

论述时间	论述所发表在的多边机制场域	具体内容
2018 年 9 月 3 日	中非合作论坛	在非洲设立 10 个鲁班工坊
2021 年 9 月 17 日	上海合作组织成员国元首理事会	建成 10 所鲁班工坊
2021 年 11 月 29 日	中非合作论坛第八届部长级会议	继续同非洲国家合作设立鲁班工坊
2022 年 12 月 9 日	首届中国—阿拉伯国家峰会	推动在阿建设更多鲁班工坊
2023 年 5 月 19 日	中国—中亚峰会	在中亚国家设立更多鲁班工坊
2023 年 10 月 18 日	第三届“一带一路”国际合作高峰论坛	通过鲁班工坊等推进中外职业教育合作

表 6–4　习近平关于鲁班工坊重要论述的国别分布情况

论述时间	论述所发表或指向的国别	具体内容
2018 年 12 月 5 日	葡萄牙	见证葡萄牙鲁班工坊协议签约
2019 年 4 月 25 日	埃及	将在埃及设立鲁班工坊
2022 年 2 月 5 日	土库曼斯坦	加快在土库曼斯坦设立鲁班工坊
2022 年 2 月 5 日	塔吉克斯坦	加快在塔建成中亚首家鲁班工坊
2022 年 2 月 6 日	吉尔吉斯斯坦	尽快在吉建成鲁班工坊
2022 年 9 月 13 日	乌兹别克斯坦	在乌兹别克斯坦设立鲁班工坊
2022 年 9 月 13 日	哈萨克斯坦	将建成传统医学中心和鲁班工坊
2022 年 9 月 14 日	哈萨克斯坦	一致同意研究在哈开设鲁班工坊的可能性
2022 年 9 月 15 日	乌兹别克斯坦	中方愿加快互设文化中心和鲁班工坊建设
2022 年 9 月 15 日	土库曼斯坦	中方愿早日在土库曼斯坦设立鲁班工坊
2022 年 12 月 8 日	埃及	推进鲁班工坊建设
2023 年 5 月 17 日	哈萨克斯坦	加快在哈共建鲁班工坊
2023 年 5 月 18 日	塔吉克斯坦	办好鲁班工坊

续表

论述时间	论述所发表或指向的国别	具体内容
2023 年 5 月 19 日	哈萨克斯坦	哈萨克斯坦鲁班工坊项目全面启动
2023 年 10 月 17 日	哈萨克斯坦	推进鲁班工坊建设
2023 年 10 月 17 日	乌兹别克斯坦	加快互设文化中心和鲁班工坊建设
2023 年 10 月 18 日	肯尼亚	双方要用好孔子学院、鲁班工坊等平台
2023 年 10 月 19 日	土库曼斯坦	早日在土建成鲁班工坊
2024 年 3 月 29 日	哈萨克斯坦	鲁班工坊落地
2024 年 5 月 29 日	埃及	将埃及“鲁班工坊”打造成中非职业教育合作的标杆

实际上，每种场合或背景都蕴含着鲁班工坊建设的逻辑。因此，进一步对来自权威媒体的新闻报道内容进行词云分析，从新闻报道话语中共析出 249 个关键词，如图 6–1 所示。从图中可以看出，合作、交流、双方、文化、教育、职业、技能等是高频词，同时结合 26 次重要论述的新闻报道具体内容和有关背景，可以将合作、交流、文化、教育和技能确定为习近平关于鲁班工坊重要论述的逻辑要点，具体形成以下逻辑体系。

图 6–1　习近平关于鲁班工坊重要论述相关话语的词云分布图

（一）合作逻辑

合作是鲁班工坊建设的第一逻辑。平等合作是鲁班工坊建设的第一原则。鲁班工坊既是两国双边合作的产物，也是多边机制合作的载体，没有合作就没有鲁班工坊。鲁班工坊不是单方的“输出—接收”，而是双方的合作共建共享。基于合作方对中国经济社会发展模式和成就的认同，对中国产业发展与科技创新的认同，对中华优秀传统文化与人类命运共同体理念的认同，特别是对中国职业教育促进经济社会发展有力有效作用的认同，对中国特色和国际视野的教学模式、国际化专业教学框架标准、中国优质技术装备和教学资源的认同（五认同），双方开展平等合作，共同遴选合作院校，商讨项目合作方式、工坊实施路径、专业整合设计、课程综合嵌入、资源有效利用、教学研究开展等，共同为鲁班工坊的建设运行提供主体支撑与基础保障。鲁班工坊已成为中外教育领域中合作关系最紧密的项目之一。习近平主席每次在外交场合对鲁班工坊作出的重要论述都是基于合作的逻辑，较为典型的是如下论述情境。

2022 年 2 月 5 日，习近平主席会见塔吉克斯坦总统拉赫蒙，提出双方要深入推进两国发展战略对接，认真落实两国经贸合作规划，加强绿色能源、数字经济、电子商务等领域合作。中方愿扩大进口塔方优质农产品，加快在塔建成中亚首家鲁班工坊。

2023 年 5 月 17 日，习近平主席与哈萨克斯坦总统托卡耶夫会谈，提出双方要扩大经贸、投资、农业、汽车制造和能源等领域合作，深化互联互通，促进陆海联运，拓展电子商务、创新、大数据等新领域合作，抓紧落实互设文化中心和开设鲁班工坊，以签署互免签证协定为契机，加强人文交流合作，深耕民意基础。

2023 年 5 月 18 日至 19 日，在习近平主席和哈萨克斯坦总统托卡耶夫共同见证下，中哈双方签署《中华人民共和国天津市人民政府与哈萨克斯坦共和国东哈萨克斯坦州政府建立哈萨克斯坦鲁班工坊合作协议》，哈萨克斯坦鲁班工坊项目全面启动。

2023 年 10 月 18 日，习近平主席在第三届“一带一路”国际合作高峰论坛开幕式上发表主旨演讲，提出构建“一带一路”立体互联互通网络；开展务实合作，中方将统筹推进标志性工程和“小而美”民生项目；通过鲁班工坊等推进中外职业教育合作，并同各方加强对共建“一带一路”项目和人员安全保障。

总之，鲁班工坊是深化国际合作的“润滑剂”“催化剂”“粘合剂”，鲁班工坊是国际合作的新品牌；平等合作是鲁班工坊建设原则与发展策略的基本品质，是鲁班工坊可持续发展、高质量发展的重要基石。

（二）交流逻辑

交流本是一种信息互换的过程，彼此间把自己拥有的提供给对方。习近平关于鲁班工坊重要论述均发表在国际交流场合，实际上，鲁班工坊已成为构筑国际技术技能交流、国际产能合作之桥梁。鲁班工坊作为由天津最早发起并率先实践的职业教育国际交流平台，带动和促进了我国更加广泛的多领域国际交流。正如下述论述情境，均是为了推进更广泛的交流而推出鲁班工坊品牌。

2023 年 10 月 17 日，习近平主席在北京会见哈萨克斯坦总统托卡耶夫，提出双方要加强合作，推动共建“一带一路”取得更多成果，更好惠及两国人民。中哈双方要加强人文交流和地方合作，推进鲁班工坊建设，厚植社会民意基础。

2023 年 10 月 18 日，习近平主席会见肯尼亚总统鲁托，提出双方要用好孔子学院、鲁班工坊等平台，深化地方合作和人文交流。加强多边沟通协作，践行真正的多边主义，维护发展中国家共同利益。

2023 年 10 月 19 日，习近平主席会见土库曼斯坦总统别尔德穆哈梅多夫，提出相互支持是中土命运共同体的核心要义。双方要提升两国贸易规模，扩大医疗卫生、体育、旅游等领域合作，搞好互办文化年活动，早日在土建成鲁班工坊。

总之，鲁班工坊助力国际交流更深入化、更高位化、更实质化，它是服务“一带一路”的国际公共产品。鲁班工坊作为职业教育国际交流平台，已拓展成为中外人文交流平台、技术交流平台。

（三）文化逻辑

鲁班是中国古代的“大国工匠”，也是中国古代技术技能文化的重要标志，体现着精益求精和智慧创新的中华民族优秀品质。鲁班工坊是中华优秀传统文化、当代技术技能文化传播的窗口，成为中外人文交流、民心相通的重要桥梁。

2022 年 9 月 13 日，习近平主席在《哈萨克斯坦真理报》发表题为《推动中哈关系在继往开来中实现更大发展》的署名文章，指出中哈友好深入人心，中哈即将实现互设文化中心，哈萨克斯坦将建成传统医学中心和鲁班工坊，两国人文合作步子越迈越大，人民友好基础越来越牢。

2022 年 9 月 15 日，习近平主席会见乌兹别克斯坦总统米尔济约耶夫，提出中乌双方要全面推进教育、文化、旅游、地方、环保、考古等人文交流合作，加快互设文化中心和鲁班工坊建设，讲好新时代中乌友好故事，为中乌关系持续健康发展奠定坚实的民意和社会基础。

2022 年 9 月 15 日，习近平主席会见土库曼斯坦总统别尔德穆哈梅多夫，提出双方要加快推进非资源领域合作，推进共建“一带一路”倡议同土方“复兴丝绸之路”战略对接。尽早落实互设文化中心，为两国人文交流搭建新平台。中方愿早日在土库曼斯坦设立鲁班工坊。

2023 年 10 月 17 日，习近平主席在北京会见乌兹别克斯坦总统米尔济约耶夫，提出欢迎乌兹别克斯坦青年来华学习，愿向乌方提供更多奖学金名额。双方还要加快互设文化中心和鲁班工坊建设，加强减贫经验交流与合作。

2024 年 3 月 29 日，习近平主席同哈萨克斯坦总统托卡耶夫向 2024 中国“哈萨克斯坦旅游年”开幕式致贺信。习近平主席在贺信中强调，文化交流与旅游合作是中哈民心相通的重要桥梁和纽带。近年来，两国人文合作方兴未艾，互免签证协定生效，互设文化中心协定签署，鲁班工坊落地，青年交流佳话频传，人员往来日益密切，人民友好基础越来越牢。

党的二十大报告指出，增强中华文明传播力影响力。鲁班工坊始终坚守中华文化立场，展示中华文明的精神标识和文化精髓，推动加快构建中国职业教育话语体系和中国职业教育叙事体系，向世界讲述中国职教故事、传播中国职教声音，展现可信、可爱、可敬的中国职教形象，深化文明交流互鉴，推动中华文化更好走向世界，是增强中华文明传播力和影响力的文化使者，是展示中华文明精神标识和职业技能的实化载体。

（四）教育逻辑

鲁班工坊是一种教育合作、教育服务、教育品牌。鲁班工坊的创立旨在服务国际技术技能人才培养，服务世界青年技术技能水平提升，是一种教育交流合作的实体化平台。习近平关于鲁班工坊重要论述蕴含着教育逻辑，将鲁班工坊置于国际教育交流与合作体系之中，为合作国技术技能人才培养和广大青年人高水平就业提供教育与培训服务。

2018 年 12 月 5 日，习近平主席见证了由中国天津机电职业技术学院和葡萄牙塞图巴尔理工学院共建的葡萄牙鲁班工坊正式签约成立。该鲁班工坊成为欧洲大陆第一个鲁班工坊，共同培养电气自动化和工业机器人两个专业的人才。

2022 年 9 月 14 日，习近平主席与哈萨克斯坦总统托卡耶夫共同签署联合声明，中哈双方坚定发展教育、科学、艺术、新闻出版、体育、卫生等领域合作。双方将全力恢复两国留学生交流。双方一致同意研究在哈开设鲁班工坊的可能性，为两国教育领域合作注入更多动力。

2022 年 12 月 9 日，习近平主席在利雅得举行的首届中国—阿拉伯国家峰会上提出中阿务实合作“八大共同行动”。其中，在“青年成才共同行动”中提出，邀请 1 万名阿拉伯人才参加扶贫减贫、卫生健康、绿色发展等领域专业培训；推动在阿拉伯国家建设更多鲁班工坊。

2023 年 5 月 18 日，习近平主席与塔吉克斯坦总统拉赫蒙会谈，提出双方要加强发展战略对接，高质量共建“一带一路”，深化经贸、互联互通、农业、大项目等方面合作。要密切人文交流，办好鲁班工坊，加强教育、媒体合作，讲好中塔友好故事，筑牢两国关系的民意和社会基础。

2024 年 5 月 29 日，习近平主席在北京与埃及总统塞西举行会谈，习近平主席强调，办好今年“中埃伙伴年”，扩大两国人员往来和人文交流合作，将埃及“鲁班工坊”打造成中非职业教育合作的标杆。

总之，鲁班工坊是中国职业教育的国际品牌，是一整套深受合作国院校与师生、企业与员工高度认同的“职教出海”的中国方案，是深化新时代我国教育对外开放的名片，是推动中国教育以更加开放、自信、主动的姿态走向世界舞台的教育使者。

（五）技能逻辑

习近平关于鲁班工坊重要论述基于技能逻辑，将鲁班工坊作为推动人类技能传递与共享的载体，特别是服务“一带一路”共建国家青年技能提升的平台，赋予其为世界培养更多的技术技能人才和消除贫困的技能使命。鲁班工坊专注于“技术技能”，“强能重技”是其建设原则和发展策略，尤其是将技术应用、技能训练和工程实践作为其核心内容，以技能为主导彰显其强大的国际吸引力。在建设定位上，注重为合作方共享技术技能基础实践课程、核心技术技能专项课程、技术技能综合应用课程建设经验，注重技术应用型、技术技能型人才培养。技能逻辑是习近平关于鲁班工坊重要论述的重要逻辑。

2018 年 9 月 3 日，习近平主席在中非合作论坛北京峰会上提出将鲁班工坊作为“八大行动”倡议中能力建设合作的一部分。这是习近平主席首次对鲁班工坊做出论述，主张在非洲设立 10 个鲁班工坊，向非洲青年提供职业技能培训，旨在着眼青年、培养青年、扶助青年，致力于为他们提供更多就业机会。

2019 年 4 月 25 日，习近平主席会见埃及总统塞西，提出中方高度重视发展同埃及关系；双方要深化政治互信，继续在涉及彼此核心利益和重大关切问题上相互支持和配合；中方还将在埃及设立“鲁班工坊”，向埃及青年提供职业技能培训。

2021 年 9 月 17 日，习近平主席在上海合作组织成员国元首理事会第二十一次会议上提出走互学互鉴之路；未来 3 年，中方将为上海合作组织国家提供 1 000 名扶贫培训名额，建成 10 所鲁班工坊。

2021 年 11 月 29 日，习近平主席在北京以视频方式出席中非合作论坛第八届部长级会议，提出共同实践能力建设工程；中国将继续同非洲国家合作设立“鲁班工坊”，鼓励在非中国企业为当地提供不少于 80 万个就业岗位。

2022 年 2 月 5 日，习近平主席会见土库曼斯坦总统别尔德穆哈梅多夫时强调，双方要加快推进“一带一路”倡议同土方“复兴丝绸之路”战略对接，加强互联互通合作；双方要尽快落实互设文化中心，中方愿加快在土库曼斯坦设立鲁班工坊，帮助土方培养更多高素质技能人才。

2022 年 2 月 6 日，习近平主席会见吉尔吉斯斯坦总统别尔德扎帕罗夫，提出中吉两国要加强发展战略对接；中方支持建设中吉乌铁路，愿同吉方拓展医疗卫生、扶贫减贫、职业教育、妇女、青年等领域合作；尽快在吉建成鲁班工坊，帮助吉方培养更多专业技能人才。

2023 年 5 月 19 日，习近平主席在中国—中亚峰会主旨讲话中指出，中方将制定中国同中亚国家科技减贫专项合作计划，实施“中国—中亚技术技能提升计划”，在中亚国家设立更多鲁班工坊，鼓励在中亚的中资企业为当地提供更多就业机会。

总之，鲁班工坊以推进中外职业教育交流与合作为突破口，拓展为服务合作国人力资源开发，帮助合作国培养更多技能人才，提升合作国青年就业能力，进而为国际合作注入更多动力。

二、习近平关于鲁班工坊重要论述的价值意蕴

鲁班工坊是将中国职业教育教学理念、教学标准、教学模式、教学装备、教学资源、教学方案与世界分享的实体化平台，为“一带一路”高质量发展服务，为深化国际产能合作服务，为推动构建人类命运共同体服务。从习近平关于鲁班工坊重要论述的情境和内容中，可全面透视出鲁班工坊的价值意蕴。

（一）鲁班工坊是大国外交的亮丽名片

首先，鲁班工坊建立起国际化交流的新平台。鲁班工坊作为国际性的职业教育与培训机构，向世界分享我国职教成果和服务，采取多种方式，在合作国开展职业教育和培训，推动当地技能建设，促进我国企业更好地“扎根”亚洲、“深耕”非洲、“挺进”欧洲，让中国技术和产品更好地走向世界。鲁班工坊除了开展国际化教育与培训之外，还承接国际技能大赛。鲁班工坊不仅是在合作国开展职业教育教学活动的场所，同时也是我国主办的职业院校技能大赛和世

界职业院校技能大赛的延伸赛场。在首届世界职业院校技能大赛中，“鲁班工坊赛道”成为“主力赛项”。

其次，鲁班工坊是促进中外教育合作交流的增强剂。鲁班工坊所提供设备的技术水平与国内或国际相关项目的竞赛标准是对等的，具备开展国际竞赛的条件，鲁班工坊因此成为中外师生研讨交流的基地，成为相关国家培养和选拔优秀技术技能人才的基地，同时，这一平台也进一步推动了我国职业院校技能大赛的国际化交流与发展，推动了国外对中国职业教育的研究与借鉴。鲁班工坊以鲁班“大国工匠”形象为依托，推动我国职业教育，服务我国企业“走出去”，促成了我国职业教育与世界深度合作交流。

最后，鲁班工坊是搭建合作桥梁、拓展中外人文交流的新窗口。鲁班工坊建设过程中十分注重发挥其人文交流桥梁和纽带的作用。依托鲁班工坊，中外共同举办各种文化交流活动和职业教育论坛。鲁班工坊的建设成效得到了中外媒体的关注和宣传，中央电视台、人民日报、光明日报、中国教育报、新华网、环球网等 700 余家中国媒体对鲁班工坊进行了全方位、多角度报道。据不完全统计，鲁班工坊建设成效也得到了 BBC、CNC、Daily News、Siam Rath Online News 等 110 余家海外媒体的广泛报道。

（二）鲁班工坊是构建人类命运共同体的重大实践

首先,鲁班工坊实践符合人类命运共同体理念倡导的“合作共赢”模式。“合作共赢”是人类命运共同体的核心理念。鲁班工坊就是一种合作共赢模式。以埃塞俄比亚鲁班工坊为例，该鲁班工坊在人工智能领域提供学位教育与技术培训，被非盟总部确立为面向整个非洲国家的高素质技术技能人才培训中心，与东非职教一体化 EASTRIP 世行项目中心签署战略合作框架协议，为埃塞俄比亚、坦桑尼亚、肯尼亚、吉布提等东非国家培养高水平职教师资。2021 年 9 月，埃塞俄比亚鲁班工坊骨干教师团队在参加 EPIP 标准化进阶式培训后，参加世界机器人技能大赛，取得了一金两银两铜的优异成绩，实现了埃塞俄比亚在世界级技能大赛中“夺金”的突破，在埃塞俄比亚乃至非洲地区产生了轰动性效应。在埃塞俄比亚先后设立“埃塞俄比亚 EPIP 教学研究中心”“东非职教师资培养 EPIP 认证试验中心”“埃塞俄比亚青年 EPIP 教育实践基地”等，面向埃塞俄比亚青年开展 EPIP 教育与培训，推动中国职业教育教学模式的国际化。

其次，鲁班工坊实践符合追求国际公平正义的人类命运共同体理念。人类命运共同体理念强调国家不分大小、强弱、贫富，一律平等，尊重各国人民自主选择发展道路的权利，维护国际公平正义。鲁班工坊就是在这一理念下产生并成长起来的，遵循人类命运共同体的价值原则。如埃塞俄比亚鲁班工坊在建设与运营中，设计了职业技能人才培养互鉴共享的机制，服务“一带一路”与“非洲 2063 愿景”的对接，助力开启中非关系新时代，构建新时代中非命运共同体。

最后，鲁班工坊始终坚持共研、共建、共享、共用、共赢“五共机制”，坚持品牌质量与核心要义，坚持“授人以渔”建设原则，符合人类命运共同体的共同利益观。经济全球化促使人们对传统的国家利益观进行反思。瞬间万里、天涯咫尺的全球化传导机制把人类居住的星球变成了“地球村”，各国利益的高度交融使不同国家成为一个共同利益链条上的一环。

（三）鲁班工坊是职业教育国际化合作的新范式

鲁班工坊结合校企双元，打造产教融合国际化新引擎。产教融合、校企合作成为中国特色职业教育基本办学模式，通过实训设备投入、订单式培养，技术研发、产品加工、资源建设、标准研制等方式开展合作。鲁班工坊扎根国际经济社会发展需求，致力于为合作国技术技能人才培养和培训服务，开展项目研究与产品开发，提供行业咨询，参与合作国技能发展项目等。

鲁班工坊结合赛训模式，开发培养国际技能人才新途径。鲁班工坊不但对合作学校学生开展培训，还成为当地创新示范基地。鲁班工坊通过培训学生、企业员工及各界人员，提高了合作国学生技能扎实程度，从而提高当地就业质量。例如，埃塞俄比亚鲁班工坊合作院校组织国际学生参与首届世界职业院校技能大赛，获得竞赛类赛项金牌 4 枚，展演类赛项最佳创意奖 1 个，所获金牌数占奖牌总数的三分之一。特别是 2022 年，首届世界职业院校技能大赛在赛项设计和赛场组织中，借助“鲁班工坊赛道”开发的 13 个竞赛类赛项，为世界职业院校师生的技能交流与互鉴合作提供了新范式。

鲁班工坊采用互学共鉴，构建国际职教师资交流新平台。搭建了国际职业教育学术交流平台，为合作国教师提供交流学习的机会。中外教师共同探索不同专业领域课程体系构建的路径，探索国际合作课程结构、理论和实践教学体系的建设思路。中方教师在与合作国教师交流中深入了解当地职业教育发展现状和特点，促进了中方教师国际化教学能力的提高，双方在职业教育交流合作中相互学习和借鉴，实现双向共赢。

鲁班工坊是推进职业教育交流，服务中国职业教育国际化发展，促进中外职业院校教师协同发展和专业共建的重要载体。鲁班工坊建设针对当地经济和行业发展需要，培养技术技能人才，为提高当地劳动者就业能力作出贡献。鲁班工坊的本土化员工技能培养在进一步与企业岗位需求对接后形成常态化机制，服务当地企业的发展。

（四）鲁班工坊是促进国际产教融合的重大创举

鲁班工坊的持续建设和发展离不开校企合作。鲁班工坊始终立足于服务国际产能合作，服务合作国及中资企业急需的技术技能人才培养。企业参与鲁班工坊共研共建，以提高人才培养质量，使鲁班工坊培养的技术技能人才符合当地经济和行业发展需要及企业用人标准，为当地企业解决用工难问题提供了支持。如在共建“一带一路”倡议首倡之地建设的哈萨克斯坦鲁班工坊，建设了现代化智能交通管理及车载智能网联技术平台，为交通运输业提供重要的人才助力。

鲁班工坊的建设与国内优质企业、合作国高等院校合作，深化国际校企合作，产教融合，实现了职业教育优质资源的共享，实现了服务“一带一路”倡议，服务中国企业走出去。在重大外交场合中，习近平关于鲁班工坊重要论述使鲁班工坊在合作国尤其是“一带一路”共建国家产生了广泛影响，成为中外人文交流和教育交流的品牌。在中外双方的共同努力下，鲁班工坊取得了双方共认的成效，形成了中国职业教育国际化的特色和亮点。

（五）鲁班工坊是中国积极参与全球治理的重要载体

鲁班工坊是支持中国与发展中国家加强发展经验交流，支持开展经济社会发展规划的重要途径。鲁班工坊实施学历教育和技术培训，旨在培养合作国当地熟悉中国技术、设备、产品和标准的高素质技术技能人才。鲁班工坊是加快推进“一带一路”倡议同“复兴丝绸之路”战略对接，加强互联互通合作的重要交流模式。鲁班工坊服务“一带一路”，搭建起了中国职业教育与世界对话交流的实体桥梁，是密切国际交流、走互学互鉴之路的重要渠道，是搭建两国人文交流新平台的重要组成部分。

鲁班工坊是中国积极参与全球治理的重要载体。鲁班工坊为全球技能型社会建设作出了重要贡献，提高了合作国的职业教育技术服务水平，促进了制造业等相关产业的发展。基于“鲁班工坊”，中国为全球职业教育治理作出了创新性贡献并取得了一系列治理成效，包括构建全球职教命运共同体、顶层政策多元化系列化、全球布局不断完善、与国际标准紧密对接、项目建设质量整体提升、全球职教治理引领者角色确立等。自2016年世界上首个鲁班工坊——泰国鲁班工坊揭牌运营以来，中国在亚欧非三大洲31个国家设立35个鲁班工坊，其中亚洲13个，欧洲5个，非洲17个。2019年3月，吉布提鲁班工坊正式揭牌运营，这是中国在非洲设立的第一个鲁班工坊。正是基于吉布提当地经济产业发展的人才需求，吉布提鲁班工坊对接亚吉铁路建设与运营，开设铁道运营管理、铁道工程技术等专业，共享我国优质的职业教育资源和教学模式及企业产能和服务，着力培养既具备国际视野、通晓国际规则，又具有批判性思维和创造性思维、实践能力和创新能力的本土化技术技能人才。

三、习近平关于鲁班工坊重要论述的实践指向

当前，进入新时代，跨进新征程，立足新方位，在奋力开创新时代中国特色大国外交新局面中，在构建人类命运共同体的新征程中，习近平关于鲁班工坊重要论述为“鲁班工坊如何进一步作为”指明了实践路向。

（一）价值引领：在共商共建共享中推动人类命运共同体构建

习近平关于鲁班工坊重要论述为鲁班工坊建设找到了准确的价值坐标，那就是在共商共建共享之中推动构建人类命运共同体。鲁班工坊植根于中国职教文化土壤，凝聚中国职教智慧，在向世界讲述中国职教故事、传播中国职教声音、展现中国职教形象中服务于构建人类命运共同体。鲁班工坊让中国职业教育惠及世界，是一种共商共建共享的国际公共教育资源和产品。2022 年 12 月 8 日，习近平主席在利雅得会见埃及总统塞西时强调，中方坚定支持埃及走符合自身国情的发展道路，坚定支持埃及维护国家主权、安全、发展利益，愿同埃方深化共建“一带一路”合作等重大合作项目。双方要推进鲁班工坊和中文教学，培养更多中埃友好的使者，携手构建中阿命运共同体。中国将坚持平等合作、优质优先、强能重技、产教融合、因地制宜的原则，继续推动中国本土化、视野国际化的工程实践创新项目（EPIP）应用，为境外合作伙伴带去先进的教学模式和优质的教学装备。

（二）功能定位：以技能共享为核心的综合性国际交流合作平台

如前所述，习近平主席在多个外交场合提出通过鲁班工坊建设为合作国或合作组织提供技能培训，为消除贫困、解决就业、增进福祉和实现可持续发展提供服务，实际上，这是对鲁班工坊的功能定位，即以技能共享为核心的综合性国际交流合作平台。鲁班工坊作为一种技能共享平台，即采取学历教育与技能培训相结合的方式，向合作国分享中国职业教育理念、教学模式、教学标准和教学资源，在当地建设技能人才培养培训中心，提供先进的教学设备，并组织中国教师和技术专家为合作国教师开展技术技能培训，从“授人以鱼”转化为“授人以渔”。鲁班工坊以技能共享为核心，通过职业教育和职业培训，在引领中国同世界各国（地区）职业教育的交流合作的基础上，进一步增进国际理解、文化互鉴，进一步促进世界各国（地区）的人文交流和民心相通，进一步服务国际产能合作，进一步促进世界经济社会可持续发展，全面助力构建人类命运共同体。

（三）品牌升级：以鲁班工坊建设为先导龙头全面引领“职教出海”

习近平关于鲁班工坊重要论述为中国职业教育国际化指明了方向，也为鲁班工坊确立了在中国职业教育发展中的品牌意识。鲁班工坊不仅仅是中国职业教育国际品牌，而且要上升到中国教育国际品牌；不仅仅是中国教育国际品牌，而且要上升到引领“职教出海”的综合性交流活动平台。未来可进一步发挥鲁班工坊在国际化技术技能人才培养中的作用，提升其在世界舞台上共享中国职业教育话语、模式和标准等方面的能力；将其打造成为国际职教模式互鉴、标准共享、教学共研、教材共建、教师共培的交流互动平台，成为中外产业、行业和企业的交流互动平台，成为国际技能竞赛、世界职教成果展示、世界产教融合发展的交流互动平台，成为展示各国人文历史、技术文化、技能传承的“百花园”。

（四）布局优化：在服务重大外交战略中优化鲁班工坊全球布局

鲁班工坊已经成为促进合作国加强能力建设、改善民生福祉、服务“一带一路”的重大国家行动。下一步，要持续认真学习研究好习近平关于鲁班工坊重要论述，主动服务我国总体外交战略布局，瞄准重大外交战略，布局和建设好相应的鲁班工坊。一是以习近平关于鲁班工坊重要论述为根本遵循，高质量建设好多边合作和国别合作中的鲁班工坊。二是以《新时代的中非合作》《中国职业教育发展报告（2012—2022年）》《携手构建人类命运共同体：中国的倡议与行动》《共建“一带一路”：构建人类命运共同体的重大实践》等对鲁班工坊建设要求为重要依据，全面服务国家重大外交战略，推进中外职业教育合作。三是重点关注诸如中非合作论坛、中国—中亚峰会、中国—阿拉伯国家峰会、上海合作组织、金砖国家等中国牵头主持或重点参与的多边合作机制，可由教育部牵头协调，发挥外交部、商务部、国合署等国家部署及各省、自治区、直辖市的教育资源禀赋，协同推进鲁班工坊全球发展。

（五）机制创新：多条路径多点发力全面推进鲁班工坊内涵建设

第一，深化产教融合。鲁班工坊建设离不开学校和企业的深度合作。以印度鲁班工坊建设为例，其是首个由中国两所学校联合携手多家中方企业协同共建的鲁班工坊，是中国产教融合、校企合作办学模式在国外落地生根的典范。印度鲁班工坊搭建了国际合作五平台：校校合作平台、校企合作平台、资源开发平台、教育培训平台、职教研究平台，在印中资企业和当地行业企业参与了印度鲁班工坊建设的全过程。

第二，走向以研促建。高水平国际化的专业是鲁班工坊内涵建设的基础。通过将国际先进工艺流程、产品参数、技术标准、服务标准等要素与我国职业教育专业教学相互结合，参照国际先进专业教学标准、课程标准、资格证书标准，研究制定国际化的职业教育教学标准体系，鲁班工坊可有效地促进国际化教学标准的共同开发。此外，鲁班工坊不仅可实现对合作国师生进行培训及学历进修，还可对合作国的海外中资企业进行在岗培训。

第三，加强能力建设。通过工程实践创新项目（EPIP）标准化进阶式培养培训实践及 EPIP 认证试验中心建设，促进鲁班工坊合作国教师和中方教师的国际化教学能力提升；坚持鲁班工坊品牌核心要义，全面提升鲁班工坊中外管理团队的岗位胜任能力；以英、俄、法、葡等语系性培训包的集成开发与共享应用为重点，提升中方教师和管理团队的国际交流能力；以资政决策和评估评价为引导，提升鲁班工坊的智库成果转化与服务能力。

第四，共享中国方案。工程实践创新项目（EPIP）是一种面向真实工程和现实生活，基于职业教育教学实践与科学研究而创立的职业教育教学模式，被确立为鲁班工坊的教学模式及核心内涵，已在全球 20 多个国家的鲁班工坊中进行应用。2022 年 8 月，在首届世界职业技术教育发展大会上，教育部向全球发布《中国职业教育发展报告（2012—2022 年）》，明确强调：“发挥已建立的泰国、葡萄牙、埃塞俄比亚等国 EPIP 教学研究中心的作用，给更多境外合作伙伴带去先进的教学模式、优质的教学装备。”目前，依托“工程实践创新项目（EPIP）研究与推广中心”，我国职业院校在泰国、印度、葡萄牙、埃塞俄比亚等 12 个国家设立了 18 个 EPIP 分中心，在亚洲、欧洲、非洲等国设立了 EPIP 认证试验中心，聘任了国内外高层次学者担任首席专家和推广认证专家，与世界分享职业教育的中国模式、中国标准与中国方案。

总之，以习近平关于鲁班工坊重要论述掌舵领航，鲁班工坊成为了中国助力人类命运共同体构建的教育发力点。未来，我们要进一步深入学习贯彻落实习近平关于鲁班工坊重要论述，发挥好鲁班工坊在中国参与全球治理中的作用，同世界各国不断加强互容、互鉴、互通，让鲁班工坊以更加自信、主动的姿态走向世界舞台中央，让鲁班工坊之花在世界舞台上绚烂绽放，让中国职业教育更加深入全面地惠及世界、造福国际社会。

——摘自《职业教育研究》2024 年第 6 期中吕景泉、赵文平、李力、张磊《习近平关于鲁班工坊重要论述的逻辑体系、价值意蕴和实践指向》。

第七篇

中国职业教育发展报告

职业教育是国民教育体系和人力资源开发的重要组成部分。发展职业教育，已经成为世界各国应对经济、社会、人口、环境、就业等方面的挑战，实现可持续发展的重要战略选择。

中国职业教育源远流长，师徒制教学有着悠久的历史，主要有父业子承、合同式学徒制、行业学徒制等形式。19世纪中叶，中国一批有识之士创建了福建船政学堂等实业学校，标志着中国近代学校职业教育的正式诞生。职业教育始终与国家命运和家庭幸福紧密联系，承担着经世利民、求是致用的历史重任。

进入新时代，中国政府高度重视职业教育，把职业教育摆在经济社会发展和教育改革创新更加突出的位置。职业学校70%以上的学生来自农村，“职教一人，就业一人，脱贫一家”成为阻断贫困代际传递见效最快的方式，在中国开展脱贫攻坚、全面建成小康社会中发挥了重要作用。职业教育肩负着培养多样化人才、传承技术技能、促进就业创业的重任，为支撑国家产业结构转型升级、推进中国制造和服务的水平、保障民生等方面作出了突出贡献。

经过长期的实践探索，中国形成了独具特色的现代职业教育发展范式。实践表明，紧跟经济社会发展需求，服务产业升级，推进产教融合、校企合作，是职业教育高质量发展的动力源；坚持扎根中国大地、立足中国国情，服务区域产业发展，是职业教育增强适应性的深厚土壤；落实立德树人根本任务，培养德技并修、手脑并用、终身发展的高素质技术技能人才，促进教育链、人才链与产业链、创新链有效衔接，促进就业创业，是提高社会贡献度和认可度的根本途径。

海纳百川，相倚为强。世界职业教育的蓬勃发展，离不开各国先进特色理念和经验的相互启发、相互砥砺。在经济全球化的大潮中，任何一个国家的职业教育都不能独处一隅，只有交流对话才能协同并进、不断超越；中国既学习借鉴国际先进的职业教育发展经验，也愿意与各国共享经验成果，以更加开放的姿态和自觉的担当，为建设更高水平的现代职业教育、助力建设人类命运共同体作出积极贡献。

为介绍中国职业教育发展成就，与国际社会分享中国职业教育创新举措、发出职业教育合作邀约，特发布本报告。

第一节　共生发展：现代化进程中的中国职业教育

现代化是人类历史发展的伟大变革，是以工业化为核心，推动经济增长、思想革命、制度创新和社会转型的发展历程。中国式现代化是一个具有几千年农业文明大国的现代化，是超大人口规模的现代化，是经济、社会、文化、教育的全面现代化。中国职业教育与中国现代化共生发展，发挥着服务经济发展、促进民生改善、优化教育体系、增进国际交流的作用，在面向世界的现代化进程中作出了不可替代的贡献。

一、支撑经济高质量发展

中国加快推进经济结构调整和产业转型升级，迈向更高质量、更有效率、更加公平、更可持续、更为安全的发展之路。职业教育作为对接产业最密切、服务经济最直接的教育类型，在经济高质量发展中起到了重要的人力资源供给和生产力转化作用。

——为产业经济提供源源不断人才红利。中国职业教育主动适应经济结构调整和产业变革，紧盯产业链条、市场信号、技术前沿和民生需求，设置1 300余种专业和12余万个专业点，覆盖国民经济各领域。近十年来，累计为各行各业培养输送6 100万高素质劳动者和技术技能人才，在现代制造业、战略性新兴产业和现代服务业等领域，一线新增从业人员70%以上来自职业学校毕业生，促进中国人口红利的释放与实现，推动先进技术和设备转化为现实生产力，为中国产业链、供应链保持强大韧性、行稳致远提供了基础性保障和有生力量。

——为数字经济跑出加速度提供先导力量。伴随工业信息化、智能化转型，中国职业教育紧盯数字技术前沿，加快专业升级改造，布局一批新兴专业，提升数字技能人才培养能力。大力改造提升传统专业，从专业名称到专业内涵全面推进数字化，使人才培养适应数字经济变革。优化和加强 5G、人工智能、大数据、云计算、物联网等领域相关专业设置，重点打造互联网应用技术、大数据技术与应用等高水平专业群，扩大数字技能人才供给。开发设计大数据分析与应用、云计算平台运维与开发等职业技能等级证书，并融入职业学校人才培养全过程，与华为、腾讯等数字经济头部企业联合培养培训大批数字化技术技能人才，服务数字产业化和产业数字化。

——为生态经济提供“绿色技能”转化服务。中国正加快开展各领域低碳行动，推动全产业链生态化发展。职业教育积极参与绿色技能开发，设置绿色低碳技术、智能环保装备技术等专业，扩大绿色低碳技术技能人才供给规模。在职业教育教学标准体系中融入绿色低碳环保理念，将绿色技能纳入国家职业院校技能大赛赛项内容，把绿色要素、绿色理念融入职业学校课堂教学全要素、全过程。中国加强与国际合作组织在绿色技能开发上的合作，通过亚太经合组织（APEC）的“职业教育系统开发绿色技能”项目，将绿色、环保、可持续发展理念融入职业教育与培训体系之中。

二、推动社会协调发展

职业教育是提升社会流动性、防止阶层固化、保持社会活力的重要途径，在满足人的多样化发展，推进社会协调发展上发挥着重要作用。

——为人的多样化发展提供通道。中国树立开放包容融合的大教育观，建立适应多样化发展需要，纵向贯通、横向融通，服务全民终身学习的现代职业教育体系，为不同性格禀赋、不同兴趣特长、不同素质潜力、不同学习阶段的学生提供多样化选择、多路径成才机会，让更多学生就业有本领、升学有渠道、发展有通道。每年有 30 万左右的退役军人、下岗待就业人员、农民工和新型职业农民等社会生源接受高等职业教育。连续举办全国职业院校技能大赛，让职业学校学生获得展示技能风采、实现人生价值的机会和舞台。

——为实现高质量就业搭建阶梯。职业教育坚持面向市场、服务发展、促进就业的办学方向，紧跟产业发展步伐，人才培养对岗位要求的适应性不断增强，职业学校毕业生就业率连续保持高位，中职、高职毕业生就业率分别超过

95% 和 90%，专业对口就业率稳定在 70% 以上。职业学校毕业生就业岗位遍布高端产业和产业高端，高职毕业生半年后年收入显著高于城乡居民人均可支配收入平均水平。

——为缩小贫富差距提供途径。中国政府大力发展面向农业农村的职业教育，构建农村职业教育与培训优质资源体系，15% 的高职院校年开展新型职业农民培训超过 5 000 人 / 日，培养了大批“土专家”“田秀才”“乡创客”“致富带头人”，有效服务现代乡村产业体系建设。职业学校 70% 以上学生来自农村，有力推进新型城镇化进程，成为脱贫攻坚和乡村振兴的生力军。2013 年至 2020 年底，累计有 800 多万贫困家庭学生接受职业教育，“职教一人，就业一人，脱贫一家”成为阻断贫困代际传递见效最快的方式。职业学校毕业生已经成为乡村振兴、扩大中等收入群体的重要来源。

三、服务高质量教育体系

构建高质量教育体系是教育现代化的必然要求，作为与普通教育同等重要的类型教育，职业教育是构建高质量教育体系的重要内容和活力因素。

——优化教育结构的重要一翼。随着新一轮科技革命和产业变革不断深化，世界各国空前重视产业链全链条的协同布局，加大研发人才、工程人才、技术人才、技能人才的协同培养。近年来，中国将职业教育作为优化教育结构和教育综合改革的重要突破口，提高职业教育质量，增强职业教育适应性，职业教育在规模和质量上同步提升，稳居中国教育的半壁江山，动态适应新经济、新技术、新业态、新职业发展变化。

——促进教育公平的必由之路。中国始终坚持以人民为中心的发展思想，将职业教育作为优质教育均衡发展的重要内容，努力让 14 亿多人民享有公平而有质量的教育。为保障人人都有机会接受职业教育，中国政府建立了职业教育免、补、助、奖、贷等助学体系，中职免学费、助学金分别覆盖超过 90% 和 40% 的学生，高职奖学金、助学金分别覆盖近 30% 和 25% 的学生。职业教育还为残障人士、生活困难者等弱势群体提供多种形式教育和技能培训，在促进职业教育与普通教育、特殊教育、继续教育协调发展方面发挥重要作用。

四、促进国际交流与合作

和羹之美,在于合异。中国职业教育面向世界、融通中西,在“引进来”“走出去”中不断实现“再提升”，推动构建开放型经济体系，成为国际经济、技术和文化交流合作的重要载体。

——助力国际产能合作。职业教育伴随中国企业和产品“走出去”、服务共建“一带一路”，与 70 多个国家和国际组织建立了稳定联系，与 19 个国家和地区合作建成 20 家“鲁班工坊”，在 40 多个国家和地区合作开设“中文 + 职业教育”特色项目，培养了大批懂中文、熟悉中华传统文化、当地中资企业急需的本土技术技能人才；一大批中国职业学校教师涉重洋，手把手将职业技能和经验传授给当地青年，帮助共建“一带一路”国家培养技术技能人才，助力合作国家工业化进程。

——推动技术文化交流。中国积极参与世界技能大赛，以赛会友、以赛促技。自 2010 年正式加入世界技能组织，近五届世界技能大赛累计获得 36 枚金牌、29 枚银牌、20 枚铜牌，参赛项目和参赛规模不断扩大。面向欧洲地区，打造中欧“双元制”产教融合平台，加强与德国、法国、瑞士等欧洲国家相关行业领域优质企业职教合作，推动成立“中国—中东欧国家职业院校产教联盟”，搭建与中东欧国家校企合作平台；面向非洲地区，启动“未来非洲—中非职业教育合作计划”，合作成立“中非职教合作联合会”，进一步加强与非洲国家职业学校的联系与交流；面向东南亚地区，实施“中国—东盟双百职校强强合作旗舰计划”,在中国和东盟国家职业学校中已遴选 80 对特色合作项目。2022 年，主办金砖国家职业教育联盟大会，成立金砖国家职业教育联盟，举办金砖国家职业技能大赛，积极推动金砖国家加强职业教育领域交流对话。

第二节　固本培元：
中国职业教育改革纪实

2012 年以来，中国政府把职业教育作为与普通教育同等重要的类型教育，不断加大政策供给、创新制度设计，加快建设现代职业教育体系，构建多元办学格局和现代治理体系。中国职业教育实现由参照普通教育办学向相对独立的教育类型转变，进入提质培优、增值赋能新阶段。

一、确立职业教育类型定位

2014 年，国务院召开全国职业教育工作会议，教育部等六部门印发《现代职业教育体系建设规划（2014—2020 年）》，明确到 2020 年形成适应发展需求、产教深度融合、中职高职衔接、职业教育与普通教育相互沟通，体现终身教育理念，具有中国特色、世界水平的现代职业教育体系。教育部启动实施《高等职业教育创新发展行动计划（2015—2018 年）》和《职业院校管理水平提升行动计划（2015—2018 年）》，全面激发职业学校办学活力，提升办学质量。

2019 年，国务院出台《国家职业教育改革实施方案》，提出“职业教育与普通教育是两种不同教育类型，具有同等重要地位”，整体搭建职业教育体制机制改革的“四梁八柱”集中释放了一批含金量高的政策红利。2020 年，教育部等九部门印发《职业教育提质培优行动计划（2020—2023 年）》进一步确立国家宏观管理、省级统筹保障、学校自主实施的工作机制。31 个省份和新疆生产建设兵团的 4 562 所学校和有关单位承接任务，计划投入 3 075 亿元。2021 年，中共中央办公厅、国务院办公厅印发《关于推动现代职业教育高质量发展的意见》，系统梳理中国职业教育改革实践经验，从巩固职业教育类型定位、推进不同层次职业教育纵向贯通、促进不同类型教育横向融通三个方面强化职业教育类型特色。

2022 年 5 月 1 日，新修订的《中华人民共和国职业教育法》（以下简称新

《职业教育法》）正式实施，明确“职业教育是与普通教育具有同等重要地位的教育类型，是国民教育体系和人力资源开发的重要组成部分，是培养多样化人才、传承技术技能、促进就业创业的重要途径”，标志着现代职业教育体系建设进入新的法治化进程，也意味着职业教育“类型”地位在法理上得到保障。

十年来,中国职业教育不断深化改革,探索建立“职教高考”制度,实施“文化素质＋职业技能”分类考试招生；规范特色培养过程，从培养目标、课程设置、学时安排、实践教学、毕业要求等方面对职业学校专业人才培养方案制订提出具体要求，为专业人才培养和质量评价提供基本依据;建立实习管理制度，明确实习的内涵和边界，重点对职业学校实习治理水平提出系列措施；将职业本科纳入现有学士学位制度体系，在学士学位授权、学位授予标准等方面强化职业教育育人特点。从顶层设计到制度标准，构建了一整套贯穿学生入口到出口、具有中国特色的职业教育制度体系。

二、完善现代职业教育体系

近年来，中国职业教育主动适应经济社会发展需要，落实职业学校教育和职业培训并重，促进职业教育与普通教育横向融通，推进不同层次职业教育纵向贯通，加快建设服务全民终身学习的现代职业教育体系。职业学校教育包括职业启蒙教育、中等职业学校教育、高等职业学校教育等阶段。职业培训包括技能培训、劳动预备制培训、再就业培训和企业职工培训等类别，依据职业技能标准，培训分为初级、中级、高级职业培训和其他适应性培训，企业、学校、社会机构等均可开展职业培训。

基础教育阶段开展职业启蒙教育。全国有超过 4 500 所中、高职学校积极支持中小学开展劳动教育实践和职业启蒙教育，辐射中小学近 11 万所，每年参与人次超过 1 500 万。

中等职业学校教育由普通中专、成人中专、职业高中、技工学校等实施，主要招收初中毕业生或具有同等学力的社会人员，以 3 年制为主。2021 年，全国设置中等职业学校 7 294 所（不含技工学校），招生 488.99 万人，在校生 1 311.81 万人，分别占高中阶段教育招生总数和在校生总数的 35.08%、

33.49%。中等职业学校毕业生可以继续接受高等专科、本科和研究生教育。

高等职业学校教育包括专科、本科及以上教育层次，主要招收中等职业学校毕业生、普通高中毕业生以及同等学力社会人员，专科为 3 年制、本科为 4 年制。2021 年，全国设置高等职业学校 1 518 所（含 32 所职业本科学校），招生 556.72 万人，在校生 1 603.03 万人。职业本专科招生人数和在校生总数分别占全国本专科高校招生数和在校生总数的 55.60%、45.85%。

2019 年，中国启动“职业技能提升行动计划”。截至 2021 年，共开展各类补贴性职业技能培训 5 000 余万人次。从 2019 年起，中国政府从失业保险基金结余中拿出 1 000 亿元，设立专项账户，统筹用于职业技能提升行动。目前，全国 1 万余所职业学校每年开展各类培训上亿人次，在开展新型职业农民培训服务的高职院校中，141 所学校年培训量超过 5 000 人 / 日，86 所学校年培训量超过 10 000 人 / 日。

三、加强职业教育内涵建设

中国职业教育逐步从以规模扩张为主的外延式发展向以质量提升、机制完善为主的内涵式发展转变，在标准体系构建、师资队伍建设、校企双主体育人、数字信息化实践等方面取得了积极成效。

——建设职业教育国家标准体系。建立专业、教学、课程、实习、实训条件“五位一体”的国家标准体系。融合新技术、新业态、新职业要求，编制了中职、高职专科、职业本科教育一体化专业目录；先后发布了 230 个中职专业和 347 个高职专业教学标准、51 个职业学校专业实训教学条件建设标准、136 个专业（类）顶岗实习标准以及 9 个专业仪器设备装备规范等；制定了 497 个职业（工种）技能鉴定标准，6 万余项行业培训标准和 42 大类企业培训标准。

——打造“双师型”教师队伍。实施“职业院校教师素质提高计划”，建立“国家示范引领、省级统筹实施、市县联动保障、校本特色研究”的四级培训体系。2012 年以来，中央财政累计投入 53 亿元，带动省级财政投入 43 亿元，超过 110 万名职业学校教师参加国家级及省级培训。2019 年，教育部等四部门公布

102 家企业为全国职业教育教师企业实践基地，已通过国家职业教育智慧教育平台发布两批共计 537 项教师实践项目，服务职业学校包含国家级教学创新团队教师数量超过 2 万人。2019 年，启动职业教育教师教学创新团队建设工作，分两批建设 364 个教学创新团队，示范带动建立省级创新团队 500 余个、校级创新团队 1 600 余个，教师分工协作模块化教学的模式逐步建立，团队能力素质全面加强。2012—2021 年，职业学校专任教师规模从 111 万人增至 129 万人，增幅 17%，“双师型”教师占专业课教师比例超过 50%。

——构建校企双主体育人机制。近十年来，中国政府各类政策均把校企合作作为重要内容，支持职业学校与企业开展订单班、现代学徒制、产业学院、集团化办学等多种合作。截至 2021 年，全国组建约 1 500 个职教集团，吸引 3 万多家企业参与，覆盖近 70% 的职业学校。培育 3 000 多家产教融合型企业、试点建设 21 个产教融合型城市，给予产教融合型企业金融、财政、土地等支持，享受教育费附加、地方教育附加减免及其他税费优惠。职业学校与企业共建实习实训基地 2.49 万个，年均增长 8.6%。“十三五”期间，分三批在全国布局了 558 个现代学徒制试点，覆盖职业学校 501 所，1 000 多个专业点，惠及 10 万余名学生；先后在 22 个省启动企业新型学徒制试点工作，试点企业 158 家，培养新型学徒制企业职工近 2 万人，其中转岗职工超过 3 670 人。

——推进职业教育数字化。近年来，中国职业教育大力推进现代信息技术应用，在信息化基础设施建设、数字教育资源开发、人员技术培训和管理系统应用等方面取得重要进展，数字生态建设取得积极成效。90% 以上的职业学校建成了运行流畅、功能齐全的校园网；85% 以上的职业学校按标准建成数字校园。建设了一批在线课程平台，建成了 203 个职业教育国家级专业教学资源库，开发了涵盖文理工农医等 12 个学科门类的 992 门精品视频公开课和 2 886 门国家级精品资源共享课。2022 年，中国实施“教育数字化战略行动”国家职业教育智慧教育平台上线运行，汇聚了 1 200 个专业资源库、6 600 余门在线精品课、2 000 余门视频公开课，用户覆盖全国各省份，并惠及 180 多个国家和地区，在疫情期间通过数字技术支持教育复苏，实现了“停课不停学”。

四、打造多方协同治理体系

中国政府确立了“管办评分离”教育治理原则，厘清政府、学校和社会三者的权责关系，优化职业教育生态，建立系统完备、科学规范、运行有效的制度体系，形成了职能边界清晰、多元主体充分发挥作用的新局面。

——加强政府统筹管理作用。深化政府职能转变，教育“统管”转变为教育“督导”。2012 年，发布《教育督导条例》，明确教育督导的职能定位。2016 年，发布《中等职业学校办学能力评估暂行办法》和《高等职业院校适应社会需求能力评估暂行办法》，并分别于 2016 年、2018 年、2020 年开展了三轮职业学校评估。2017 年，发布《对省级人民政府履行教育职责的评价办法》，将“加快发展现代职业教育”作为评估内容，并于 2018 年起，每年开展对省级人民政府教育职责评价工作。2020 年，发布《关于深化新时代教育督导体制机制改革的意见》，建立教育督导部门统一归口管理、多方参与的教育评估监测机制。

——强化行业自律和主动参与。积极发挥行业指导和企业重要办学主体作用，推行产业规划和人才需求发布制度，引导学校紧贴市场和就业形势，动态调整专业目录。2010 年，启动全国行业职业教育教学指导委员会（以下简称行指委）建设，经过五次调整、换届，现设置 57 个行指委，各行指委共编发 60 个行业人才需求预测与专业设置指导报告，44 个行指委牵头制订了国家职业教育教学标准。近五年来，在行指委的指导下，校企合作开发课程 8 000 多门、编写教材 6 000 多本，行业企业提供实训设备设施总值超过 1 500 亿元、投入建设经费超过 60 亿元，8 万多名企业人员到职业学校兼职，23 万多名职业学校教师到企业实践。

——提升办学主体自治能力。持续扩大职业学校办学自主权，积极推进以章程为引领的现代学校制度建设，激发办学活力和自主性。2013 年，探索“知识 + 技能”考试招生制度，完善高考考试招生、单独考试招生、综合评价招生、技能考试招生、中高职贯通招生、免试招生等考试招生方式，逐步形成省级政府为主统筹管理、学生自主选择、学校多元录取、社会有效监督的中国特色高等职业教育考试招生制度。实行高职专业设置备案制，高职院校可自主设置指导性专业目录内所有专业。2015 年起，在职业学校开展教学诊断与改进工作，进一步完善职业教育内部质量保证制度体系和运行机制，强化落实职业学校的第一质量主体责任。

——构建社会监督体系。发挥利益相关方评价作用，引导职业教育良性发展。借助第三方评价，定期跟踪评价人才培养质量，发挥监测评价、预测预警功能，提升教育发展动态监测能力；鼓励各地充分依托大数据技术，探索构建区域教育综合评价体系，进一步做好教学质量监测，注重质量分析和结果反馈，全方位精准诊断职业学校办学中的优势与问题。2012 年起，每年发布高等职业教育质量年度报告，2016 年起，每年发布中等职业教育质量年度报告，报告内容体系逐年完善，职业学校质量意识显著提高。

五、加大职业教育办学投入

中国加大各级财政对职业教育的投入力度，完善与办学规模、培养成本、办学质量相适应的财政投入制度，充分利用社会资本发展现代职业教育，鼓励社会力量举办和参与举办职业教育。

——发挥公共财政的主导作用。全国各级财政部门把职业教育作为投入重点，坚持把教育经费向职业教育倾斜。“十三五”期间，中国职业教育经费累计投入 2.4 万亿元，年均增长 7.8%，其中，财政性职业教育经费达 1.84 万亿元，年均增长 8.6%，财政性职业教育经费在全部职业教育经费中占比逐年增长。职业教育生均拨款制度持续完善，中国各省份均已建立中职和高职生均拨款制度。“十三五”末期，全国中高职生均财政拨款水平达约 1.6 万元，国家助学金政策资助中高职院校学生超过 580 万名，财政资金投入接近 119 亿元，重点帮扶了 11 个集中连片特困地区的学生和建档立卡贫困户家庭学生。

——鼓励社会力量举办和参与举办职业教育。推动国有企业、民营资本成为参与和举办职业教育的重要力量。全国国有企业举办职业教育机构共 435 个，其中中央企业 197 个、地方国有企业 238 个；民办高职学校 337 所，在校生 323 万人；民办中职学校在校生 249 万人。

中国积极探索实施职业教育股份制、混合所有制改革试点，如山东省在全国率先发布《关于推进职业院校混合所有制办学的指导意见（试行）》，明确办学形式、设立要求及办学管理，全省开展混合所有制改革的职业学校达到 47 家，拉动社会资本投入超百亿元。

——实施示范性项目建设。2006 年以来，中国政府累计投入资金超 5 000 亿元，先后实施国家示范性（骨干）高职院校建设计划、国家中等职业教育改革发展示范学校建设计划、高等职业学校提升专业服务产业发展能力项目、实训基地建设计划、中国特色高水平高职学校和专业建设计划、职业教育办学条件达标工程等重大项目，支持建设了 199 所国家示范（骨干）高等职业学校，1 000 所国家中等职业教育改革发展示范学校，197 所“中国特色高水平高职学校和专业建设计划”建设学校，3 000 多个实训基地，大幅改善职业学校办学条件，引领中国职业教育内涵式发展。

第三节　守正创新：中国职业教育制度模式

中国把职业教育定位于国民教育体系和人力资源开发的重要组成部分，充分发挥中国特色社会主义制度优势，政府主导与市场引导相结合、发展经济与服务民生相结合、教育与产业相结合，构建了现代职业教育发展的制度体系，形成了职业教育发展的中国模式,为中国式现代化道路注入了强劲的职教力量。

一、坚持政府主导、多元办学

中国实施教育优先发展战略，把职业教育摆在经济社会发展中的突出位置，高度重视、加快发展，用好政府"有形之手"与市场"无形之手"，在政府强力推动下，形成社会力量深度参与的多元办学格局。

——强化政府主导。中国政府履行发展职业教育的重要责任，将发展职业教育纳入国民经济和社会发展规划，与促进就业创业和推动发展方式转变、产业结构调整、技术优化升级等整体部署统筹实施，财政资金优先保障职业教育投入，公共资源优先满足职业教育和人力资源开发需要。国家制定发展规划、方针政策和基本标准，推出了一批引领发展的示范性项目。国家层面建立中央教育工作领导小组、国务院职业教育工作部际联席会议等工作协调机制，统筹协调全国职业教育工作，国务院教育行政部门负责职业教育工作的统筹规划、综合协调、宏观管理，其他有关部门在国务院规定的职责范围内，分别负责有关的职业教育工作。省、自治区、直辖市人民政府负责本行政区域内职业教育工作的领导。央地协同、地方为主的管理机制日趋优化，在强调国家宏观管理的基础上充分尊重基层首创，全方位推动职业教育发展。

——鼓励多元办学。国家实行统一的准入制度，支持社会力量广泛、平等参与职业教育，鼓励社会力量以资本、知识、技术、管理等要素参与职业教育，各类主体兴办的职业学校具有同等法律地位，企业独立办学、集团化办学、混合所有制办学成为职业教育办学的重要形式。有关行业主管部门、工会和中华职业教育社等群团组织、行业组织、企业、事业单位等依法履行实施职业教育的义务，参与、支持或者开展职业教育。多元办学丰富了职业教育资源，释放了市场活力，增强了职业教育的适应性。

二、坚持立德树人、德技并修

培养什么人是教育的首要问题。中国职业教育坚持立德树人，把育人和育才相统一，致力于培养高素质技术技能人才、能工巧匠、大国工匠。

——强调育人和育才相统一。人无德不立，育人的根本在于立德。中华民族历来崇尚道德修为，认为“德者，才之帅”重视人的品德塑造。职业教育继承和发扬中华民族崇德的传统，关注学生全面成长成才，将社会主义核心价值观培养融入人才培养全过程。深入推进课程思政，推动专业课与思政课同向同行，传授基础知识与培养专业能力并驾齐驱，理论与实践并重，技术与人文融通，保证职业教育学习者实现德智体美劳的全面发展。

——强调职业精神与技术技能培养相融合。国家大力弘扬工匠精神，着眼学生未来的职业发展以及社会和企业对职业人的素质要求，在课程开发、教学标准制定、职业能力规范之中融入职业精神培养要求，增强学生的职业认同感、自豪感，使每一个学生掌握技术技能的同时，树立正确的劳动观点和劳动态度，养成爱国敬业、诚实守信、勤勉尽责、精益求精、追求卓越、敢于创新等道德素养和工匠精神。

三、坚持产教融合、校企合作

中国把产教融合、校企合作作为重要的产业政策与教育政策，融入经济转型升级各环节，贯穿职业教育人才开发全过程。

——以产教融合作为发展职业教育的基本路径。各级政府同步规划职业教育与经济社会发展，将教育优先、人才先行融入各项政策。统筹职业教育和人力资源开发的规模、结构和层次，面向产业和区域发展需求，优化职业教育资源布局，加快人才培养结构调整，促进教育和产业联动发展。强化政策引导，以城市为节点、行业为支点、企业为重点，建设了一批产教融合试点城市，打造了一批引领产教融合的标杆行业，培育了一批行业领先的产教融合型企业，促进教育链、人才链与产业链、创新链有效衔接。

——以校企合作为办学的基本方式。在招生就业、人才培养方案制定、师资队伍建设、专业规划、课程设置、教材开发、教学设计、教学实施、质量评价、科学研究、技术服务、科技成果转化以及技术技能创新平台、专业化技术转移机构、实习实训基地建设等方面，相关行业组织、企业、事业单位与职业学校等建立了合作机制。专业设置与产业需求对接、课程内容与职业标准对接、教学过程与生产过程对接，企业深度参与人才培养全过程。引企驻校、引校进企、校企一体，企业与职业学校共建共享生产性实训基地。各行业组织参与制定职业教育专业目录和相关职业教育标准，开展人才需求预测、职业生涯发展研究及信息咨询，促进人才培养信息对称、供需对接。

四、坚持面向实践、强化能力

实践是职业教育区别于其他类型教育的显著特征。中国职业教育遵循技术技能人才的培养规律，坚持产业、行业、企业、职业、专业“五业联动”，创新教学模式，培养造就支撑发展的高素质劳动大军。

——以工学结合、知行合一为人才培养的核心理念。中国职业教育实施以实践为主体的教学模式，将学校教育与生产劳动、社会实践相结合，校企共同研究制定人才培养方案，按照生产实际和岗位需求设计课程，开发模块化、系统化的综合实训课程体系，实践性教学学时占总学时数的 50% 以上。推广工程实践创新项目（EPIP）教学、案例教学、工作过程导向教学模式，学中做、做中学，强化教学、学习、实训相融合的教育教学活动，提升学生实践能力。

——建立“学历证书 + 能力证书”的双证书制度。中国实施劳动者在就业前或者上岗前接受必要的职业教育的制度，实行学历证书及其他学业证书、培训证书、职业资格证书和职业技能等级证书制度。学历证书全面反映学校教育的人才培养质量，职业技能等级证书反映职业活动和个人职业生涯发展所需要的综合能力，促进教学标准和职业标准对接。鼓励职业学校学生在获得学历证书的同时，积极取得多类职业技能类证书，拓展就业创业本领。

——推行中国特色学徒制。中国特色学徒制基于学校、企业深度合作，以师带徒为主要教育关系、以工作场所学习为主要学习方式，是校企协同培养技术技能人才的主要模式。在技术性、实践性较强的专业实施学徒制，通过推进招生招工一体化、深化工学结合人才培养模式、加强专兼结合师资队伍建设等措施，实现职业教育教学过程与生产过程相对接，校企供需匹配、学生在岗成才。

五、坚持面向市场、促进就业

中国不断优化职业教育结构与布局，升级人才培养体系，提升就业创业能力，促进学生充分就业、高质量就业。

——专业设置紧密对接市场需求。中国强化就业市场对人才供给的有效调节，职业学校专业发展与产业发展动态对接、同频共振。职业教育专业实行整体规划、动态调整、自主设置。专业目录五年一大修、每年动态更新，除本科专业和国控专业外，职业学校依据区域发展和市场需求自主开设目录内专业，并可申请开设目录外专业。

——培养内容紧密对接就业岗位。职业学校对接新经济、新业态、新职业，及时将新技术、新工艺、新规范等产业先进元素纳入教学标准和教学内容。瞄准技术变革和产业优化升级的方向，准确定位人才培养规格，科学制定、严格实施人才培养方案，培养适应高端产业和产业高端需要的高素质技术技能人才，服务中国产业走向全球产业中高端。职业学校在开展技术推广、扶贫开发、劳动力转移培训和社会生活教育中，将培训内容与就业岗位无缝衔接，推动培养对象更加充分更高质量就业。

六、坚持面向人人、因材施教

职业教育是重大的民生工程，在服务学生就业创业、社会技能提升、终身发展等方面发挥不可替代的重要作用。

——面向适龄青年和各类群体提供多样化服务。职业教育坚持有教无类、因材施教，为不同学生提供公平、适合的选择，努力使不同性格禀赋、不同兴趣特长、不同素质潜力的学生都接受符合自己成长需要的教育。面向社会大众打开学校大门，除了适龄学生外，未升学初高中毕业生、农民、新生代农民工、退役军人、在职员工、失业人员等各类群体，都可接受灵活多样的职业教育和培训，营造了人人皆可成才、人人尽展其才的良好社会环境。2019 年以来，高职教育连续三年扩大招生规模，共扩招 413 万多人，社会生源占在校生比例达 28% 左右。

——促进各种类型教育的学习成果融通、互认。基于国家职业教育学分银行，统筹学校教育和非学校教育、正规学习与非正规学习、成人教育与职业培训等在内的各种类型的教育与培训，制定各类学习成果认定标准、学分标准、学分积累办法，为学习者提供能够记录、存储学习经历和成果的个人学习账户，实现各种成果相互可比、可衔接、可携带，保障技能学习的社会价值。

第四节　开放共享：面向世界的合作与展望

搭建合作交流平台，与世界共享中国职业教育改革成果是我们的美好愿景。中国将一以贯之地坚持对外开放，以国际视野兼容并蓄，以国际胸怀开放合作，深度融入世界职业教育改革发展潮流，积极构建国际化交流平台，致力消除贫困、增加就业、改善民生，在力所能及的范围内承担更多责任义务，为全球教育治理贡献中国方案，为推动构建人类命运共同体贡献教育力量。

一、增进职业教育未来发展新共识

坚持开放合作、互利共赢，创新共享开放理念，加快职业教育数字化转型、绿色人才培养和技能供给，不断增强职业教育适应性。

——凝聚数字职教共识，践行数字职教理念，加快数字化转型。将数字化视为本国促进社会公平、就业公正的优先战略领域，加大优质数字技能开发应用，助力落后地区和弱势群体的数字化能力建设。推动数字职教共商共建共享，合作制定职业教育数字化建设标准，开发数字化职业教育课程，共享职业教育优质资源。合作推动共建“一带一路”国家和地区数字化技术应用和普及，加大数字技能供给，将数字素养纳入职业教育核心能力加以培养。顺应数字化时代的发展需要，探索数字产业人才培养新模式。

——响应绿色经济发展需要，扩大绿色技能人才供给。将职业教育绿色转型发展视为优先事项。把职业教育绿色发展列入国家规划、地方政府政策和职业教育机构业务范围，谋划职业教育绿色发展实施路径，并将其纳入课程、教材、教学、考核、评价的各个环节。持续优化职业教育专业规划、培养模式、人才规格等，为绿色经济发展提供更有力的人才支撑。开展实施职业教育绿色技能开发国际协作项目，构建碳达峰、碳中和绿色技能开发国际协作平台。

——面向人人，服务人人，提高职业教育开放共享水平。及时响应全体社会成员参与社会劳动、融入社会生活的个性化和多元化的需求，加大对女性人员、失业人员、青年未就业人员、残疾人员等弱势群体改善生活处境的支持，增进社会公正和社会团结，增强社会发展韧性。关注个体终身学习和生涯发展的需求，平衡职业教育的可迁移技能、软技能和专业技能，优化政策和机制供给，为增进各国民生福祉作出新的贡献。

二、扩大职业教育国际合作朋友圈

鹿鸣得食而相呼，伐木同声而求友。中国将搭建更多合作平台，开辟更多合作渠道，开展多方务实交流对话，促进各国职业教育繁荣发展。

——建立互学互鉴、共商共享合作机制。牵头举办世界职业技术教育发展大会，逐步将大会打造成职业教育领域具有重要国际影响力的机制性会议。同期办好世界职业院校技能大赛、世界职业教育产教融合博览会，发起成立世界职业技术教育发展联盟，建立职业教育国际合作激励机制，促进职业教育改革新成果更广泛地惠及人类发展。积极参与中非合作论坛、中国—东盟（10+1）、金砖国家等合作机制，扩大合作交流范围，增进理解、分享经验、促进发展。

——实施职业教育服务国际产能合作行动。不断加大与共建“一带一路”国家、东盟成员国、澜湄流域、非洲国家的合作，聚焦高铁、通信、智能制造、航空航海、农业技术等领域，构建职业教育服务国际产能合作框架，实施职业教育服务国际产能合作行动，有序优化职业教育资源投放精准性，积极探索中国企业与职业学校合作开展海外办学，推动职业教育与中国企业一道“走出去”优先推动德国先进职业教育合作项目（SGAVE）、中德“工业 4.0”产教融合项目、中瑞智能制造创新实践基地建设项目、中瑞 ABB 产业数字化产教融合项目、法国施耐德电气绿色低碳产教融合项目、中非职业教育产教融合、未来非洲—中非职业教育合作计划，团结世界各国合力应对人类共同挑战，为促进产教融合、拉动就业、减贫脱贫提供系统性、高质量的中国职教方案。

——促进国际组织间的职业教育多边对话。积极响应和参与国际劳工组织、联合国教科文组织、世界银行及 OECD 等国际组织关于职业教育的倡议和活动，帮助有需要的国家提高职业教育水平。呼吁多边对话，加强协调沟通，积极参与发展面向新兴产业的职业教育、建设包容开放的职业教育、制定技能发展战略等，在产业发展、技能开发、稳定就业等世界普遍关注的议题上积极提供中国方案。

三、合作共铸人类技能开发大体系

新一轮技术革命对人们的素质结构、能力结构提出全新要求和挑战，中国愿与世界各国共参共商，合作构建人类技能开发体系。

——打造“一带一路”职业教育合作升级版。中国将秉承《推进共建“一带一路”教育行动》精神，不断拓宽与共建“一带一路”国家和地区的国际合作渠道，搭建国际化发展和交流的广阔平台。设立共建“一带一路”国家职业教育产教协同创新中心，助推共建国家企业与职业学校交流合作，加速科研成果合作与转化。建立共建国家职业教育数据共建共享机制，推动职业教育网络教学和远程培训。共商共建区域性职业教育资历框架，推进就业市场的从业标准一体化。疏通合作交流政策性瓶颈，推进职业教育领域学分互认、学位互授互认、能力证书互通互认，促进技术技能人才国际流动。

——推进“中文 + 职业技能”国际化发展。充分尊重不同国家发展需求，推动国际中文教育与职业教育“走出去”融合发展。根据技能类别、适用人群、地域特点等因素，配合对外经贸交流和产能合作，开设形式多样、内容丰富的“中文 + 职业技能”特色课程，服务中国境外经贸合作区企业。发挥“中文 + 职业技能”国际推广基地作用，联合海外中资企业，因地制宜开发国别化职业技能标准和证书。重视科技赋能，打造网络智慧课堂，将“中文 + 职业技能”数字资源和课程纳入国际中文教育数字化平台和国家职业教育智慧教育平台统筹建设，帮助更多人掌握技能。

——擦亮“鲁班工坊”中国名片。中国将坚持平等合作、优质优先、强能重技、产教融合、因地制宜的原则，坚持“鲁班工坊”品牌核心要义，坚持共研、共建、共享、共用、共赢，不断优化和完善“鲁班工坊”全球布局。完善“鲁班工坊”联盟建设机制。继续鼓励有条件的职业学校在海外建设“鲁班工坊”，继续推动中国本土化、视野国际化的工程实践创新项目（EPIP）应用，发挥已建立的泰国、葡萄牙、埃塞俄比亚等国 EPIP 教学研究中心作用，给更多境外合作伙伴带去先进的教学模式、优质的教学装备。在推广应用已有国际化专业教学标准基础上，中外双方合作院校持续开发落地国际化专业教学标准、课程体系和教学资源,推进“鲁班工坊”的学历教育纳入合作国国民教育体系。完善“鲁班工坊”质量认证体系，构建起中国特色、世界水准的“鲁班工坊”标准模式，提升“鲁班工坊”对国际产能合作、合作国青年高质量就业的服务力和贡献度。

结束语

教育奠基未来，技术变革生活。在推动人类社会发展中，职业教育前途广阔、大有可为。

中国的职业教育发展取得了显著成就，走出了一条具有中国特色的现代职业教育发展道路。但与支撑中国经济高质量发展的诉求相比，与人民群众日益增长的美好生活需求相比，中国职业教育依然需要博采众长地学习世界各国职业教育发展经验，需要不断地推动自身的改革创新、增强社会适应性。在全面建设社会主义现代化国家新征程上，中国将继续把职业教育摆在更加突出的位置，把类型特色作为发展之基，把数字化转型作为重要驱动，让职业教育成为引领发展、面向未来的社会发展引擎。

当前，面对疫情的严峻挑战，全球经济发展仍然脆弱乏力。疫情的常态化倒逼了产业结构和人们生活方式的变化，职业教育必须在“顺势”和“求变”中发挥更大的经济和民生作用。抢抓机遇发展职业教育，深入推进育人方式、办学模式、管理体制、保障机制改革，储备强大的技术和人力资源。

孤举者难起，众行者易趋。人类是休戚与共的命运共同体，坚持共建共享、合作共赢是破解世界各国发展困局的“对症良药”。中国愿意同世界各国一道，开诚布公、互通有无，把职业教育作为传播技能、传播文明、传播友谊的桥梁纽带，与世界各国齐心戮力、同向同行，携手开创人类美好未来。

——摘自中华人民共和国教育部2022年8月发布的《中国职业教育发展报告（2012—2022年）》。

第八篇

『后记』『再版后记』集汇

习近平总书记指出：“我们有本事做好中国的事情，还没有本事讲好中国的故事？我们应该有这个信心！”这要求我们从中国的职业教育实践中挖掘新材料、发现新问题、提出新观点、构建新理论，加强对实践经验的系统总结、分析、研究、阐释，提炼出有学理性的新理论，概括出有规律性的新实践。我们还要善于提炼出标识性概念，打造易于国际社会所理解和接受的新概念、新范畴、新表达，引导国际职教界展开研究和讨论，推动海外中国职业教育研究。在解读中国实践、构建中国理论上，我们应该最有发言权。

鲁班工坊研究，正当其时！

我们在探索用中国道理总结中国经验，把中国经验提升为中国理论，我们在建构中国自主的职业教育知识体系、话语体系、标准体系；我们在围绕中国和世界面临的重要问题，提出并实践体现中国理念、中国主张的“中国方案”。本土化教学模式的创立，国际化教育品牌的创成，就是真实与完整的、名实耦合的、知行合一的生动实践。鲁班工坊，是中国职业教育的国际知名品牌，是服务“一带一路”的国际公共产品，是促进中外职业教育合作的重大国家行动，是元首引领外交的重要合作项目。

鲁班工坊研究，前景广阔，大有可为！

第一节 《鲁班工坊纵览与博观》后记

【此文发表于 2023 年 4 月】

2021 年 10 月 18 日，我主持学校“行知园”重整开园仪式，以纪念陶行知诞辰 130 周年；撰写了纪念文章《由陶行知教育思想谈中国职业教育适应性发展》。当月 29 日，还在职教学院新设立的“行知大讲堂”作首场报告，题目叫《职业教育的纵览与博观》。当时，头脑中总是闪现“纵览”与“博观”这两个词汇。纵线上，我讲了墨子、鲁班、班墨文化，讲了船政学堂、陶行知、黄炎培，引出工程实践创新项目（EPIP）的“根脉”与“魂魄”；横线上，讲到世界先进职教、国际产教融合、国别鲁班工坊，导出工程实践创新项目（EPIP）的“枝叶”与“果实”。

2022 年 5 月 6 日，我主持学校“炎培园”重整开园仪式，以纪念中华职教社成立 105 周年；撰写了纪念文章《传承黄炎培职教思想精髓　推进现代职教理论与实践创新》。当月 19 日，又在行知大讲堂的“青年教师‘入岗、试岗、胜岗’三年三阶段培养系列讲座”上作首场报告，以 EPIP 为视角谈教师队伍建设，又做了一次“纵览”与“博观”。纵线上，讲了“我”由新教师、专业教师，到骨干教师、专业领军人物，再到国家教学名师、国家教学团队负责人的成长经历；横线上，讲到职业教师的教学实践能力、工程实践能力、校企合作能力、国际合作能力、科研服务能力、文化传承能力，整体勾画了“双师型”素质教师（个体）“视自我提升为己任”的职业成长和“双师型”结构团队（集体）“无界化”“跨界化”的协同创新。

2023 年 5 月，我们在谋划，准备将现有“谊园”重整，改造为“班墨园”并开园启用。以“名实耦，合也”“行为本”为主旨，串联形成“班墨园”“行知园”“炎培园”的中国职业文化传承校园景观线。2 500 年前的知行认识论、朴素唯物论，100年前的生活教育思想、建教合作理念，在这里有时间的纵向深度，也有认知、思想、理念的横向宽度，应该也算是“纵览”与“博观”。

1866年，中国近现代职业教育发轫，船政学堂诞生。2016年，中国职业教育国际品牌创立，泰国鲁班工坊启运。历经整整150年，中国职业教育通过不断地借鉴引进、消化吸收、本土创新，在新时代实现了中国职业教育模式、标准、装备、资源与世界深度分享，“落地”亚欧非20个国家，“深耕”国际产能合作。

鲁班工坊的“纵览”，是“览”连续15年职教改革试验区、示范区、升级版建设，“览”EPIP教学模式、国际化专业标准、技能大赛赛项装备、立体化教材资源的萌动、发展、成熟，“览”世界第一个鲁班工坊、欧洲第一个鲁班工坊、非洲第一个鲁班工坊……的建设脉络，“览”鲁班工坊国际品牌创建、创立、创成的探索过程，“览”鲁班工坊重大国家行动的推进历程。鲁班工坊的“博观”，是“观”鲁班工坊的核心要义、核心内涵、品牌框范，“观”亚欧非鲁班工坊的空间布局、专业布局、发展策略，“观”典型鲁班工坊的建设特色、功能优化、成效成果，“观”鲁班工坊的创立者初心、建设者担当、推进者作为，“观”新时代中国职业教育改革创新、自立自强、奋发精进。鲁班工坊的“纵览”与“博观”，体现在时间的纵向和空间的跨域，体现在鲁班工坊的内涵深度和功效宽度，体现在鲁班工坊由“点”，及“面”，到“体”的全景“时览”和“史观”。《鲁班工坊纵览与博观》力求完成这三个“体现”。

2012年，与申奕等人参加在南宁举办的中国—东盟职业教育联展暨论坛。茶叙间，我提起一个话题，中国经济社会发展，中国职业教育发展，中国“世界工厂”发展，都标志着“攻守易形”了。我们要继续学习、借鉴国外职业教育经验，同时，我们也要分享、提供中国职业教育优秀方案，与发达国家在世界范围同向同行、并驾齐驱、“分庭抗礼”，为人类进步作出中国贡献。

我还说到如今在印度尼西亚一些地方的马路上跑的多是日本的本田摩托车。我们的产品物美价廉，为什么在一些地方被打压排挤，其中一个重要原因就是中国职业教育与职业培训没有“走出去”，在当地没有懂中国技术、会维修保养中国产品的人员。印度尼西亚的职业学校条件很简陋，但是，有日本的发动机实训室，印度尼西亚的教师在训练学生，学习日本产品的技术技能。在境外培养熟悉中国技术、了解中国工艺、认同中国产品的当地本土技术技能人才，迫在眉睫。据世界权威机构统计，全球青年的职业准备期平均是3年左右。如果一个国家的职业教师借助中国模式、利用中国标准、使用中国产品，提高其本土职业教育适应性；青年学生用职业准备期的宝贵时光学习中国技术、中国工艺，了解中国产品，提升其本土就业服务能力，这对中国、对合作国、对世界都是非常有意义的。这就是鲁班工坊创立者的初心！现在想来，那次论坛上的交流也是“纵览”与“博观”。

2022年，我在首届世界职业技术教育发展大会“平行论坛”发表主旨演讲。全球123个国家的官员、代表参加大会。我与中国学者、亚欧非专家共话中国职教品牌“鲁班工坊”、中国职教模式“EPIP”、中国产教融合“五业联动”……回想100年前，1922年，陶行知因为菲律宾召开远东教育大会，北洋政府没有找到代表参会而感到气愤。他说到：“世界以为中国没有教育尤为事小，若中国真无教育可说，那就真要惭愧了。”他还说到：“国际的教育运动，是一天多似一天的，以后的准备，一是要靠着自有的成绩，二是靠彻底的自明。”

新时代中国职业教育有了一些成绩，也有了比较的自明。

新征程中国职业教育的高质量发展，需要我们纵览博观。

新时代创立的鲁班工坊迈上新征程，更需要纵览与博观！

2023年4月16日

第二节 《世界上首个鲁班工坊——泰国鲁班工坊研究》后记

【此文发表于 2022 年 11 月】

一提到“鲁班工坊”，泰国鲁班工坊是永远绕不过去的。

是因为，它是“世界上首个鲁班工坊”吗？我想不仅如此。

是因为，它开启了鲁班工坊项目建设之先河，也开启了鲁班工坊项目研究之先河，更开启了新时代中国职业教育国际化进程的创新实践之先河。它是鲁班工坊国际品牌创建创成的奠基者、开拓者和引领者。

2016 年 3 月，是我第一次到访泰国大城，与先期抵达的芮福宏、申奕会合，参与泰国鲁班工坊揭牌启运。时隔一年零两个月，2017 年 5 月，是我第二次到访泰国大城，在英国奇切斯特参与世界上第二个、欧洲的第一个鲁班工坊(英国鲁班工坊)揭牌启运之后，我与先期抵达的于兰平、申奕会合，参与境外首个“EPIP 教学研究中心”“中国天津职业院校师生海外拓展基地”揭牌启运，推进泰国鲁班工坊第二期建设。又是一年零两个月，2018 年 7 月，是我第三次到访泰国大城，在巴基斯坦旁遮普省参与世界上第五个、中巴黄金走廊鲁班工坊（巴基斯坦鲁班工坊）揭牌启运之前，我与先期抵达的于忠武、赵学术、申奕等中方建设团队成员会合，推进泰国鲁班工坊第三期建设，成立“铁院中心”，创立“一坊两中心”模式。三年三次，一年一趟，到访泰国一地，为大城“一事”。

2018 年 5 月，首个以鲁班工坊为主题的特色展馆“鲁班工坊建设·体验馆”在天津轻工职业技术学院正式对外开放。6 日下午，在体验馆内，孙春兰副总理与天津渤海职业技术学院于兰平、泰国大城技术学院哲仁等已建成的泰国、英国、印度、印尼鲁班工坊建设团队代表亲切交流，共话鲁班工坊建设与发展。

泰国鲁班工坊实践成效、研究成果成为体验馆的“中心”与“亮点”。

2018 年 7 月 21 日下午，在泰国大城附近的湄南河（据说是湄南河最宽的一段）河岸旁的一片旷野里，一次重要而事先没有计划的露天讨论在展开。我在写《鲁班工坊 (LUBAN WORKSHOP) 解析》一书时，描述过这一段，叫“湄南河畔的思考”。当时，参加讨论的人在草地上席地而坐，围拢成一个大圆，有天津市教委的我、杨荣敏，天津铁道职业技术学院的于忠武、赵学术，天津渤海职业技术学院的申奕，还有泰国大城技术学院的哲仁等。这是我们在建设了五个鲁班工坊（泰国、英国、印度、印尼、巴基斯坦鲁班工坊）之后，在泰国实施了“一坊两中心”之后，在经历了三次到访泰国大城之后，进行的一次头脑“风暴”。在当时当地，在泰国大城，我们情不自禁地说出“鲁班工坊进入发展新阶段”。这个新阶段的主要特征，就是做强现有，质量为先，稳中求进，打造品牌。项目推进的工作方位、特色定位、时空移位激活了我们的思维。湄南河（我们当时兴奋地称它“没有克服不了的困难”之河——“没难”河）最宽阔河段岸边旷野里的行动团队沉静反思、激昂陈词的情景，让我至今萦绕于心。第一个鲁班工坊——泰国鲁班工坊不仅下了一步先手棋、打了一场漂亮仗，而且已经成为标杆项目、旗舰项目。三年三期建设，六个专业落地，一整幢楼启用。

2018 年 9 月，我们陪同天津市领导去教育部，向孙尧副部长汇报鲁班工坊建设。往返的路上，王璟提出，要好好总结一下“天津职教精神”。现在想到，鲁迅先生曾说过 :“我们自古以来，就有埋头苦干的人，有拼命硬干的人，有为民请命的人，有舍身求法的人……这就是中国的脊梁。”如果说天津职教有精神，那就是体现在天津职教人身上的职业精神、开拓精神、拼命精神 ；天津渤海职业技术学院芮福宏、于兰平、申奕、黎志东、郑勇峰、李艳、王佳山……他 (她) 们的身上就有这些可贵的精神。

2019 年 5 月，我们将鲁班工坊建设 · 体验馆进行了再升级再完善，全面呈现了包括吉布提鲁班工坊在内的 8 个已建成鲁班工坊。体验馆将古老“班墨文化”与现代信息技术相结合，依据时间顺序、依照实践逻辑、依凭研究脉络展现了鲁班工坊的建设历程，让参观者真实感受新时代天津职业教育的匠人、匠心、匠技，也呈现了天津职业教育在EPIP教学模式创立与运用、国际化教学标准研制与实施、教育装备及资源开发与利用、中外院校师资培养与培训、职业教育品牌创建与创成等方面所取得的成效。“诗琳通公主奖”“泰国‘国王奖’”“EPIP国际教育联盟”“EPIP教学体验中心”“渤海园落户大城”“首个鲁班工坊主题国家教学成果一等奖”，泰国鲁班工坊的实践探索、理论研究、经验总结、模式推广，当然是体验馆的“主线”与“高点”。

2022年8月，首届世界职业技术教育发展大会在天津成功举办，它源于天津探索“鲁班工坊”世界布局的国际影响，源自天津创立的中国职业教育国际话语。18日上午10时，《鲁班工坊研究：溯源・要义・标准・策略》发布会在国家会展中心首届世界职业技术教育发展大会发布大厅举行。同期发布的还有中英双语版《鲁班工坊：品牌・内涵・布局・目标》《工程实践创新项目：模式・学理・话语・应用》。这批成果，是继《鲁班工坊核心要义——中国职业教育的国际品牌》《EPIP教学模式——中国职业教育的话语体系》入选中宣部“中华文化走出去工作重点任务清单项目”，在英国出版发行英文版、葡萄牙文版之后，天津职业技术师范大学鲁班工坊国际发展研究中心(LB_IDRC)的又一批重要研究成果。发布会上，作为鲁班工坊、EPIP的首创者，我与大家一道回顾了鲁班工坊及其EPIP的发展历程，与外语教学与研究出版社签署了“国别鲁班工坊研究系列丛书”合作协议。此次合作，也开启了鲁班工坊研究从“面”到“点”、从“洲”到“国”的具化深化行动，可谓意义重大。国别鲁班工坊研究，必然要从泰国鲁班工坊开始！

百年前，1922年，陶行知先生因为菲律宾即将召开远东教育大会，北洋政府却毫无准备，没有找到代表参会而感到气愤。他说到：“我们以后，若再懒惰，不早些从事准备，那世界真要以为中国没有教育了。世界以为中国没有教育尤为事小，若中国真无教育可说，那就真要惭愧了。”他还说到：“国际的教育运动，是一天多似一天的，以后的准备，一是要靠着自有的成绩，二是靠彻底的自明。”

新时代，2022年，首届世界职业技术教育发展大会在天津召开。天津职业教育继首个国家职教试验区、唯一示范区以及示范区升级版建设之后，也全面开启了部市共建“新时代职业教育创新发展标杆”的新征程。天津职业教育探索创设了产业、行业、企业、职业、专业“五业联动”机制，创建了工程实践创新项目 (EPIP) 教学模式，创立了“核心技术一体化”专业建设模式，创成了“鲁班工坊”国际品牌。鲁班工坊实现了中国职业教育的模式、标准、装备、教材、方案品牌化、系统化、体系化与世界分享。天津院校在泰国、印度、英国、葡萄牙、南非、埃及、埃塞俄比亚等亚欧非 19 个国家建成的 20 个鲁班工坊，在泰国、葡萄牙、印度、埃塞俄比亚等国成立的境外 EPIP 教学研究中心，构建起中国职业教育的国际话语和世界影响力。我们泰国鲁班工坊建设团队的每一位成员，由衷感到无上光荣，无比自豪！

2022 年 10 月，“模式创立、标准研制、资源开发、师资培养——鲁班工坊的创新实践”成果获评 2022 年天津市职业教育教学成果特等奖第一名。22 日上午 9 时，在天津市教委第一会议室召开“鲁班工坊教学成果‘申报’国家级大奖专题推动会”，会上，天津市教育委员会主任荆洪阳讲到：鲁班工坊成果奖的前期申报，景泉校长写了一个好本子；一直以来，景泉校长像呵护孩子一样，呵护“鲁班工坊”，他是拼了还不算老的“老命”做成的事；我们一定要将成果申报好。这个专题会，说明天津市教委对于鲁班工坊教学成果的高度重视，也表明天津市教委对于以我为代表的天津职教人“埋头苦干”“拼命硬干”的高度肯定。回想起哲仁、卢卡斯都曾赞誉我是鲁班工坊之“父”。“孩子”与“父亲”,不同的视角表述,一样的寓意语义。《左传》里讲“立德立功立言”,校长们讲过,鲁班工坊是“立功”，EPIP 是“立言”，我们都应该再下力气“立德”，做好立德树人、德技并修这篇大文章。作为鲁班工坊建设团队的牵头人，我感到光荣、自豪！

孔子曰：“必也正名乎！……名不正则言不顺，言不顺则事不成。”

鲁班工坊是一个品牌，品牌是有“要义”、有“框范”的。鲁班工坊品牌内涵与核心要义，需要科学化尊重、职业化维护、专业化实施；需要守“正”，以尊重的态度对待，以谦和的心态看待，在守正中完善，在守正中创新。正如《中国职业教育发展报告（2012—2022 年）》向全世界申明的：“中国将坚持平等合作、优质优先、强能重技、产教融合、因地制宜的原则，坚持‘鲁班工坊’品牌核心要义……”鲁班工坊，需要名实相符，“实”应当与其“名”规定的内涵相符；鲁班工坊，需要名正言顺，“正名”应该得到认真倾听，传播正确之“名”。我们应该珍视老字号，那是我们以前所处的发展阶段特征决定的；我们更应该珍视新品牌，尊重知识、尊重劳动、尊重创造的现实反映。这才符合新时代要求！

我们应该确保每一个鲁班工坊都能够“健康生活，长命百岁”。深化鲁班工坊研究，是必由之路！

事非经过不知难。天津芮福宏、于兰平，大城哲仁都相继从任职岗位荣退。事业蓬勃待后生。深化泰国鲁班工坊研究，传承精髓扬帆新航，正名正史正言正义，正当其时！

2022 年 11 月 16 日

第三节 《鲁班工坊研究：溯源·要义·标准·策略》后记

【此文发表于 2021 年 12 月】

中国理论源于中国实践。用中国理论解读中国实践，体现了马克思主义认识论的本质要求。人的正确思想的产生是一个从实践到认识、又从认识到实践的过程。这个过程，既是认识在实践基础上沿着科学性方向不断深化发展的过程，也是实践在认识的指导下沿着合理化方向不断推进的过程。从理论方面看，理论来源于实践，并在实践中经受检验、丰富发展。不与实践相结合的理论，是空洞的理论、僵化的教条，再好也没有意义。从实践方面看，没有理论指导的实践是盲目的实践、冲动的行为，再多也无益。而盲目实践，必然是“盲人骑瞎马，夜半临深池”，必将导致实践走弯路甚至失败。

鲁班工坊是一个品牌，品牌是有“要义”、有“框范”的。鲁班工坊是一个中国职业教育的国际品牌，品牌要义必然是中国的职教理论、教学模式、培养标准、装备资源的“国际化”。品牌的生命在质量。鲁班工坊，是国家重大行动。鲁班工坊，关乎中国职业教育的国际形象，也关乎国家重大行动实施的效果成效。优质优先，作为五个建设原则之一，不仅是遴选境外合作伙伴的要求，也是选择国内项目建设单位的要求，更是中外双方对鲁班工坊核心要义的理解、认同的要求。鲁班工坊品牌内涵与核心要义，需要科学化尊重、职业化维护、专业化实施，需要守“正”，以尊重的态度对待，以谦和的心态看待，在守正中完善，在传承中创新。

我们应该珍视老字号，这是我们以前所处的发展阶段特征决定的；我们也应该珍视新品牌，尊重知识、尊重劳动、尊重创造的现实反应。这才符合新时代要求！我们应该确保每一个鲁班工坊都能够“健康生活，长命百岁”。鲁班工坊研究，是必由之路！

习近平总书记指出："我们有本事做好中国的事情，还没有本事讲好中国的故事？我们应该有这个信心！"这要求我们从中国的职业教育实践中挖掘新材料、发现新问题、提出新观点、构建新理论，加强对实践经验的系统总结、分析、研究、阐释，提炼出有学理性的新理论，概括出有规律性的新实践。我们还要善于提炼出标识性概念，打造易于国际社会所理解和接受的新概念、新范畴、新表达，引导国际职教界展开研究和讨论，推动海外中国职业教育研究。在解读中国实践、构建中国理论上，我们应该最有发言权。鲁班工坊研究，正当其时！

鲁班工坊是"集大成"。鲁班工坊，是天津职业教育试验区发展、示范区改革、升级版创新的成果集大成，是中国职业教育内涵发展、质量提升、改革创新的成果集大成"呈现"，是中国经济社会转型发展、提质升级、改革创新的成果集大成"展现"。鲁班工坊，是天津职业院校办学成果、教学改革、领导水平、服务能力的集大成，是天津职教人勇担当、敢作为、干实事、讲奉献的集大成"呈现"；是中国职教人勇于实践、敢于开拓、求真务实、家国情怀的集大成"展现"。

对于"我"，作为建设者，鲁班工坊是"我"从事职业教育的教学实践、管理实践、服务实践的集成；是从事中德职教办学实践、中西（西班牙）职教办学实践、中加（加拿大）职教办学实践近30年、近20年、近10年，开展欧洲、日本、美国、加拿大、澳大利亚、东盟、非洲实地研修及项目研究的集成；是对中国职教学习、实践、研究、转化、发展，对国际职教理论、模式、体系、话语、方法进行深入鉴别、梳理、提炼、试验、总结的集成；更是将教学模式创设、国赛赛项研发、国际化专业研制、国家精品课程建设、国家教学名师成长、国家教学团队资源、国家职教示范区建设、"政行企校研"协同等方面的经验成果进行整合、结合、融合的"集大成"。

鲁班工坊，是中国职业教育品牌化、系统化、体系化与世界分享的"集大成"。鲁班工坊研究，前景广阔，大有可为！

2021年12月22日

第四节 《工程实践创新项目（EPIP）解析（第二版）》再版后记

【此文发表于 2024 年 2 月】

本书再版过程中，我深切地感觉到时光的流走，时光的流转。

2019 年 9 月，我由天津市教育委员会调到了天津市海河教育园区管委会，开始撰写此书，经过 2020 年一整年，很多次是在深夜、凌晨才找回了时间的刻度。2023 年 9 月，出访中亚三国（乌兹别克斯坦、吉尔吉斯斯坦、哈萨克斯坦）；11 月，出访欧洲葡萄牙；12 月，再次出访中亚三国（乌兹别克斯坦、哈萨克斯坦、土库曼斯坦）；2024 年 1 月，出访中美洲国家尼加拉瓜；都是在指导、评估鲁班工坊项目建设。中亚、欧洲、美洲的行程中，欣喜感受到 EPIP 的应用成效与推广力度，萌发改版此书的强烈念头；回到天津职业技术师范大学，开始改版此书，经过 2024 年一个春节，很多时候又忘记了时间的刻度。

2024 年是甲辰龙年。龙行龘龘，“盛”在龙年；龙行天下，“行”在万里。时光在流走，我们的 EPIP 在成长。

2019 年 12 月 20 日，天津市教育工委、市教委、市财政局联合印发《天津市职业教育“鲁班工坊”建设项目管理办法》，这是首部政府部门有关鲁班工坊的文件。文件中明确：“工程实践创新项目（EPIP）教学模式”是鲁班工坊核心内涵；项目建设要以 EPIP 教学模式设计教学，要充分发挥“EPIP 教学研究中心”作用，将“五业联动”有效做法引入境外合作学校，提升其为当地企业特别是对走出去中资企业的服务能力；作为项目审核条件，境外合作学校应该具备开展 EPIP 教学模式的人员、场所、设施。

2020 年 1 月 23 日，国务院办公厅《关于推广第三批支持创新相关改革举措的通知》中提出：推广“五业联动”的职业教育发展新机制。

2021 年 1 月 5 日，教育部与天津市共建“新时代职业教育创新发展标杆”，签署《关于深化产教城融合　打造新时代职业教育创新发展标杆的意见》中提出：共鉴共享鲁班工坊建设经验和成果，完善鲁班工坊建设的规范和标准，推广工程实践创新项目（EPIP）教学模式应用。

2021 年 7 月 26 日，天津市教育委员会、天津市发展和改革委员会联合印发《天津市教育现代化“十四五”规划》中提出：发挥好鲁班工坊研究与推广中心作用，制定鲁班工坊建设的规范和标准，推广工程实践创新项目（EPIP）教学模式应用。

2022 年 8 月 20 日，教育部向全球发布《中国职业教育发展报告（2012—2022 年）》，介绍中国职业教育发展成果中提出：中国职业教育遵循技术技能人才的培养规律，坚持产业、行业、企业、职业、专业“五业联动”，创新教学模式……推广工程实践创新项目（EPIP）教学……，宣布未来发展中提出：继续推动中国本土化、视野国际化的工程实践创新项目（EPIP）应用，发挥已建立的泰国、葡萄牙、埃塞俄比亚等国 EPIP 教学研究中心作用，给更多境外合作伙伴带去先进的教学模式、优质的教学装备。

2023 年 5 月 8 日，教育部与天津市共建“新征程现代职教体系新模式”，签署《关于探索现代职业教育体系建设改革新模式实施方案》中提出：推行工程实践创新项目（EPIP）教学模式。

时光在流转，我们的 EPIP 在长成。

2017 年 5 月 EPIP 国际教育联盟成立；继 2017 年 7 月在泰国大城技术学院设立“EPIP 教学研究中心”，葡萄牙塞图巴尔理工学院、印度金奈理工大学、埃塞俄比亚技术大学等境外高校，相继建立“EPIP 教学研究中心”。

2022 年 5 月，“天津中华职教社 EPIP 教学研究中心”成立，2023 年 3 月，“天津市 EPIP 研究与推广中心”获批，2023 年 9 月，“中国—中亚 EPIP 教学研究与推广应用中心”揭牌；其间，肯尼亚梅鲁大学、肯尼亚马查克斯大学、埃及艾因夏姆斯大学、巴基斯坦旁遮普省技术与教育局、乌兹别克斯坦国立交通大学、东哈萨克斯坦技术大学、马达加斯加塔那那利佛大学等高校相继设立“EPIP 教学研究与推广应用中心”。

2023 年 4 月、5 月、6 月，“东非职教师资培养 EPIP 认证试验中心”“自动化与人工智能类 EPIP 专业认证试验中心”“工程实践课程 EPIP 认证试验中心”相继在非洲、欧洲、亚洲相关高校设立；

2023 年 11 月，葡萄牙塞图巴尔理工学院升级建设“EPIP 教学研究示范中心”。

教育部部长怀进鹏、人社部部长王晓萍在天津职业技术师范大学分别听取工程实践创新项目（EPIP）推进、推行、推广情况汇报；教育部副部长孙尧、陈杰，合作国家的高等教育部、人力资源部、交通部及州市官员，张春林、冀国强、凯赛尔·阿不都克热木、曹小红、李文海、李剑萍等相继为 EPIP 建设项目揭牌启运。

孔子讲：“逝者如斯夫，不舍昼夜”，形容时间像流水一样不停地流逝，一去不复返，感慨人生世事变化之快，亦有惜时之意在其中。

时光在流走，我们从更远处回望 EPIP。

2002 年，我们探索专业建设，实施课程改革，发表“核心技术一体化”文章；2005 年，创设“核心技术一体化”专业建设模式，奠基 EPIP 的专业应用层级。

2008 年起，我们开发综合实训教学仪器与教育装备，创设国赛、国际赛、行业赛、企业赛的赛项与标准，相继研制并出版《自动化生产线安装与调试》《数控机床安装与调试》《楼宇智能化系统安装与调试》《智能电梯装调与维护》《工业机械手与智能视觉系统应用》等 EPIP 系列规划教材（含英文版），拓展 EPIP 的课程应用层级。2009 年，“核心技术一体化”专业建设模式获得国家级教学成果二等奖。

2012 年起，我们在长期开展中德、中西（西班牙）、中日、中加（加拿大）、中新（新西兰、新加坡）等合作办学基础上，开展“创造性转化、创新性发展”探索与研究，以中国当代教育实践为起点，转化墨子的“行为本”“名实耦”思想，发展陶行知的“生活即教育”思想，创新黄炎培的“建教合作”思想，将古今、中外的教育理念、教学模式、育人经验在中国大地“耦”合，定名“工程实践创新项目”教学模式。为中外专业教师出版《工程实践创新项目教程》（中文版、英文版）。“自动化工程实践创新项目国际挑战赛”“全国职业院校工程实践创新项目竞赛”开始起步，引领了 EPIP 教学实施层级的运用与应用。

2014 年，我们系统提出产业、行业、企业、职业、专业“五业联动”产教融合机制，丰富了 EPIP 的办学应用层级。EPIP 在赛项设计开发、教学资源建设、综合实践课程领域的应用成果获得中国职业教育领域首个国家教学成果“特等奖”。

2016 年，世界上首个鲁班工坊在泰国大城技术学院建成。天津渤海职业技术学院建成 1200 平方米“工程实践创新项目（EPIP）体验中心”。2018 年，“基于 EPIP 教学模式研究与实践”获批教育部重点课题；EPIP 在国际化专业标准建设领域的应用成果获得国家级教学成果一等奖。

2019 年，《EPIP 职业教育教学模式：改造我们的学习》专著出版，成为首部从理论层面全面阐释 EPIP 教学模式著作；《EPIP 教学模式——中国职业教育的话语体系》专著出版，获评中宣部“中华文化走出去”出版工程（国家出版工程）重点任务，TEACHING MODEL OF EPIP 相继由境外出版社出版英文版、葡萄牙文版、泰文版。2020 年，《EPIP 课程论探究》《EPIP 专业论探究》《EPIP 教育论探究》论文相继发表。2021 年，《工程实践创新项目（EPIP）解析》专著出版；“基于 EPIP 的鲁班工坊教育援外能力建设研究”项目获批教育部中非高校“20+20”合作计划。

2022 年，连续获评“十二五”“十三五”“十四五”的国家规划教材《自动化生产线安装与调试（第四版）》出版；在首届世界职业技术教育发展大会上，《工程实践创新项目 模式・学理・话语・应用》（中英双语版）、《鲁班工坊 品牌・内涵・布局・目标》（中英双语版）作为大会重要成果发布，泰国哲仁、葡萄牙卢卡斯、中国吕景泉与耿洁等分别发表 EPIP 应用的主旨演讲。

2023 年，《工程实践创新项目教程（第二版）》出版；第六届 EPIP 国际教育联盟年会在中国天津与泰国大城双主场举行；“模式创立、标准研制、资源开发、师资培养——鲁班工坊的创新实践”获得国家级教学成果“特等奖”，全面确立了 EPIP 作为中国职业教育一种本土化、国际化教学模式的地位和作用。

儒家提倡“格物致知”。格物致知，就是“格物究理”，归根到底是为了以行求知、以知促行。EPIP 创建创立的过往，就是一个格物究理的过程，格“真实工程、真实世界、现实生活”的“实事、实物、实情、实况”，究中国职业教育在中国大地实践探索之理，形成中国职业教育的话语体系，构建“民族的就是世界的”新格局。

时光在流转，我们来纵览博观以 EPIP 为建设主线的“鲁班工坊”品牌。

鲁班工坊核心要义是“12345”。一块品牌：中国职业教育的国际品牌；两种功能：实施学历教育与技术培训；三条路径：校校责任主体合作、校企协同依托合作、校府项目支持合作；四个内涵：中国本土化、视野国际化的“工程实践创新项目（EPIP）”为教学模式，中国院校主导开发的国际化专业教学标准为基本依据，全国职业院校技能大赛（国赛）优质赛项装备为主要载体，“师资培训先行”及教学资源开发为必要保障；五项原则：平等合作、优质优先、强能重技、产教融合、因地制宜。鲁班工坊是天津职业教育首创原创，天津职业院校率先组织实施，历经实践探索、理论研究、经验总结、模式推广而创立的中国职业教育国际品牌。

从 2018 年 9 月中非合作论坛北京峰会，到 2021 年 9 月上合组织元首理事会，再到 2022 年 12 月中国—阿拉伯国家峰会、2023 年 5 月中国—中亚峰会、2023 年 10 月第三届“一带一路”国际合作高峰论坛；从 2018 年在欧洲见证葡萄牙鲁班工坊协议签署，到 2019 年在北京会见埃及总统塞西，再到 2022 年 2 月在北京会见中亚国家领导人；从 2018 年 9 月中非合作论坛北京峰会发表主旨讲话，纵论“八大行动”的第五项行动“在非洲设立 10 个鲁班工坊”，到 2023 年 10 月第三届“一带一路”国际合作高峰论坛发表主旨演讲，阐释高质量共建“一带一路”、“八项行动”的第三项行动“通过鲁班工坊推进中外职业教育合作”，习近平主席先后24次在重大外交场合就“鲁班工坊”作出重要指示论述。鲁班工坊成为元首引领外交的重要合作项目。

从2020年外交部发布《中国外交（白皮书）》，2021年11月国新办发布《新时代的中非合作（白皮书）》，2022年8月教育部《中国职业教育发展报告（2012—2022年）》，到2023年9月国新办《携手构建人类命运共同体：中国的倡议与行动（白皮书）》，再到2023年10月国新办《共建“一带一路”：构建人类命运共同体的重大实践（白皮书）》，鲁班工坊已经载入中国向世界发布的多部白皮书。鲁班工坊已经成为服务“一带一路”的重大国家行动。

我还是相信，真实的语言，完整的表述，感性中出入，理性中思考，这一切，应该是有力量！ EPIP的核心，就是真实与完整。

名实耦，合也。知行合一是马克思主义方法论，也是EPIP的宗旨。马克思主义认为，生活、实践的观点，应该是认识论的首要的和基本的观点，科学的理论只能从对实践的总结和归纳中产生，也只有在实践中才能得到检验和发展。EPIP在成长，在长成；其生命在于发展，更在于运用。

孔子讲，“三十而立，四十而不惑，五十而知天命，六十而耳顺，七十而从心所欲，不逾矩。”其中，这个“天命”，我想可能就是“义”。社会中的每个人都有一定应该做的事情，承载一种使命，必须为做而做，“无所为而为”。

我们在探索用中国道理总结中国经验，把中国经验提升为中国理论，我们在建构中国自主的职业教育知识体系、话语体系、标准体系，我们在围绕中国和世界面临的重要问题，提出并实践体现中国理念、中国主张的“中国方案”。本土化模式的创立，国际化品牌的创成，就是真实与完整的、名实耦合的、知行合一的生动实践。

我们全身心地投入了，并始终如一地爱着它……

吕景泉

2024年2月24日

第五节 《鲁班工坊（LUBAN WORKSHOP）解析（第二版）》再版后记

【此文发表于 2024 年 5 月】

我们现在说的“鲁班工坊”，已经有了很大的名气！

2024 年 1 月 20 日，这是一个周六，那天晚上，在黄金时间 8：06，中央广播电视总台央视综合频道播出了“鲁班工坊”走入央视大型节目《美美与共》第六期。节目主持人是龙洋，主角是我与欧洲葡萄牙的卢卡斯、亚洲泰国的文一帆、非洲吉布提的奥斯曼。这个节目的录制时间是 2023 年 11 月初，当时我刚刚从葡萄牙鲁班工坊的评估现场回到国内。

2024 年 1 月 20 日，还是在那个周六，中国教育电视台首播《职教中国》的“职教出海”系列访谈——鲁班工坊：丝绸路上的技术驿站。节目主持人是茁耳，主角是我与天津渤海职业技术学院的魏炳举、中国教育科学研究院的杜云英。这个节目的录制时间是 2023 年 12 月中旬，当晚我们与中国铁道出版社的秦绪好、何红艳在北京西单，共话“鲁班工坊”在新年（龙年）的出版计划。

2024 年 3 月 1 日，中国教育电视台播出《匠心引路人》，专题报道：“模式创立、标准研制、资源开发、师资培养——鲁班工坊的创新实践”。这个节目的录制时间是 2023 年 8 月中旬，当时我与崔恒老师交流甚畅，他有很多高阶思考，还邀请我到了几个省份去分享教学成果特等奖。

2016 年 3 月 8 日，世界上首个鲁班工坊在泰国大城技术学院落成。我在三年里到过泰国大城三次，全程参与了这个项目。从一层的 200 多平方米空间，到一整层 1 000 多平方米，再到一整幢楼 2 000 多平方米；从合作“机电一体化技术”一个专业，到四个专业，再到“一坊两中心”，布局了机电类、物联网、新能源汽车、高速铁道领域六个专业。

记得是在 2016 年 12 月 2 日，“推进职业教育现代化座谈会”在北京召开，以纪念《职业教育法》颁布实施 20 周年。这次大会，李克强作了批示，刘延东出席并讲话，她对天津鲁班工坊的探索给予肯定和表扬；我和当时的市教委王璟主任都在现场。2017 年 5 月 8 日（鸡年），刘延东在天津出席第十届全国职业院校技能大赛开幕式，接见了泰国鲁班工坊的中外双方校长，首次提出鲁班工坊是中外人文交流机制的组成部分；我用了 12 块大型展板详细介绍了项目起源、固本、成长和未来发展。刘延东讲，鲁班工坊是中国对外人文交流的重要内容。

记得是在 2018 年 5 月 6 日，孙春兰在天津出席第十一届全国职业院校技能大赛开幕式，视察在天津轻工职业技术学院落成的鲁班工坊建设·体验馆，接见了泰国、英国、印度、巴基斯坦、柬埔寨、吉布提等 6 国鲁班工坊的中外项目团队，给予了充分肯定，并指出要继续聚焦技术技能，打造中国教育的国际品牌；我当时做了全程讲解。也是在此期间，时任教育部副部长孙尧当面给我布置了在欧洲大陆建设首家鲁班工坊（葡萄牙鲁班工坊）的任务。2018 年 12 月 5 日，葡萄牙鲁班工坊在塞图巴尔理工学院落成；习近平主席在里斯本见证了时任天津市市长张国清与塞图巴尔市市长共同签署合作协议；我全程参与组织了葡萄牙鲁班工坊项目设计、项目实施并出席了项目揭牌，算起来，我也是三次到访塞图巴尔。

记得是在 2019 年 4 月 25 日，习近平主席在北京会见塞西总统时提出，将在埃及建设鲁班工坊，提高青年人就业能力。埃及基础教育与技术教育部副部长穆贾希德来天津考察，非常认可中国职业教育，恳切希望在已经选址了埃及名校——艾因夏姆斯大学的基础上，再在埃及一所中等职业学校增建一个项目，进行“中本贯通”培养。当时，我陪同他专程去了教育部向孙尧提出埃及既是非洲重要国家，也是阿盟总部所在国，代表着阿拉伯世界，恳请同意建设“一国两坊”。这样，在泰国有了“一坊两中心”，在埃及有了“一国两坊”。

2018 年 9 月 3 日，对于鲁班工坊是一个重要的日子!

在中非合作论坛北京峰会上，习近平主席提出“八大行动”，第五项“实施能力建设行动”中明确：中国决定同非洲加强发展经验交流，支持开展经济社会发展规划方面合作；在非洲设立 10 个鲁班工坊，向非洲青年提供职业技能培训……至今，我还记得那一天收到大量短信、微信，或是问“你搞的鲁班工坊到底是什么？”或是说“你的鲁班工坊这次算搞大发了！”记得，当时的教育部职业教育与成人教育司王继平司长发来短信“努力干，一起干”……是的，鲁班工坊就是我们同继平司长一起努力干的！从设想到设计，从概念到定名，从鲁班工坊到“班墨文化”，从 2016 年 12 月 2 日的北京座谈会，到 2017 年 5 月 8 日的天津汇报活动，再到 2017 年 5 月 9 日的 EPIP 国际教育联盟成立，我们一直一起谋划，一起思考，一起努力，一起干，也一起欢悦，一起欣喜……

2018 年 9 月 3 日，对于天津职业教育是一个重要的日子!

这个“日子”的来临，是在天津市教委 2015 年 8 月开启的“鲁班工坊”项目方案设计、模式内涵优化、实施路径推演的探路研究基础上，是在 9 月王继平、吕景泉、李力交流项目“取名”的头脑风暴基础上。这个“日子”的来临，是在天津渤海职业技术学院 2016 年 3 月 8 日在泰国创建首个鲁班工坊；是在 12 月 2 日刘延东出席推进职业教育现代化座谈会肯定天津鲁班工坊的首创实践基础上。这个“日子”的来临，是在天津市第二商业学校、天津轻工职业技术学院与天津机电职业技术学院（两校合建印度鲁班工坊）、天津市东丽区职业教育中心学校分别于 2017 年 5 月 18 日、12 月 8 日、12 月 12 日在英国、印度、印尼建立鲁班工坊的成功探索基础上；是在 9 月 8 日李克强听取项目汇报并给予充分肯定的亲切嘱托基础上。这个“日子”的来临，是在教育部职业教育与成人教育司与天津市教委于 2018 年 1 月 10 日在天津渤海职业技术学院揭牌启运“鲁班工坊研究与推广中心”的深化研究基础上；是在 5 月 6 日孙春兰考察“鲁班工坊建设 • 体验馆”，会见中外项目负责人并指导项目建设的充分认可基础上。这个“日子”的来临，是天津现代职业技术学院、天津铁道职业技术学院分别于 2018 年 7 月 18 日、7 月 22 日在巴基斯坦建立第五个鲁班工坊，在泰国鲁班工坊建设“铁院中心”的创新实践基础上。

这个“日子”标志着，上升为重大国家行动的“鲁班工坊”，是天津职业教育首创原创，并率先组织实施，成功创设了中国职业教育国际品牌；标志着，上升为元首引领外交重要合作项目的“鲁班工坊”品牌内涵与核心要义，是天津职业教育在教育部、天津市委市政府领导下，天津职教人担当作为，历经实践探索、理论研究、经验总结、模式推广，而创建创成的；更标志着，中国职业教育自1866年采取“引进来”办第一所职业学校——船政学堂，到150年之后，在中国进入新时代的大背景下主动“走出去”，与世界分享中国职业教育的模式、标准、装备、资源的建设成果，开启为世界职业技术教育发展做贡献的成功“出海”——泰国鲁班工坊。鲁班工坊是系统化、体系化、品牌化实施教育“出海”，彰显中国职业教育自主知识体系、标准体系、资源体系、话语体系成果的“集大成”。

历史不会忘记，天津职教不会忘记，中国职教也不会忘记！

记得是在2017年5月，中国铁道出版社（以下简称铁道社）出版了第一部有关鲁班工坊的书籍，叫《鲁班工坊 职业教育国际合作的新支点——天津渤海职业技术学院“鲁班工坊”建设纪实》，这也是首部以“鲁班工坊”冠名的书籍，是一本全彩印刷的中英文双语版书籍，还有不少篇什用到了泰文。书名采用我2017年1月在《中国职业技术教育》杂志上发表的文章之名；书的第一篇也全文转载了我的这篇文章；书中出现的第一幅照片是我在2013年4月8日向泰国诗琳通公主赠送由我主编、中国铁道出版社出版的《自动化生产线安装与调试》英文版教材的情景。说到这里，我要说一说铁道社了……在当下，铁道社是出版“鲁班工坊”主题类著述和EPIP系列教材最集中、最高效、最权威的出版社；相继出版了中英文著述10余部、系列规划教材20余部，涵盖《鲁班工坊》《鲁班工坊（LUBAN WORKSHOP）解析》《鲁班工坊研究：溯源·要义·标准·策略》《鲁班工坊 品牌·内涵·布局·目标》《鲁班工坊建设发展概览》《鲁班工坊建设标准研究》等，还有《工程实践创新项目（EPIP）教程》《工程实践创新项目（EPIP）解析》《工程实践创新项目 模式·学理·话语·

应用》《技能大赛（ChinaSkills）解析》等，特别是EPIP系列规划教材已经成为中国职教领域响当当的品牌……十年磨一剑，铁道社已经伴随我们的项目团队将近20年。秦绪好牵头的，何红艳、祁云为代表的“铁道队”，对鲁班工坊内涵宣介传播、品牌推广应用、国际交流合作发挥了不可替代的作用，是鲁班工坊主题著述出版、特色教材探索的“先锋队”“轻骑兵”“火车头”！

2021年10月10日，对于鲁班工坊是一个特别的日子。

我记得是在天津机电职业技术学院，我与天津市教委李力处长，院校代表戴裕崴、张维津、于兰平、于忠武、孔维军、刘恩丽、于海祥、申奕、杨延、耿洁、梁宇栋、张磊等10余人召开会议，主题是：整合天津职教资源，以模式创立、品牌创成为题，组群式申报国家教学成果大奖。自此，“冲击”国家“特等奖”的工程项目全面展开。2022年10月16日，“模式创立、标准研制、资源开发、师资培养——鲁班工坊的创新实践”成果获天津市职业教育教学成果特等奖的第一名。2022年10月22日，在天津市教委第一会议室召开“鲁班工坊教学成果‘申报’国家级大奖专题推动会”，会上市教委主任荆洪阳讲到：“鲁班工坊成果奖的前期申报，景泉校长写了一个好本子；一直以来，景泉校长像呵护孩子一样，呵护‘鲁班工坊’，他是拼了还不算老的‘老命’做成的事；我们一定要将成果申报好。”这个专题会，是对于以我为代表的天津职教人“埋头苦干”“拼命硬干”的高度肯定……记得，鲁迅先生说过：“我们自古以来就有埋头苦干的人，有拼命硬干的人，有为民请命的人，有舍身求法的人……他们是中国的脊梁。”至此，不由得让我回想起了泰国的哲仁校长、葡萄牙的卢卡斯教授都曾赞誉说，吕教授是鲁班工坊之“父”……“孩子”也好，“父亲”也罢，都是从不同的视角，不同的维度来表述一样的寓意和语义。记得，《左传》里讲“立德立功立言”，校长们都讲过，鲁班工坊是“立功”，EPIP是“立言”，立德树人、教书育人应该是“立德”。作为鲁班工坊项目团队的一员，我感到光荣、自豪！经成果奖评审委员会评审确定，报经国务院批准，“模式创立、标准研制、资源开发、师资培养——鲁班工坊的创新实践”成果，获得2022年国家级教学成果“特等奖”。这是中国科学教育领域四大奖项之一；这是继2014年“开发技能赛项与教学资源，推进高职机电类专业综合实训教学的改革与实践”获中国职业教育领域的首个国家级教学成果“特等奖”之后，天津职业教育获得的第二个“特等奖”。

2022年8月，我在首届世界职业技术教育发展大会“平行论坛”发表主旨演讲。全球123个国家的官员、代表参加大会。我与中国学者、亚欧非专家共话中国职教品牌“鲁班工坊”、中国职教模式“EPIP”、中国产教机制“五业联动”……当时，我回想起100年前，也就是1922年，陶行知因为菲律宾召开远东教育大会，北洋政府没有找到代表参会而感到愤懑和气愤。他说到：“世界以为中国没有教育尤为事小；若中国真无教育可说，那就真要惭愧了！”他还说到：“国际的教育运动，是一天多似一天的；以后的准备，一是要靠着自有的成绩，二是靠彻底的自明。”

进入新时代，2022年首届世界职业技术教育发展大会在天津成功举办，习近平总书记致贺信，政府主导提升中国职业教育的主导权、话语权和影响力，这标志着中国职业教育发展开启了新征程。天津职业教育继首个国家职教试验区、唯一示范区以及示范区“升级版”建设之后，全面开启了部市共建“新时代职教创新发展标杆”，也同时开启了部市共建“新征程现代职教体系新模式”建设。天津职业教育创设了产业、行业、企业、职业、专业“五业联动”的产教融合机制，创建了工程实践创新项目（EPIP）的教学模式，创成了鲁班工坊的国际品牌。面对世界职业技术教育，我们可以告慰先贤，并且自信地说：我们靠着自有的成绩，我们靠着彻底的自明，我们已经走向世界舞台中央。教育强国，就是我们前行的目标！

说至此，那么鲁班工坊究竟是什么呢？

鲁班工坊，是中国职业教育的国际知名品牌，是服务“一带一路”的国际公共产品，是促进中外职业教育合作的重大国家行动，是元首引领外交的重要合作项目。它的创成，是近代以来中国职业教育发展史上具有里程碑意义的大事，是新时代中国特色职业教育的高质量发展、教育强国建设的重要标志！

吕景泉

2024年5月5日（立夏）

作　者

吕景泉，二级教授，工程硕士，职业技术教育学博士，正高级工程师，博士生导师。

"鲁班工坊"国际品牌的主要创建者。教育部鲁班工坊建设专家委员会主任，天津市高校智库"鲁班工坊国际发展研究中心"主任，天津职业技术师范大学鲁班工坊国际发展研究中心（LB_IDRC）首席专家。

"工程实践创新项目（EPIP）"教学模式的创立者。天津市工程实践创新项目（EPIP）研究与推广中心主任，天津市中华职教社工程实践创新项目（EPIP）教学研究中心主任。

国务院政府特殊津贴专家，国家级高等学校教学名师，国家级机电专业组群教学团队负责人。2014年，作为第一完成人，主持并获得职业教育领域首个国家级教学成果"特等奖"；曾获国家级教学成果一等奖1项、国家级教学成果二等奖4项。2022年，组织团队，天津职业技术师范大学作为第一完成单位获国家级教学成果"特等奖"。

从事职业教育教学实践30余年，专注职业教育理论"宏观""中观""微观"研究20余年。首创并探索实践"五业联动"产教融合办学模式（2020年国务院办公厅文件，被确立为职业教育发展新机制，进行推广）；创成"鲁班工坊"国际品牌，创立"工程实践创新项目（EPIP）"教学模式，2022年载入《中国职业教育发展报告（2012—2022年）》；创建"核心技术一体化”专业建设模式(2009年获得国家级教学成果奖，被确立为EPIP专业论主旨，进行推广)。

从事企业现场技术改造和升级服务跨度近20年。专注国际和国内技能赛项研制与资源开发近20年，开发国赛赛项、国际赛项、产业赛项14项。主编国家规划教材6部，主编EPIP系列教材20余部。发表论文100余篇，完成省部级课题10余项。

出版专著20余部，其中关于“鲁班工坊”中外文著述10部，关于“工程实践创新项目(EPIP)”中外文著述8部。所著《EPIP教学模式——中国职业教育的话语体系》《鲁班工坊核心要义——中国职业教育的国际品牌》入选中宣部“中华文化走出去工作重点任务清单项目”，获资助外译，由英国New Classic Press出版发行英文版、葡萄牙文版、泰文版。主持编撰“鲁班工坊国际发展研究系列丛书”。

2014年，获全国黄炎培职业教育理论杰出研究奖;2017年，获泰国政府“诗琳通公主奖”。

曾任2006—2012年教育部高等学校高职高专自动化技术类专业教学指导委员会主任委员，全国职业院校技能大赛工作委员会成果转化工作组主任，全国职业院校技能大赛成果转化中心负责人，国家职业教育教学资源开发与制作中心牵头人，天津中德职业技术学院(现天津中德应用技术大学)副院长，天津市教育委员会副主任，天津海河教育园区管理委员会副主任。现任天津职业技术师范大学副校长。

后　记

中国理论源于中国实践。用中国理论解读中国实践，体现了马克思主义认识论的本质要求。人的正确思想的产生是一个从实践到认识、又从认识到实践的过程。这个过程，既是认识在实践基础上沿着科学性方向不断深化发展的过程，也是实践在认识的指导下沿着合理化方向不断推进的过程。从理论方面看，理论来源于实践，并在实践中经受检验、丰富发展。不与实践相结合的理论，是空洞的理论、僵化的教条，再好也没有意义。从实践方面看，没有理论指导的实践是盲目的实践、冲动的行为，再多也无益。而盲目实践，必然是“盲人骑瞎马，夜半临深池”，必将导致实践走弯路甚至失败。

鲁班工坊是一个品牌，品牌是有“要义”、有“框范”的。鲁班工坊是一个中国职业教育的国际品牌，品牌“要义”必然是中国的职教理论、教学模式、培养标准、装备资源的国际化。品牌的生命在质量。鲁班工坊，是促进中外职业教育合作的国际教育品牌，是服务“一带一路”的国际公共产品，是构建人类命运共同体的重大国家行动，是元首引领外交的重要合作项目。鲁班工坊品牌内涵与核心要义，需要科学化尊重、职业化维护、专业化实施，需要守“正”，以尊重的态度对待，以谦和的心态看待，在守正中完善，在传承中创新。

我们应该珍视老字号，这是我们以前所处的发展阶段特征决定的；我们更应该珍视新品牌，尊重知识、尊重劳动、尊重创造的现实反应。这才符合新时代新征程高质量发展要求！我们应该确保每一个鲁班工坊都能够“健康生活，长命百岁”。鲁班工坊研究，是必由之路！

习近平主席指出：“我们有本事做好中国的事情，还没有本事讲好中国的故事？我们应该有这个信心！”这要求我们从中国的职业教育实践中挖掘新材料、发现新问题、提出新观点、构建新理论，加强对实践经验的系统总结、分析、研究、阐释，提炼出有学理性的新理论，概括出有规律性的新实践。我们要善于提炼出标识性概念，打造易于被国际社会所理解和接受的新概念、新范畴、新表达，引导国际职教界展开研究和讨论，推动海外中国职业教育研究。在解读中国实践、构建中国理论上，我们应该最有发言权。鲁班工坊研究，正当其时！

鲁班工坊是“集大成”。鲁班工坊，是天津职教试验区发展、示范区改革、升级版创新、新时代标杆建设、新征程体系构建的成果集大成，是中国职业教育内涵发展、质量提升、改革创新的成果集大成“呈现”。鲁班工坊，是天津职业院校办学成果、教学改革、领导水平、服务能力的集大成，是中国职教人勇于实践、敢于开拓、求真务实、家国情怀的集大成“展现”。

对于“我”，作为鲁班工坊品牌的主要创建者、建设者，鲁班工坊是“我”从事职业教育的教学实践、管理实践、服务实践的集成；是从事中德职教办学实践、中西（西班牙）职教办学实践、中加（加拿大）职教办学实践近30年、近20年、近10年，开展欧洲、日本、美国、加拿大、澳大利亚、印度、东盟、中亚、非洲、拉美实地研修及项目研究的集成；是对中国职教学习、实践、研究、转化、发展，对国际职教理论、模式、体系、话语、方法进行深入鉴别、梳理、提炼、试验、总结的集成；更是将教学模式创立、国赛赛项研发、国际化专业研制、国家精品课程建设、国家教学名师成长、国家教学团队资源、国家教学成果特等奖、国家职教示范区、“政行企校研”协同、“五业联动”探索等方面的经验成果进行整合、结合、融合的“集大成”。鲁班工坊，是中国职业教育品牌化、系统化、体系化与世界分享的“集大成”。

2023年6月2日，习近平总书记在北京出席文化传承发展座谈会上强调：“要坚定文化自信，坚持走自己的路，立足中华民族伟大历史实践和当代实践，用中国道理总结好中国经验，把中国经验提升为中国理论，实现精神上的独立自主。”

2024年5月29日，习近平主席在北京会见埃及总统塞西，提出：将埃及“鲁班工坊”打造成中非职业教育合作的标杆。这是习近平主席第26次在重大外交场合对中国职业教育的国际品牌“鲁班工坊”作出的重要指示和重要论述。

建构中国职业教育的自主知识体系，构建中国职业教育的自主话语体系。鲁班工坊研究，前景广阔，大有可为！

吕景泉

2024年6月16日

鲁班工坊“实践探索-理论研究-经验总结-模式推广”时序逻辑图

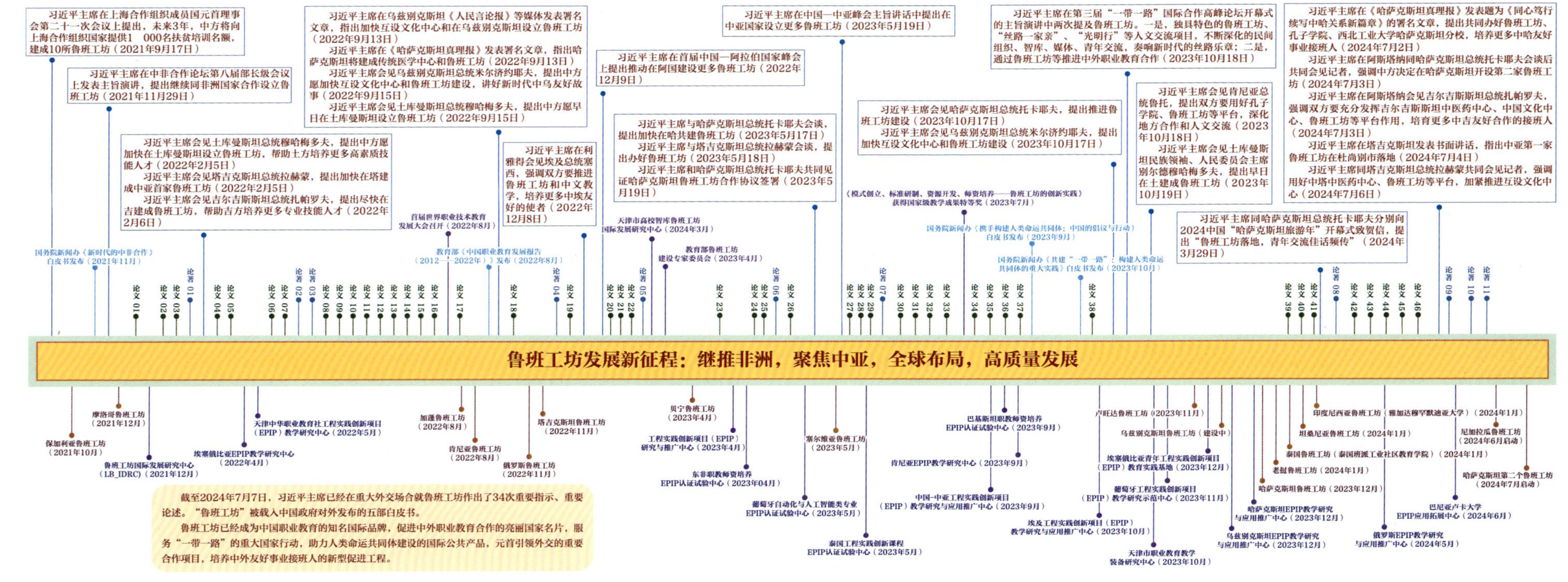

图中 - 标序	本书篇 . 节	本书 - 题目	发表时间
论文 01	2.2	由陶行知教育思想谈中国职业教育适应性发展	2021 年 12 月
论文 02	1.10	鲁班工坊国际发展研究系列丛书	2022 年 1 月
论文 03	1.13	《鲁班工坊研究：溯源 · 要义 · 标准 · 策略》前言	2022 年 1 月
论文 04	8.3	《鲁班工坊研究：溯源 · 要义 · 标准 · 策略》后记	2022 年 1 月
论文 05	3.7	EPIP 视域下“双师型”教师队伍的培养机制与路径	2022 年 2 月
论文 06	5.5	增强职业教育适应性，打造新时代职业教育创新发展标杆	2022 年 3 月
论文 07	2.3	由黄炎培职教思想谈推进职教理论与实践创新	2022 年 5 月
论文 08	1.8	鲁班工坊　品牌 · 内涵 · 布局 · 目标	2022 年 6 月
论文 09	1.6	EPIP 教学模式研究的“真实”足迹	2022 年 6 月
论文 10	2.6	新时代职业教育前景广阔，大有可为	2022 年 7 月
论文 11	3.1	鲁班工坊实践与理论创新的逻辑机理、实现路径	2022 年 7 月

图中 - 标序	本书篇 . 节	本书 - 题目	发表时间
论文 12	4.6	首届世界职业院校技能大赛设立与实施的前提性思考	2022 年 8 月
论文 13	1.1	写在首届世界职业技术教育发展大会召开之际	2022 年 8 月
论文 14	1.7	LUBAN WORKSHOP 研究的“坚实”足迹	2022 年 8 月
论文 15	3.3	职业教育的国际话语“EPIP 教学模式”的创建创成	2022 年 8 月
论文 16	3.4	工程实践创新项目（EPIP）的技术哲学基础	2022 年 8 月
论文 17	4.3	“鲁班工坊国际化研究系列丛书”成果发布仪式	2022 年 8 月
论文 18	3.2	模式创立、标准研制、资源开发、师资培养的创新实践	2022 年 10 月
论文 19	1.4	产教融合是职业教育的本质属性	2022 年 12 月
论文 20	5.3	中国职业教育国际话语权的发展形态与提升策略	2023 年 2 月
论文 21	1.12	《世界上首个鲁班工坊——泰国鲁班工坊研究》前言	2023 年 3 月
论文 22	8.2	《世界上首个鲁班工坊——泰国鲁班工坊研究》后记	2023 年 3 月

图中 - 标序	本书篇 . 节	本书 - 题目	发表时间
论文 23	4.5	鲁班工坊建设专家委员会成立与“可持续发展”	2023 年 4 月
论文 24	2.4	鲁班工坊：让中国职教惠及世界	2023 年 4 月
论文 25	4.4	鲁班工坊高质量发展推进会暨 EPIP 教学分享活动	2023 年 4 月
论文 26	2.5	“职教黄埔”话鲁班——探访天职业技术师范大学	2023 年 5 月
论文 27	1.11	《鲁班工坊纵览与博观》前言	2023 年 5 月
论文 28	8.1	《鲁班工坊纵览与博观》后记	2023 年 5 月
论文 29	1.2	写在习近平“一带一路”倡议提出十周年之际	2023 年 5 月
论文 30	3.5	创建职业教育国际品牌，构建职业教育国际话语	2023 年 6 月
论文 31	3.6	鲁班工坊本土师资能力建设：内涵、逻辑、要素与行动	2023 年 6 月
论文 32	1.3	开放　创新　融合　建成亮丽的国际合作风景线	2023 年 6 月
论文 33	4.1	鲁班工坊研究的文献计量及可视化分析	2023 年 6 月
论文 34	2.1	从“行知园”“炎培园”到“班墨园”	2023 年 7 月

图中 - 标序	本书篇 . 节	本书 - 题目	发表时间
论文 35	5.6	走向世界的中国名片——鲁班工坊的创新实践纪实	2023 年 9 月
论文 36	5.2	鲁班工坊——中国职业教育国际化的创新实践	2023 年 9 月
论文 37	5.4	中国职业教育国际化的进展与方略	2023 年 9 月
论文 38	1.5	鲁班工坊“形”与“魂”、“筋”与“络”	2023 年 10 月
论文 39	2.7	人类命运共同体理念下的中国职业教育国际化新趋势	2024 年 2 月
论文 40	4.2	EPIP 国际化：SWOT-PEST 模型分析与路径研究	2024 年 2 月
论文 41	8.4	工程实践创新项目（EPIP）解析（第二版）再版后记	2024 年 2 月
论文 42	8.5	鲁班工坊（LUBAN WORKSHOP）解析（第二版）再版后记	2024 年 5 月
论文 43	6.1	鲁班工坊的布局优化与可持续发展	2024 年 5 月
论文 44	6.2	重要论述的逻辑体系、价值意蕴和实践指向	2024 年 6 月
论文 45	1.9	提升中国职业教育国际话语传播效能	2024 年 6 月
论文 46	5.1	EPIP 教学模式概念谱系、理论框架与应用影响	2024 年 6 月

图中 - 标序	原著 - 书名	出版社	发表时间
论著 01	鲁班工坊研究：溯源 · 要义 · 标准 · 策略——吕景泉“鲁班工坊”主题论文集	中国铁道出版社	2022 年 1 月
论著 02	鲁班工坊 品牌 · 内涵 · 布局 · 目标（中英双语版）	中国铁道出版社	2022 年 6 月
论著 03	工程实践创新项目模式 · 学理 · 话语 · 应用（中英双语版）	中国铁道出版社	2022 年 6 月
论著 04	自动化生产线安装与调试（第四版）	中国铁道出版社	2022 年 12 月
论著 05	世界上首个鲁班工坊——泰国鲁班工坊研究	外语教学与研究出版社	2023 年 3 月
论著 06	鲁班工坊纵览与博观	外语教学与研究出版社	2023 年 5 月
论著 07	工程实践创新项目教程（第二版）	中国铁道出版社	2023 年 6 月
论著 08	工程实践创新项目（EPIP）解析（第二版）	中国铁道出版社	2024 年 4 月
论著 09	鲁班工坊纵览与博观（英文版）	外语教学与研究出版社	2024 年 6 月
论著 10	鲁班工坊（LUBAN WORKSHOP）解析（第二版）	中国铁道出版社	2024 年 6 月
论著 11	工程实践创新项目（EPIP）解析（第二版）（英文版）	中国铁道出版社	2024 年 7 月

制表时间：2024 年 7 月 7 日

鲁班工坊“实践探索－理论研究－经验总结－模式推广”资源集成图

“鲁班工坊研究系列研究丛书”是近年来天津职业教育实践探索、理论研究、经验总结、模式推广的汇集性成果，于2022年8月18日在世界职业技术教育发展大会发布大厅发布。

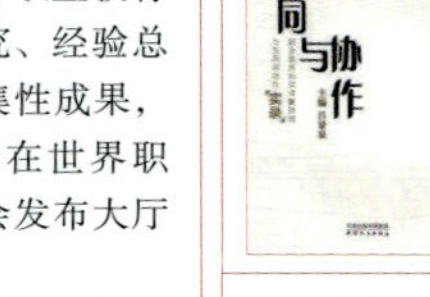

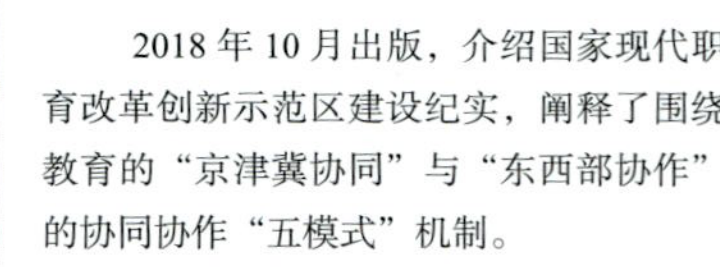

大赛点亮人生，技能成就梦想。解析技能大赛，探究大赛对职业教育改革发展的推动作用，对五业联动办学模式的促进作用，对专业建设课程改革的引领作用，对于职业教育制度、体制、评价创新的牵引作用，具有重要的现实意义。技能大赛，是职业教育改革发展的检验器、创新发展的探测器、科学发展的助力器。职业教育，需要技能大赛。

2018年10月出版，介绍国家现代职业教育改革创新示范区建设纪实，阐释了围绕职业教育的“京津冀协同”与“东西部协作”形成的协同协作“五模式”机制。

2021年4月出版，是教育部重点课题“提升全国职业院校技能大赛国际影响的实践与机制研究”研究成果，采用国赛脉络和天津脉络记述方式，展现了中国职业教育改革创新发展成果。《中德职教漫谈》《天津职教漫谈》，分别从一所院校的办学与一座城市的职教，阐释了职业教育产教融合的“真谛”。

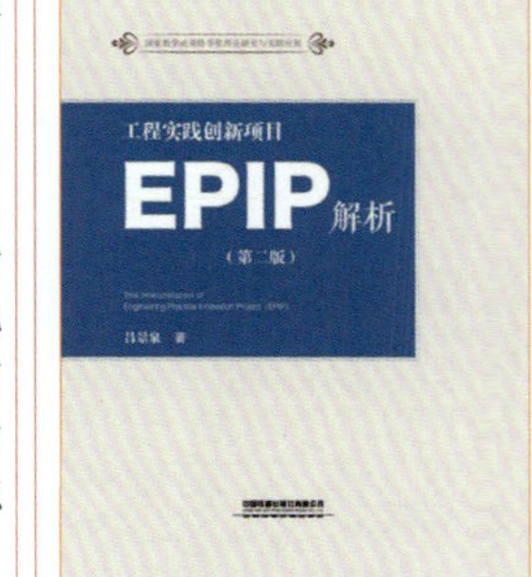

EPIP，是中国技术技能人才培养的教学模式，是“鲁班工坊”的核心要义。著述全面阐释EPIP的思考路径、理论基础、内涵要义、体系建构、应用领域、典型案例和政策指导，呈现首创者开展EPIP的实践探索、理论研究、经验总结、模式推广的全景式、立体化的“名实耦合”境界，开启了一场真实世界、现实生活中的EPIP探寻之旅。

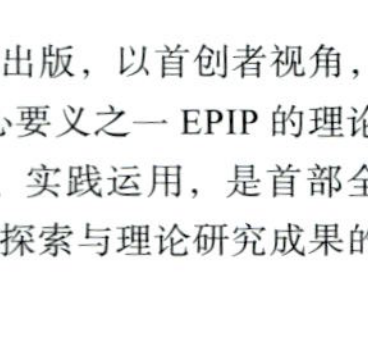

2019年2月出版，以首创者视角，讲述鲁班工坊核心要义之一EPIP的理论构架、内涵要义、实践运用，是首部全面阐释EPIP实践探索与理论研究成果的著述。

2019年9月出版，是教育部重点课题“基于工程实践创新项目EPIP教学模式研究与实践”研究成果，详实阐释了EPIP的内涵要义、理论基础、体系框架、应用案例；入选“中华文化走出去工作重点任务清单目录”。2020年，TEACHING MODEL OF EPIP由New Classic Press出版；2021年，葡萄牙文版出版；2022年，泰文版出版。

鲁班工坊，是中国职业教育的国际品牌，是服务“一带一路”倡议的国家行动。2016年，首个“鲁班工坊”在泰国揭牌启运，接续欧洲第一个鲁班工坊、非洲第一个鲁班工坊启动运营，中国职业教育的模式、标准、装备、教材与世界分享。著述对鲁班工坊进行了解构、解读、分解、分析，多维度、情景化、现场式、史诗性地“解析”了鲁班工坊。

2018年10月出版，图文并茂，彩纸印刷，描述项目进程、内涵、标准、路径、成效，介绍了鲁班工坊建设•体验馆，是首部完整阐释鲁班工坊理论与实践的著述。

2019年9月出版，是教育部重点课题“‘一带一路’视域下海外鲁班工坊建设的标准化模式”研究成果，详实阐述了鲁班工坊的核心要义、品牌内涵、探索历程；入选“中华文化走出去工作重点任务清单目录”。2020年，*KEY PRINCIPLES OF LUBAN WORKSHOP* 由New Classic Press出版；2021年，葡萄牙文版出版。

真度　深度　广度　厚度　密度　效度　乐度　适度

英文版教材

国家规划教材